应用型高等教育“十三五”经管类规划教材

知行

财政与金融

——理论·实务·案例·实训

李 贺 马 越 王 丹 编著

Fiscal And Financial

- 项目引导
- 任务驱动
- 知识精讲
- 技能实操
- 案例跟进
- 资源配套
- 理念新颖
- 贴近实际

上海财经大学出版社

图书在版编目(CIP)数据

财政与金融:理论·实务·案例·实训/李贺,马越编著.—上海:上海财经大学出版社,2017.10
(应用型高等教育"十三五"经管类规划教材)
ISBN 978-7-5642-2837-8/F·2837

Ⅰ.①财… Ⅱ.①李… ②马… Ⅲ.①财政金融-高等学校-教材
Ⅳ.①F8

中国版本图书馆 CIP 数据核字(2017)第 238237 号

□ 策　　划　台啸天
□ 责任编辑　台啸天
□ 封面设计　张克瑶
□ 联系信箱　404485100@qq.com

CAIZHENG YU JINRONG
财 政 与 金 融
理论·实务·案例·实训

李 贺　马 越　编著

上海财经大学出版社出版发行
(上海市中山北一路 369 号　邮编 200083)
网　　址:http://www.sufep.com
电子邮箱:webmaster @ sufep.com
全国新华书店经销
上海同济印刷厂有限公司印刷
上海叶大印务发展有限公司装订
2017 年 10 月第 1 版　2017 年 10 月第 1 次印刷

787mm×1092mm　1/16　19.25 印张　480 千字
印数:0 001—4 000　　定价:49.00 元
习题集:6.25　印张　156 千字
(本教材免费赠送习题集,请直接向售书单位索取)

前言

根据我国近年来财政金融改革与发展的实际情况，依照加强基础知识和基本方法及技能教学的要求，强调市场经济条件下财政金融运行的特点，本着既充分反映我国财政、金融改革发展的成果，又兼顾我国现状及发展趋势的指导思想，我们全撰写了这本最新的应用技能型教改教材。

本教材的编写紧紧围绕应用技能型教育人才培养目标和培养模式，理论联系实际，注重学生应用能力、实践能力和创新能力的培养。全书吸收了国内外财政、金融理论与实践的最新成果，较系统地阐述了财政与金融的基本理论和基本知识。在内容结构安排上，力求结构严谨、层次分明，在表述上力求语言平实凝练、通俗易懂。同时，本书遵循通俗易懂又不乏深度的原则，不论是理论还是实务，都以就业和创新创业为导向，以理论应用于实际工作岗位为核心，按照高等职业院校学生的认知特点，让学生在完成具体项目、任务的过程中构建相关理论知识，并形成职业素养，培养职业能力。在教材的内容上结合了目前最新的理论动向和大量的实际案例，在表述上力求语言平实凝练，使得纯理论的内容变得生动、通俗易懂、层次分明；实务部分萃选精华，深入浅出，使学生更容易掌握财政与金融最新热点知识。

全书共包括18个项目、58个任务。在结构安排上，尽可能考虑到财经类专业的不同层次和专业的需求，每个项目都有【学习目标】和【项目引例】；内容上包括【知识支撑】【拓展阅读】【同步案例】；课后编排了【关键术语】【应知考核】【应会考核】和【项目实训】，使读者在学习每一项目内容时做到有的放矢，增强学习效果；应知应会练习对学生所学习的知识的巩固大有裨益，同时案例、实训又能加深学员对财政与金融理论与实务的理解，学会在实际工作中把基本的理论和实务应用技巧赋予实践。

应用型高等教育“十三五”经管类规划教材力求体现以下特色：

1. 结构合理，体系规范。本教材针对高等职业和应用技能型院校财经类课程的特点，将内容庞杂的财政金融基础知识体系系统性地呈现出来，力求做到理论知识必需、够用，体系科学规范，内容简明实用，帮助学生为今后从事相关工作打下基础。

2. 内容求新，突出应用。本教材从高等职业和应用技能型院校教育教学规律出发，与实际接轨，介绍了最新的财政金融理论知识和案例，在注重财政金融理论的同时，强调财政金融实务技能，在分析问题、解决问题上的应用；引导学生“学中做”和“做中学”，一边学理论，一边将理论知识加以应用，实现理论和实训一体化，在课后的应知考核和应会考核、项目实训中得以体现。

3. 栏目丰富，形式生动。本书栏目丰富多样，每个项目设有学习目标，包括能力目标、知识目标、素质目标；项目引例、拓展阅读、同步案例；课后安排了应知考核、应会考核、项目实训等栏目，丰富了教材内容与知识体系，也为教师教学和学生更好地掌握知识内容提供了首尾呼应、层层递进的可操作性教学方法。

4. 课程资源，配套上网。为了配合课堂教学，我们设计制作了教师课件、习题参考答案、课程教学大纲、配套习题、模拟试卷等实现网上运行，充分发挥网络课程资源的作用，探索课堂教学和网络教育有机结合的新途径，需要者可以登录 http://www.sufep.com/，在教学资源中下载。

本教材由李贺、马越、王丹编著，其中：李贺撰写项目一～项目十三，王丹撰写项目十三～项目十五，马越撰写项目十六～项目十八，最后由李贺总纂并定稿。赵昂、李明明、李虹、美荣、李林海、王玉春、李洪福 7 人负责全书教学资源包的制作，以及写作中的资料收集。本教材适合高等职业和应用技能型教育层次的会计学、财务管理、审计、资产评估、金融学、国际经济与贸易、财政学、投资学、国际商务、报关与国际货运等财经类、管理类专业方向的学生使用。

本书在编写过程中，参阅了参考文献中所涉及作者的教材、著作，同时得到了上海财经大学出版社的大力支持，在此一并表示感谢。由于编写时间仓促，加之编者水平有限，本书难免存在一些不足之处，恳请专家、学者批评指正，以便改进与完善。

编 者
2017 年 4 月
大连

目录

模块二　金融基础

模块三　宏观政策

模块一 财政基础

项目一　财政导论

学习目标

能力目标

1. 能够利用财政相关知识分析社会现象；
2. 能够准确地分析财政在经济与生活中的职能体现及其评价；
3. 能够举一反三列举市场失灵的现象。

知识目标

理解：财政的基本内涵和财政的发展。

熟知：市场失灵和政府干预。

掌握：公共产品、公共财政、财政职能。

素质目标

1. 具备收集资料、分析资料的能力；
2. 具备独立思考、团结协作的能力，注重团队的成绩与荣誉；
3. 培养与人沟通、言行举止得体等综合素质能力。

项目引例

政府与大数据

大数据是指海量且类型复杂的数据，具有种类多、流量大、容量大、有价值等特点，被称为信息化时代的"石油"。大数据不仅产生于政府内部，更多的是产生于政府外部的市场，但80%以上的社会数据资源为政府所拥有。现在世界范围内掀起了公共信息和政府数据开放的浪潮，许多政府赋予了开放数据的制度约束，如美国政府的《信息自由法案》《开放政府指令》，英国政府的《信息自由保护法案》，加拿大的《信息获取法》等。可以说政府公共领域信息及政府开放数据的供给不仅是政府开放度和透明度的趋势体现，更是公共需求，是实现信息对称条件下的社会监督，提升政府绩效和财政资金使用效率的必要条件。但结合我国政府数据开放的制约因素，存在政策层面、法律层面、许可层面和政府网站信息管理层面的多种因素制约。政府开放数据、公共领域信息与大数据关联如图 1－1 所示。

思考与讨论：

1. 政府公布公共领域信息及政府开放数据的必要性。
2. 结合我国政府数据开放的制约因素，分析应如何优化公共信息及政府数据开放的环境。

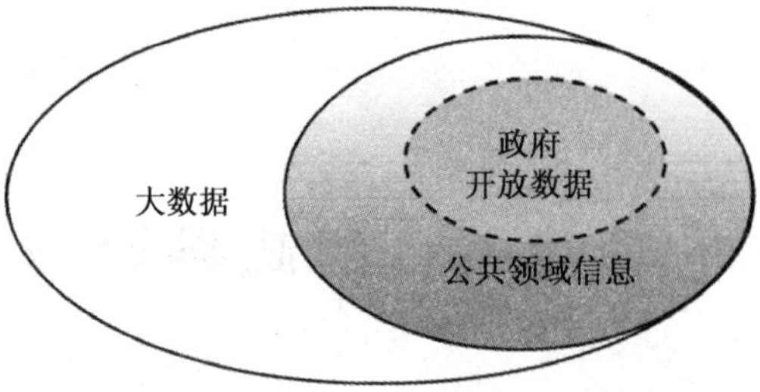

图 1－1　政府开放数据、公共领域信息与大数据关联

知识支撑

任务一　财政概述

一、财政现象

财政就是国家为了实现其职能的需要，凭借政治权力及财政权力参与一部分社会产品或国民收入分配和再分配的活动，简称为以国家为主体的分配活动。人们参与财政活动，都是财政"取之于民，用之于民"的本质特征的具体体现。

在市场经济体制中，政府通过向我们提供一些"公共服务"——国防、公安、司法、行政管理，铁路、公路、桥梁，城市供水、排水、煤气，农村的大型水利、灌溉工程，大型的发电站、煤矿、钢铁厂、油田等，来满足人们的一部分需要，保障着人们的基本生活和社会经济的正常运行。

政府为我们提供的一切都需要花钱，而政府在市场经济中是不直接参加社会生产的，不像企业那样生产并销售市场需要的商品来获得利润。那么，政府花的钱从何而来？答案很简单，政府的钱主要来自税收。公司或工厂要依法缴纳增值税、消费税、营业税、企业所得税等；个人收入达到一定标准要缴纳个人所得税等。

政府通过收税，取得了主要的财政收入；再通过支出，为我们提供各种各样的设施、服务，满足我们的各种需要。政府的这种收支活动及其管理就是财政活动，它的具体体现就是财政现象。

透过财政现象，我们可以知晓：财政是以政府为主体的经济活动，它是政府政治经济活动的综合反映；财政活动不仅涉及政府各部门，而且也涉及我们每个居民。作为公民，了解政府的财政活动是很有必要的，而作为了解市场经济的当代大学生，更应熟知财政理论，这样才能更好地研究经济问题。

二、财政的基本内涵

财政是指国家或政府为满足社会公共需要，以政府为主体，依据其权力对一部分社会产品进行的集中性分配。那么分配的主体是什么？客体是什么？目的是什么？性质是什么？这是我们应当也必须要弄清楚的问题。

（一）财政分配的主体

就现代财政分配的主体来看，国家或政府在财政收支活动中占有特殊的重要地位，国家或政府就是财政分配的主体，其他社会组织、经济组织、文化组织、企业、事业单位等本身所进行的分配活动，不属于财政分配活动，只有以国家为主体的分配活动，才是财政分配活动。这里所讲的分配，既包括生产要素的分配，通常指资源配置；也包括生产成果的分配，即对单位和个人的收入分配的安排和调整。

（二）财政分配的客体

财政分配的客体是指财政分配的对象，即社会产品的一部分。按照我们对社会产品的分析，全部社会产品是由补偿生产资料消耗（C）部分，劳动者个人收入（V）部分，以及剩余产品价值（M）部分所组成。从我国的实际情况看，M 是财政分配的主要对象，是财政分配的主要来源，但也有一部分财政收入来自 C 和 V。

（三）财政分配的目的

财政分配的目的是什么，即国家或政府为什么要进行财政分配？国家或政府进行财政分配，是为了满足社会公共需要。社会公共需要是相对于私人需要而言的，私人需要是某个单位、家庭和个人的生产、生活需要，由单位和个人通过在市场上掏钱购买来满足。而社会公共需要是为了满足社会公共利益的需要，是社会整体的需要，如抵御外来侵略、打击犯罪、防治环境污染等。社会公共需要只能由政府来提供，由政府掏钱来满足，这种满足也是面向所有社会公众，而不仅仅是私人。

（四）财政分配的性质

财政分配的性质是指不同社会制度下，财政分配具有不同的性质。财政分配是社会经济关系的组成部分，不同社会制度的财政分配有着本质的区别。资本主义财政分配体现的是资产阶级国家对广大劳动者的掠夺，是一种剥削关系；社会主义财政分配体现的是全体人民的共同利益关系。财政收入是劳动人民创造的，而财政支出是为发展社会主义经济，不断提高人民物质文化生活水平服务的。所以，社会主义财政分配是取之于民，用之于民，与人民根本利益一致的分配活动。

三、财政的发展

财政是一个古老的历史范畴，是人类社会发展到一定历史阶段的产物。这是“国家分配论”的财政起源观。不同社会制度下的财政尽管代表着不同阶级的利益，反映着不同性质的社会产品分配关系，具有不同的特点，但作为一个经济范畴，它们又具有共性，即公共性。它们都是在一定生产资料所有制基础上的国家为实现其职能的公共需要，依据其权力而进行的一种社会产品的分配活动；其所反映的财政分配关系是各自社会总的社会产品分配关系的一个组成部分。随着社会生产力的不断发展，人类社会经历了几个不同生产资料所有制为基础的社会形态以及与之相适应的国家形态，从而也产生了几种不同类型的国家财政。在人类社会发展史上，存在着奴隶制国家、封建制国家、资本主义国家和社会主义国家，从而也相应地存在着奴隶制国家财政、封建制国家财政、资本主义国家财政和社会主义国家财政。

（一）奴隶制国家财政

奴隶制社会是人类历史上第一个有阶级社会。其中财政收入主要有：（1）王室土地收入。（2）贡物收入和掠夺收入。（3）军赋收入。（4）捐税收入。

财政支出主要有：（1）王室支出。（2）祭祀支出。（3）军事支出。（4）俸禄支出。（5）农业、水利生产性支出。

奴隶制国家财政具有以下特点:(1)国家财政和国王家族的收支没有严格的划分。(2)国家财政以直接剥削奴隶劳动的收入为主。(3)国家财政收支基本上采取力役和实物的形式。

(二)封建制国家财政

封建制国家代表着地主阶级的利益。其中财政收入主要有:(1)田赋捐税收入。(2)官产收入。(3)特权收入。(4)专卖收入。

财政支出主要有:(1)军事支出。(2)国家机构支出。(3)王室费用。(4)文化、教育宗教支出。(5)生产建设性及公共工程支出。

在财政发展史中,封建社会是一个重要发展阶段,财政范畴得到延伸,产生了公债和预算。封建制国家财政具有以下特点:(1)国家财政收支逐步分离。(2)财政分配形式向货币形式转化。(3)税收特别是农业税收成为国家财政的主要收入。(4)产生了新的财政范畴——国家预算。

(三)资本主义国家财政

资本主义是从封建主义内部发展而来的。其中财政收入主要有:(1)税收。(2)债务收入。(3)国有企业收入。

财政支出主要有:(1)军事支出。(2)国家受理经费支出。(3)社会文化、教育、卫生、福利支出。(4)经济和社会发展的支出。

资本主义国家财政具有以下特点:(1)财政收支全面货币化。(2)财政逐渐成为国家转嫁经济危机、刺激生产、干预社会经济的重要手段。(3)发行国债、实行赤字财政和通货膨胀政策,成为国际增加财政收入的经常和比较隐蔽的手段。(4)财政随着资本主义国家管理的加强管理也更加完善。

(四)社会主义国家财政

我国社会主义财政的形成和发展,经历了一个复杂的过程,是与我国从新民主主义向社会主义的转变,与社会主义生产关系的形成与发展壮大,以及与我国社会经济结构的改革、演化进程相一致的。它既是新民主主义向社会主义转变和社会主义生产关系发展壮大与改革的结果,反过来又有力地促进了新民主主义向社会主义的转变,促进了社会主义生产关系的发展壮大与多种社会经济结构的并存和合理化。

社会主义财政建立在以生产资料公有制为主体、多种经济方式并存的所有制结构基础上,它是国家筹措、供应和管理社会资金,进行社会主义现代化建设的强有力的工具,体现着国家、企业、个人三者在根本利益一致基础上的社会主义分配关系。社会主义财政收入主要来源于劳动人民为社会创造的纯收入,国家财政通过税收、利润等形式集中起来。社会主义财政支出主要用于经济建设和社会文教卫生等事业。

社会主义国家财政具有以下特点:

(1)社会主义财政以国家为主体,凭借国家的政治权力和生产资料所有者的代表身份参与一部分社会产品分配,表现了社会主义财政分配的特殊性,以区别于一切剥削阶级凭借拥有的生产资料对劳动者的剥夺和对生产的占有。

(2)社会主义财政的目的是为实现国家政治职能和经济职能,对内要巩固和发展人民民主专政,对外要防御外来入侵,以适应不同历史时期政治经济形势发展的需要,确保实现国家职能的资金保障。

(3)社会主义财政在社会主义市场经济条件下进行各项财政分配活动所形成的分配关系,

使财政有可能自觉运用相关经济法律，利用价值形式分配财政资金，调节和引导国民经济持续健康发展。

任务二 市场失灵和公共产品

一、市场失灵

（一）市场失灵的内涵

当代西方财政理论是对市场失灵的研究开始的。西方学者认为，在市场经济体系中，由于存在着各种阻碍和限制，市场竞争往往不可能充分展开，仅靠市场力量或市场机制难以达到最佳效率状态，即所谓“帕累托效率”。所谓市场失灵，是指在市场经济运行中，由于存在着各种阻碍和限制，自发产生出各种矛盾和弊端，影响市场效率，以致出现市场失灵。市场失灵的地方往往需要政府干预并加以矫正，这样才能提高整个市场运行的效率。

（二）市场失灵的表现

市场失灵有各种各样的表现，主要有以下几个方面。

1. 市场处于不完全竞争状态

市场处于不完全竞争状态也称为竞争失灵。根据经济学原理，在市场处于完全竞争状态的条件下，市场上参与竞争的企业很多，每一个企业都不能操纵、控制市场价格，只能接受市场价格，这种市场价格是通过供求双方的竞争形成的，各种生产要素可在市场上自由流动，有关交易的信息是透明的。在此情况下，通过价格机制和竞争，企业生产能够达到利润的最大化，即边际利润等于边际成本，资源配置可达到最优状态，也就是“帕累托效率”。但在现实经济运行中，市场往往达不到完全竞争状态，而是存在垄断。在垄断条件下，无论具体程度如何，都会对市场机制形成扭曲，不能有效调节供给和需求，达不到资源合理配置的目的。由于市场机制本身无法克服各种垄断产生的竞争的不完全性，资源配置难以达到最优配置状态，这就需要政府干预。政府对市场垄断的治理主要有两种途径：第一，利用法律手段打击或限制过度竞争产生的垄断，维护市场竞争秩序。第二，对自然垄断行业实行政府管制，价格由政府控制或指导，并对服务质量等提出明确要求，限制这类企业凭借其垄断地位操纵市场价格，损害消费者利益，维护市场公平竞争。

2. 公共物品

人类消费的物品分为私人物品与公共物品。私人物品具有排他性和竞争性。排他性是指如果某人消费了这种物品，其他人就不能消费这种物品，即只有得到这种物品才能消费这种物品。竞争性是指不愿意支付或支付价格较低的人不能消费或只能消费数量较少的这种物品。例如，市场上出售的面包就属于私人物品。相对于私人物品而言，公共物品具有非排他性和非竞争性。公共物品的非排他性是指该物品的消费不能被某人所专有，若要限制其他人消费这种物品是不可能的或者代价（成本）太大。也就是说，一个人不管是否付费，都会消费而且必须消费这种物品。例如，国防就是典型的公共物品，在一国范围内要排除该国居住的某个人享受国防保护带来的好处是极其困难的，而且该人不享受这种物品也是不可能的。公共物品的非竞争性是指在生产水平既定的情况下，一个人的消费不会减少其他人的消费数量，或者说，许多人可以同时消费这种物品。例如，国防这种公共物品在保护你的生命财产安全的同时，不会减少对其他人的保护程度。公共物品的这些属性使市场机制发挥作用遇到了困难。公共物品的非排他性决定了其提供者不可能向消费者收取费用，消费者也不愿为此支付费用，使得公共物品在任何情况下都可以免费消费，产生所谓的“免费搭车”问题。如果利用市场机制排斥人们享受公共物品，那么资源配置效率是极低的。公共物品的非竞争性表明多一人消费并不增加供给成本，也就是说，允许更多的人消费公共物品的边际成本为零。公共物品的这些特性决定它无法由私人部门通过市场提供。如果由私人部门通过市场来提供公共物品，那么会造成公共物品供给的严重短缺。因此，市场机制在提供公共物品或服务方面存在明显的“失灵”现象。

3. 外部效应

所谓外部效应，是指某一个人或厂商的行为活动影响了其他人或厂商，却没有为之承担应有成本费用或获得应有报酬。如果某一个人或厂商的行为活动使得其他人或厂商受益，但没有得到相应的补偿，称为正外部效应；反之，如果某一个人或厂商的行为活动使得其他人或厂商受损，但没有承担相应成本，则称为负外部效应。具有外部效应的物品或服务，其私人边际成本与社会边际成本、私人边际收益与社会边际收益之间不一致。对于负外部效应，私人边际成本小于社会边际成本，社会为私人承担了一部分成本，称之为成本外溢，如一个企业造成的污染破坏了社会生存环境，但该企业并没有为此承担额外的成本。对于正外部效应，私人边际收益小于社会边际收益，社会享受了一部分收益，称之为收益外溢，如果航标灯或路灯是由私人出资建立，则给路过的船只或行人都带来方便。仅仅依靠市场机制，对于具有正外部效应的物品或服务，由于得不到合理收益而会出现供应短缺；对于具有负外部效应的物品或服务，由于无须支付必要的成本，而难以遏制。因此，通过市场机制难以有效矫正或解决带有外部效应的物品或服务的供给问题，无法使资源配置达到社会最佳状态。

4. 收入公平分配

市场在收入公平分配领域的失灵，是指市场不能有效调节国民收入在社会各部门、各地区、各阶层和各成员之间合理分配，缩小收入差距，体现社会公平。即使在经济运行达到所谓“帕累托效率”的条件下，市场不会自动实现收入公平分配。而市场则强调效率，通过价格机制和竞争机制，各种生产要素和资源向效率更高的地区、部门、产业、企业以及个人集中，反而进一步扩大收入在各个领域的差距。但任何经济运行都是在一定社会环境下进行的，如果社会成员之间收入分配不公平，贫富差距悬殊，特别是在相当部分成员基本生活都难以保证的情况下，必然引发大量社会矛盾，犯罪率居高不下，游行、示威、罢工连续不断，甚至引发政局动荡，对经济正常运行产生严重影响，最终有损于效率的提高。

5. 宏观经济的稳定与增长

市场不能有效实现宏观经济的稳定与增长，是指自发的市场机制不能解决宏观经济总量与结构的均衡，以达到经济增长的目的。特别是在解决通货膨胀、充分就业、产业结构、区域经济结构等宏观经济问题方面，市场本身无能为力，进而导致社会总供给与总需求失衡，造成经济运行不稳定，以及失业和通货膨胀。当社会总供给小于总需求时，价格上涨，经济主体会扩大生产，就业增加，效益增长；当社会总供给大于总需求时，价格下跌，经济主体会缩减生产，失业增加，效益降低。其结果是，由于市场存在一定的盲目性，国民经济运行出现高涨—衰退—萧条(危机)—复苏的周期性波动，往往导致社会生产力的巨大破坏，甚至出现经济停滞和社会不稳定等严重问题。

6. 信息的不对称性

信息的不对称性，通常是指进行商品和劳务交易的双方，由于所掌握的信息量不相等，不能有效开展公平竞争，从而对资源配置产生扭曲。而这种信息的不对称性，是市场机制自身无法克服的。在市场经济运行中，交易信息的充分性，是开展充分竞争、公平竞争，资源配置达到“帕累托效率”的重要前提。但在自发性的市场交易中，一方往往很难完全掌握另一方有关的信息。

7. 市场的不完整性

市场的不完整性所形成的市场失灵，是指由于一个国家或地区市场体系不完整，某些市场发展相对滞后，甚至不健全，不能有效提供社会所需要的商品和劳务。市场的不完整性，使市场机制不能有效发挥作用，就需要政府干预。较为典型的是保险市场和资本市场。

二、政府干预

（一）政府干预的必要性

1. 政府自身的性质客观上要求它必须有所作为

什么都不为的政府未见得就是一个好政府。事实上，现在我们没有看到任何一个“无为而治”的政府，只是存在“为得好”与“为得不好”的问题。政府“为”与“不为”，不应当取决于政府官员的自由意志，而应当取决于政府本身的特性及其设置的目的性。就政府特性而言，只有政府才有资格和能力对经济活动进行干预。首先，政府是一个具有社会普遍性的组织。这一方面表明，任何一个国家的任何一个公民都必须附属于一个政府，任何人都没有选择权；另一方面也就使得政府可以利用自己的特殊地位，为了自己公民的利益而采取某种行动，这种行动包括国民经济发展的方方面面。政府对市场的适度干预就是国家为保障公民的合法经济利益所采取的行动。其次，政府拥有其他经济组织所不具备的强制力。这种强制力来源于政府的普遍性，它一方面导致政府的干预权力，另一方面导致整个社会对干预权力的服从。当然这种服从既可以表现为公民对政府干预行为的自觉遵守，又可以表现为被动的就范。

2. 设置政府的目的性要求它必须有所作为

任何国家的政府都是作为国家的实体代表而存在的，而国家的存在和发展又是以一定的经济基础作为前提的。设置政府的目的是建立有利于国家存在和发展的经济基础，即政府组织和领导经济建设的职能。因此，如何实现这个职能就成为各国政府所必须面临的主题。这个职能普遍有两种思路：一种是通过政府对宏观和微观经济的直接组织和领导而实现；另一种是通过政府对宏观和微观经济的间接调控而实现。而无论是直接调控还是间接调控，它都属于政府干预的范畴。

3. 为了克服市场失灵，政府必须有所作为

克服市场失灵是政府对市场经济干预中最为必要和重要的职能。市场缺陷主要有两种类型：第一种是市场自身固有的缺陷，即不论市场发展到何种程度都存在的缺陷，主要表现为：导致垄断和不正当竞争的产生；限制了竞争的充分开展；只能解决市场微观平衡问题，不能解决宏观经济平衡问题；只能反映现有的生产和需求结构，不能有效反映经济的长远目标和结构；导致分配中的收入不均甚至两极分化等。第二种市场缺陷是市场由于发育不完善而出现的功能障碍，主要表现在：产品市场缺乏良好组织；市场信息既不灵敏又不准确；市场法制不健全等。这种市场发育不完善而造成的市场缺陷，致使市场本应具有的资源优化配置功能不能得

到有效的发挥。市场机制存在的诸种缺陷，决定了即使在市场经济发展得相对完善和发达的国家，仅仅靠单纯的市场调节难以保证资源配置的完全合理化，也难以保证社会经济的持续协调发展。因而需要政府的及时介入，并通过对经济运行实施有效干预，补充和克服单纯市场机制的不足和缺陷。

(二)政府干预的主要手段

政府干预主要有三种手段。

1. 行政法律手段

主要是制定市场法规，规范市场行为，制定中长期发展规划和产业政策，引导市场经济正常运行；对某些产品实行限价，打击价格欺诈，如制定反垄断法、价格法等。对负外部效应的物品，政府采取行政手段，对损人企业给予罚款或限期整治；对外部效应受损单位给予经济补偿等。

2. 组织公共生产，提供公共物品

公共生产是指由政府财政拨款兴办的国有企业和单位，西方称公营企业，主要经营纯公共产品和一部分准公共产品。第二次世界大战以后，西方国家通过购买、转让、接管，形成了一批公营企业；我国国有企业的建立和发展与西方国家是不一样的。在计划经济时期，我国建立了一批数量众多的强大的国有企业。按照市场经济思路，许多国有企业要民营化或“股份化”，形成生产竞争性产品的企业，成为市场主体。只有少数国有企业用于生产和供应社会公共产品，如少数军工企业，铁路、银行、邮电等大型国有企业。

3. 运用财政手段

以税收、非税收、国债等形式支出，并通过财政政策、手段来调节经济运行。在市场经济条件下，财政具有筹集和调节收入、优化资源配置、促进经济稳定增长等功能，既是政府发挥宏观调控职能作用的重要物质基础，又是其主要的政策手段。财政税收政策的调控作用，以及财政资金投入方向和投入力度变化所产生的导向作用，不仅可以有效地推动经济发展，而且还能够协调城市与农村、地区与地区、经济与社会、人与自然之间的发展，支持扩大对外开放。

三、公共产品

(一)公共产品的内涵及特征

公共产品是相对于私人产品而言的。私人产品是指具有排他性和竞争性的、以营利为目的而生产和交换的产品。从事这些产品生产的部门，称为私人产品部门。私人产品具有两个基本特征：一是排他性，二是消费上的竞争性。所谓公共产品，是指私人产品市场、部门不愿意生产或无法生产而由政府提供的产品，是不具有或者很难形成排他性、竞争性的产品。公共产品具有三个基本特征：一是非排他性。它是指一个人对公共产品的消费不需要阻止，或者不能阻止，或者需要付出很大的成本才能阻止他人对该公共产品的消费。二是非竞争性。它是指从消费者来说，一个人对公共产品的消费并不会造成另外的人失去或减少对该公共产品的消费；从生产者来说，不会由于公共产品消费人数的增加而增加额外的成本。三是带有一定的强制性。公共产品在供给和消费上具有一定的整体性，很难根据需求者的个性需要而做出改变。公共产品一旦确定，就具有一定的强制性，公众都必须接受。

(二)公共产品的分类

人们一般把公共产品分为纯公共产品和准公共产品。

1. 纯公共产品

纯公共产品是同时具有非排他性和非竞争性的产品。它可分为两类:一类是特殊意义上的公共产品,如法律、收入分配、宏观调控等制度政策。另一类是现实意义的公共产品,如国防、灯塔、水利设施等。

2. 准公共产品

准公共产品是具有一定的公共产品性质,但又不完全具有非排他性和非竞争性的公共产品。它也可以分为两类:一类是与规模经济有联系的产品,如铁路运输系统,电力输送网,城市供水、供暖、供气系统等。另一类是所谓的绩优产品,是指那些不论人们的收入水平如何,都应该消费的公共产品,如基础教育、医疗卫生服务等。准公共产品又被称为"俱乐部产品",这类公共产品的消费往往受到消费人数的限制,就像一个具有人数限制的俱乐部一样,进入俱乐部消费的人数没有达到其设施饱和程度之前,消费的人数可以继续增加,但达到饱和程度之后,继续增加消费人数,就会减少其他消费者的效用,并发生竞争现象。这类公共产品的供给者往往采取收取一定费用的方式来控制过度消费,以降低过度饱和的程度。基本医疗保障具有非竞争性和排他性,是典型的准公共产品,作为公共产品,它的提供应该面向整个社会,包括农村居民在内的全民和全部社区,而不仅仅局限于城市居民和城市地区。

(三)公共产品的生产和供给

公共产品生产和供给的方式有三种。

1. 公共生产、公共提供

这种情况是指由公共部门生产出公共产品,然后由公共部门向社会提供(包括物品和劳务)。所谓公共提供,首先是指这些公共产品是由公共部门供给的;其次,它是以不收费的方式来提供公共产品的。政府的纯公共产品,特别是行政部门,主要采用公共生产和公共提供方式来供给的公共劳务或服务。

2. 私人生产、公共提供

公共产品并不一定都要由公共部门生产,有时由政府购入私人产品,然后向市场提供。例如,国家可以将制片商已经拍好的电视片购买过来,在电视台播放;甚至武器和军事装备也可由私人部门生产,然后由政府采购而得。

3. 公共生产、混合提供

一般来说,公共产品应当由公共部门来提供。然而,有些准公共产品,尤其是在性质上接近于私人产品的准公共产品,在向社会提供过程中,为了平衡获益者与非获益者的负担,提高资源的使用效益,政府往往也采取类似于市场产品的供应方式,即按某种价格标准向消费者收费供应。这样,消费者必须通过付款才能获得消费权。例如,对于医疗产品既可以采取政府供给方式,也可以采取政府供给、个人付费方式。此外,自来水、电、煤气等,也都可以采取收费方式来供给。但是,由于混合供给方式包含了政府的政策因素,它与市场供给的私人产品,在性质和管理上是有很大区别的。

在上述三种公共产品生产方式中,前两种采用的是公共提供方式,第三种采用的是混合提供方式,这两者的区别就在于由谁来付款。公共产品无论是采用公共生产、公共提供,还是采用私人生产、公共提供方式,其结果是生产公共产品的费用完全由政府负担,亦即财政拨款。公共产品若是采用混合提供的方式,则其生产成本将由政府和受益的企业或个人共同分担。

四、公共财政

(一)公共财政的内涵

所谓公共财政，是指为社会提供公共产品与公共服务的政府分配行为，是与市场经济体制相适应的一种财政管理体制。公共财政在国民经济中占有重要地位，它对依法促进公平分配、调控宏观经济、合理配置市场资源、做好国有资产管理，起着不可代替的作用。公共财政主要着眼于满足社会公共需要，弥补“市场失效”缺陷。公共财政的历史使命，在于它支持、促进着市场经济体制的形成和发展。有市场经济体制，必有公共财政，二者相互制约、相互促进、交替推动、共同前进，是一种紧紧捆在一起的双边互动的关系。只有真正推行公共财政，才能建立与完善社会主义市场经济体制。

(二)公共财政的特征

1. 以弥补市场失灵为行为准则

在市场经济条件下，市场在资源配置中发挥基础性的作用，但也存在市场自身无法解决或解决得不好的公共问题。例如，宏观经济波动问题、垄断问题、外部性问题等。解决这些问题，政府是首要的“责任人”。政府解决公共问题，对社会公共事务进行管理，需要以公共政策为手段。而公共财政的制定和执行，又以公共资源为基础和后盾。公共财政既是公共政策的重要组成部分，又是执行公共政策的保障手段。相对于计划经济条件下大包大揽的生产建设型财政而言，公共财政只以满足社会公共需要为职责范围，凡不属于或不能纳入社会公共需要领域的事项，公共财政原则上不介入；而市场无法解决或解决不好的，属于社会公共领域的事项，公共财政原则上就必须介入。

2. 公平性

公共财政政策要一视同仁。市场经济的本质特征之一就是公平竞争，体现在财政上就是必须实行一视同仁的财政政策，为社会成员和市场主体提供平等的财政条件。不管其经济成分，不管其性别、种族、职业、出身、信仰、文化程度乃至国籍，只要守法经营，依法纳税，政府就不能歧视，财政政策上也不应区别对待。不能针对不同的社会集团、阶层、个人以及不同的经济成分，制定不同的财税法律和制度。

3. 非市场营利性

非市场营利性又称公益性。公共财政只能以满足社会公共需要为己任，追求公益目标，一般不直接从事市场活动和追逐利润。如果公共财政追逐利润目标，它就有可能凭借其拥有的特殊政治权力凌驾于其他经济主体之上，就有可能运用自己的特权在具体的经济活动中影响公平竞争，直接干扰乃至破坏经济的正常运行，破坏正常的市场秩序，打乱市场与政府分工的基本规则；财政资金也会因用于谋取利润项目而使公共需要领域投入不足。公共财政的收入，是为满足社会公共需要而筹措资金；公共财政的支出，是以满足社会公共需要和追求社会公共利益为宗旨，不能以营利为目标。

4. 法制性

公共财政要把公共管理的原则贯穿于财政工作的始终，以法制为基础，管理规范和透明。市场经济是法制经济。一方面，政府的财政活动必须在法律法规的约束规范下进行；另一方面，通过法律法规形式，依靠法律法规的强制保障手段，社会公众得以真正决定、约束、规范和监督政府的财政活动，确保其符合公众的根本利益。具体而言，获得财政收入的方式、数量和财政支出的去向、规模等理财行为必须建立在法制的基础上，不能想收什么就收什么，想收多少就收多少，或者想怎么花就怎么花，要依法理财，依法行政。

(三)公共财政的形式

1. 税收收入

税收收入是现代国家最重要的公共收入形式，是世界各国公共收入的主要来源，一般约占各国经常性公共收入的90%以上。

2. 债务收入

债务收入包括国内发行的公债，国库券，经济建设债券，向国外政府、各级组织和商业银行的借款等。

3. 国有资产收益

国有资产收益是政府凭借其资产所有权取得的股息、红利、租金、资金占有费、土地批租收入、国有资产转让及处置收入等。

4. 政府费收入

政府费收入是指政府各部门收取的各种费用和基金性收入，包括行政执法过程中收取的各种规费和公共财产使用费。它们是地方政府的主要收入。我国现阶段政府费收入主要有五类：①规费收入；②共产使用费；③特别课征；④各种摊派性费用；⑤特许金。

5. 其他收入形式

其他收入形式是指上述几种收入之外的政府各项杂项收入，常见的有：①罚没收入；②对政府的捐赠；③通货膨胀税。

同步案例 1－1　　古代以色列人对政府的认识

《圣经・撒母耳记》中记载：公元前1030年，古以色列部落一直没有中央政府。以色列人要求先知撒母耳“创设给我们以仲裁的国王，像其他国家那样”。撒母耳为打消以色列人的念头，描述了在独裁者统治下的生活：“国王会这样君临你等：他要夺走你等的儿子，安排在他的身边，做他战车的马僮，跑在战车的前面……他要夺走你等的女儿，给他洒香水、备餐、烤面包。他要抢占你等的土地、葡萄园(即使是你等最好的园地)，赏赐给他的仆人……他要强征你等1/10的畜群，你等将沦为他的奴仆。你等在那里要为自己有了国王而悔恨。”

以色列人没有被这令人泄气的告诫吓住，“人们不听撒母耳的劝告，说：‘不，我们需要国王，这样我们才能和其他国家一样。国王给我们以仲裁，走在我们前面，带领我们战斗。’”

思考与讨论：你对国家、政府、财政的关系有何理解？

任务三　财政职能

一、资源配置职能

(一)资源配置职能的内涵和目标

所谓资源配置，是指对社会总产品的配置，即运用有限的资源形成一定的经济结构、技术结构和地区结构。资源可以理解为包括人力资源、财力资源、物力资源在内的整个经济资源。

西方学者认为,政府(财政)资源配置的目标是通过配置保证社会人力、财力、物力资源得到高效的利用,满足全体社会成员的需要。他们认为,资源配置问题的基础,是资本主义经济学的基本命题:"稀缺的存在"即资源不足。由于资源不足,人们必须选择哪些欲望先满足,哪些欲望后满足或任其不满足,这就需要把有限的经济资源进行最有效的配置。因而资源配置应当符合效益原则。

市场在资源配置中一般起着基础性作用。如果是完全竞争的市场,应当说通过市场配置资源能达到最佳状态。但由于市场失灵的存在,市场自发形成的配置,不可能实现配置状态,因而需要政府介入,在市场失灵的领域配置资源。

(二)政府配置资源的措施和手段

政府配置就是指财政配置,因为财政是政府的财政,也就是政府运用财政资金配置资源。政府配置资源的机制和主要手段有:

(1)根据财政配置的范围和所需要的财力,科学确定财政收入占 GDP 的比重,防止"越位"配置和配置不到位,从而符合高效的资源配置原则。

(2)优化财政支出结构,确保教育、公共卫生、环境保护、社会保障、科技进步、农业发展等方面投入。

(3)政府投资要退出一般竞争性生产领域,确保公共设施和基础设施投资比重适度增长,以解决公共设施和基础设施"滞后",对经济形成的瓶颈制约问题。

(4)通过税收和补贴等手段,带动民间投资和吸引外资。

(5)提高政府资源本身的效率,努力降低配置成本,降低消耗,提高配置质量。

二、收入分配职能

(一)收入分配职能的内涵和目标

所谓财政的收入分配职能,是指政府通过取得财政收入和安排财政支出,对国民收入进行重新分配和调整,达到社会认为"公平、正义"的分配状态。

收入分配的目标是实现公平分配。公平分配包括经济公平和社会公平两个层次。经济公平是市场经济的内在要求,强调的是要素投入与要素收入相对称;个人的劳动投入与劳动报酬相对称。我国现行政策明确规定要实行按劳分配和要素分配相结合的分配原则,应该说符合市场经济的要求。社会公平是指将收入差距维持在现阶段社会各阶层居民所能接受的范围内。

(二)政府对收入分配进行矫正的原因

无论是西方财政学家,还是我国的财政理论工作者都认为,由市场机制决定分配,并不一定十分符合公平的原则,各种机会的不均等必然造成收入分配不均等。因此,政府通过税收和转移支付等手段来矫正因自发的市场机制的盲目性而造成的分配不公的状况,是十分必要和迫切的。具体来说有以下原因:

1. 市场机制给予人们的报酬是以所谓"生产能力"和"贡献"为标准的。"生产能力"不同,"贡献"不同,收入也就不同。由于市场对于"无生产能力"和"生产能力差"的人并不给予照顾,所以需要政府负起责任,并以财政转移支付、补助以及减免税等办法增加这部分人的收入。而对于高收入的人应给予调节,以达到社会分配公平。

2. 有产者收入多于无产者收入。由于要素收入不等形成收入分配不公。无产者只有工资收入，有产者另有财产收入，财产越多则收入越高，并进一步积累扩大经营增加更多私人财富，以致造成贫富悬殊。为防止两极过度分化，激化社会矛盾，政府必须出面进行调节。

3. 垄断势力存在和信息不对称引发各种经济机会不均等，也造成不同的人收入分配不公平。例如，垄断者能获得超额利润；信息不足的人往往造成投资失利甚至破产。所以在不同行业企业工作人员收入分配差距很大，这就需要政府来调节。

总之，市场机制造成的收入分配不公状态，需要政府运用财政手段调整。政府也完全有能力来纠正市场缺陷产生的分配不公，例如，对垄断价格干预，提供市场信息；创造经济机会均等的条件。

(三)政府调整收入分配不公所采取的措施和手段

1. 政府应建立以工资收入为主、其他收入为辅的工资制度，防止要素收入过多(如财产收入、租赁收入、专利收入)形成收入差距过大。

2. 强化税收杠杆调节。通过征收个人所得税、遗产税、土地增值税调节部分居民和房地产经营商的过高收入；征收资源税，调节资源优劣形成的级差收入。

3. 建立政府转移支付制度。通过对低收入的地区和家庭给予补贴，使每个地区的社会成员获得基本的生活条件和福利条件。

三、经济稳定与增长职能

(一)经济稳定和发展的内涵与目标

经济稳定是与经济波动相对立的内涵。市场失灵的重要表现是失业、通货膨胀和经济失衡，这些因素都会引起经济波动。那么，什么是经济稳定？所谓经济稳定，就是在一个较长时期内，经济平衡发展，不产生大的波动。

经济稳定的目标要求：充分就业；物价基本稳定；国际收支平衡(不出现大的顺差或逆差)。宏观经济稳定和发展的目标是财政的基本职能之一，也就是通过财政政策和手段，实现社会总供给和总需求之间的平衡。当然，经济不仅要稳定，还要发展，即通过发展生产、壮大流通、提高消费来满足社会成员日益增长的物质和文化生活需要。

(二)市场经济条件下需要政府来稳定和发展经济的原因

1. 实践证明，全方位地依靠市场，往往会出现经济波动的状况。例如，失业、通货膨胀、经济周期性危机，通过市场机制的本身不能解决，只有通过财政金融手段和政府政策调整才能解决。

2. 市场经济体制下人们消费性偏好和流动性偏好，加上信息不对称，往往造成资源盲目流动，导致经济总量和经济结构深层次矛盾，造成总供求关系失衡，需要政府采取相应的政策和措施才能解决总供求失衡总题。

(三)政府促进经济稳定和发展的政策措施和手段

1. 运用财政政策，即财政支出的扩张和紧缩相结合。当总需求大于总供给时，财政实行紧缩政策，减少支出，增加税收或同时并举；当总需求小于总供给时，动作相反。

2. 运用税收制度特别是累进级次的所得税制度来“自动稳定经济”。例如，经济扩张过热，所得税增加，政府税收收入增加，私人投资就会减少，以累进级次的所得税产生一种“拉力”，将过热的经济往回“拉”；相反，产生“推力”。

3. 通过财政投资和税收优惠等措施，促进经济中薄弱环节发展，消除结构不合理问题。

例如，目前要加快农业、能源、交通、原材料等薄弱环节的发展，加快结构转换。

4. 财政政策和货币政策紧密配合。例如，在急剧通货膨胀时，可采取紧的财政政策，同时采取紧的货币政策，通常叫“双紧”政策。但一般情况下，应采取紧的财政政策和中性的货币政策，或者是中性财政政策和紧的货币政策，以避免“双紧”政策或“双松”政策使经济急剧升降造成碰击太大。

拓展阅读 1－1

新医改亮点：公共财政责任明确

2009 年 4 月 6 日，新华社受权发布《中共中央国务院关于深化医药卫生体制改革的意见》(以下简称《意见》)。新医改方案明确了公共财政在医疗卫生事业投入中的作用，这是“政府主导”的原则在新医改中的最大体现，尽管很多人对于“政府主导”这一原则颇有微词，而且还有不少人总是有意无意地让“政府主导”滑向“计划体制”。

在卫生投入方面，新医改方案提出了三大明确的方向，值得加以重视。

第一，确定了公共财政在卫生筹资中的责任类别。新医改方案征求意见稿中的第十项，提出要“建立政府主导的多元卫生投入机制”。具体的方针是：“公共卫生服务主要通过政府筹资，向城乡居民均等化提供。基本医疗服务由政府、社会和个人三方合理分担费用。特需医疗服务由个人直接付费或通过商业健康支付。”这一方针的提出符合公共财政的基本原理：公共卫生服务，例如控制、环境卫生、健康教育以及预防保健等，与国防外交类似，都是所谓的“公共物品”，无法通过市场来筹集其经费，因此必须由政府通过公共财政来买单。

第二，明确了公共财政卫生投入增加的规范。关于这一点，《意见》给出了三点原则性的规范：其一，“逐步提高政府卫生投入占卫生总费用的比重，使居民个人基本医疗卫生费用负担明显减轻”，这就意味着一手提高政府财政预算投入卫生事业的数额和比重，另一手强化公立医疗保险的投入作用，也就是我们常说的“补需方”。其二，“政府卫生投入增长幅度要高于经常性财政支出的增长幅度，使政府卫生投入占经常性财政支出的比重逐步提高”，也就是说，在公共财政的大盘子中，用于卫生的那一块儿会逐渐变大。其三，“新增政府卫生投入重点用于支持公共卫生、农村卫生、城市社区卫生和基本医疗保障”，明确了新增公共财政卫生投入的方向，即公共卫生、农村卫生、城市社区卫生和基本医疗保障；换言之，大中型公立医院并不是新增政府预算投入的一般性重点，而是必须根据实际的具体需要加以评估。一般而言，大中型公立医院必须通过竞争医疗保险的支付来寻求发展的空间，相对来说，上述四个重点领域，除了城市社区卫生(颇有争议)之外，均属于市场不足的领域，公共财政的一个基本职能就是弥补市场不足、矫正市场失灵。

第三，新方案明确提出要“鼓励和引导社会资本发展医疗卫生事业。积极促进非公医疗卫生机构发展，形成投资主体多元化、投资方式多样化的办医体制”。实际上，社会资本进入医疗卫生领域，能够增加服务供给，有助于缓解“看病难”的问题。

资料来源：http://wenku.baidu.com/view/f1a6a6c9da38376baf1faec9.html。

项目二　财政支出

学习目标

能力目标

1. 能够掌握财政支出的基本知识和基本原理，学会分析财政支出的基本问题；
2. 能够结合购买性支出和转移性支出分析我国的财政支出现象。

知识目标

理解：财政支出的基本内容、财政支出的分类和形式。

熟知：财政支出对社会经济发展的影响。

掌握：购买性支出和转移性支出的内容。

素质目标

1. 具备收集资料、分析资料的能力；
2. 具备独立思考、团结协作的能力，注重团队的成绩与荣誉；
3. 培养与人沟通、言行举止得体等综合素质能力。

项目引例

“非典”时期中国医疗卫生支出体系

2002 年 11 月 16 日在我国广东省出现首例“非典”病例，2003 年 2 月初已经在广东的中山、江门、深圳等地蔓延开来，广州出现了抢购消毒用品和板蓝根的风潮，接着在中国香港、越南、加拿大也出现被感染的病例。虽然直到 4 月下旬经过全球的许多科研人员攻关研究，才确认“非典”是由新的冠状病毒的感染引起的，但是官方对这起具有恶性特质的新型传染疾病在 3 月中下旬应该已经有所认识，如果当时采取果断措施，“非典”就不会在北京以及全国许多地区造成这么大的影响。“非典”的第一个病例出现在广东，但是它的影响不仅限于广东，甚至整个内地，中国香港、中国台湾和新加坡、越南、美国、加拿大等国家也受到影响。作为全球经济体系中的一员，随着中国经济的快速发展，人员的交往，发生在我国的疫情会影响到其他国家和地区；同样，将来爆发在国外的新的、不明原因的传染病也有可能传播到我国来。

2003 年第一季度中国经济 9.9%的高位增长让世界为之击掌，但一场突如其来的“非典”却将中国人从经济发展的自我陶醉中拉了出来。不仅如此，不断蔓延的 SARS 病毒无情地吞噬着中国经济的健康肌体，高速行驶的中国经济列车也因此在春天遭遇到了寒流。可喜的是，2003 年全年我国的国民经济增长率并没有出现意料中的下滑趋势，而依然保持在一个相对较高的水平，国内生产总值比上年增长 9.1%。在此期间国家财政政策的调整起到了至关重要的作用。

“非典”时期相关财税政策：

4 月初，中央财政紧急安排专项经费用于非典型肺炎防治的科研攻关等工作，安排专项资金 3.1 亿元用于第一阶段应急反应机制建设。

4 月 23 日，国务院常务会议决定，从中央预算总预备费中安排 20 亿元设立“中央财政非典防治基金”，专项用于“非典”防治有关工作。

4 月 29 日，财政部与卫生部联合下发《关于农民和城镇困难群众非典型肺炎患者救治有关问题的紧急通知》，明确规定对这部分人员中的“非典”患者实行免费医疗救治，所产生的救治费用由政府负担。

4 月 30 日，财政部下发《关于中央部门调整 2003 年部门预算保障“非典”防治经费的紧急通知》，要求中央各部门根据党中央、国务院关于防治“非典”工作的要求，压缩会议费、差旅费、培训费和出国费等一般性公用经费支出，以保证“非典”防治工作需要。同时，为便于中央财政及时了解各地“非典”防治经费安排情况，督促各地财政部门落实资金，建立了资金调度机制和“非典”防治经费投入情况统计制度。

5 月 6 日，中央财政再次预拨“非典”防治专项经费 9 000 万元，对山西、内蒙古、河北等 9 个中西部省、自治区给予补助。据了解，这是中央财政自 4 月 23 日以来第三次下拨对地方的“非典”防治补助经费。包括中央本级支出在内，中央财政已经拨付直接用于“非典”防治专项经费近 9 亿元。

5 月 11 日，财政部、国家税务总局发出紧急通知，对受“非典”疫情直接影响比较突出的部分行业实行税收优惠政策，在 2003 年 5 月 1 日～9 月 30 日期间对餐饮等行业减免城镇公用事业附加、地方水利建设基金、文化事业建设费等 15 项政府性基金。

SARS 疫情发生之后，中央财政安排了 20 亿元“非典”防治基金。在防治基金的运用中，我们可以明显看到财政对公共卫生事业的支持。到 5 月上旬，20 亿元中用于支持地方“非典”患者和相关医疗设备、仪器购置 3.9 亿元，支持卫生部科研攻关、疫情监测等工作2 000万元，建立突发性公共卫生事件应急反应机制 3.1 亿元。此外，在相继出台的减免困难群众“非典”病人医疗费用的紧急通知中，在一系列类似的措施里，财政对于公共卫生的支持落在实处。与此同时，地方各级财政在公共卫生事业方面的支出也有显著增长。

思考与讨论：

对于 SASA 病毒方面的支出，具体属于什么支出？它有哪些特点？

知识支撑

任务一　财政支出概述

一、财政支出的基本内容

(一)财政支出的内涵

财政支出又称政府支出，是政府为了履行其职能，对集中的财政资金进行有计划分配活动的总称。财政支出具体体现为政府对其所掌握的财政资金的安排、供应、使用和管理的全过程，反映了财政资金的规模、结构、流向和用途。

(二)财政支出的性质

对财政支出性质的理解会直接影响人们对政府的看法。马克思认为，划分生产性劳动与非生产性劳动的标准有两个，一是劳动是否创造了物质产品或为人们提供的服务是否直接与物质生产过程相联系；二是是否创造了剩余价值，是创造了收入还是消耗了收入。

(三)财政支出的意义

财政作为国家集中供应资金的主要渠道，其资金支出的方向、规模和构成，对于国家政权建设、各项事业的发展与社会经济活动等都具有重要意义，是政府的重要宏观经济调控手段。

财政支出为维系国家机器正常运转提供了必要的财力保证；财政支出为提高社会成员的整体文化素质提供了物质保证；财政支出作为有力的经济杠杆，在宏观经济调控中具有重要作用；财政支出对社会扩大再生产和国民经济发展规模、增长速度有着重要影响；财政支出结构对国民经济结构的适时合理化调整具有重要作用。

从性质上看，它既是政府行为的政府成本，也是实现政府职能的主要手段，因而也是组织财政收入的直接目的。

(四)财政支出的范围

财政支出的目的是满足政府执行其职能的需要，因此政府职能范围的大小决定了财政支出的范围。在市场经济条件下，政府职能范围必须限定在市场失灵领域，从而决定了财政支出的范围也只限于市场失灵领域。如果超过此领域，则会出现政府失灵。

二、财政支出的分类

(一)财政支出的分类

1. 按费用类别分类

费用类别的“类”是指国家职能的分别，所以按费用类别所做的分类，又称为按国家职能所做的分类。

我国依据国家职能的分别，将财政支出区分为经济建设费、社会文教费、国防费、行政管理费和其他支出五大类。

按此法分类可清楚地揭示国家执行了怎样一些职能以及侧重于哪些职能。

2. 按经济性质分类

按经济性质可将财政支出分为购买性支出和转移性支出。

(1)购买性支出。它直接影响生产、就业，间接影响分配。它采取等价交换原则，一手交钱一手交货，体现政府的市场性再分配活动。这类支出包括行政管理支出、国防支出、科教文卫支出和投资性支出。

(2)转移性支出。它直接影响分配，间接影响生产就业。它不采取等价交换原则，付出了资金无任何所得，体现的是政府的非市场性再分配活动。这类支出包括社保支出、财政补贴支出、公债利息支出和捐赠、对外援助支出。

购买性支出与转移性支出占财政支出总额比重的大小，反映了政府在一定时期内直接动员社会资源的能力。

按经济性质分类的经济分析意义在于：

(1)在市场经济条件下,政府购买性支出是通过政府掌握的资金,在市场上与微观经济主体提供的商品和劳务相交换,因而对社会的生产和就业有着直接而重要的影响。政府的转移性支出则是资金使用权的转移,即从政府转移到领受者手中,尽管它对财力分配产生直接影响,却只能对生产与就业起着间接的影响作用。

(2)由于强调市场机制在资源配置中的基础作用,政府在进行购买性支出时必须遵循等价交换原则,因此,通过购买性支出体现出的财政分配活动对政府形成较强的效益约束。在安排转移性支出时,政府并没有十分明确和一贯坚持的原则,而且,财政支出的效益也极难换算。由于上述原因,转移性支出的规模及其结构在相当大的程度上只能根据政府同微观经济主体、中央政府与地方政府的谈判情况而定。显然,通过转移性支出体现出的财政分配活动对政府的效益约束是软约束。

(3)微观经济主体在同政府的购买性支出发生联系时,也需遵循等价交换原则。因此,购买性支出对微观经济主体的预算约束是硬约束。微观经济主体在同政府的转移性支出发生联系时,并无交换发生,其收入的高低在很大程度上取决于同政府讨价还价的能力。显然,转移性支出对微观经济主体的预算约束是软约束。

由此可见,如果购买性支出在财政支出总额中的比重较大,则财政活动对生产和就业的影响就大一些,直接通过财政所配置的资源规模也就较大;如果转移性支出所占比重较大,则财政活动对社会收入分配的直接影响就大。

就财政的职能来看,以购买性支出占较大比重的支出结构的财政活动,执行配置资源的职能较强;以转移性支出占较大比重的支出结构的财政活动,具有较强的收入再分配职能。

3. 按支出产生效益时间来分

(1)经营性支出。它是指维持公共部门正常运转或保障人们基本生活所需的支出,其直接构成当前公共商品的成本,理论上其补偿方式应是税收。

(2)资本性支出。它是指用于购买或生产使用年限在一年以上的耐用品所需的支出,即包括生产性支出,也包括用于购买汽车、复印机等办公品的非生产性支出。其支出补偿方式有税收和国债。

4. 按财政支出用途来分

(1)补偿性支出。它是指用于补偿生产中已消耗掉的物质资料方面的支出,如企业固定资产更新改造支出,挖潜改造支出。

(2)积累性支出。它是指用于扩大再生产的各项支出。

(3)消费性支出。它是指用于社会和个人消费方面的支出。

此分类方法有利于正确处理财政分配中的积累和消费的比例关系,促进国民收入分配合理比例关系的形成。

5. 按支出的管理权限分类

(1)中央财政支出。它是指实现中央政府职能的各项支出。

(2)地方财政支出。它是指实现地方政府职能的各项支出。

(二)财政支出分类的意义

1. 适当的财政支出分类,可以促进社会公众对政府财政状况的了解。

2. 适当的财政支出分类,有利于促进政府预算的编制。

3. 适当的财政支出分类,有利于对财政支出问题进行研究。

三、财政支出的形式

财政支出形式是指政府采用何种方式、渠道分配和使用资金，一般分为无偿拨款和有偿贷款两种。我国现阶段财政支出的形式主要有财政拨款、财政性贷款、财政补贴和生产性投资四种。

(一)财政拨款

财政拨款是指财政再分配过程中财政资金的单方面转移，即财政部门将其掌握的资金，根据批准的年度支出预算、支出用途、数额和程序，适时、正确地无偿拨付给用款单位。不要求偿还是无偿拨款这种财政支出形式的根本特征。财政拨款是政府实现其职能的前提和物质保证，各国政府包括我国财政支出历来把它作为最主要的支出形式。它主要用于包括政府自身的经费支出及社会公共需要方面的支出等，具体有社会公共事业费、行政管理费、国防费支出、用于增加固定资产和物资储备等方面的支出等。

(二)财政性贷款

财政性贷款是指财政部门以信贷方式向使用单位有偿让渡财政资金的方式。其特征是财政分配过程中财政资金的双向转移，即在一定时期内财政资金转移到有关部门和单位使用，在规定期满时这些部门和单位再把上述资金连同利息还给财政部门。它是我国经济体制改革过程中，为加强用款单位的经济责任，提高财政资金使用的效率而采用的财政支出形式。它主要适用于具有偿还贷款能力、从事生产经营活动的生产企业、单位所需要的基本建设投资贷款及农业长期贷款。

(三)财政补贴

财政补贴是指政府为了某种特定需要而向企业或居民提供的无偿补助，是财政支出的一种特殊形式，实质上它也是一种无偿性的支出。财政补贴的内容主要有三种。一是价格补贴，即财政在生产和流通环节提供的价格补贴。这部分支出采用直接拨款的形式。二是企业政策性亏损补贴，企业为了配合政府的某项政策意图导致经营亏损，由财政给予一定的补贴。三是财政贴息，是指政府对使用某些规定用途的银行贷款的企业，就其支付的贷款利息提供的补贴。这些都是由财政直接安排的支出。另外，从国家支付补贴与受补贴者获得补贴的预算处理方式看，补贴方式还可包括直接补贴和间接补贴，或称财政的明补和暗补。至于选用哪一种补贴形式，还应依据具体情况和有效性而定。

(四)生产性投资

生产性投资是政府以调整产业结构、优化资源配置和获取一定投资收益为目的而采用的一种财政支出形式。在发挥财政宏观调控功能的同时，取得一定的投资收益是这种支出形式的基本特征。它主要适用于国民经济中的基础产业、支柱产业的重点项目和高新技术开发项目等，在财政资金比较宽裕时，也可用于竞争性、营利性较高的行业和企业的投资。这种财政支出形式有利于积极引导社会资金、企业资金和外资的合理投向，提高财政资金使用效益和增加财政收入，保证国民经济协调、稳定、快速发展。

四、财政支出的原则

公共财政支出的基本原则是指政府在安排和组织公共财政支出的过程中，为了正确处理经常遇到的各种矛盾所应当遵循的基本准则。

(一)量入为出原则

公共财政支出的总量不超过公共财政收入的总量。这是由社会发展水平和国民经济协调发展的客观要求决定的,是由公共财政收支平衡的良性循环要求决定的,也是由公共财政收支矛盾所决定的。

同步思考 2-1　　量入为出

夏、商、周,史称三代,是中国历史上的奴隶制社会时期(主要包括夏、商、西周,东周为奴隶制向封建制过渡的时期),在经济上以农业为主要生产部门,土地的产出是国家财政的主要收入,国家财政状况几乎完全依赖并取决于农业生产状况。然而,三代奴隶制时期,生产工具简陋落后,生产力水平极为低下,季节转换、气候变化和自然灾害都对农业收成的丰歉有严重影响。因此,三代时期的国家财政分配只能在可能取得收入的基础上来安排支出,即根据收入的数量来确定支出的规模,这就是中国历史上最早的"制国用,量入以为出"的财政原则,据此达到以收抵支,收支平衡的目的。

但是,三代的财政收支平衡,又不是简单的平衡,而是要求多有结余。其原因在于早期农业社会对自然灾害缺乏抵御能力,农业生产靠天吃饭,不可能年年风调雨顺,五谷丰登。如果没有足够的结余,势必造成国家的社会经济危机。在周代,财政遵循多有结余原则,即"三年耕,必有一年之余,八年耕,必有三年之余"。按"耕三余一"来制定财政支出总额。如果"国无九年之蓄,曰不足,无六年之蓄,曰急,无三年之蓄,曰国非其国也"。由此可见,三代时期"量入为出,多有结余"的重要地位。同时,周代还有专项储备,以待急用,即"凡邦国之贡,以待吊用,凡万民之贡,以充府库",是为保证国用的充足和社会生活的安定。

思考与讨论:

历史上强调"量入为出"财政支出原则的原因是什么?

(二)效率原则

财政支出应能够有助于资源的配置,促进经济效率的提高。

由于市场存在失灵现象,会使市场的资源配置功能不全,不能有效提供全社会所需要的公共产品和劳务,因而不能不要求政府以其权威来对资源配置加以调节和管理。

(三)公平原则

通过公共财政支出所产生的利益,应在社会各阶层居民中间的分配达到公平状态,能比较恰当地分别符合各阶层居民的需要。

应按照同等情况同等对待,不同情况不同对待,即横向公平和纵向公平的原则来安排公共财政支出。除了一些社会公共支出(国防、行政等),其他支出应坚持按"受益能力的原则"安排。

在市场经济条件下,财富的分配取决于财产所有权和财富积累的分布状况,而收入的分配则取决于能力、职业训练和这些技能的市场价格。如果单纯依赖市场,则不可避免地会出现贫者愈贫、富者愈富的"马太效应"的局面。因此,从社会稳定的角度,就要求进行社会的再分配,实现社会的相对公平。

拓展阅读 2-1

为何税费取之于民、用之于官

对于中国税负的轻重，税收部门和一般民众的口径颇有些不一致。前者认为，与经济总量相比，我国的税负总体水平与世界相关国家比仍然偏轻。我国宏观税负在 2005 年达到最高水平 16.2%，这个水平比 2000 年以后工业化国家 30%左右的平均税负水平约低 14 个百分点；如果加上社保基金的宏观税负，则为 20%，仍然偏低。而后者则"感觉"税负很沉重，让他们很不舒服，而且越来越不舒服。两种截然不同的声音相持不下的结果，便是一方面自近年来，国家财政与税收收入远高于 GDP 增长速度，更远高于国民收入的增长速度(从"十五"初期的15 165亿元上升到"十五"末期的30 867亿元，税收年均增长 19.50%，税务部门仍觉得不到位，不能与国际标准接轨)；另一方面社会上对税负增长过快的抱怨与日俱增。史载唐太宗曾问魏征，为什么隋炀帝仅仅动用了全国一半左右的人力和财力去经营辽东就导致民怨沸腾，而大禹竭尽九州之财、力治天下山川，前后达十年之久，竟没有遭至反对和抱怨？魏征的回答是，大禹与隋炀帝的差别在于"与民同利，故天下虽竭而民不怨"。单就数据而言，税收部门的说法是有道理的，我国宏观税负总体水平的确不高。如果这些税款能充分投入到人民大众所急需、所关注的方面和领域，做到"与民同利"，相信很难有什么人会觉得不舒服。但实际情况却是，一方面，行政权力得不到良好的监督和制约，普遍出现税费取之于民、用之于官的现象，中国行政管理经费增长之快，行政成本之高，已达到世界少有的地步。据统计，1978～2003 年的 25 年间，我国行政管理费用已增长 87 倍，平均每年增长 23%，行政管理费占财政总支出的比重，比美国还高出 9.13 个百分点。另一方面，公共服务支出占财政收入的比重却越来越低。2005 年中央财政用于科技、教育、卫生、文化的支出仅1 168亿元，年同比增幅 18.3%，而中央的财政收入占全国财政总收入的一半以上。也就是说，中国官员自身支出方面，不仅是其绝对值远高于全民社会保障支出，而且其相对增幅远高于财政收入和 GDP 增幅，而社会福利和保障支出的增幅却远低于财政收入和 GDP 增幅。如民众关注程度极高、怨气极大的医疗领域，政府从税收中拨入的资金只占医疗费用的 17%，不但无法和美国的 45%相比，甚至远低于低收入国家 27%的平均水平。由此可以看出，问题的关键不在于收了多少税，而在于这些税都投向了哪些方面，在于这些花费是否为大多数人造福，在于税款的征收、分配和使用上有没有真的做到"与民同利"。孙子在《孙子兵法・谋攻》里说得好，"上下同欲者胜"，只要有关方面在制定和实施税收政策时能切实考虑到社会各阶层的利益，只要有关部门和人员在使用这些得来不易的税款时能真的做到"与民同利"，相信在税负问题上达成一个全社会都能满意的共识，绝非一件很难的事情。

资料来源：南方网(广州新闻网)。

(四)稳定原则

财政支出应促进社会经济的稳定发展。在市场经济条件下，市场体系无法有效协调其自身的所有活动使其达到平衡，会出现经济周期的兴衰更迭、失业、通货膨胀等现象。政府可以利用财政措施进行调节，通过财政支出规模、结构的条件来调节经济、引导经济，使经济实现平稳的发展。

五、财政支出对社会经济发展的影响

(一)财政支出对就业的影响

1. 财政可通过投资性的支出,直接增加就业岗位。政府通过财政拨款兴修水利、基础设施等工程从而创造大量的就业机会,缓解失业压力。

2. 政府通过采购各种商品和劳务的购买性支出,增加对社会商品和劳务的需求,从而刺激企业的生产,促进企业的投资行为,间接增加就业机会。

3. 政府通过各种转移性支出,增加社会成员的收入,这些收入按一定的比例转化成消费和储蓄,从而增加对社会商品和劳务的需求,间接增加就业岗位。

4. 政府在再就业培训、职业介绍服务、产业结构转化等方面增加财政支出,如通过财政补贴、税式支出等手段,可以缩短工人寻找工作的时间,增强工人在不同岗位的就业适应能力,减少在流动过程中产生的摩擦性失业以及产业结构转换中造成的结构性失业。

(二)财政支出对物价的影响

1. 财政支出是构成社会总需求的重要组成部分,财政支出的增加,使得总需求曲线外移,此时是否会对物价产生影响,要视社会总供给曲线的情况而定。

2. 财政支出中的不同组成对物价的影响程度不同。购买性支出可以全部转化为社会总需求,因而对物价的影响程度更大;而转移性支出中只有一部分转化为需求,另一部分转化为积蓄,因而对物价的影响程度较小。

(三)财政支出对国民收入的影响

在整个社会经济未处于充分就业水平时,扩大财政支出可导致社会总需求的变化,使产出水平即国民收入水平发生变化。财政支出不仅自身直接影响国民收入水平,而且还通过影响消费和投资的方式间接影响国民收入水平。

六、财政支出的结构及效益

(一)财政支出的结构

财政支出的结构是指在一定的经济体制和财政体制下,财政资金用于行政各部门、国民经济和社会生活各方面的数量、比例及相互关系。它是按照不同的要求和分类标准对财政支出进行科学的归纳、综合所形成的财政支出类别构成及其比例关系。

对财政支出结构进行全面、系统的分析,目的在于探索财政支出的内在联系及其规律性,分清主次和轻重缓急,合理安排财政资金,形成财政支出的最优结构,保证政府各部门、国民经济和社会发展各方面的资金需求,保证国家履行各项职能的资金需要,提高财政资金使用效率。

从财政分配的自身角度分析,财政支出结构反映了财政支出的基本内容及其各类支出的相对重要性;体现了一定时期内国家的财政经济政策取向和政府财政活动的范围、支出责任和重点。

从宏观经济运行角度分析,财政支出涉及社会生活的方方面面,并对经济运行起着重要的作用,因此,财政支出结构必然体现社会经济生活中各种比例关系的客观要求。更重要的是,在社会主义市场经济条件下,生产要素的配置和调整主要通过市场进行,而财政分配要从宏观上调控市场,则主要通过财政支出结构来发挥其宏观调控的作用,即通过调整财政支出结构,来协调、引导、控制经济结构、产业结构、消费结构、社会结构，实现国家宏观调控目标。因此，对财政支出结构的分析和调整，是国家宏观调控的重要手段，是实现宏观调控目标的重要途径。

（二）财政支出的效益

效益即经济活动的投入所达到的效果，对企业来说就是投入较少成本获得较多的利润，对政府来说是国家把财政收入花费出去，解决更多的经济问题，获得更大的收益。财政支出效益衡量的是政府行为的效果，不光是把钱花出去了，还得有效果，把钱花在刀刃上。考核财政支出效益有一系列指标、原则和方法。

开展提高财政支出效益的探讨，西方发达国家如美国、加拿大、英国等早有实践。我国借鉴西方的经验，从2005年开始探讨财政支出效益，形成了一些考核办法。

开展财政支出效益考核的重大意义在于：提高了政府的办事效率，为老百姓做了更多的好事实事，形成了政府消费行为的约束，提高了财政资金的使用效益，更好地利用了财政收入。

任务二 购买性支出

购买性支出是指政府用于在市场上购买所需商品与劳务的支出，是西方财政学按照财政支出是否与商品劳务直接交换为标准，进行财政支出的分类。这类公共支出形成的货币流，直接对市场提出购买要求，形成相应的购买商品或劳务的活动。它既包括购买进行日常政务活动所需商品与劳务的支出，如行政管理费、国防费、社会文教费、各项事业费等，也包括购买用于兴办投资事业所需商品与劳务的支出，如基本建设拨款等。

一、行政管理支出

行政管理支出是国家为保证行政机构正常运转所需的费用支出，是国家行使其职能的一项必要支出。这项支出的主要范围是国家各级政权机关、行政管理机关、政法机关和外交机关行使其职能所产生的费用开支。行政管理支出反映了国家一定时期经济、政治、军事、外交等任务主攻方向，决定了国家政权机构的繁简、人员设置和管理范围。

（一）行政管理支出的内容

1. 行政管理费。如人大经费、政府机关经费、政协经费、中央和各民主党派经费、社会团体机关经费等。

2. 外交外事支出。驻外机构经费、出国费、外交招待费及其他外交费用。

3. 武警部队经费。

4. 公、检、法、司经费。

（二）行政管理支出居高不下的原因

我国行政管理支出近20年一直居高不下，其主要原因有三个方面：

1. 机构和人员膨胀导致用于行政管理费扩大。

2. 机关存在铺张奢华作风，导致行政管理费扩大。

3. 政府包揽的事权过多，效率低，造成行政管理支出扩大。

二、国防支出

(一)国防支出的内涵

国防支出是用于国防建设和军队建设方面的费用,主要项目包括国防费、民兵建设费、国防科研事业费、防空经费、军事专项工程和其他费用等。

(二)国防支出高低取决的因素

1. 经济水平的高低。国防支出的规模从根本上说是由经济实力决定的。经济实力越强,用于国防方面的支出就越有基础;经济实力弱的国家,国防支出往往受到限制。

2. 国家管辖控制的范围大小。一国领土越大,人口越多,国防费开支相应要大一些;反之,则小一些。比如,中国和新加坡国防开支是不可比的,前者往往是后者的100倍以上。

3. 国防政策。一国的国防政策如果是进攻性的、扩张性的,军事支出往往很大。第二次世界大战时期的日本、德国军事支出占财政总支出的40%以上。如果是防御性的、中立的、和平共处的国防政策,往往军事费用就较低,如瑞典、瑞士等国。

4. 国防的政治军事形势。爆发战争或军事对峙时期,国内动乱、内战时期,国防支出会大大增加,而和平时期国防支出往往会减少一些。

三、社会文教支出

(一)社会文教支出的性质和意义

社会文教支出,是指政府财政用于文化、教育、科学、卫生等事业部门的经费支出。

1. 社会文教支出的性质

(1)社会文教支出属于消费性支出,内容包括财政用于文教科卫等部门的经常性支出,即这些单位的人员工资和公用经费的支出。

(2)社会文教支出属于非生产性支出,因为这些部门属于非物质生产部门,不提供生产性的产品和劳务。但是文教科卫等事业发展会提高劳动者素质,提高劳动工具和劳动对象的效能。这些素质对社会物质生产贡献很大。

2. 社会文教支出的意义

(1)科学技术是经济发展的重要推动力量。生产力发展无不是由科学技术发展而带来的,西方劳动生产率的提高,80%的因素是采用了新的科技成果,所以,“科学技术是第一生产力”。

(2)教育是科学技术进步和社会进步,文化艺术水平提高的源泉和基础。没有教育,就没有社会的进步。

(3)卫生事业发展是一个民族拥有健康体魄的保证。

(4)文化是人类精神升华的阶梯。

正是因为科教文卫事业的发展对国民经济发展具有重要意义,所以各国政府无不投入大量资金支持其发展。我国这一支出近年来一直保持较高的水平。

(二)社会文教支出的内容

1. 按支出的部门划分,包括文化事业费、教育事业费、科学事业费、卫生事业费、体育事业费、通信事业费、广播电视事业费以及出版、文物、档案、地震、海洋、计划生育等项事业费支出。

2. 按支出用途划分,包括人员经费支出,公用经费支出(含公务费、零星设备购置费、修缮费、业务费)。

（三）社会文教支出的管理

1. 定员、定额管理。定员管理是指文教科卫事业单位定员除考虑事业单位业务规模外，还要考虑国家的定员比例，如教师与学生的比例以及机构的等级。定额管理分为收入定额和支出定额两大类。定员和定额是财政确定对文教科卫事业单位拨款规模的依据。

2. 社会文教支出财务管理办法分为三种：全额预算管理；差额预算管理；自收自支，企业化管理。随着经济体制改革的深化，这三种管理方式的弊端日趋明显，即不够科学和合理。针对这种情况，财政部门公布了新的管理办法：采取"核定收支，定额或定额补助，超支不补，节余留用"的方法。根据事业单位的特点、单位收支情况及政府财力的可能，确定不同单位定额或定额补助标准。补助数额一经确定，一般不再调整。各单位的预算规模由各单位根据自己的资金来源、事业发展需要自行确定，自求平衡。总的原则是，政府希望事业单位都逐步走向市场，与政府脱钩，减少政府财政支出的压力。这是当前的过渡办法。

四、政府基本建设投资

（一）政府基本建设投资的内涵

所谓政府基本建设投资，是指财政用于基本建设的支出所拨付的资金。财政用于基本建设的支出分为生产性支出和非生产性支出两部分。生产性支出主要用于基础设施、基础产业投资；非生产性支出主要用于国家机关、社会团体、文教科卫等部门的办公用房以及所需要的各种设备、仪器的购置和安装。

（二）政府基本建设投资的特点

1. 政府基本建设投资的目的主要是社会效益性。政府居于宏观调控的主体地位，政府投资一般不单纯从经济效益高低的角度来评估和安排自己的投资。如对一些事业单位、管理机关的投资可能是低利甚至是无利的，但政府投资项目的建成，如事业单位、基础设施投资等，具有正的"外部效益"，可以极大地提高国民经济整体效益和人民的整体利益。

2. 政府投资项目的大型化和长远性。政府财政相对而言，资金力量雄厚，且资金来源大部分是无偿的，可以投资于大型项目和长期项目。这一点，是私人投资难以达到的。

3. 政府基本建设投资是调控经济运行的重要手段。政府财政投资一般要考虑国家调控经济运行的需要，考虑国家的产业政策，重点解决瓶颈制约的部门和行业，以保证国民经济健康、协调、稳定发展。

（三）政府基本建设投资的方向

从社会固定资产总投资的方向看，政府基本建设投资的方向包括三大部分：

1. 社会公共需要类项目的投资，包括国防、政府行政机构，公检法司部门的设施，科研、教育、文化、卫生部门设施，以及环境保护和其他城市公共设施等。

2. 经济基础类项目投资，包括能源、交通、邮电和通信业、农业、水利、气象设施及高新技术产业等。

3. 竞争类项目的投资，包括制造业、建筑业、流通仓储业、服务业、金融保险业等。

从市场经济下政府投资的特点和财政支出的范围看，政府基本建设投资主要是前两部分，而第三部分一般不应介入。就是说政府投资性支出应以社会公益性项目和一部分经济基础类项目为投资范围，一般不应参加竞争类项目投资。这样，既可以防止对市场配置资源不必要的干预，体现市场配置基础性作用，又可以把政府有限的资金集中到必不可少的领域。因此，政府财政性投资主要集中在三大领域。

(1)社会基础设施和公用基础设施的投资领域

社会基础设施是指一国在文化、教育、科技研究、公共卫生等社会发展方面的基础设施。政府财政对这方面进行投资,可以提高社会成员的整体素质,促进社会全面进步。公用基础设施是指构成一国经济发展的外部环境所必需的基础设施,如道路、码头、机场、供水、供气、供热、排水和固体废物处理设施等。政府对公用基础设施投资,对于优化外部环境,促进经济增长是必不可少的条件。发展中国家普遍存在公用基础设施滞后问题。亚洲开发银行专家指出,亚太地区普遍存在公用基础设施落后的问题,要增加这方面投资。专家还建议政府要将基础设施投资占 GDP 的百分比由 5%提高到 7%,才能跟上经济发展和社会进步的需要。公共基础设施是服务于全社会的,有些服务于区域范围内的经济建设。它以社会效益为基本出发点,虽然也可以收取一定的费用,但基本上是非营利性质的,所以主要靠政府财政投资。当然私人企业也可以参与投资,但主要是政府投资领域。

(2)经济基础产业投资

经济基础产业投资大都是关系国计民生的重要产业,是经济增长必不可少的因素。这类产业资本密集程度高,投资大,建设周期长,投资回收慢,巨额的投资沉淀后较难收回;同时部分产业外部效应明显,存在着无利或低利的情况。鉴于这些特点,对这些经济基础产业,如交通、邮电、水利、通信、能源、军工等,私人投资主体一般不愿意主动进行投资。没有政府财政投资支出的支持,经济基础产业很难迅速发展,这必然影响整个社会经济的稳定增长。因此,政府应该在较大程度上介入这些产业的投资,同时运用政策鼓励和吸引其他社会资金共同投资。

(3)高新技术产业投资以及重点能源和稀缺资源的开发领域

新兴产业、高技术和高风险产业,是为国民经济提供技术装备,保证国家经济长远发展的新的特殊产业。对一些重要能源和稀缺资源进行开发利用,以及某些属于私人无力投资或不允许私人投资的垄断产业,政府必须通过财政投资来实施。

五、政府对农业的投资

(一)政府财政对农业投资的必要性

1. 农业是一个特殊的部门,受地理环境和气候等因素影响较大。为了稳定农业,政府财政应当介入农业投资,促进农业基础设施完善和增产增收。

2. 农业是国民经济的基础,工业的发展和流通的繁荣,都离不开农业。只有农村、农业不断发展,农民增收,财政收入才有坚实的基础,消费市场才有广阔的前景。所以政府财政支出是责无旁贷的。

3. 农业发展的根本途径是提高农业生产率,而提高农业生产率的必要条件之一是增加对农业的投入。目前由于农村收入水平低,靠本身资金无法加大投入,如果政府财政不进行足够的投入,农业部门的发展就会受到很大制约。

因此,政府财政必须加强对农业这样的基础性产业的投资。

(二)完善财政对农业的投资政策

目前,国家财政必须进一步提高对"三农"重要性的认识,要进一步明确财政支农支出的范围和重点。将财政支农支出集中用于那些"外部效应"较强,"市场失灵"的领域,诸如农业基础设施建设,大江大河的治理,农业科技的研究开发和推广示范,农业产业化、农业社会化服务体系建设，自然灾害的防御等。国家财政还应采取以下几项财政政策支持农业发展：

1. 多渠道筹集资金，加大对农业的投入；

2. 城市支援农村，工业反哺农业；

3. 改革财政对农业的投资方式。

凡主要体现社会效益的农业项目，原则上采取财政无偿拨款支出。对符合国家产业政策，具有示范作用和经济效益显著的农业项目，可采取国家参股、贴息等方式。

任务三　转移性支出

转移性支出是指政府无偿向居民和企业、事业以及其他单位供给财政资金，转移性支出主要由社会保障支出和财政补贴构成。

一、社会保障支出

（一）社会保障支出的内涵

所谓社会保障，是指政府财政对丧失劳动能力、失业及遇到其他事故发生经济困难的公民提供的基本生活保障。而社会保障支出则是为实施社会保障制度而发生的财政支出。社会保障就内容上看，由两大部分组成：社会保险和社会福利。所谓社会保险，是指国家对劳动者在其退休、生病、伤残等丧失或部分丧失劳动能力时，以及在失业时给予货币或实物补助活动。这是现代社会保障活动的核心内容。所谓社会福利，是指国家通过货币或实物形式，向生活有困难的或处于某些特定情况的公民提供补助的活动。社会保险有养老保险、失业保险、医疗保险、工伤保险、女工生育保险等；社会福利有社会抚恤、社会救济等。

（二）社会保障支出的具体内容

1. 社会保险支出

社会保险支出是指政府财政在劳动者年老退休、生病、伤残等丧失劳动能力时，以及在失业时给予货币或实物补助所产生的支出。它包括社会养老保险、失业保险、离退休保险、医疗保险、伤残保险等支出。它是社会保障制度的主要部分。

2. 社会救济支出

社会救济支出是指政府财政对收入在贫困线以下的公民或因灾害受损暂时处于生活困难的公民提供货币或实物帮助所发生的支出。它包括救贫和救灾两种。

3. 社会抚恤支出

社会抚恤支出是指政府对现役、退伍、复员、残废军人及军烈属给予抚恤和优待照顾的一项支出。它属于社会保障的特殊构成部分。

4. 社会福利支出

社会福利支出是指由政府出资兴办各种公共福利设施，发放津贴补助，进行社会服务的一项支出。它包括国家和政府所属单位兴办敬老院、幼儿园、福利院等产生的支出，其目的是使一批需要特殊照顾的孤老残幼得到福利保障。

（三）我国社会保障制度的改革与完善

根据我国社会保障制度的现状和社会主义市场经济对社会保障的要求，应加快建设与经济发展水平相适应的社会保障制度。

1. 我国社会保障制度采取统账结合的模式。社会统筹和个人账户相结合的筹资模式，属于统账结合模式。这种模式在人口结构年轻化、社会保障基金要求量不大的条件下还比较适用，它可以减轻近期国家财政和企业的养老保险负担，但它难以应付人口老龄化的严重挑战。我国人口年龄结构正从“成年型”向“老年型”转变，进入21世纪以后，我国老龄人口出现快速增加的势头，人口面临老龄化问题。

因此，我国的养老保险应采取基金式筹资模式或转为部分基金式。这样才能应付人口老龄化的挑战，其基金结余可以进行投资，有利于国家经济的发展。目前可行的做法是实行部分基金式，即在保险基金收入满足支出以后，留有一定的积累。

2. 社会保障资金来源要固定化、专门化和法制化。世界上大多数国家都采取征税的办法。我国采取的是征收社会保险费，由劳动保障部门征收。我国企业和单位拒不缴费的现象还比较普遍。因此，未来在我国征收社会保险税有利于保障社会保障资金来源的稳定和足额上缴。

3. 要逐步扩大社会保险的范围。我国的社会保障制度要逐步扩大社会保险的范围，解决目前“只保城镇，不保农村”的问题。一方面，广大农村人口不能享受完善的社会保障，说明我国的社会保障制度的“社会性”是不完全的。另一方面，农村人口急需社会保障，尤其是养老保障和医疗保障。因此，要重视农村的社会救济和福利事业，有条件的省(直辖市、自治区)，应尽快建立农村养老和医疗保险及最低生活保障制度。

二、财政补贴

(一)财政补贴的性质与分类

财政补贴是国家为了某种特定需要而向企业或居民提供的无偿补助。这是一种影响价格变动，从而可以改变资源配置结构、供需结构的政府无偿性支出。政府的财政补贴和社会保障支出同属于转移性支出，但二者有区别。区别表现在财政补贴与价格变动有直接关系；社会保障支出与产品和劳务价格不发生直接联系，只有一定的间接关系。如人们获得社会保障收入后可以用于购买，使购买商品的价格发生变化，但这种变化是间接的；而财政补贴能直接影响商品价格变动或者价格变动直接引起财政补贴。

根据国家预算对财政补贴的分类，目前我国的财政补贴主要有物价补贴和企业亏损补贴两大类；此外，政府财政还提供某些专项补贴和财政贴息，如税式支出(包括免税、减税、退税、税收抵免等)。我国的财政补贴统计数字时，将税式支出也统计在财政补贴的范畴内。

财政补贴的列支方法主要有两种：一是将补贴直接列为支出，世界多数国家都列为支出。二是少数国家将财政补贴不列为支出，而是冲减收入。例如我国的企业亏损补贴不列为支出，而是作冲减财政收入处理。

(二)财政补贴的必要性及其功能

财政补贴是调节经济的工具之一，它的存在有其客观必然性。在市场经济不发达的社会中，财政补贴主要是纠正不合理的价格结构，有助于价值规律正常发挥作用，如我国目前的粮棉油价格补贴、肉食价格补贴。

平抑物价补贴就是为了调整不合理的价格结构，维持社会安定和促进经济平衡运行。在发达的市场经济国家，价值规律能正常发挥作用，但由于市场供求关系发生变化也会引起经济波动。因此，为保持经济稳定和资源有序流动，同样需要借助财政补贴。欧共体坚持对农副产品补贴就是明显的例子。所以,财政补贴不论对非市场经济国家还是市场经济国家来说,都是必要的。

财政补贴的功能主要是通过影响价格水平进而影响和改变需求结构、供给结构。合理有效地利用财政补贴手段对调整和改变供求结构可以起到一定的积极作用。

(三)我国现行财政补贴存在的问题及其改革

1. 财政补贴存在的问题

(1)财政补贴规模过大,财政负担沉重。

(2)长期补贴使受补企业产生依赖思想,不利于市场公平竞争和资源合理配置,甚至会起到保护落后的作用。

(3)某些补贴不当,扭曲了正常的价格结构,使价格偏离价值,处于扭曲状态,刺激了不合理消费。

(4)长期过多过广地补贴,人为地扩大了政府调节面,缩小了市场活动覆盖面,不利于市场经济转轨。

2. 财政补贴制度的改革

(1)大力压缩财政补贴范围,严格限定补贴项目。主要是,改变农业补贴方式,取消部分农产品价格补贴;取消绝大部分工业企业亏损补贴;限定公用事业补贴项目;减少以至取消城镇居民的物价补贴。

(2)改造财政补贴方式,加强财政补贴管理。变"暗补"为"明补"。

(3)控制财政补贴规模,减轻财政补贴负担。

(4)改革财政补贴制度的配套措施。建立以市场价格为主体的价格体系和有效的政府宏观调控体系。

项目三　财政收入

学习目标

能力目标

1. 能够掌握财政收入的基本知识，解决财政收入方面的基本问题；
2. 具备分析我国的财政收入规模的现状及其发展趋势的能力。

知识目标

理解：财政收入的内涵、财政收入的形态、财政收入的依据。
熟知：财政收入的分类、财政收入结构的内涵和分类。
掌握：财政收入规模的内涵及衡量指标、影响财政收入规模的因素。

素质目标

1. 具备收集资料、分析资料的能力；
2. 具备独立思考、团结协作的能力，注重团队的成绩与荣誉；
3. 培养与人沟通、言行举止得体等综合素质能力。

项目引例

北京地铁要不要告别“2元”时代——低价造成170亿元财政补贴包袱

《光明日报》2013年7月17日刊登刘白的文章说，全程两元的地铁、四角的公交——北京的票价一直让沪深等地市民羡慕。不过，北京的地铁、公交可能也要按里程计价了。据报道，一项由北京市交通委开展的“北京交通运输业经济统计专项调查”正在进行，这项年底出结果的调查将成为北京地铁公交涨价的依据。北京地铁公交线路的票价政策已实行六年有余。六年间，深沪等地地铁票价多次随市场浮动，最高价格已超过10元。一直保持两元的标准为北京交通带来了“惠民”“公益”的名头，也带来了每年十几亿元的亏损、170亿元财政补贴的沉重包袱。在深沪地铁票价讨论的高潮阶段，曾有许多记者援引北京地铁的例子，力证即便交通运营考虑市场损益，仍应充分体现交通资源“公共性”的运营模式。顶着普惠全民的帽子，北京交通每次微有涨价动向都会受到一种“道义”式的掣肘，这使得地铁价格脱离了市场，进入了一种事实上的计划控制。北京地铁公交涨价受到围观，一个重要原因是这件事背后隐藏着如何处理市场规则和社会福利关系的问题。公司靠财政补贴维持以普惠所有阶层的方式肯定长久不了。

资料来源：新浪财经。

思考与讨论：

1. 地铁票该不该补贴？补贴的效应怎样？

2. 应该如何确定公共交通的财政收入？

任务一　财政收入概述

一、财政收入的内涵

财政收入是政府为满足社会公共需要，依据一定的权力原则，从国民经济各部门集中的一定量的社会产品价值。

财政收入包含两层意思：在货币经济条件下，财政收入表现为一定量的货币收入；财政收入又是一个过程，它是财政分配的第一阶段或基础环节。

二、财政收入的形态

财政收入表明政府获取社会财富的状况，也就是说，社会物质财富是财政收入的实质内容。但在不同的历史条件下，财政收入的形态存在很大的区别。

在自然经济时期，财政收入主要以劳役和实物的形态存在。

在商品经济时期，财政收入一般以货币形式存在。

在现代社会，财政收入均表现为一定量的货币收入。

三、财政收入的依据

政府取得财政收入主要凭借公共权力，包括：

1. 政治管理权：这是最主要和最基本的形式，决定于政府供给的公共商品性质。

2. 公共资产所有或占有权。

3. 公共信用权：发行国债、股票等。

四、财政收入的分类

(一)按财政收入的形式分类

财政收入的形式是指政府取得财政收入的具体方式。在商品经济条件下，财政收入是货币形态的收入。

1. 税收收入

税收收入是政府凭借政治权力，强制参与社会产品分配取得的财政收入。

在市场经济条件下，税收是财政收入的主要形式。在发达国家，税收一般占政府经常性预付收入总额的90%以上，是公共资金的主要来源。我国的税收收入在财政收入中的比重1978年为45.86%，2010年已占到财政收入的93.15%，现在已经占到95%左右，是财政收入最主要的来源。

2. 债务收入(或公债收入)

债务收入是政府凭借信用，从国内外取得的借款收入，其特点是要还本付息。

3. 非税收入

非税收入是政府通过合法程序获得的，除税收、公债收入以外的财政性资金。它包括如下方面。

(1)行政事业性收费。行政事业性收费由行政性收费和事业性收费组成，具有强制性、补偿性，以提供某些服务为前提。行政性收费的执收主体是行政、司法机关，主要向被服务对象收取工本费和手续费，又称规费，纳入预算管理，是政府预算收入的组成部分；事业性收费的执收主体是事业单位，主要向被服务对象收取使用费，如高校收取的学费，纳入财政专户管理。

(2)政府性基金。政府性基金是各级政府及其所属部门为支持某项事业的发展，按规定程序，向公民、法人征收的具有专门用途的资金，如电力基金、散装水泥专项资金、邮电附加费、机场建设费、排污费等，具有强制性、专用性，不具有补偿性。

(3)国有资产收益。经营性国有资产收益是政府从国有资产经营收入中取得的利润、股权转让收入。非经营性国有资产收益是非经营性国有资产在使用或处置时取得的收益，如租金。资源性国有资产收益是政府凭借对资源性国有资产的所有权向资源性国有资产的使用经营单位或个人以有偿占用费或使用费形式取得的收益，如土地出让金等。

(4)罚没收入。罚没收入有罚款、没收品收入、赃款、赃物等变价收入。罚没收入是国家工商、税务、海关、公安、司法等管理机关，依照法律或行政规章所取得的收入。

(5)其他非税收入。其他非税收入有国库利息收入、捐赠收入、对外贷款收入等。

(二)按财政收入来源分类

1. 以财政收入来源的所有制结构为标准分类：国有经济收入、集体经济收入、个体经济收入、外资经济收入等。

2. 以财政收入来源的部门结构为标准分类：工业部门收入、农业部门收入、商业部门收入等或第一产业收入、第二产业收入、第三产业收入。

(三)按财政收入管理方式分类

按管理方式分类，财政收入可分为预算内收入和预算外收入。目前我国财政统计中的“财政收入”属于预算内收入，其特征是纳入预算，按国家立法程序实行规范管理，由各级政府统筹安排使用。预算外收入是各级政府依据法规采取收费形式而形成的专项资金或专项基金，由各部门安排使用，在统计上未纳入“财政收入”统计。

(四)按财政收入的价值构成分类(理论分类)

社会总产品价值量 $W=C$(补偿价值)$+V$(劳动者的报酬)$+M$(剩余产品价值)。目前我国基本上没有来自 C 的财政收入。1985 年前有部分折旧基金上缴，1985 年后基本折旧不再上缴财政集中，所以也就不再形成财政收入。

来自 V 的财政收入，目前主要有以下几个方面：

1. 直接向个人征收的税金(如个人所得税、个人交纳的房产税、车船使用税、契税等)。

2. 向个人收取的规费。

3. 居民个人购买国债，形成有偿财政收入。

还有一些间接的由 V 形成的财政收入，如个人购买高档消费品(烟酒、宝珠等)上交的消费税等。

由于我国个人工资收入不高，所以 V 当前一段时间不能形成财政的主要收入，这和西方国家不同。来自 M 的收入，是主要来源。目前我国全社会创造的剩余产品价值 40%左右为财政所集中，其中国有经济职工创造的 M 量，50%～60%被财政所集中，用于再分配。所以，我们研究财政收入价值构成最重要的理论意义就在于从根本上找出对财政收入产生影响的要害因素，从而采取有效措施增加财政收入。可见，增加财政收入，增加 M 量是核心，必须深入研究影响 M 量增减变动的因素。

影响 M 增减变动的因素有三方面：产量、成本、价格。在商品适销对路和 C、V、M 的构成比例不变的情况下，产量越高，M 的绝对额越大，从而财政收入越多，反之则越少。成本的高低取决于生产中物化劳动的消耗及管理费用的高低，在产量和价格不变的情况下，成本降低，意味着 M 量扩大，反之则缩小。价格变动直接影响财政的货币收入，在市场经济中，价格高低往往取决于商品质量，优质优价，劣质低价，甚至无价。所以提高商品质量等于增加 M 量。可见，增加财政收入根本的途径是增加 M 的绝对额或扩大 M 在“$C+V+M$”中的比重。扩大适销对路的商品产量，提高质量，降低消耗，是增加财政收入的主要途径。

同步案例 3－1

解析 2014 年中央财政收入预算表

单位：亿元

项　目	2013 年执行数	2014 年预算数	预算数为上年执行数的百分比(%)
一、税收收入	56 633.72	60 645.00	107.1
国内增值税	20 527.92	21 760.00	106.0
国内消费税	8 230.27	8 870.00	107.8
进口货物增值税、消费税	14 003.34	14 935.00	106.7
出口货物退增值税、消费税	－10 514.89	－11 333.00	107.8
营业税	78.44	84.00	107.1
企业所得税	14 443.10	15 610.00	108.1
个人所得税	3 918.84	4 290.00	109.5
资源税	45.34	48.00	105.9
城市维护建设税	176.27	189.00	107.2
印花税	455.55	490.00	107.6
其中：证券交易印花税	455.55	490.00	107.6
船舶吨税	43.53	47.00	108.0
车辆购置税	2 595.72	2 850.00	109.8
关税	2 630.29	2 805.00	106.6
二、非税收入	3 540.05	3 735.00	105.5
专项收入	405.22	425.00	104.9
行政事业性收费	264.81	255.00	96.3
罚没收入	44.10	45.00	102.0

续表

项　目	2013 年执行数	2014 年预算数	预算数为上年执行数的百分比(%)
国有资本经营收入	1 067.28	1 280.00	119.9
国有资源(资产)有偿使用收入	204.69	210.00	102.6
其他收入	1 553.95	1 520.00	97.8
中央公共财政收入	60 173.77	64 380.00	107.0
调入中央预算稳定调节基金	1 000.00	1 000.00	100.0
支出大于收入的差额	8 500.00	9 500.00	111.8

注:中央公共财政支出大于收入的差额=支出总量(中央公共财政支出+补充中央预算稳定调节基金)−收入总量(中央公共财政收入+调入中央预算稳定调节基金)

思考与讨论:上述财政部官网上公布的2014年中央财政收入预算表,清晰地说明了中央财政收入来自哪里?请做出分析。

任务二　财政收入规模

一、财政收入规模的内涵及衡量指标

(一)财政收入规模的内涵

财政收入规模是指一定时期内(通常为一年)财政收入的总量。财政收入规模是衡量政府公共事务范围和一国财政状况的基本指标。

(二)衡量指标

1. 绝对量指标

绝对量指标为财政总收入。

2. 相对量指标

(1)财政集中率:$K=FR/GDP\times100\%$。FR 表示一定时期内(通常为一年)的财政收入总额。K 越高,表明政府配置的资源越多,市场配置资源的作用就越小。

(2)宏观税负率:税收收入中 GDP 的比重。

税收已成为现代财政收入水平中最主要和最稳定的来源,税收收入通常占财政总收入的90%左右。

二、影响财政收入规模的因素

(一)经济因素

经济发展的水平是决定财政收入规模的主要因素。

1. 经济越发达,GDP 增长越快,财政收入增长就会越快。

2. 经济越发达,人均 GDP 增加越多,剩余产品增长速度(超过 GDP 增加速度)就会加快,最终财政收入规模增大。

一国的经济发展水平主要表现在人均占有 *GDP* 上，它表明了一国生产技术水平的高低和经济实力的强弱，反映了一国社会产品丰裕程度及其经济效益的高低，是形成财政收入的物质基础。如英、法、美等西方主要国家，19 世纪末财政收入占 GNP 的比重一般为 10%左右，而到 20 世纪末，这一比重则上升到 30%～50%。

(二)生产技术因素

1. 技术的进步会导致生产速度加快、生产质量提高，从而使国民收入增加，并最终使财政收入增加。

2. 技术的进步会导致物耗比例降低，从而使人均产出率和社会剩余产品价值率提高，最终使财政收入规模增加。

(三)收入分配政策和分配制度

即便在经济发展水平相当的国家，由于政治、社会、经济制度等方面的差别，也会造成财政收入规模的差异。收入分配政策和分配制度对财政收入规模的影响表现在：

1. 收入分配政策决定剩余产品价值占整个社会产品价值的比例，进而决定财政分配对象的大小。

2. 收入分配政策决定财政集中资金的比例，即财政收入占社会剩余产品价值的比例。

在计划经济体制国家，政府在资源配置和收入分配上起基础作用，政府掌握较多的社会资源，所以财政收入规模较大。

在市场经济体制国家，市场在资源配置和收入分配上起基础作用，政府掌握较少的社会资源(弥补市场的缺陷为主)，所以财政收入规模较少。

3. 产权制度、企业制度、劳动工资制度、福利制度也会影响财政收入规模。

在 GDP 大小确定的情况下，在政府、企业和个人三者之间按照不同的比例分配也会影响财政收入的规模。

(四)价格因素

1. 价格总水平的变化必然影响财政收入规模(货币收入)

价格上升，会导致以货币形式表现的财政收入增加；价格下降，会导致以货币形式表现的财政收入减少。

价格变动对财政收入的影响，有以下几种不同的情况。

财政收入增长率与物价上升率大体一致，即财政收入只有名义增长，而实际不增不减。如 1986 年零售物价上升率为 6%，财政收入增长率 5.8%，两者大体一致。

财政收入增长率低于物价上升率，即财政收入名义上正增长，而实际负增长。如 1989 年我国零售物价上升率为 17.8%，而财政收入增长率仅为 13.1%。

财政收入增长率高于物价上升率，即财政收入实际增长大于名义增长。如 1985 年零售物价上升率为 8.8%，而财政收入增长率为 22%。

2. 现行的税收制度必然影响财政收入规模(货币收入)

如果实行的是累进税率，纳税人适用的税率随着名义收入的增长出现“档次爬升”效应，从而财政收入规模增加。

如果实行的是比例税率，税收收入的增长率等同于物价上涨率，财政收入只有名义增长而无实际增长。

如果实行的是定额税率，税收收入的增长率总要低于物价上涨率，所以，即使财政收入名义增长而实际都是下降的。

3. 商品的比价关系也影响财政收入规模

商品的比价指在同一时间内，在同一地点，一种商品与另一种商品的价格比例。当商品的比价关系向有利于高税商品变动时，财政收入上升较快。商品比价可以从两个方面来影响财政收入。

价的变动会引起货币收入在企业、部门和个人之间发生转移，形成GDP的再分配，使来自不同部门、企业和个人的财政收入分布结构发生变化。例如，提高工业产品的价格，使原有的工农产品比价发生变化，使GDP分配更有利于工业，使农业中的一部分GDP转移到工业部门，使财政收入中来自工业的收入增加，来自农业的减少。

价的变动，使市场上的买者和卖者之间的GDP再分配发生变化，从而影响财政收入。例如，提高农产品收购价格，但保持农产品销售价格不变，会使财政减少来自农产品的财政收入。能源价格的提高，有可能使财政来自这部分的收入增加，但也可能使因能源提价而受到影响的其他部门的收入减少，从而财政收入受到影响。

三、我国财政收入规模变化的分析

（一）从绝对额来看

改革开放以来，我国财政收入的规模随着经济的增长而不断增长。1978年至2013年，我国财政收入绝对数的增长可以分为三个阶段：水平徘徊阶段（1978～1982）；缓慢发展阶段（1982～1992）；高速增长阶段（1992～2013）。

（二）从相对数额（财政收入占GDP的比重）来看

从相对数额（财政收入占GDP的比重）来看，表现出U形的发展态势。下面我们分时间段进行分析。

1. 改革开放到20世纪90年代中期

这一时间段内，财政收入占GDP的比重一直在下降。

（1）原因

我国财政收入占GDP的比重下降与财政支出的持续增长形成尖锐的矛盾，下降的主要原因有：

①分配制度发生了急剧的变化。改革以后，GDP分配格局明显向个人倾斜，这导致了我国财政收入的下降。

②经济运行不正常。财政收入占GDP比重下降，这在一定程度上反映了经济结构问题。财政是经济结构的“晴雨表”，经济结构越合理，财政收入占GDP的比重就越高。我国财政收入占GDP的比重之所以明显低于发达国家的平均水平，差距就在经济结构上。靠粗放发展，过分消耗资源与环境来实现增长，我国的财政收入占GDP的比重只能越来越低。

③财政管理体制不完善，思想理论上的失误，以及税收征管不严、财政监督不力等均导致了财政收入占GDP的比重下降。

（2）后果

①政府财力下降，制约社会公共事业的发展，最终影响民众的根本利益。

财政收入占GDP比重，是衡量国民幸福感的最重要指标。在现代社会，政府提供“教育、医疗、治安、社会保障、救灾救济、交通、环保、生态环境”等公共产品和公共服务的水平，决定着国民的生活质量和幸福感。我们发展经济的最终目的,也是为了让所有的人活得更幸福。那么,政府靠什么来提供公共产品?财政收入!“取之于民,用之于民”是财政之本,财政收入是一个国家或地区维护社会公平、救助弱势群体,实行社会保障的物质基础。财政收入占GDP比重越高,国家就越有能力为国民提供充足的公共服务,越有利于社会公平。反之,这个比例过低,会影响国家财政再分配的保障能力,制约社会公共事业的发展,最终影响民众的根本利益。

财政收入占GDP比重的下降,与国民的普遍感觉相印证。我国的GDP一直在高速增长,而“上学难、看病难、社会保障难”等问题为什么得不到缓解,反而愈演愈烈?一个很重要的原因就是财政收入不足以提供更多的公共服务。

②宏观调控能力下降。

③资金分散,难以保证国家重点建设等问题。

2.20世纪90年代中期至今

此时间段内,财政收入占GDP的比重一直在上升。

1995年以来,国民收入的分配格局,越来越向国家倾斜。居民收入占GDP的比重日益下降,而国家财政收入连续以超过GDP增长幅度1倍以上的速度增长。我国财政收入占GDP的比重从1995年的10.7%,逐步增长到2012年的22.6%左右。2015年我国财政收入占GDP的比重达到22.49%。2017年7月全国财政收入达16 457亿元,同比增长11.1%。

我们可以预测的是,中国国家支出结构将逐渐与西方现代国家靠近:逐渐将原由国有企业负担的社会保障和社会福利支出部分,改由国家财政负担;大幅度提高公共卫生开支;连续稳定地提高国防支出;提高教育经费在国家财政开支中的比重;增加对农业的转移支付;与此同时,原来占比较大的国家基本建设投资的占比将逐年下降。以医疗卫生为例,由于国家支付能力的提高,中国将有能力逐步解决这一长期困扰中国人民的问题。最近出台的医疗卫生体制改革明确指出,我国将为中国老百姓提供基本医疗保障,农村将普遍实行新型农村合作医疗制度,城市推广社区卫生服务。对于证券市场而言,惠及面将逐渐从医疗设备、医药流通,扩散到药品生产制造,进而带动整个国家医药消费的支出。

任务三 财政收入结构

一、财政收入结构的内涵

财政收入结构是指财政收入在国民经济各部门、各行业和各地区之间的比例和数量。它反映通过国家预算集中财政资金的不同来源、规模和所采取的不同形式,以及各类财政收入占财政总收入的比重和增加财政收入的途径。

二、财政收入结构的分类

(一)财政收入的产业结构

国民经济按产业可分为第一产业、第二产业和第三产业。第一产业包括农业、牧业、林业、渔业等;第二产业包括工业和建筑业;第三产业包括一、二产业以外的各业,主要有流通部门、服务业、旅游业、交通运输业、金融保险业等。三大产业在国民经济整体中的地位不同,在财政收入中的地位也不同。研究财政收入的产业结构以及与之相关的价格结构的变化对财政收入的影响，便于根据各部门的发展趋势和特点，客观地组织财政收入，开辟新的财源。

1. 第一产业是国民经济的基础。第一产业的发展会影响整个国民经济的发展，从这个意义上说，农业也是财政收入的基础。农业作为财政收入的基础主要表现在两个方面：第一，农业直接提供的财政收入主要是农（牧）业税。随着农（牧）业税的取消，这部分财政收入将很少。减轻农民负担将有利于农业的发展。第二，农业间接提供的财政收入。长期以来，我国工农业产品交换中存在剪刀差，使农业部门创造的一部分经济价值转移到以农产品为原料的轻工业部门实现。总之，没有农业的发展，就没有其他部门的发展，也就没有国家财政收入的增长。

2. 第二产业是国民经济的主导，是财政收入的主要来源。我国 1985 年以前 60%的财政收入来自第二产业。原因是：①第二产业资金的有机构成高于其他行业，工业的劳动生产率、积累水平较其他部门高，创造的国民收入多；②工业部门国有经济较多，除了上缴税收外，盈利有相当一部分上缴给国家。因此工业是财政收入的最主要来源。第二产业的发展和经济效益如何，对财政收入的增长至关重要。财政收入能否随第二产业的发展而相应增长，取决于两个条件：一是工业企业和建筑业的经济效益；二是产业内部各部门、各行业比例关系协调。要防止第二产业内部长线部门、行业形成的产品积压浪费，也要防止短线部门、行业形成的瓶颈制约，如目前的电力、煤炭、原材料等制约着工业生产扩大。

3. 第三产业创造的价值构成 GDP 的一部分，同时也构成财政收入的重要来源。随着市场经济体制改革的加快和科学技术的进步，第三产业占 GDP 的比重也越来越大，财政收入来自第三产业的比重也越来越高。目前来自第三产业的财政收入占财政总收入的 40%左右。所以第三产业成为我国开辟财源、筹集财政资金的重要产业。

（二）财政收入的所有制结构

所谓财政收入的所有制结构，指的是财政收入作为一个整体，是由不同所有制的经营单位各自上缴的税金、利润和费用等构成的。

财政收入按经济成分分类，有国有经济收入、集体经济收入、私营经济收入、个体经济收入、外资经济收入等。

改革开放之前，我国是以国有经济为主导地位的，国有经济提供的财政收入占 2/3 以上。集体经济和其他经济占财政收入的 1/3。改革开放以后，特别是 20 世纪 90 年代中期实行社会主义市场经济体制以来，私营经济、个体经济、外国投资企业发展迅猛，财政收入来自非国有经济的部分逐步上升。目前这些经济成分约占财政收入的 50%左右（含私营经济、个体经济、中外合营经济、外商独资经济成分），而来自国有经济的财政收入也只有 50%左右，各占半壁江山。所以非国有经济是我国财政收入的重要来源。随着经济体制进一步改革，国有企业将进一步减少，国有经济占财政收入的比重也将进一步降低。

（三）财政收入的地区结构和生产力布局

财政收入的地区结构和生产力布局是否合理，不仅关系到国民经济的能否平衡发展，而且是影响财政收入的重要因素。我国各地区的发展很不平衡。按经济发展水平、交通运输条件、技术水平、地理位置等方面区别，全国可分为东部、中部、西部三大经济地带。东部 12 个省（市）的土地面积占全国土地面积的 14.2%，工农业总产值占全国总产值的 55%以上；中部地区 9 个省（市）土地面积占全国的 34.3%，人口占全国的 41.9%，而工农业总产值仅占全国的

38%；西部地区11个省土地面积占全国的51%，人口占全国的11%，工农业总产值仅占全国总产值的6%。由于经济发展程度不一，积累水平相差悬殊，东部地区是我国财政收入主要来源地带。因此，三大经济地带，只有将东部的资金、技术、人才优势与中西部的资源优势有机结合起来，帮助中西部地区发展经济、培植财源，才能实现中西部地区财政收入较快增长，改变西部地区财政收入过低、靠中央财政转移支付过多的局面。

项目四　税　收

学习目标

能力目标

1. 能够掌握税收的基本知识、基本原理，解决税收的基本问题；

2. 能够对商品税、所得税 资源税和财产税的具体内容应用于实际并学会计算。

知识目标

理解：税收制度的内涵、作用和内容。

熟知：税制要素、税收负担的内涵、税收负担的分类。

掌握：影响宏观税负的因素、宏观税收负担指标、合理的税负水平、税负转嫁与税负归宿；商品税、所得税 资源税和财产税的内容。

素质目标

1. 具备收集资料、分析资料的能力；

2. 具备独立思考、团结协作的能力，注重团队的成绩与荣誉；

3. 培养与人沟通、言行举止得体等综合素质能力。

项目引例

烟草企业真的是纳税英雄，负担了如此重税吗

根据中国国家税务总局的统计，2005 年的纳税百强企业，烟草行业就占据 35 家。纳税百强企业去年共缴纳约税款1 800亿元，其中 35 家卷烟厂所缴付的税金，总共是 750 亿元，单是获得季军的玉溪红塔烟草集团，就交了近 100 亿元的税款。

据了解，中国的烟民人数，保守估计达 3 亿多，是世界第一的抽烟大国。截至 2014 年，烟草行业上缴国家财政总额9 110.3亿元，占当年全国财政收入的比重为 6.49%。

从统计数据看，卷烟厂的确提供了巨额的财政收入，对卷烟课征重税是世界各国通行的做法。中国的卷烟销售税收率为 55%，卷烟税负是十分沉重的。

思考与讨论：

1. 政府对烟草征收重税的目的是什么?

2. 税收的职能有哪些?

任务一 税收概述

一、税收的内涵、形式和本质

(一)税收内涵

税收是个古老的财政范畴，是随着国家的产生而产生的现象。对税收的内涵有多种表达。

马克思认为:“赋税是政府机器的经济基础，而不是其他任何东西。”

列宁认为:“所谓赋税，就是国家不付任何报酬而向居民取得东西。”

西方税收理论提出了“利益交换说”“社会契约论”，如托马斯·霍布斯认为:“人们为公共事业缴纳的税款，无非是为了换取和平而付出的代价。”

20 世纪 30 年代后，经济学者从经济运行角度提出了新的税收理论，认为国家征税除了为公共物品的供给筹措经费之外，还发挥了调节经济的功能。

综合各种观点，税收是国家为了实现自身的职能，或预定的社会和经济目标，凭借政治权力，按照法律规定，强制无偿地征集而取得财政收入的一种形式。

这是一种无偿性收入，征税的目的是补偿政府在提供公共商品过程中所花费的成本，同时利用税收配置资源和调节收入分配。

(二)税收的形式

税收从征收形式看，经历了从实物税、劳务税到货币税的发展过程。

在自然经济条件下，税收主要来自农业收入，以实物形式的直接税为主。如土地税、人头税、劳役(无偿向国家提供劳务如修路、修筑军事工程、宫殿等)。

在商品经济条件下，以交易额为对象课征的间接税逐渐为主导性的税类，如销售税、关税等。

在市场经济条件下，以所得税为主的现代直接税又成为主要的税类。

(三)税收的本质

无论何种形式或类型的税收，实质上均体现为一定的利益关系，即国家与纳税人之间，以及纳税人相互之间的利益关系。

(四)税收存在的依据

1. 税收是弥补政府提供的公共商品成本的需要。

2. 税收是政府调节收入和财富分配的需要。

3. 税收是政府进行持续性调节和“反周期性”调节，保持宏观经济稳定，均衡发展及进行宏观经济调控的需要。

二、税收的特征

(一)强制性

税收的强制性表现为义务形成上的强制性和义务履行上的强制性。

强制性是指国家征税凭借国家的政治权力，通常以颁布的法令来强制实施。税收以强制性使财政收入具有必要保障，避免了“搭便车”行为。

凭借经济权力取得的收入(如公共收费、国有资产收益、债务收入)，要以交易行为为基础，而交易行为具有自愿性。税收的强制性使税收与公债、政府收费和捐款等区别开来。与税收相比,公债取决于债权人的意愿,捐款取决于捐赠者的意愿,它们都是自愿的,不具有强制性。

有人说,税收是人类社会存在的根基。"在我们这里,除了享受阳光和空气之外,都要纳税。"这是西方人形容纳税范围之广的一句经典名言。

(二)无偿性

无偿性有两层内涵。

1. 非等量的偿还性:双方不具有"等价交换"性质。

2. 非直接的偿还性:指国家所征税款为国家所有,不需要直接归还给纳税人,即不构成国家与纳税人之间的债务关系。

当然,税收的无偿性是一个相对的内涵。因为税收的无偿性与财政支出的无偿性是并存的。

(三)固定性

固定性是指国家在征税之前,就以法律的形式预先规定了每个税种的纳税人、征税对象、计税依据、征税比例(税率)、纳税期限等,以便征收机关和纳税人共同遵守。税收的固定性包括时间上的连续性和征收比例上的限度性两方面。当然,在现实经济生活中,不能把固定性理解为征税对象的范围、种类及征收比例永远不变。从历史的发展来看,随着社会生产力的发展和国家的需要,国家总是在不断地按照法定的程序调整税法的内容。因此,税收的固定性是相对的,而不是绝对的。

三、税收的职能

(一)调节社会分配职能

市场机制不能自发实现国民收入的公平分配,因为每个国民拥有的生产要素不同,而现代社会认为每个人都有同等的生存权和发展权,两者的矛盾需要很好地协调。

(二)财政收入职能

为了满足社会公共需要,保证政府职能顺利进行,国家必须掌握相应的经济资源。

(三)稳定经济职能

稳定经济职能体现在两个方面。

1."内在稳定器"的作用

这是指税收会随着经济形势的周期性变化自动发生增减变化,从而对经济的波动发挥自动抵消作用。它是依靠税收制度本身所具有的内在机制,自行发挥作用,以达到稳定经济的效果。

一般来说,在经济扩张阶段,由于累进税率的作用,税收增长会超过国民收入增长速度,使居民的可支配收入相对减少,具有遏制总需求扩张和经济过热的效果。反之,在经济紧缩阶段,由于累进税率的作用,税收增长会低于国民收入增长速度,使居民的可支配收入相对增加,具有扩大总需求扩张和经济过热的效果。

2."相机抉择"的作用

这是指政府根据经济运行的不同状态,有针对性地采取灵活多变的税收措施,以消除经济波动。即在经济扩张阶段,通过提高税率,降低起征点,控制税收减免等手段,增加税收,使居民可支配收入相对减少,限制投资规模,起抑制总需求和通货膨胀的作用。在经济衰退阶段,则通过减少税收以刺激总需求，扩大就业，抑制经济衰退。

（四）经济调控职能

由于市场失灵的存在，会导致资源的低效配置。为了弥补市场缺陷，政府需利用税收对经济进行必要的干预。

四、税收的分类

（一）按课税对象的性质分类

税收按保税对象的性质可分为以下几种：

1. 商品税。包括增值税、消费税、关税等。

2. 所得税。包括个人所得税、公司所得税等。

3. 财产税。包括房产税、车船税、遗产税、赠与税等。

4. 资源税。包括资源税、土地使用税、牧业税、耕地占用税等。

5. 行为税。包括屠宰税、印花税、特产税、证券交易税等。

商品税是指包括所有以商品或劳务流转额为课税对象的税种，如增值税、营业税、消费税、关税等。若以商品或劳务流转过程中的交易额为课税对象，则称为销售税；若以商品或劳务流转过程中在每一流转环节的增值额为课税对象，则称为增值税。根据课税对象范围的大小，还可以将商品流转税进一步划分为一般商品税和特定商品税。一般商品税是对所有商品统一课征的流转税，特定商品税是对某一类特殊商品进行课征的流转税。

财产税可进一步分为对财产持有的课征和对财产转让的课征。对财产持有的课征，是以一定时期的纳税人所拥有或支配的财产数量或价值为课征对象，如房产税、车船使用税、契税等；对财产转让的课征，是在财产所有权变更时，以被转让财产的数量或价值进行课征，如遗产税、赠与税。

所谓行为税，是指以纳税人的某种特定经济行为作为课税对象的税收统称，如印花税、屠宰税和筵席税等；所谓资源税，是指对开发和利用自然资源征收的一类税，主要是对矿产资源和土地资源的征税，如土地使用税、农业税、牧业税和耕地税等。

从现代世界各国征收的税种来看，商品劳务税、所得税、财产税是现代世界各国通行的三个主要税类。

（二）按税负能否转嫁为标准

按税负能否转嫁，税收可以分为直接税和间接税。

直接税（不能）：纳税人与负税人一致，如所得税、财产税；

间接税：纳税人与负税人不一致，和商品税、增值税、消费税。

（三）按税收与价格的关系

税收按其与价格的关系，可分为以下两种类型。

1. 价内税。税金构成商品价格组成部分的，称为价内税，如中国的消费税、营业税。

2. 价外税。凡税金作为商品价格之外的附加的，称为价外税，如增值税。

一般认为，价内税比价外税更容易转嫁，价内税课征的侧重点为厂家或生产者，价外税课征的侧重点是消费者。西方国家的消费税大都采用价外税方式。

（四）按课税标准分类

税收按课税标准可分为以下两种。

1. 从价税。以课税对象的价值为计税标准，实行比例课税或累进课税。

2. 从量税。以课税对象的实物量为计税标准。适用于特定税种或特定的课税对象，如中国城镇土地使用税，耕地占用税、车船使用税等。

从量税的税额随课税对象数量的变化而变化，计算简便，在某种意义上，有利于鼓励企业进行商品价值的附加生产。但由于从量税的税负水平是固定的，不能随价格变动而发生变化，如物价上涨而税收不能相应增加，因此是不尽合理的，因而只有少数税种采用这种计税方法，如我国的资源税、车船使用税等。

按课税对象的价格计算税额的则为从价税，如增值税、营业税、关税等。比较而言，从价税更适应商品经济的要求，同时也有利于贯彻国家税收政策，因而大部分税种都采用从价税的方法。

(五)按税种的隶属关系分类(按税收的管理权限)

税收按税种的隶属关系或者说按税收的管理权限，可分为中央税和地方税。中央税收入规模大、调节功能强。地方税的税源具有地域性，税基具有非流动性，收入规模相对较好。

拓展阅读 4－1

中石化每天上缴税款 8.8 亿元是财政幻觉

《中国经营报》2013 年 4 月 1 日刊登文章说，中石化董事长傅成玉在两会上说，2012 年中石化每天给国家上缴税款 8.8 亿元，国家支出的每 100 元钱里就有中石化的 3.3 元。傅成玉认为纳税够多，红利就该免了。中石化确实上缴了巨额税金，但这些巨额税金中，绝大多数并非企业所得税等直接税。数据显示，2012 年中石化净利润为 635 亿元。按照目前企业所得税 25％的税率计算，应纳企业所得税大致为 158 亿元。而按照傅成玉每天 8.8 亿元计算，则去年中石化总纳税为 3 212 亿元。那这相差的 3 000 亿元税金应该就是经营中缴纳的间接税，即增值税、营业税、消费税等。数据显示，2012 年中石化经营收入为 27 860 亿元，3 000 亿元的各项间接税，占此经营总收入的 11％多一些，正好符合中国间接税税负的实际情况。众所周知，企业所得税等直接税与商品税等间接税是截然不同的。直接税是将企业利润的一部分拿出来上缴给国家，这减少了企业的财富。而间接税则不然，企业将此税收完全包含在价格之中，由消费者承担。企业所起的作用仅仅是将千家万户消费者缴纳的税金，转缴税务部门而已。目前，中国实行间接税为主的税制，其所制造的财政幻觉迷惑作用非常强烈。人们弄不清自己的纳税实情，只知道国家有不少纳税大户，是国家财政的支柱。而纳税大户则以他们缴纳的税(实际上来自广大消费者提供的税款)为筹码，讨价还价，谋取更多特权。

五、税收的原则

(一)税收原则理论的历史的发展

1. 亚当·斯密的税收四项原则

亚当·斯密在《国民财富的性质和原因的研究》一书中列举了税收的四项原则。

(1)平等原则。纳税人应按各自能力(收入)的比例来负担税款。

(2)确定原则。纳税人的应纳税赋是确定的，不得随意变更。

(3)便利原则。纳税手续尽量从简、便利。

(4)节约原则。即最少征收费原则。

2. 瓦格纳提出的税收四项九端原则

德国经济学家阿道夫·瓦格纳在《财政学原理》中提出了自己的税收原则。

(1)财政收入原则:指税收应充分满足财政需要且随财政支出需要的变动而增加或减少。其两个具体原则为:①财政充分原则;②弹性原则。

(2)国民经济原则:指税源的选择应有利于保护税本,尽可能选择税负难以转嫁或转嫁方向明确的税种。具体两个原则为:①选择税源原则;②选择税种原则。

(3)社会公平原则:规定每一公民都有纳税义务并按照负担能力大小征税。其具体原则为:①普遍原则;②平等原则。

(4)税务行政原则:指税法应当简明确实,纳税手续应简便,征税费用和纳税费用尽可能节省。其具体原则为:①确定原则;②便利原则;③最小费用原则。

(二)现代西方税收原则理论的基本思想

现代西方税收原则理论的基本思想主要有三个方面:财政原则、公平原则和效率原则。具体内容见表4—1。

表4—1　　西方税收原则

财政原则	财政充分原则	选择合理的税制结构模式
		选择合适的主体税种
	税收弹性原则	弹性大于1
		弹性等于1
公平原则	经济效率原则	微观中性原则
		宏观调控原则
	行政效率原则	征税费用最小化原则
		征费费用确实简化原则
效率原则	普遍原则	一视同仁原则
		扫除不平等原则
	平等原则(社会公平、经济公平)	横向公平(同等能力同等纳税)
		纵向公平(不同能力不同纳税)

1. 财政原则

一国税收政策的确定及税收制度的构建与变革,应保证国家财政的基本需要。为此,财政原则的基本要求如下。

(1)财政充分原则

政府的税收政策和构建的税制模式,应与经济发展水平和税收管理能力相适应,使既定的税制能产生足够的收入并具有一定的弹性。

为此,应合理选择税源,正确确定税种,尤其是税制结构中的主体税种。因为主体税种的收入占整个税收收入比重最大。一般来说,应选择税源充裕而收入可靠的税种作为主体税种。

一般来说,在发展中国家,商品税(税基宽而稳定,征管要求不高)是主要税种,而在发达国家,所得税是主要税种。

(2)弹性原则

税收的弹性是指税收收入增长率与经济增长率之间的数量关系。一般来说,应使税收的弹性大于或等于1。

2. 公平原则

(1)公平原则内容

①普遍原则。征税遍及税收管辖权之内的所有法人和自然人。

②平等原则(经济公平、社会公平):指国家征税的比例或数额与纳税人的负担能力相称。此原则表现在两个方面。横向公平:纳税能力相同的人同等纳税;纵向公平:纳税能力不同的人不同等纳税。

(2)衡量税收公平的标准

①受益标准。受益标准是指各社会成员应按各自从政府提供公共物品中享用的利益来纳税,或者说政府应把提供公共物品的成本按各社会成员享用的份额来承担。

表面看,此标准有一定合理性。如富人该多纳税,因为他们的财产受到了较多的国家保护;有汽车的人该多纳税,因为他们开车享受了政府提供的公路建设的好处。但实际上,此观点没有很大的说服力。因为,公共物品是一种集合性消费,具有排他的内在属性,每个人的享用程度难以量化,因而受益原则难以普遍应用。如国防费和行政管理费,每个人从中所获得的利益很难说清。

②能力标准。能力标准是按纳税人的支付能力课征税款。该标准不考虑各自对公共物品的享用程度。这一原则具有收入再分配的作用,有利于实现社会公平。这一原则是迄今公认的比较合理也易于实行的标准。但同意按照纳税能力纳税是一回事,怎么测度纳税人的纳税能力是另一回事。对如何测度纳税人的纳税能力的问题有两大派观点。

A. 支付能力客观说。此观点主张以纳税人拥有财富的多少作为测度纳税人的纳税能力的标准。一般来说,支付能力的测度可以采用收入、财产和支出三种尺度。这三种尺度可以同时作为课税依据体现在一定的税制中,如所得税是以收入为标准课征的,土地和财产税是以财产为标准课征的,消费税是以支出为标准课征的。

B. 支付能力主观说。主观说以纳税人因纳税而感受的牺牲程度大小作为测定其纳税能力的尺度。而牺牲程度的测定,又以纳税人纳税前后从其财富得到的满足(或效用)的差量为准。如果税的课征能使每一个纳税人所感受的牺牲程度相同,税收就是公平的。否则就是不公平的。对此,有均等牺牲、比例牺牲和最小牺牲三种尺度。

3. 效率原则

(1)经济效率原则

经济效率原则是指税收对经济资源配置、对经济机制运行的消极影响越小越好。这就要求政府在以课税方式将经济资源从私人部门转移到公共部门的过程中,所产生的额外负担最小和额外收益最大。

税收的额外负担是指课税除了给纳税人带来正常的经济负担外,对资源配置和经济运行产生不良影响。其产生的主要原因是税制设置不合理导致商品比价关系和人们经济行为扭曲,扰乱市场配置资源的正常机制,使资源配置和人们的行为选择难以达到最优状况,从而造成社会福利损失。

税收的额外收益是指课税后经济活动得以促进,社会利益获得增加。税收的额外收益源于税收政策的恰当运用对市场缺陷的弥补。

要使税收具有经济效益,一方面应尽可能地保持税收对市场机制运行的“中性”影响,充分发挥“看不见的手”对资源配置的调节作用;另一方面应在一定范围内适当运用差别性的税收政策解决市场失灵问题，促进公共利益的增长。

例如，18 世纪英国开征了窗户税。纳税人因避税减少了光照、通风等舒适感，政府也未从中获得任何好处，说明了开征窗户税给社会带来了负面效应。这种负面效应就是税收的额外负担（该税不久后被废止）。

（2）行政效率原则

此原则具体指征税费用（包括行政费用和纳税费用）最小化和确实简化原则。

“确实”是指税制对纳税人、课征对象、税目、税率以及征管方式等税制要素，都要在税法和征管法上做出明确而清晰的规定。确实原则实际上也就是依法治税，有法可依的原则。

“简化”是指税收的规章制度要简便易行。

（三）税收中性问题

1. 税收中性的内涵

税收中性是指政府课税使社会付出的代价应以征税数额为限，除此外不给纳税人带来超出税款之外的额外负担，不干扰市场机制的正常运行。

2. 税收中性的前提

税收中性的前提是市场机制的有效性。在市场对资源的配置能达到“帕累托效率”的领域，税收应尽量保持中性。

3. 保持税收的中性和发挥税收的调节作用的一致性

在市场机制条件下，保持税收的中性和发挥税收的调节作用是一致的。因为，税收的调节作用是针对市场“失效”而言的，即在市场机制难以有效作用的领域，通过税收干预来实现资源配置达到“帕累托最优”状态。

因此，在市场经济条件下，由于市场机制在资源配置中具有基础性作用，从而使税制结构具有中性是首要的。税收必须是在这个前提下发挥调节作用。传统体制下那种税收替代价格甚至超越价格对经济和经济结构发生调节作用的思路和做法必须彻底改变。

但是，也应明确，在现实生活中保持完全税收中性是不可能的。

4. 税收中性原则的实践意义

保持税收中性，在于尽量减少税收对市场经济正常运行的干扰，使市场机制在资源配置中发挥基础性作用，在这个前提下，有效发挥税收的调节作用，使税收机制与市场机制两者取得最优的结合。

5. 税收超额负担或无谓负担

税收中性和税收超额负担相关，或者说，税收中性就是针对税收超额负担而言的。税收的超额负担会降低税收的效率。而减少税收的超额负担从而提高税收效益的重要途径在于尽可能保持税收的中性原则。

税收超额负担，是指政府通过征税将社会资源从纳税人向政府部门转移的过程中，给纳税人造成了相当于纳税税款以外的负担。其主要表现在两个方面。

（1）国家征税一方面减少纳税人支出，同时增加政府部门支出，若因征税而导致纳税人的经济利益损失大于因征税而增加的社会经济效益，则发生在资源配置方面的超额负担。

（2）由于征税改变了商品的相对价格，对纳税人的消费和生产行为产生不良影响，则发生经济运行方面的超额负担。

任务二 税收制度

一、税收制度的内涵、作用和内容

（一）税收制度的内涵

税收制度简称税制，是国家各种税收法律、法规、条例、实施细则和征收管理办法的总称，是规范国家征税和纳税的法律规范。

（二）税收制度的作用

通过制定税收制度，一方面可以以法律形式约束纳税人，规定纳税人必须履行的纳税义务；另一方面是以法律形式约束税务机关，规定税务机关必须履行的征税职责。税制一旦经国家法律形式确定后，征纳双方都必须遵照执行。可见，作为征税和纳税规范的税收制度是税收分配活动的具体体现，是处理征纳双方分配关系的法律依据。

（三）税收制度的内容

从内容上看，税制的主体是税种。而每一税种又是由课税对象、纳税人、税率、征税环节、纳税期限等若干个税制要素组成。

二、税制要素

（一）基本要素

1. 征税对象

（1）征税对象是税法的最基本要素

征税对象作为税法的最基本要素，主要是从两个方面体现。第一体现了征税的基本界线，第二决定了不同税种的性质的差别。

（2）征税对象与税目

税目：即征税对象的具体内容，是在税法中对征税对象分类规定的具体的征税品种和项目。规定税目首先是为了明确具体的征税范围。

从总体上讲，税目由两种方法进行确立。一种是列举法，另一种是概括法。

（3）征税对象与计税依据

计税依据是征税对象的计量单位和征收标准化。有的税种征税对象和计税依据是一致的，如各种所得税，征税对象和计税依据都是应税所得额。但是有的税种则不一致，如消费税，征税对象是应税消费品，计税依据则是消费品的销售收入。

（4）征税对象与税源的关系

税源是税收收入的来源，即各种税收收入的最终出处。税源归根结底是物质生产部门的劳动者创造的国民收入。

个人所得税的税源与征税对象一致，而消费税和房产税的税源与征税对象不一致。征税对象与税源是密切相关的。国家通过税收对经济进行调节的作用点是在征税对象上，国家规定对什么征税，如对商品流转额、对所得额、对财产、对各种行为等征税。这些都是国家调节经济的作用点。

2. 纳税人

纳税人是课税主体，从总体上讲纳税人可以分为两类，就是自然人和法人。

(1)法人与社会组织

法人是具有民事权利能力和民事行为能力，依法独立享有民事权利和承担民事义务的组织。法人相对于自然人而言，是社会组织在法律上的人格化。法人应当具备下列条件：

①依法成立；

②有必要的财产和经费；

③有自己的名称、组织机构和场所；

④能够独立承担民事责任。

法人能独立起诉和应诉。法人包括全民所有制企业、集体所有制企业、在我国境内设立的中外合资经营企业、中外合作经营企业和外国企业，这是企业法人，此外还包括机关、事业单位和社会团体法人。

(2)纳税人与负税人

在学习纳税人的内涵时，我们还应注意负税人的内涵。负税人就是最终负担国家税收的税款的单位和个人。纳税人同负税人是两个不同的内涵，负税人是经济学中的内涵，即税收的实际负担者，而纳税人是法律用语，即依法缴纳税收的人。有的税种，税收由纳税人自己负担，纳税人本身就是负税人，如各种所得税一般属于这种情况。有的税种和税目，纳税人与负税人是不一致的，如消费税的一些税目，纳税人虽是企业，但税款已包括在商品的价格之中，负税人是消费者。税法中并没有负税人的规定，国家在制定税法时，只规定由谁负责缴纳税款，并不规定税款最终由谁负担，但税收制度和税收政策在客观上存在着税收负担，即谁是负税人的问题。因此在考虑税收政策和设计税制度时，必须认真研究税收负担问题。

(3)扣缴义务人

扣缴义务人是税法规定的，在其经营活动中负有代扣税款并向国库缴纳义务的单位和个人。税务机关按规定给扣缴义务人代扣手续费。同时，扣缴义务人必须按税法规定代扣税款，并按规定期限缴库，否则依税法规定要受法律制裁。对不按规定扣缴的扣缴义务人，除限令其缴纳税款外，还要加收滞纳金或酌情处以罚金。

(二)核心要素

1. 税率

税率是税额与征税对象数量之间的比例，即税额除以征税对象的数量。税率是计算税额的尺度，反映征税的深度。税率的高低直接关系到国家的财政收入和纳税人的负担水平，是国家税收政策的具体体现，为税收制度的中心环节。

税率有名义税率和实际税率之分。名义税率就是税法规定的税率，是应纳税额与征税对象的比例，即应纳税额除以征税对象数量。实际税率是实纳税额与实际征税对象的比例，即实纳税额除以实际征税对象数量。在实际征税中，由于计税依据、减免税、税率制度等不同原因，纳税人实纳税额和应纳税额会不一致，实际征税对象数量与税法规定的征税对象数量也会不一致，实际税率也就会反映纳税人的实际负担率，真实地反映纳税人的负担，我们在研究税收政策，制定税收制度时，应注意到名义税率与实际税率的差别。

2. 我国现行税率

我国现行税率主要有三种类型：比例税率、累进税率、定额税率，其中累进税率是三种税率中的最核心部分。

(1)比例税率

比例税率是应征税额与征税对象数量的等比关系。这种税率,不因征税对象数量的多少而变化。即对同一征税对象,不论数额大小,只规定按一个比率征收的税制。如交通运输营业税的税率是3%,不论纳税人的营业额是10元,还是10 000元,税率都是3%。这种税率,税额随着征税对象数量等比例增加。这种税率,在一般情况下,名义税率与实际税率相同。比例税率可分为以下几种:

①单一比例税率:即一个税种只规定一个税率,如企业所得税采用的税率为25%。

②差别比例税率:即一个税种规定不同的比例税率。按使用范围可分为:第一,产品差别比例税;第二,行业差别比例税;第三,地区差别比例税。

③幅度比例税率:国家只规定最高税率和最低税率,各地可以因地制宜在此幅度内自由确定一个比例税率。

比例税率计算简便,并且不论征税对象大小,只规定一个比例的税率,不妨碍流转额的扩大,适合于对商品流转额的征收。但是用比例税率调节收入的效果不太理想。

(2)累进税率

累进税率是随征税对象数量的增大而提高的税率,即按征税对象数量的大小,规定不同等级的税率,征税对象数量越大,税率越高。累进税率税额与征税对象有数量相比,表现为税额的增长幅度大于征税对象数量的增长幅度。累进税率对于调节纳税人收入,有着特殊的作用,所以各种所得税一般都采用累进税率。

①全额累进税率。全额累进税率是累进税率的一种,即征税对象的全部数额都按其相应等级的累进税率计算征收。

②超额累进税率。超额累进税率是把征税对象划分为若干等级,对每个等级部分分别规定相应税率,分别计算税额,各级税额之和为应纳税额。一定数量的征税对象可以同时适用几个等级部分的税率。超额累进税率的"超"字是指征税对象数额超过某一等级时,仅就超过部分,按高一级税率计算征税。

(3)定额税率

定额税率又称固定税额,是按单位征税对象,直接规定固定税额的一种税率形式。

定额税率可分为地区差别定额税率、幅度定额税率和分级定额税率。

定额税率计算简便,其征税对象应该是价格固定、质量规格标准较统一的产品。

对于价格稳定、质量规格标准统一的产品,应尽量采用定额税率。一方面定额税率计算简单;另一方面定额税率有利于企业改进包装,售价提高而税额不增,避免了从价征税这方面的缺点;定额税率还有利于促进企业提高产品质量。

(三)一般要素

1. 纳税期限

纳税期限是纳税人向国家缴纳税款的法定期限。各种税都明确规定了税款的缴纳期限。纳税期限是税收固定性特征的重要体现。

在确定纳税期限时应考虑:①根据国民经济各部门生产经营的不同特点和不同的征税对象决定。如企业所得税,以年所得额为征税对象,分期预缴,年终汇算清缴,多退少补的办法。②根据纳税人交纳税款数额的多少来决定。交纳税款多的纳税人,纳税期限核定短些;反之,纳税期限核定长一些。③根据纳税行为发生的情况,以从事生产经营活动的次数为纳税期限,实行按次征收。例如个人所得税中对劳务报酬所得就是按次征收。④为保证国家财政收入，防止偷漏税，在纳税行为发生前预先交纳税款。比如固定资产投资方向调节税。

2. 减税、免税

减税、免税是税法中对某些特殊情况给予减少或免除税负的一种规定。减税是对应征税款减征其中一部分；免税是对应征税款全部予以免征。按照具体内容划分，可分为政策性减免税和照顾困难减免税；按时间划分为长期减免税和定期减免税。

3. 起征点与免征额是与减、免税有关的两个内涵

起征点是税法规定征税对象开始征税的数额。征税对象数额未达到起征点的不征税，达到或超过起征点的就其全部数额征税。如我国现行增值税就有起征点的规定，其中销售货物的起征点为月销售额2 000～5 000元。

免征额是税法规定的征税对象中免于征税的数额。免征额部分不征税，只对超过免征额的部分征税。例如，我国现行个人所得税，就是免征额的规定，其中对工资薪金的征税，从2008 年 3 月 1 日起免征额为2 000元；2011 年 9 月 1 日起执行 7 级超额累进税率扣除数为3 500元。

任务三　税收负担

一、税收负担的内涵

税收负担简称“税负”，指的是纳税人因纳税而相应在减少了纳税人可支配收入，从而对其造成经济利益的损失或使其承受的经济负担的程度加重。

从现象上看，税收负担表现为因国家征税使纳税人承担了一定量的税额，从而给纳税人造成了经济利益上的损失。但在更深层次上，税收负担是国家、企业、个人对创造的国民收入分割份额确定归属的问题，其实质是国民收入分配中国家与纳税各方的分配关系，以及由国家与纳税人之间的分配关系派生出来的纳税人之间的分配关系。

二、税收负担的分类

（一）从不同的经济层面看

从不同的经济层面看，有宏观税收负担与微观税收负担。

1. 宏观税收负担。从国民经济总体看的税收负担水平，反映一国社会成员税收负担的整体状况。

其衡量指标是宏观税率，一般是指一定时期内（一年）的国税收入总额与同期国民（国内）生产总值的比率。

2. 微观税收负担。从纳税人个体看的税收负担水平，反映具体纳税人因国家课税而做出的牺牲。

其衡量指标是公司、个人所得税负担率。

宏观税收负担与微观税收负担二者具有紧密的内在联系。微观税收负担是基础，宏观税收负担是微观税收负担的综合反映。

(二)从具体的表现形式看

从具体的表现形式看,有名义税收负担和实际税收负担。

1. 名义税收负担:又称为法定税收负担,是从税制规定看的纳税人应承担的税收负担水平,表现为纳税人依据税法应向国家缴纳的税款与课税对象的比值。名义税收负担可以用名义税负率来衡量。

2. 实际税收负担:在税收征管过程中考虑影响纳税人向政府实际缴付税款的各种因素后,纳税人实际承受的税负水平,一般表现为纳税人实纳税额与课税对象的比值。影响纳税人实际税收负担的因素有:税收扣除、减免、退税等合法因素和税收偷逃、以费代税等不合理或不合法因素。实际税收负担可以用实际税负率来衡量。

(三)根据税收负担是否可以转嫁来分类

税负负担可分为直接税收负担和间接税收负担两类。

1. 直接税收负担

直接税收负担是指纳税人直接向国家纳税而承受的税收负担。

2. 间接税收负担

在存在税负转嫁机制的条件下,纳税人依法直接向国家缴纳的税款,并不意味着最终全部由纳税人自己负担,纳税人有可能通过某些途径全部或部分地将税收负担转嫁出去。这样,被转嫁者虽然没有直接向国家交税,但却实际负担了一部分由他人转嫁过来的税款,这种税收负担就成为间接税收负担。

三、影响宏观税负的因素

一般而言,影响一国宏观税负水平的主要因素包括以下三项。

(一)经济发展水平

经济发展水平是税收负担的最根本的决定因素。一国宏观税负水平的高低关键要看本国经济效益水平和人均国民收入水平的高低。

作为税收体制中的动态要素,税负的高低说到底应由税源决定。发达资本主义国家的税负水平一般高于发展中国家,主要原因就在于发达资本主义国家的生产力发达,社会财富丰富,人均国民收入高,能够为国家征税提供广阔的税源;而广大发展中国家,由于历史和现实的原因,生产力发展水平相对较低,社会财富并不丰富,人均国民收入较少,难以为国家征税提供充足的税源,因而其宏观税负水平相对低一些。很明显,如果一国生产力发展水平较低,即使影响其宏观税负水平的其他因素已达到理想化目标,该国的宏观税负水平也不会很高。一国宏观税负水平的确定,不仅应立足于本国的经济发展水平,还应充分考虑到对经济发展实际的影响效果,要有利于经济的运行,促进国民经济的稳定增长和微观经济效益的提高。税负过高,超过纳税人的承受能力,会直接影响纳税人在投资、消费及储蓄领域里的信心,会助长有条件的纳税人为减轻税负而向国外进行税收移民或者偷逃税行为,在一定程度上影响经济的发展。

(二)国家职能定位

由于人们对政府与市场关系的认识处于不断深化的过程中,不同国家或政府,以及不同时期的同一国家与政府,其职能范围是不同的。政府职能的变化必然影响到宏观税负水平。通常说来,随着政府职能的扩大,政府的财政支出势必会增加,宏观税负水平也将相应呈上升趋势。

(三)经济体制与财政体制的模式

体制因素直接影响财力的集中度。

1. 经济体制不同,宏观税负也就不同。传统计划经济体制下,政府不仅担负着社会管理职能,而且承担着大量的经济建设任务,所以宏观税负水平也就很高。

2. 一国税收制度对宏观税负水平也有影响。税制对宏观税负的影响主要体现在以下几个方面。

(1)税种设置。当各税种税率保持在一个较合理的程度上,税种设置较多,将使得征税范围变宽,税基扩大,宏观税负水平就会得以提高。

(2)税制设计。在税制设计中,主体税种和辅助税种的不同选择和搭配对宏观税负水平的影响也比较明显。以商品税作为主体税种,尽管税负可能转嫁,在一些方面或个别环节存在不公平,但对宏观税负水平的影响相对来说要小一些。以所得税作为主体税种,由于所得税尤其是个人所得税具有累进性,对经济变化的反应比较敏感,因而对宏观税负水平的影响相对来说要大一些。

(3)税率。从税率角度考虑,税收体系中适度的整体税率同宏观税负水平具有方向趋同的关系:整体税率提高将会引起宏观税负水平的提高;反之,宏观税负水平则下降。

(4)税基。从税基角度考虑,扩大税基,会使税收收入增加,引起宏观税负水平提高;缩小税基,则会造成税收收入的减少,使宏观税负水平降低。值得一提的是,作为税制要素中的两个重要因素,税率和税基的设计如何,不但直接影响到宏观税负水平的高低,而且会对税负公平产生重要影响。

(5)税收征管机制。一国税收征管机制的高效性对减少偷逃税现象、维护税收和宏观税负水平的稳定性发挥着非常重要的作用。

四、宏观税收负担指标

(一)我国衡量宏观税负的指标

目前,我国对宏观税负的认识有三个口径。

1. 小口径的宏观税负

小口径的宏观税负,是指税收收入占 GDP 的比重。小口径的宏观税负最能真实具体地表明政府财政能力的强弱,但不能准确反映我国宏观税负的全貌。

2. 中口径的宏观税负

中口径的宏观税负,是指财政收入占 GDP 的比重,即预算内收入,包括税收收入和其他财政收入。

3. 大口径的宏观税负

大口径的宏观税负,是指政府收入占 GDP 的比重。大口径的宏观税负能衡量整个国民经济负担水平,考察企业的负担程度,全面反映政府从微观经济主体取得收入的状况和政府参与国民收入分配的受信任程度。但政府收入并没有全部形成财政可支配财力,不能反映政府的财力状况或财政能力。

(二)国际衡量宏观税负的指标

1. T/GDP

在国际通行做法中，一般将税收总额占国内生产总值的比率（T/GDP）即国内生产总值税收负担率作为衡量宏观税负的标准。

2. 世界各国税负的分类

按此标准，世界各国税负总水平大致可以分为三类。

（1）高税负国家

这些国家国内生产总值税收负担率一般在35%～45%，主要是经济发达国家，如英国、瑞典、德国、法国、意大利等。这些国家的高税负政策通常是随着国家经济力量的增强逐步演进而成的。它们之所以实行重税，有以下两个重要的条件。

第一，这些国家都属于发达资本主义国家，人均国民生产总值在世界各国中是较高的，公民及法人的税负承受能力较强，国家有充分的余地征收较多的税收以满足财政支出需要。

第二，这些国家的公共服务及社会福利支出较大，特别是社会保障的享受面广、标准高，加之国家其他职能的需要，造成了政府庞大的财政支出，需要大量的财政收入。

（2）中等税负国家

这些国家国内生产总值税收负担率一般在20%～30%，一般是发展中国家，非洲和拉美诸国多属此类。这一类国家由于经济发展水平较低，个人及法人的税负承担能力较差，政府的税收收入受税源的影响常常呈不足状态，并且受税收征管体制的限制，税负占国内生产总值的比值不太容易提高。

（3）轻税负国家

国内生产总值税收负担率多为15%左右，不超过20%。轻税负国家通常包括三类。

第一，经济不发达国家，国民生产总值少，税源少，造成财政收支紧张。

第二，实行低税模式的国际避税港，如巴拿马、列支敦士登等国家和地区，这些国家和地区一般行使单一税管辖权，税种少、税基窄、税率低，税收负担水平较低。

第三，以非税收入为主的资源国，如石油输出国，因为其税收占财政收入的比重很低，因而其税负水平也就比较低。

五、合理的税负水平

确定合理的税负水平是一国税收制度设计所要解决的中心问题。从宏观上判断一国税负水平是否合理，主要有两个标准：

（一）经济发展标准

美国供给学派代表人物阿瑟·拉弗所提出的“拉弗曲线”较为形象地说明了经济发展、税收收入和税率之间的内在联系。如图4－1所示，随着税率增加，税收先增加后减少。图中阴影部分表示税率禁区，税率进入禁区后，税率与税收收入呈反比关系。

拉弗曲线实际上体现的是税收负担与经济增长或发展的关系。因为税率过高导致税收收入下降，是源于税收负担过重抑制了经济活动，损害了税基。

（二）政府职能标准

一国总体税负水平的高低，要视政府职能范围的大小而定。因为政府的职能范围不同，对税收的需要量也不一样。

从各国的实践看，随着社会经济的发展，政府职能范围有所扩大，公共支出需要也不断增加，而税收作为筹集财政资金的主要手段，相应呈现了一种日益增长的趋势。但在经济发展达

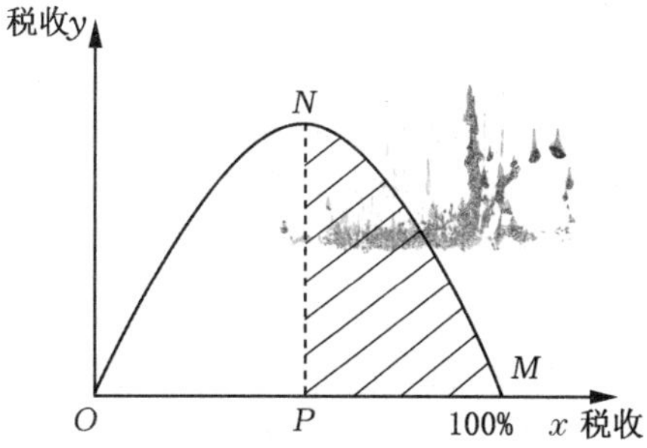

图 4—1 拉弗曲线

到一定高度后，税负水平也会出现相对稳定的状态。

六、税负转嫁与税负归宿

(一)税负转嫁的内涵

所谓税负转嫁，是指纳税人将其所缴纳的税款以一定方式转嫁他人承受的过程。商品交换是税负转嫁的基础。

税负归宿是指经过转嫁后税负的最终落脚点。在这一环节上，税收承担者已不能把其所承受的税负再转嫁出去了。

(二)税负转嫁的方式

1. 前转

前转也称顺转，是指纳税人通过提高商品销售价格将税负转嫁给购买者。这是税负转嫁中最为普通的一种形式。

如在产销环节对消费品征税，生产厂商就可以通过提高该消费品的出厂价格，把税负转嫁给批发商，批发商再将税负转嫁给零售商，最后零售商又把税负转嫁给消费者。从这一过程看，虽然名义上的纳税人是生产厂商，而实际的税收负担者是各种商品和劳务的消费者。

税负前转是税收转嫁的最典型也最普遍的形式。

2. 后转

后转也称逆转，指纳税人通过压低商品购进价格将税负转嫁给供应者。

如政府在零售环节对某种商品征税，但该种商品由市场供求关系所决定不能因征税而相应地提高价格，零售商就可以通过压低进货价格而将税收负担向后转嫁给批发商。同样批发商也可通过压低进货价格把税收负担转嫁给制造商，制造商再通过压低原材料和劳动力的价格，把税收负担转嫁给原材料和劳动力的供应者。

3. 辗转转嫁

辗转转嫁是指从进行课税后到实现最后归宿的这一过程中，税负的转移可以发生数次。具体又可分为向前辗转转嫁(如从木材加工商到家具生产商，最终把税负转嫁给消费者)和向后辗转转嫁(如从家具生产商到木材加工商，最终把税负转嫁给林木生产者)。

4. 混合转嫁

混合转嫁又称为散转，是指同一税额一部分前转，另一部分后转。例如，政府对汽车销售商征收的税收，一部分可以通过抬高售价，将税收前转给消费者；一部分可以通过压低进价，将税收后转给汽车生产者。

5. 消转

消转又称转化或扩散转移，是指纳税人通过改进生产工艺、改善经营管理或改进生产技术等方式，使纳税额在生产发展和收入增长中自我消化，不归任何人承担。从税收转嫁的本意上说，消转并不能作为一种税负转嫁方式。

6. 税收资本化

税收资本化也称税收还原，指要素购买者将所购资本品（主要指固定资产）的未来应纳税款，在购入价中预先扣除，由要素出售者实际承担税负。其实际上是税负后转的一种特殊形式。

（三）影响税负转嫁和归宿的因素

1. 商品的需求弹性和供给弹性

(1)税负转嫁的主要途径是价格的变动，转嫁的幅度取决于供求弹性。

(2)需求弹性对税负转嫁的影响表现在：①需求弹性较大的商品，商品价格更多地取决于买方，税负不易转嫁。②需求弹性较小的商品，商品价格更多地取决于卖方，税负容易转嫁。

决定商品需求弹性大小的因素一般有：

第一，该商品替代品的数量和相似程度。一般而言，如果某种商品存在较多的替代品，且功能较为近似，则该商品的需求弹性就会较大，转嫁就较困难。反之，商品的替代品较少，或功能不相似时，该商品的需求弹性就较小，向消费者转嫁税负就更为容易。

第二，商品对消费者而言是必需品还是非必需品。如果某商品对于消费者来说很重要，如基本生活必需品，价格上升就不会对该种商品的需求量产生很大的影响，这时的需求弹性相对较小，卖方向消费者转嫁税负就比较容易；反之，某商品并不十分必需，消费者可以根据自己的收入和商品的价格来决定是否有必要购买该种商品，这类商品的需求弹性较大，因此向消费者转嫁税负的困难较大。

第三，商品用途的广泛性和耐用性。一种商品的用途越多，使用寿命越长，其需求弹性越大；而一种商品的用途越少，而且是使用寿命非常短的非耐用品，其需求弹性越小。

(3)供给弹性对税负转嫁的影响表现在：①供给弹性较大的商品，生产者有较大的灵活性，税负容易转嫁。②供给弹性较小的商品，生产者没有较大的灵活性，税负不容易转嫁。

决定商品供给弹性大小的因素有两个：时间和该商品的性质。一般来说，商品的长期供给弹性大于短期供给弹性。因为就供给方而言，短期内产量对价格的反应能力有限，要改变供给量只能依靠调整可变投入，如劳动力、原材料等；而从长期看，供给方通过改变生产计划和固定资产投入，如土地、厂房建筑物、机器设备等，可以极大地增强产量的变动能力。

从商品的性质看，供给弹性取决于三个因素：

第一，该商品生产的难易程度。在一定时期内，容易生产的商品，当价格变动时其产量变动的速度快，因而供给弹性较大；较难生产的产品，则供给弹性较小。

第二，商品的生产规模和规模变化的难易程度。一般而言，生产规模大的资本密集型企业，其生产规模较难变动，生产调整的周期长，因而其产品的供给弹性小；而规模小的劳动密集型企业，则应变能力强，其产品的供给弹性大。

第三，生产成本的变化。如果随着产量的提高，单位成本只有少量提高，该商品的供给弹性较大；而如果单位成本随着产量的提高而明显上升，则供给弹性较小。

(4)税负转嫁的程度取决于征税后的价格变动。如图4—2所示,此图仅就税负转嫁的基本形式——前转进行讨论。

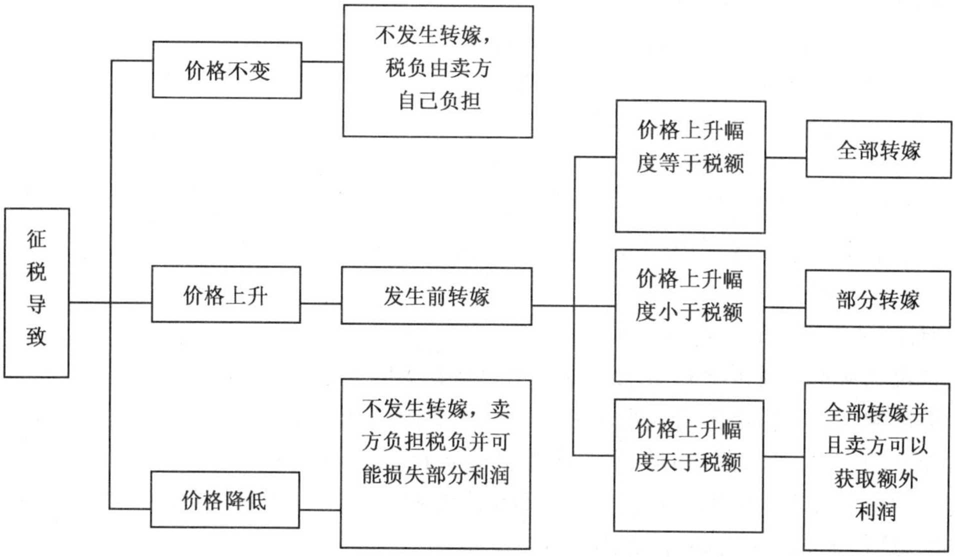

图4—2 税负转嫁程度与税后价格变动

2. 税负转嫁与被征产品的价格决定模式

一般而言,价格决定模式主要有两大类:市场定价和计划定价。

一般来说,计划价格一经确定,短期之内不会改变。虽然政府也有可能根据市场的变化,对计划价格做一些相应的调整,但是计划价格的变动始终是不受市场各种变量影响的。因此在计划价格下,税收难以通过变动的价格而发生税负转嫁。

3. 税负转嫁与税收方式

(1)税种对税负转嫁的影响

税收制度中有直接税(如所得税、财产税)和间接税(主要是流转税)两种分类。一般认为,在商品流转过程中直接对商品征收的税负,即流转税或间接税,较容易进行税负转嫁;而在分配过程中对企业利润和个人征收的税,即收益税或直接税,则较难加以税负转嫁。间接税较为容易转嫁是因为,商品课税后会改变该商品的边际成本。

(2)课税范围对税负转嫁的影响

课税范围广的商品税容易转嫁(难以找到不征税的替代商品);课税范围窄的商品税不易转嫁(容易找到不征税的替代商品)。

这是因为,课税范围越广,涉及大部分甚至全部可作为替代品的商品或生产要素,就越不易产生对商品或生产要素购买的替代效应,需求就越缺乏弹性,因此,被课税商品或生产要素的价格就可能提高,税负较易向消费者转嫁;反之,若课税范围越窄,对商品或生产要素购买的替代效应越大,需求富有弹性,购买者可以去购买无税或低税的商品来替代被征税的商品,课税商品价格较难提高,税负也难向消费者转嫁。课税范围对税负转嫁的影响具体体现在以下几方面:

第一,就同类商品而言,如同类商品中各种商品都含税,税负易于转嫁;如只有其中某些商品含税，且该商品有其他代用品，则税负不易转嫁。

第二，就不同种类商品而言，对生产资料课税，税负流转次数多，转嫁较易；对生产资料课税，税负流转次数少，转嫁较难。

第三，就征税区域而言，如果某税在相邻的几个区域都课征，消费者无从选择，税负较易转嫁；如果只在某一区域课征，则税负较难转嫁。

(3)课税对象对税负转嫁的影响

由于各种商品具有不同的供给与需求弹性，所以选择不同的商品作为课税对象就会对税负的转嫁和归宿产生不同的影响。如果选择供给弹性大、需求弹性小的商品作为课税对象，那么承担赋税的主要是消费者；反之，若选择供给弹性小，需求弹性大的商品作为课税对象，税负主要由生产者承担。

(4)计税依据对税负转嫁的影响

从量税和从价税对供给和需求曲线的变动有着不同的影响，自然对税负的转嫁和归宿有着不同的影响。从量税使供给或需求曲线平行移动；而从价税因为是按一定的比例征收，因此会改变原有的供给、需求曲线的斜率。在竞争市场上，征收同等税额的从量税和从价税的税负的转嫁和归宿上并没有区别，但是在垄断市场上，从量税与从价税对税负的转嫁和归宿的影响是不同的，这在下面的部分将详细阐述。

(四)研究税负转嫁与归宿的意义

1. 研究税负转嫁与税负归宿，能了解税负的运动过程和最终的分布状态，明确因政府课税而引起的各经济主体之间的利益关系变化，以及这种变化对社会经济活动产生的影响。

2. 此研究对制定税收政策和设计税收制度也是十分重要的，主要表现在以下几个方面。

首先，要实现税收的效率，应考虑税负转嫁的影响。

由于税负的转嫁会导致商品比价关系发生变化，进而影响人们经济行为段选择。

为充分发挥市场机制在资源配置中的基础性作用，应努力使因课税造成比价关系变化的经济扭曲控制在最低限度。如对需求弹性小的商品征高税，对需求弹性大的商品征低税。

其次，要体现税收的公平，应考虑税负转嫁的影响。

由于税负的转嫁，会使税制中税收负担的名义公平与实际公平产生矛盾。为了缓解这一矛盾，一方面应适当控制商品课税的比重，逐步提高所得课税的比重；另一方面在消费品课税中，对生活必需品课征低税，而对奢侈品课征高税。

再次，加强税收征管，要考虑税负转嫁因素。

税负转嫁与纳税人自觉纳税的意识存在一定的联系。一般来说，在税负容易转嫁的情况下，纳税人直觉纳税的意识较强，税收偷逃行为较少。因此，税务机关应通过加强征管，尽力防止因税负难以转嫁而出现的税收偷逃行为。

任务四　商品税

一、商品税概述

所谓商品税，是指以商品和劳务的流转额为课税对象的课税体系。由于商品税以流转额为课税对象，所以又被称为流转税，它主要包括增值税、消费税、营业税等。

(一)商品税的特点

1. 商品税的课征对象是商品和劳务的流转额,它是与交易行为密切联系在一起的。一种商品从投入流通到最后消费之前,往往要经过多次的转手交易行为。每经过一次交易行为,商品随之流转一次,同时也就发生了一次对卖者的商品流转额课征商品税收的问题。

2. 商品税具有累退性,较难体现公平税负的原则。这是因为,商品税一般采用比例税率,即对同一课征对象,不分数额大小,规定相同的征收比例。由于个人消费商品数量的多寡与个人收入并不是成比例的,而且个人消费无论如何总有一定的限度,因此,收入越高的人,消费性开支占其收入的比例越小。在这种情况下,商品税就呈现一定的累退性。

3. 商品税的税源普遍,收入相对稳定,税负能够转嫁。一方面,商品税是伴随商品和劳务的交易行为而进行课征的,只要发生商品交易行为,就可征税,因而税源普遍。另一方面,商品税可以随着经济增长而自然增长,不受纳税人经营状况的影响,从而收入稳定;商品税是间接税,税负能转嫁,具有隐蔽性。在许多情况下,商品税的缴纳者和税收实际承担人是分开的,纳税人一般很难确切了解自己实际承受的税负,而且商品税在征收上的隐蔽性使其推行的阻力较小。因此,在保证政府财政收入的平衡、及时、充裕及可靠方面,商品税具有其他税种不可替代的作用。

4. 商品税征收管理的便利性。商品税采用从价定率或从量定额计征,与所得税、财产税相比,计算手续简单。另外,商品税的纳税人为企业,数量较少,相对容易计征和管理。

5. 配合社会经济政策的有效性。以增值税为代表的商品税更能体现税收中性,不干预企业对经营行为的选择,有利于体现税收的效率原则;另外,政府通过制定差别税率,可调节消费,纠正劣质品问题、外部效应等市场失灵。一般来讲,当政府对经济运行的控制手段相对弱化,或税收征管手段相对落后的条件下,采用商品税作为主体税种的模式更容易满足政府发挥税收调节作用的需要。

(二)商品税的类型

1. 从课税环节的角度分类

从课税环节的角度,商品税可以分为单环节课税和多环节课税两种类型。

单环节课税是指在商品生产(进口)、批发、零售三个环节中任意选择一个环节课税,如加拿大的酒税、烟税是选择在生产环节征收,美国的汽油税是选择在零售环节征收;多环节课税是指在商品流通的两个或两个以上的环节课税,如欧盟成员国实行的增值税是在生产(进口)、批发、零售三个环节征税。

2. 从计税依据的角度分类

从计税依据的角度,商品税可以分为从价税和从量税两种类型。

3. 从课税范围的角度分类

商品税从课税范围的角度可以分为三种类型:①就全部商品和劳务课税,即除了全部消费品外,还将资本品及交通运输等一些劳务也纳入商品税的范围;②就全部消费品课税,即将资本品或其他劳务等排斥在课税范围之外;③选择部分消费品课税,如只对烟、酒、小汽车等一些特定的消费品课税。

4. 从税基的角度看

商品税从税基的角度可以分为三种类型:①按照商品(劳务)流转过程中的新增加值课征,这就是增值税;②按照商品(劳务)的销售收入总额课征,各国实行的营业税基本上都属于这种类型;③按照部分商品(劳务)的销售课征,特别消费税等属于这种类型。

(三)我国商品税各税种之间的相互关系

我国现行商品税制体系是在1994年的税制改革中建立起来的。现行商品税制的增值税、消费税和关税,在功能作用上相互配合和协调,共同构成商品劳务税制体系。

我国多年来一直以商品劳务课税为主。商品劳务课税不仅是我国财政收入的主要来源,而且也是政府调节社会经济的重要工具。我国近年来商品劳务课税各个税种占税收总收入的比重呈上升趋势。

二、增值税

(一)增值税的内涵

增值税是以应税商品及劳务的增值额(企业生产商品过程中,新创造的价值)为计税依据而征收的一种税。此税起源于法国(1954年),中国于1983年引入。具体到一个生产单位,增值额是指纳税人的商品销售收入或劳务收入扣除外购商品额后的余额。实践证明,增值税是一种中性的、税基大、收入广、对经济行为产生扭曲小的税种。

增值税的课税对象为商品流转环节的增值额。

(二)增值税的类型

根据对购进固定资产价款的处理规定不同,增值税分为以下几种。

1. 生产型增值税

生产型增值税又称GNP型增值税,是以一定时期内纳税人的商品(劳务)销售收入,减去其用于生产而购进的中间产品价值后的余额为课税依据的增值税。此种增值税不允许将任何外购固定资产价款从商品或劳务销售额中抵扣。就国民经济整体而言,其计税依据相当于国民生产总值,所以称为生产型增值税。其特点是:税基较宽有利增加收入;不能完全避免重复征税;不利于鼓励投资。

2. 收入型增值税

收入型增值税只准许将当期固定资产折旧从商品或劳务的销售额中扣除。就国民经济整体而言,计税依据相当于国民收入,故称为收入型增值税。其特点是:在保障财政收入和鼓励投资方面呈中性。

3. 消费型增值税

消费型增值税允许将当期购进的用于应税产品生产或流通的全部固定资产价款从商品或劳务的销售额中扣除。就国民经济整体而言,计税依据只含消费品价值而不含资本品价值,故称为消费型增值税。其特点是税基较窄,对实现一定的收入目标而言需要较高的税率,但能刺激投资。

(三)增值税的特点

增值税的特点主要有以下几个方面。

1. 征税范围广泛,税源充裕。从实行增值税国家的实践情况看,发达国家一般就全部消费品征税,而发展中国家就全部商品征税,包括消费品和资本品。因此,在保证国家财政收入方面具有优越性。

2. 不重复征税,有利于社会化专业分工。就纳税环节而言,增值税实行多环节征税,即在生产、批发、零售等各个环节分别课征,只对每一流转环节实现的增值额课税。就此特点而言,增值税有利于鼓励生产和管理效率较高的企业组织形式的发展，如专业化协作的生产组织形式。

3. 具有税收“中性”效应。由于能避免重复课税，增值税在对绝大多数商品征收同比例税率的情况下，能使不同的税负具有均衡性，因而能较大限度地避免税收对商品比价关系的扭曲性影响，有利于发挥市场机制对资源配置的调节作用。如果实行消费型的增值税，还有利于鼓励投资。

4. 具有相互制约性。增值税的相关经济主体在纳税上具有相互制约性，有利于减少乃至杜绝税收偷逃行为。

5. 利于出口退税。增值税有利于出口退税，更能鼓励外向型经济的发展。

6. 有利于税收征管，防止偷、漏税。增值税有利于税收征管，防止偷、漏税。实行抵免法的增值税，要求有健全的发票制度，并且将税款单独开列，以扣除前阶段已纳税款。这种计税方法具有相互牵制、自动审核的特点，便于税务机关查核，有利于防止偷、漏税。

7. 有利于发展对外贸易。增值税有利于发展对外贸易。增值税消除了重复征税的因素，较易做到出口退税和进口征税。由于出口退税，使本国产品以不含间接税的价格进入国际市场，有利于提高本国产品在国际市场上的竞争力。而对进口货物复征，可以使进口产品与本国产品在国内市场上负担相同的税收，实现平等竞争。

增值税的上述特点是另一方面也对实际操作，特别是在征管和缴纳方面提出了更多要求，这在一定程度上也构成了它的局限性。从税务机关方面分析，多环节课征必然带来税务行政费用的增加。纳税户多，计算审查手续比较复杂，对税收人员的素质有较高的要求。从纳税人方面分析，要求企业具有健全的财力会计制度和纳税记录。在这些条件不具备或不充分具备时，实行增值税的难度会相当大。同时，工商企业在登记和处理有关增值税的资料方面也必须负担大量工作。

(四)增值税的税率

从国际增值税实践来看，增值税税率大致可以分为如下三类。

1. 基本税率

基本税率，也称“标准税率”，它体现增值税的基本课征水平，适用于一般商品和劳务。基本税率的高低是和各国的经济状况、收入水平、税收水平、税收政策等相关的，各国基本税率差别不大。

2. 低税率

低税率体现着增值税的优惠照顾政策，适用于税法单独列举的属于生活必需品范围的商品和劳务。例如，法国的增值税，除了规定基本税率为 18.6％之外，还区别不同商品和劳务分别规定了 7％和 5.5％的低税率。

3. 重税率

重税率体现了增值税的限制津贴费政策，主要适用于奢侈品和有害于社会公益的商品和劳务。

(五)增值税的计税方法

从理论上看，增值税有三种计税方法。

1. 税基列举法

税基列举法采取加法计税。

其计算公式为：

应纳增值税税额＝适用税率×（工资＋利息＋利润＋其他增值项目）

此方法误差较大，较少采用。

2. 税基相减法

税基相减法，也称扣额法。其计算公式为：

应纳增值税税额＝适用税率×（销售收入－法定扣除额）

3. 税额相减法

税额相减法也称扣税法。其计算公式为：

应纳增值税税额＝适用税率×销售收入－外购商品已纳税金

此计算法不仅计税科学、严谨，而且简便易行，应用较为广泛。

三、消费税

（一）消费税的内涵

消费税是指以一般消费品或特定消费品（或消费行为）为课税对象而征收的一种税。

中国于1994年设置了消费税税种，对烟、酒、化妆品、贵重首饰等商品征收消费税。

（二）消费税的分类

1. 按课税的范围不同

消费税按课税的范围不同，可分为一般消费税和特别消费税。一般消费税是对一切商品和消费行为征收的税种；特别消费税是对部分商品和消费行为征收的税种。

此种分类的目的在于，除了取得财政收入外，更重要的是利用消费税课征范围的选择和差别利率的安排，达到政府调节消费和收入的目的。

2. 按征收领域不同

消费税按征收领域不同，可分为国内消费税和国境消费税。国内消费税对国内生产、销售的应税消费品征税；国境消费税对从国外进口的应税消费品征税。

3. 按征税项目多寡不同

按征税项目的多寡，消费税可分为综合消费税和单项消费税（如石油税、烟税、酒税）。

4. 按计税依据不同

消费税按计税依据不同，可分为直接消费税（支出税）和间接消费税。间接消费税以消费品的价格或数量为计税依据，一般由生产者缴纳，由购买者（消费者）间接负担。

（三）消费税的特点

消费税具有以下特点。

1. 征税的目的性。征税项目的选择性较强，更重要的是利用消费税课征范围的选择和差别利率的安排，达到政府调节消费和收入的目的。

在大众消费品中有选择地确定若干个征税项目，在税源中列举征税。

2. 征税环节单一。征税对象大多是最终消费品，主要在生产环节征收，有利于税源控制，降低税收成本，并均衡同一消费品的含税量，减少税收对价格的扭曲。

3. 按全部销售额或销售量计税。消费税按全部销售额或销售量计税，因而税基较宽，计征也较为简便。

4. 税率具有差别性。如对需要限制消费的消费品或主要由高收入群体消费、需求弹性较小的高档消费品，征税较重；一般消费品或低档消费品征税较轻。如中国的消费税，最低税率为3%，最高税率为45%。

5. 具有引导和调节经济行为的作用。征收消费税能调节消费结构，引导消费方向。由于消费税课税对象具有选择性和实行差别税率，对商品比价关系会产生一定的扭曲影响，从而影响人们的消费行为选择。

6. 纠正市场失灵。特别消费税可以改善由市场决定的资源配置状况。特别是针对某些产生外部成本的行为征税，如汽油消费会导致环境污染，则对汽油征收消费税。

(四)消费税的税率和计税方法

1. 税率

消费税一般采用比例税率和定额税率，而且是区别不同税目规定差别税率。

2. 计税方式

(1)从价计量。

应纳税额＝应税消费品销售额×适用税率

(2)从量计税。

应纳税额＝应税消费品销售数量×适用税率

如对黄酒、啤酒、汽油、柴油采取从量计税。

消费税从理论上说最终由消费者负担，但为了减少纳税人的数量，从而降低征收费用，防止税款流失，消费税的纳税环节确定在生产环节。

任务五 所得税

一、所得税概述

(一)所得税的特点

1. 负担的直接性

所得税一般由企业或个人作为纳税人履行纳税义务，并且又由企业和个人最终承担税负。由于纳税人就是负税人，税负不能转嫁，因而被称为直接税。

2. 税收的公平性

所得税在征收环节上选择收入分配环节，是对企业利润或个人所得的征税，关系到所得的归属。因此，所得税的征收具有公开性、透明性强的特点，但容易引起税收对抗，推行比较困难。

3. 一般都以累进税率来计算税额并进行课征

在应税所得确定后，目前各国一般都以累进税率来计算税额并进行课征，并且又都以超额累进税率为主。个人所得税的累进征税特点，使其能够自动适应国民经济周期的变化，在经济膨胀和经济衰退时发挥稳定经济的作用，也能根据政策的需要相机抉择，调整税收政策，促进国民经济的稳定增长。但是所得课税并非都采用累进税率，公司所得税常常就采取比例税率。

4. 税收管理的复杂性

所得税不但对企业所得课征，而且对个人所得课征。由于个人纳税户数量多、税额小、税源分散，征收管理成本高、难度大；同时，所得税是对净所得征税，就企业而言，有成本核算和管理上的难度。因此，征收所得税客观上要求整个社会有较高水平的信息、核算和管理基础。

（二）所得税的类型

1. 分类所得税（也称分类税制）

分类税制是将各种所得分为若干类别，对不同来源和性质的所得，以不同的税率课征。分类所得税制一般是比例税率，采用源泉课征法，课征简便，节省征收费用。也可实行不同类别的差别税率，较好地体现横向公平原则。例如，可将所得税按工资薪金所得、股息利息红利所得、特许权使用费、租金所得等分为若干类，对工资薪金或其他劳务报酬课以薪金报酬所得税，对股息利息红利所得课以股息利息红利所得税，等等。但是，分类所得税制一般不采用累进税率，很难体现税收的纵向公平原则。

分类所得税的理论依据在于，不同性质的所得项目应适用不同的税率，分别承担轻重不同的税负。勤劳所得，如工资薪金要付出辛勤的劳动，所以应课以较轻的所得税；投资所得，如股息、利息、红利所得是凭借其所拥有的财产而获得的，所含的辛苦劳动较少，所以应课以较重的所得税。因此，分类所得税的优点就是它按不同性质的所得，分别采取不同的税率，实行差别待遇。分类所得税最早创始于英国，但现在实行纯粹分类所得税的国家已很少，即使采用也是将其与综合所得税配合使用。

2. 综合所得税（也称综合税制）

综合税制是将纳税人在一定期间内的各种所得综合起来，减去法定的减免和扣除项目，就其余额按累进税率进行征税。综合所得税课税的范围广，能体现纳税能力原则。但这种课征制度的课税手续较繁，征收费用多，且容易出现偷、漏税。

综合所得税的指导思想在于，既然所得税是一种对人的课税，课税依据就应该是人的总体负担能力，其应税所得额当然应该综合纳税人全年各种所得的总额，减除各项法定的宽免额和扣除额后，按统一的累进税率课征。所以，综合所得税的突出特点，就是其最能体现纳税人的实际负担水平，最符合纳税能力原则。

综合所得税为很多国家所接受，成为当代所得税课征制度的一个重要发展方向。

3. 分类综合所得税（也称混合税制）

混合税制是将分类和综合两种所得税的优点兼收并蓄，实行分项课征和综合计税相结合。这种所得税的征收办法，是将纳税人的各项所得，先按分类所得的征收办法课征，从源泉处以一定的比例税率征收；然后在纳税年度结束时，综合纳税人全年各种所得税，扣除法定项目后，得出其该年度的综合应税所得，再乘以应税所得所适用的累进税率，计算综合应纳税款；分类课征阶段已纳的税款，可以冲抵综合应纳税款，年度汇总后，实行多退少补。

分类综合所得税是当今世界上广泛实行的一种所得课税类型，它反映了综合所得税与分类所得税的趋同趋势。其优点在于，一方面坚持了按支付能力课税的原则，对纳税人不同来源的收入实行综合计算征收；另一方面又坚持了对不同性质的收入实行区别对待的原则，对所列举的特定项目按特定方法和税率课征。此外，它具有征管方便，有利于减少偷税、漏税等方面的优点。

（三）所得税的课税方法

所得税是对所有以所得为课税对象的税种的总称。所得税是国家筹措资金的重要手段，也是促进社会公平分配和稳定经济的杠杆。所得税的课税方法，大致有以下三种。

1. 估征法

估征法即由税收机关根据纳税人的各种外部标志，测定其所得，并据以征税。测定方法分为三种：净值法、消费支出法和银行账户法。净值法是以纳税人财产净值为标准，推定其所得额的大小，以决定应纳税额；消费支出法则根据纳税人平日生活和各种消费支出数额，估计其所得额以确定纳税人的应纳税额；银行账户法是根据纳税人银行账户的往来情况，测定纳税人的所得，以决定其应纳税额。估征法一般在无法准确审核纳税人所得时运用，尤其对于逃、漏税严重者是一种惩罚措施。但单从外观去推定应纳税额是不能完全符合实际的，不能用于大面积的所得税征收。

2. 源泉课征法

源泉课征法是在所得发生之外课征，不直接征之于纳税人，而间接征之于支付所得的人。这种方法的优点在于，课征手续简便，节省征收费用，而且偷、漏税易查。但这种方法并不能适用于各种所得，而且不能采用累进税率，对不同所得的纳税人都按比例税率征收，不符合税收纵向公平原则。

3. 申报法

申报法即纳税人自行申报所得额，由税务机关进行调查核实其有无遗漏或不实之处，然后就核实之数按一定税率计征，由纳税人一次或分次缴纳。申报法的优点是：有助于增强国民纳税义务，可以采取累进税率征收，比较符合税收公平原则。但容易出现隐匿伪报和偷、漏税情况，而且征收费用大。

二、企业所得税

(一)企业所得税的内涵及特点

1. 内涵

企业所得税是对企业(公司)取得的生产经营所得和其他所得征收的一种税。

2. 特点

(1)课税对象是税法规定范围内的企业净所得，计征较为复杂。

企业净所得的核算只允许扣除与取得应税收入相对应的必要的费用(成本)支出。

(2)既可采用累进税率，也可采用比例税率。

采用累进税率有利于量能负担，采用比例税率有利于鼓励投资。

(3)可以以调整计税依据的形式体现国家的导向政策。

企业所得税除了可以设置差别税率外，还可以通过放宽或严格扣除项目或扣除标准，以及直接调整应税所得额等方式来影响纳税人的税收负担，从而实现一定的政策目标。如加速折旧、盈亏互抵就是常见的一种以缩小税基来刺激投资的所得税措施。

(4)实行按年计征，分期预缴的征收办法。

(二)企业所得税税率

企业所得税的税率为25%；在中国境内未设立机构、场所，或者虽设立机构、场所但取得的所得与其所设机构、场所没有实际联系的非居民企业，适用税率为20%；符合条件的小型微利企业，减按20%的税率征收企业所得税；国家需要重点扶持的高新技术企业，减按15%的税率征收企业所得税。

(三)企业所得税的课征范围

企业所得税的课征范围是由各国所行使的税收管辖权所决定的。一般将企业分为居民企业和非居民企业。

居民企业负有无限纳税义务，即就其来源于全世界范围的所得在本国缴纳企业所得税。

非居民企业负有有限纳税义务，即就其来源于本国的所得缴纳企业所得税。

换言之，各国企业所得税的课征范围是，居民企业取得的来源于全世界范围的所得及非居民企业取得的来源于该国疆域内的所得。

主权国家根据其法律在课税方面所拥有和行使的权力称作“税收管辖权”。按其内涵不同，一国行使税收管辖权所遵循的原则分为“属地主义”和“属人主义”。

所谓属人主义，是指一国以人的内涵作为其行使课税权力的指导原则，即按纳税人的国籍、登记注册所在地或者住所、居所和管理机构所在地为标准，确定其税收管辖权。按属人原则确定税收管辖权，又可分为居民管辖权和公民管辖权两种，所谓居民管辖权，是指一国对该国的居民行使征税权力，对其来源于该国内、外的收入或所得征税。这里行使征税权力的依据是纳税人的居民身份，而不论其所得的来源地是国内还是国外。居民身份的判定，各国采用的标准不同，自然人居民，一般是指在本国有住所，或在本国居住达一定时间（1 年或半年以上）的人；法人居民，一般是指在本国注册登记的法人，或总机构、管理机构设在本国的法人。

（四）企业所得税的适用税率

世界各国在企业所得税上大多采用单一的比例税率，即便是实行累进税率的国家，其累进程度也较为缓和。部分国家表面上企业所得税税率不止一个，但那是按照纳税人的不同性质而定的，就一个特定企业来说，并没有因为所得额的大小而区别适用不同税率，因而实际上也属于单一的税率结构。这是因为，企业所得税实质上不是“对人课税”，课税依据也并非个人的综合负担能力，所以没必要按照所得额的高低规定不同的税率。

（五）企业所得税的课征方法

对于企业所得税，国际上通行的课征方法是采用申报纳税方法。

（六）企业所得税辅助政策

企业所得税可能存在一定的减少利润、阻碍投资的问题。发达国家一般都实行促进投资的行之有效的措施以配合企业所得税的实施，主要政策有：第一，加速折旧政策。发达国家为了促进投资和设备更新改造，采取了增加折旧额、加速折旧的对策。具体措施有：按重置价格计提折旧、缩短固定资产标准折旧年限及其他新的折旧方法。第二，投资抵免政策。这是指政府允许企业从其应缴纳税款中减去一部分用于弥补其进行的投资，实际上是政府用减免税的方式支持投资，对经济增长形成强有力的刺激。第三，资源折耗扣除政策。这是给予从事自然资源（石油、天然气和木材等）开发的采掘企业的一种特殊的税收优惠待遇。第四，亏损弥补政策。发达国家一般实行允许企业在不同年度之间以盈补亏的政策。亏损弥补政策的目的，在于降低私人投资的风险，对刺激投资具有重要的意义。

三、个人所得税

个人所得税最早于 1799 年在英国创立，目前世界上已有 140 多个国家开征了这一税种。

（一）个人所得税的内涵及特点

1. 内涵

个人所得税是以个人（自然人）取得的各项应税所得为课税对象征收的一种税。

2. 特点

个人所得税制度相当烦琐，具体到每个国家又各具特色，这里仅讨论其共同点。

（1）个人所得税有助于实现社会公平。一般认为所得是衡量纳税能力较好的标准，因此，征收个人所得税符合纳税能力原则。随着经济的高度发展，社会中贫富悬殊的问题十分突出，成为社会不稳定的根源。对所得按累进率税征收，可减轻社会分配不公的程度，缓和社会矛盾，符合税收的公平原则。

（2）个人所得税符合税收普遍原则，财政收入稳定。个人所得税的课征对象是自然人的所得，大部分人都有所得，如薪金收入、劳动收入、动产和不动产收入等，而这些所得都必须纳税。因此，在人均 GDP 较高的国家，个人所得税是重要的税源之一，而且税源广泛，能满足政府财政收入的需要。

（3）个人所得税具有自动稳定的功能。由于个人所得税采用累进税率，在经济繁荣时期，税收增加的速度超过个人所得增加的速度，可以自动遏制通货膨胀；反之，在经济萧条时，税收减少的速度比个人收入降低的速度还要快，可阻止紧缩的趋势。这样，就能起到自动稳定的作用。此外，对个人所得税的课征，会影响纳税人的消费、储蓄和投资行为，进而对社会总需求和总供给产生很大的反响。

但是，个人所得税也有缺点。如果对个人所得实行较重的课征，会减少个人投资、储蓄和消费的愿望，从而减少社会总需求，导致经济发展缓慢。个人所得税计征手续复杂烦琐，对征收手段和技术条件要求较高，同时要求税收稽查人员具有较高的素质。这一方面增加了个人所得税的征收成本，另一方面征收的复杂性也导致出现隐匿所得和偷、漏税的现象。

（二）个人所得税的课征范围

税收的课征范围是一个主权国家的税收管辖权及其课税主体（纳税人）和课税客体（课税对象）的范围。税收管辖权就是国家在处理税收事务方面的管理权。

国际公认的税收管辖权原则有两种：

一是属地原则。它根据地域的内涵确定，以一国主权所及的领土疆域为其行使税收管辖权的范围，而不论纳税人是否为本国公民和居民。这种税收管辖权也称为“收入来源地税收管辖权”。这种管辖权确认，收入来源国有权对任何国家的居民或者公民取得的来源于境内的所得课税。

二是属人主义原则。它依据人员内涵确定，以一国所辖的公民或居民为其行使税收管辖权的范围，而不论这些公民和居民从事的经济活动是否发生在本国领土疆域之内。按照属人主义原则所确定的税收管辖权也称为“居民（公民）税收管辖权”。这种管辖权确认，居住国或国籍国有权对居住在其境内的所有公民和具有本国国籍的公民取得的来源于全世界范围的所得课税。因此，也就决定了各国在个人所得税上的可能的征管范围：本国居民或公民取得的来源于全世界范围的所得，以及外国居民或公民取得的来源于该国疆域范围内的所得。换句话说，居民或公民要承担全部所得的纳税义务，非公民或非居民则承担有限纳税义务。

（三）个人所得税的适用税率

世界各国的个人所得税税率目前大都以累进税率为基本形式，税收负担随着纳税人收入等级的上升相应递增，而且一般都实行超额累进税率。

除了规定基本税率外，对于某些特殊性质的收入项目，往往还要规定特殊税率。尤为普遍的是，许多国家如英国、美国等，都把资本利得从综合收入中划出来，规定较低的税率。这些较低的税率通常只相当于正常个人所得税税率的 50%左右。资本利得是指股票和债券的价格提高而引起的资本增值，以及出售房地产、专利权等取得的资本增值。资本利得是纳税人凭借自有财产而取得的真实收入，原则上按照税率纳税，但美国等国家为了鼓励投资和资本流动，会在纳税上给予一定的优惠。

(四)个人所得税扣除项目的类型

扣除项目可分为两大类，一类是取得收入所必须支付的费用，如差旅费、利息支出；另一类是生计费，如基本生活费、赡养费、教育费等。

综合所得税制是个人全年各项应税所得额总和减去法定宽免额和扣除额，再乘以适用税率。

分类所得税制是将个人应税所得额按性质或来源加以分类并按不同的税率分别计征。

混合所得税制是分类与综合相结合的混合税制模式。

我国普遍采用混合所得税制。2011 年 6 月 30 日，十一届全国人大常委会第二十一次会议表决通过了个税法修正案，将个税起征点由原先的2 000元提高到3 500元，适用超额累进税率为 3%至 45%，自 2011 年 9 月 1 日起实施(如表 4—2 所示)。

工资个税的计算公式为：

应纳税所得额＝工资薪金所得－“五险一金”－扣除数

应纳税税＝全月应纳税所得额×运用税率－速算扣除数

扣除标准：个税按 3 500 元/月的起征标准算。

表 4—2　　7 级超额累进个人所得税税率表

级数	全月应纳税所得额 (含税级距)	全月应纳税所得额 (不含税级距)	税率/ %	速算 扣除数
1	不超过 1 500 元	不超过 1 455 元的	3	0
2	超过 1 500 元至 4 500 元的部分	超过 1 455 元至 4 155 元的部分	10	105
3	超过 4 500 元至 9 000 元的部分	超过 4 155 元至 7 755 元的部分	20	555
4	超过 9 000 元至 35 000 元的部分	超过 7 755 元至 27 255 元的部分	25	1 005
5	超过 35 000 元至 55 000 元的部分	超过 27 255 元至 41 255 元的部分	30	2 755
6	超过 55 000 元至 80 000 元的部分	超过 41 255 元至 57 505 元的部分	35	5 505
7	超过 80 000 元的部分	超过 57 505 元的部分	45	13 505

资料来源：税率资讯网。

[案例 4—1]

某人(非外籍)某月税前收入月工资 6 000 元，工作地点是广州，该市的三险一金标准是养老保险 8%，医疗保险 2%，失业保险 1%，住房公积金 8%。

求此人月应纳税所得额及应缴纳的个人所得税。

解：应纳税所得额＝6 000－6 000×(8%＋2%＋1%＋8%)－3 500＝1 360(元)

个人所得税＝1 360×3%－0＝40.8(元)

同步案例 4－1　　更改税目，以低税率的方式申报扣税

1. 将董事费按工资薪金收入代扣个人所得税进行偷税

《国家税务总局关于印发〈征收个人所得税若干问题的规定〉的通知》(国税发〔1994〕089号)第八条规定，个人由于担任董事职务所取得的董事费收入，属于劳务报酬所得性质，按照劳务报酬所得项目征收个人所得税。按照国税发〔2009〕121号文第二条的规定，对董事费按劳务报酬所得项目征税的方法，仅适用于个人担任公司董事、监事，且不在公司任职、受雇的情形。如果个人在公司(包括关联公司)任职、受雇，同时兼任董事、监事的，应将董事费、监事费与个人工资收入合并，统一按工资、薪金所得项目缴纳个人所得税。

2. 将集资利息作为工资薪金征收所得税

某公司2010年共发生集资200万元，支付集资利息22万元，用工资表支付，未扣税公司按工薪所得找扣所得税0.4万元，经核实应为股息红利所得，补税4万元，按征管法规定处罚应缴税金0.5倍罚款。

3. 将个人借款作为其他公司的借款处理以避免利息产生的税金

某公司2010年共发生集资500万元，均作为收到其他公司的借款处理入账，支付集资利息45万元，支付时在“其他应收款”账户中反映，经税务核实应为股息红利所得，补税9万元，按征管法规定处罚应缴税金1.5倍罚款。

4. 费用名目转化

操作方法：将部分税前扣除有比率限制的费用超额部分转变为其他限制较宽松的或没有限制的费用名目入账，以达到全额税前扣除或减少相关税费等目的。费用确认以发票为依据，发票容易虚拟。如某公司将招待费10万元改为住宿费试图偷逃企业所得税被税务机关查核调整，并按发票管理办法处罚1万元。

四、社会保障税

(一)内涵

社会保障税是以劳动者的工资薪金为课税对象的一种税，也称工薪税，在绝大多数OECD国家以及部分发展中国家开征。我国尚未开征社会保障税，社会保障还是以费用形式收取。

(二)社会保障税的课税对象

社会保障税的课税对象是在职职工的工资、薪金收入额和自营人员的事业纯收益额。这里的工资、薪金收入额具有如下特点：第一，不是全部的工资、薪金收入额，而只是对一定限额以下的工资收入额课征，即有最高应税限额规定；第二，不允许有宽免或费用扣除，而是把毛工薪收入额直接作为课税对象。

(三)社会保障税的特点

1. 社会保障税是一种目的税。其收入专门用于社会保障支出，这种专款专用的性质不同于其他所有税。

2. 它具有税收的累退性。由于社会保障税采用比例税率，而且设有最低生活费标准，也不进行其他减免，并对应税所得额采取封顶办法，对超过最高限额的工资部分不征税。因此，工资较高者纳税额占工资收入总额的比重相对较小，这是不符合税收纵向公平原则的。

3. 社会保障税征管方便。由于社会保障税税基不包括纳税人的非工薪收入，如资本利得等，并且直接将毛收入作为课税对象，所以，不需经过复杂的计算过程，而纳税人也没有逃避税收的机会。

4. 它具有税收的转嫁性。社会保障税一般以工资支付额为课税对象，由雇主和雇员双方按工资的一定比例各出一部分。但雇主上缴部分，虽名义上向雇主征收，却无法阻止他们把税负转嫁出去。因为社会保障税代表了雇主劳动力成本的增加，这将促使劳动力需求降低，为使均衡就业量保持不变，工资率必然趋于下降。按照这一推理，社会保障税中雇主上缴的部分，有相当部分是转嫁给了雇员，即雇主上缴的部分是以低工资的形式由雇员支付的。

(四)社会保障税的课征范围

西方国家社会保障税的课征范围大都很广。只要是在本国有工资、薪金收入的人，都是社会保障税的纳税人。

(五)社会保障税的税率

社会保障税适用比例税率。

任务六　资源税和财产税

一、资源税

(一)资源税的性质和分类

资源税是以自然资源为课税对象的税类。可分为一般资源税和级差资源税两种类型。一般资源税是指国家对国有资源，根据国家的需要，对使用某种自然资源的单位和个人，为取得应税资源的使用权而征收的一种税。级差资源税是对占用或开发国有资源者国资源条件差异而获得的级差收入征收的一种税。

(二)资源税的作用

征收资源税的作用体现在以下三方面。

1. 促进资源合理开发，节约使用有效配置。
2. 调节资源级差收入，实现公平竞争。
3. 增加财政收入。

二、财产税

(一)财产税的内涵及特点

1. 内涵

财产税是对纳税人所拥有或支配的财产课征的一种税。

2. 特点

(1)财产税的税负不易转嫁，具有直接税的性质。

(2)财产税是对财富的存量进行课税(所得税的课税对象是财富的流量)。

(3)财产税符合税收的量能纳税原则，有财产者必有纳税能力。

(4)财产税收比较稳定，不易受经济变动因素的影响。

(5)财产税具有收入分配的职能。财产税的征税原则是有财产者纳税，无财产者不纳税；财产多者多纳税，财产少者少纳税。这就可以在一定程度上避免社会财富分配不均。

(二)财产税的局限性

1. 财产税的税收负担存在一定的不公平。这是因为在课征手段和评估技术上存在种种弊端。财产中的动产,常常成为隐匿对象,不动产也较难估价,征收管理较难掌握,因此,容易导致税负的不公平。而且,课征财产税会减少投资者的资本收益,降低投资者的投资积极性。在经济不发达时期,课征财产税在一定程度上有碍资本的形成。

2. 财产税的征收弹性较小。财产税对财产价值课税,一般情况下,财产价值不易发生变动,因此财产税收不易随着财政需要而变动。

(三)财产税的类型

以课税范围为标准,可将财产课税分为一般财产税和特别财产税。一般财产税是就某一时点纳税人所有的一切财产综合课税,课税时要考虑对一定价值以下的财产和生活必需品进行免税,并允许负债的扣除;特别财产税则是就纳税人所有的某一类或某几类财产,如土地、房屋等单独或分别课税。

以课税对象为标准,可将财产课税分为静态财产税和动态财产税。前者是就一定时点的财产占有额,依其数量或价值进行课税,如一般财产税和特定财产税;后者是就财产所有权的转移或变动进行课税,如遗产税和赠与税。

1. 一般财产税

(1)内涵

一般财产税,是以财产所有者某一时点所拥有的全部财产价值为课税对象,实行综合课税,税率多采用比例税率,也有的国家采取累进税。其纳税人主要是个人,也有的国家对公司法人课税。

(2)类型

从当代国际税收实践看,一般财产税大体上分为两种类型。

①名为一般财产税,实际上是有选择的财产税,即以列举的几种财产估计价值(不规定扣除项目)为课税对象,如美国的财产税制。

②名为一般财产税,实际上是财产净值税,即以应纳税财产总额减去负债后的净值额为课税对象,并有免税项目的规定(生活费宽免等),如德国、荷兰等国的财产税制。

2. 特别财产税

(1)土地税

土地税是以土地为课税对象的税收。它既是一个古老的税种,也是世界上施行最广泛的特别财产税。课征土地税的国家,采用了各种名称,如土地税、家地税、荒地税、已开发土地税、土地增值税、土地租金税、地价税等属于针对土地收益和所得的税种。其中的土地财产税,是以土地的数量或价值额为课税依据。它又可分为从量课征和从价课征两种。前者是指地亩税,以土地的单位面积为课税依据,即规定每单位面积土地的税额;后者是指地价税,它是以土地的单位价值为课税依据,应税土地的价值必须经过征收部门估算核定。

(2)房产税

房产税是附着于土地上的房屋及与该房屋不可分割的有关建筑物为课税对象的一种税。由于房屋与土地密切相关,难以单独估价,故一般连同土地一起并征房地产税。财产课税性质的房产税是以房屋的数量或价值为课税标准,按规定税率征收的一种税。早期的房产税是从量计征,多以房屋明显的外部标志为课税依据,如灶税、窗户税等;现代的房产税普遍实行从价计征，即以房屋的账面价值或市场价值作为课税依据。

3. 财产转移税

财产转移税，是对财产所有权变更进行的课征税种，包括遗产税、赠与税等。

(1)遗产税

①内涵

遗产税是对财产所有权人死亡后遗留下来的财产课征的税种，在财产课税体系中占有重要的地位。近代遗产税1598年起源于荷兰。目前世界上有三分之二以上的国家课征了遗产税。

②优点

遗产税作为世界上各国普遍课征的税种，其优点是显而易见的。

首先，遗产税采用累进税制，可以平均社会财富，缓和社会矛盾。

其次，遗产税以财产为课税对象，有稳定的税源，可以增加财政收入。

再次，遗产税可以抑制社会浪费，消除人们对遗产继承的依赖心理，有利于推动社会进步。

③分类

遗产税大致可以分为以下几类：

第一，总遗产税制。它以财产所有人死后的遗产总额为课税对象，以遗嘱执行人或遗产管理人为纳税人。总遗产税制的特点是在遗产处理上采用"先税后分"的方式，即先征遗产税，然后才能将税后遗产分给遗产继承人或受遗赠人。遗产税一般设有起征点，并采用累进税率，其税负水平不考虑继承人与被继承人之间的亲疏关系。总遗产税在计税时，按遗产总额减去负债后的净额课征；规定免税额，对小额的遗产可以免征；准予分期纳税或以实物缴纳。

第二，分遗产税制。它就各继承人取得的遗产份额课税，以遗产继承人或受赠人为纳税人。在遗产的处理上表现为"先分后税"，即先按国家有关继承法令分配遗产，然后就各继承人分得的遗产课税。一般采用累进税率，税负高低与继承人同被继承人之间的亲疏关系有关。分遗产税在计税时，凡继承人为直系亲属的，税率较轻，非直系亲属的，税率较重；继承人所继承或分得的财产数额越多，税率较高；按被继承子女的多少课以不同的税率，子女越少，税率越高。分遗产税制有公平合理的优点，但征管复杂，征收成本较高，目前选择该类型的国家主要有日本、德国等。

第三，混合遗产税制。它将总遗产税制和分遗产税制综合在一起，对财产所有人死亡时留下的遗产先课征一次总遗产税，然后再对税后遗产分配给各继承人的遗产份额课征一次分遗产税，在遗产的处理上表现为"先税后分再税"。这种遗产税的优点是既控制了税源，又体现了公平负担原则，但税收征管复杂，加拿大、意大利、爱尔兰等国实行了该种遗产税。

④纳税人的选择。

在遗产税税收管辖权方面有两种类型，一种是属人和属地相结合的税收管辖权，即本国居民死亡时，应将其境内、境外全部遗产征税；非本国居民死亡时，只就其境内遗产征税。另一种是属地主义税收管辖权，即仅就纳税人在本国境内的遗产征税。开征遗产税的国家一般都采用前一种类型。

⑤课税对象的选择。

世界各国遗产税的课税对象都确定为财产，包括动产、不动产和其他具有财产价值的权利。其中，动产包括现金、银行存款、有价证券、金银首饰等；不动产包括土地、房屋、矿产等；具有财产价值的权利包括保险权益、债权和土地占有权等。对上述财产的估价各国多采用市场价值，即以财产所有者死亡时的财产市价为标准。

⑥税率的选择。

绝大多数开征遗产税的国家在税率设计上都采用累进税率，这样的税率设计可以体现公平原则，达到调节社会财富分配的目的。西方发达国家由于长期主张对高额遗产课以重税，故税率都比较高。20 世纪 70 年代，美国、日本最高税率均在 75%以上，直至 80 年代末减税改革后，日本最高税率仍为 70%，美国最高税为 50%；发展中国家由于开征遗产税的时间比较晚，同时受经济发展水平和人们生活水平等因素的影响，最高税率设计得比较低，约在 50%左右。

(2)赠与税

①内涵

赠与税是对财产所有者或被继承人所赠与他人的财产课征的税收。

②分类

A. 总赠与税。就赠与人在课税年度内所赠与他人的财产总额课征，以赠与人为纳税人；

B. 分赠与税。就受赠人在课税年度内的受赠财产课征，以受赠人为纳税人。

③实质

赠与税实质上是遗产税的辅助税种，以防止纳税人逃避税收，确保财产转让税税源不致流失。凡实行总遗产税的国家，多同时实行总赠与税；凡实行分遗产税的国家，多同时实行分赠与税。

项目五　公　债

学习目标

能力目标

1. 能够掌握国债的基本知识、基本原理，解决现实基本问题；
2. 具备分析公债的发行与管理的能力。

知识目标

理解：公债的内涵、公债的产生与发展、公债的分类。

熟知：公债与财政收入、公债与财政支出、公债与财政赤字的关系。

掌握：公债的承受能力、公债的偿付能力、公债的发行与管理。

素质目标

1. 具备收集资料、分析资料的能力；
2. 具备独立思考、团结协作的能力，注重团队的成绩与荣誉；
3. 培养与人沟通、言行举止得体等综合素质能力。

项目引例

欧洲债务危机引发的思考

据新华网报道，在欧洲债务危机是否拖累了全球经济二次探底的争论尚未停止时，美国敲响的地方债危机警钟就如同幽灵一般又侵袭而来。

高失业率和脆弱的消费者信心使得美国地方政府税收入和营业税收入缩水，为弥补预算短缺，各地方政府走上了疯狂发债的道路。美国地方政府前几年疯狂发行债券，现在却出现大面积资不抵债局面，欲将破产之声不绝。

有"末日博士"之称的纽约大学斯特恩商学院教授鲁比尼(Nouriel Roubini)认为，在美国经济陷入衰退，州和地方政府财政吃紧的情况下，市政债券违约率将急剧飙升。MMA 总经理马特·费边(Matt Fabian)表示，自 2009 年 7 月以来，已有 207 个市政债券发行机构违约，欠债总额达 60 亿美元，预计这个数字将会持续增大。

加利福尼亚州政府 2009 年一度因财政"告急"而几乎"关门大吉"。加州州长阿诺德·施瓦辛格(Arnold Schwarzenegger)2010 年 5 月 14 日宣布一项总额为数十亿美元的财政紧缩计划，包括停止补贴低收入家庭儿童，将政府支付社区心理健康服务的金额削减六成。美国各地方政府也学习其财政瘦身方案谋求渡过难关。在夏威夷州，学年时长被减少 17 天；在马萨诸塞州，多家交通运输机构遭合并。密苏里州议会决定，将州水上巡逻队和高速公路巡逻队合二为一，每年可节省 100 万美元开支；密苏里州还打算停止印刷有关州政策与法令的"蓝皮书"，可节省 170 万美元。

思考与讨论：

市政债券违约带来的影响有哪些?

任务一　公债概述

一、公债的内涵

公债是指政府为筹措财政资金，凭其信誉按照一定程序向投资者出具的，承诺在一定时期支付利息和到期偿还本金的一种格式化的债权债务凭证。公债是国家财政收入的一种特殊形式，是调节经济的一种重要手段。对于公债的具体内涵，我们可以从以下几个方面来理解。

(一)公债是各级政府借债的统称。中央政府的债务称为中央债，又称国债；地方政府的债务称为地方债。我国地方政府无权以自身名义发行债务，故人们常将公债与国债等同起来。

(二)公债是政府收入的一种特殊形式。公债具有有偿性和自愿性的特点。除特定时期的某些强制性公债外，公众在是否认购、认购多少等方面，拥有完全自主的权利。

(三)公债是政府信用或财政信用的主要形式。政府信用是指政府按照有借有还的商业信用原则，以债务人身份来取得收入，或以债权人身份来安排支出，也称为财政信用。公债只是财政信用的一种形式。财政信用的其他形式包括：政府向银行借款、财政支农周转金、财政部门直接发放的财政性贷款等。

(四)公债是政府可以运用的一种重要的宏观调控手段。

二、公债的产生与发展

(一)公债的产生

公债最早大约产生于公元 5 世纪到 7 世纪的地中海沿岸一些国家。中世纪以后，地中海沿岸的意大利城市热那亚、威尼斯等地，由于其地理位置优越，成了世界商业中心。与商业的发展相适应，信用制度也迅速发展起来。在中世纪以前的奴隶社会末期由高利贷者发展起来的银行，由于利息率太高，无法满足商人低利率贷款的要求，威尼斯和热那亚的商人首创了信用组合。这种信用组合又逐步演变为后来的划拨银行，一种比高利贷先进的专门从事信用的行业便应运而生。与此同时，由于封建制国家的职能有所扩大，加上财政管理不善，入不敷出，所以财政收支矛盾加剧。于是，划拨银行便出高于一般利率的贷款给国家，这样，就产生了公债。到 16、17 世纪，手工工场向机器大工厂过渡，社会劳动产生率大大提高，加上海上贸易和殖民地战争，商人和高利贷者从国内外获得了大批货币财富。这批积累起来的货币资本超过了工场手工业生产发展的需要，在大量多余资本找不到理想投资场所时，资本所有者便把闲置的货币资本投放到能保证获得高收入的公债上。同时，国家通过举债的实践，认为用发行公债的办法来解决财政困难要比增加税收容易得多，因此，公债很快在欧洲资本主义各国得到广泛的发展。

公债虽然很早以前就产生了，但只是到资本主义社会才得到迅猛的发展。而且，公债作为政府筹集财政资金的重要形式以及发展经济的重要杠杆，已经成为当今世界各国财政不可缺少的组成部分。政府财政收不抵支是公债产生的必要条件，而闲置资本的存在则为公债的产生提供了可能性。

(二)公债的发展

公债的产生，对资产阶级极为有利。资本主义商品经济的发展是公债强有力的经济基础，同时，公债往往又是同国家财政困难相联系的。因此，公债虽然早在中世纪就已经产生，但是公债的急速增长却是在资本主义财政形成以后的第二次世界大战期间。第二次世界大战期间，参战各国军费迅速增长，税收已远远不能满足战争需要，于是公债成了筹集军费的重要途径，资本主义各国的公债总额猛增。

到 20 世纪 70 年代，资本主义世界各国奉行凯恩斯主义的赤字财政政策。根据凯恩斯的理论，增加政府开支，削减联邦税收，虽然会出现财政赤字，但整个社会的有效需求提高后，可以刺激、推动经济的发展。而弥补财政赤字的有效办法是发行公债。因此，公债增长的速度越来越快，资本主义国家公债的发行达到了空前的规模。以发行公债较早的美国为例，1800 年公债总额只有 0.83 亿美元，到 1930 年上升到 163 亿美元，1980 年达到9 302亿美元，到 1984 年又猛增到15 723亿美元，截至 1986 年美国累计公债总额达20 082亿美元。

我国公债最早出现在清朝末年。我国第一次发行的国内公债是 1898 年清王朝发行的“昭信股票”，总额为白银1 100万两。1911 年清王朝又发行一次公债。北洋军阀时代和国民党时期政府也多次发行公债。旧中国的公债基本上属于资本主义公债的类型，但带有半封建半殖民地色彩。

新中国成立以来，我国先后多次发行公债：1950 年发行了人民胜利折实公债，1954～1958 年连续 5 年发行国家经济建设公债，1981 年至今每年都发行公债。

三、公债的分类

(一)按照公债的发行地域分类

按照公债的发行地域分类，可以将公债分为国内公债和国外公债。

国内公债是指本国政府以债务人的身份向本国境内的居民或单位所发行的公债；国家在国外发行的公债称为国外公债。

(二)按照公债的发行主体分类

按照公债的发行主体分类，可以将公债分为中央政府发行的国债、政府关系债和地方政府债券。

中央政府发行的国债，包括用于融通国库资金、弥补预算资金不足的国库券和以扶持社会经济发展为目的而发行的各种专项债券；政府关系债，指由政府某些特许机构或特殊法人发行的主要用于铁路、交通、基础设施、中小企业发展、技术开发等特定公共项目的债券；地方政府债券，即各级地方政府为筹集地方建设性投资所需资金而发行的债券。

(三)按照公债的发行本位分类

按照公债的发行本位分类，可以将公债分为货币本位券和实物(折实)本位券。

货币本位券又分为用同一种货币还本付息的本国货币计价债券、外国货币计价债券和用本国货币与外国货币两种货币计价的双重货币债券；实物(折实)本位券是指该公债的募集和还本付息均以实物为计算单位。

(四)按照公债的形态分类

按照公债的形态分类,可以将公债分为附息债(剪息债)和贴现债。

附息债指券面上附有息票,在规定的时期以息票兑换的形式支付利息的债券,其中又分为发行利率固定不变的固定附息债券和发行利率随市场利率浮动的浮动利率债券;贴现债券面上不附有息票,而是采用低于面额的价格发行,发行价格与偿还金额之差即为利息。

(五)按照有无担保分类

按照有无担保分类,可以将公债分为政府担保债和非政府担保债。

本利的支付由政府作担保的公债叫政府担保债,反之为非政府担保债。政府担保债主要适用于以公共设施、技术开发和政策扶持目标相一致的政府关系债和地方政府债券。

(六)按照是否记名分类

按照是否记名分类,可以将公债分为现货债与注册债(登记债)。

现货债是指公债债券本身是权利化了的纸制物,一般为不记名债券;注册债指按照一定的法律规定,在注册机关准备的注册簿上记上公债债权人的姓名及权利等内容,由注册机关定期向债权人发放利息收据,在本利支付场所进行支付,其转让也是由公债债权人向注册机关提出申请转移手续来进行,注册债同时也是记名债。

(七)按照偿还期限的长短分类

按照偿还期限的长短分类,可以将公债分为短期债券、中期债券、长期债券和超长期债券。

根据不同时期的不同情况,有不同的区分方法,一般偿还期限在一年以内的为短期债券;2～5年的为中期债券;6～10年的为长期债券;11年以上的为超长期债券。

(八)按照募集方式分类

按照募集方式分类,可以将公债分为公募债券和私募债券。

前者指以不特定的多数投资者为对象广泛募集的债券;后者指发行时不面向一般投资者,而仅向与发行人有特定关系的投资者募集,又称缘故债券。

任务二 公债与财政

公债从产生起就与财政赤字紧密相连。公债发行、偿还的整个运行过程,都与国家财政收支、财政赤字有着密切的联系。

一、公债与财政收入

公债的作用首先是弥补财政赤字,此外,还可以筹集建设资金,调节经济运行,主要是调节货币流通量。在现实生活中,国家发行公债可以用于弥补赤字,也可以用于固定资产投资等专项用途,还可以用于偿还到期的公债。公债是国家进行宏观调控的重要工具之一,我国在1998年以来通过发行长期建设国债筹集了大量的建设资金,扩大了市场投资规模,拉动了国内需求,克服了亚洲金融风暴带来的困难,保持了国民经济的稳步发展。虽然公债需要还本付息,会加重以后年度的财政负担,但运用得当则可以推动经济快速、稳定、协调发展,用明天的钱办今天的事,经济发展了,税收自然会增加,对于以后的财政平衡也是非常有利的。

从广义上来说,公债也是财政收入的一部分,但在许多市场经济国家中,一般不把公债列为正常收入看待。公债和税收都是市场经济体制下组织财政收入的手段,但公债和税收还是有一定区别的。

（一）税收是公债的信用基础。公债是政府根据需要创造出来的金融商品，其所包含的价值，是以财政税收作为担保的，即国家在公债发行时所承诺的公债价值，在兑现时以财政税收作为物质保证。只要国家继续存在，购买公债的投资者就肯定可以获得稳定的收益。正因为公债有财政税收作为信用基础，公债才能成为有价证券市场中最具安全性的"金边债券"。

（二）公债是财政收入重要的补充。公债最初就是因为税收不能满足财政支出需求而产生的，现在公债已成为世界上大多数国家政府税收之外筹集财政资金的重要渠道。在现代财政中，公债作为税收的补充，主要表现在两个方面：一是补充税收数量的不足。随着政府的社会和经济活动领域不断扩大，税收不能满足支出需要已成为大多数实行市场经济制度国家普遍存在的现象，若靠增加税种或提高税率来扩大收入规模，则会对经济发展产生抑制作用，不利于促进国民经济的增长。因此，向国内居民举借债务，成为大多数国家财政弥补税收不足最常用的方法。二是弥补税收在调节收入分配结构方面的不足。税收具有强制性和无偿性。税收的制定要通过比较严格的立法程序，一旦确定，就不宜经常更改和变动。因此，税法一旦通过立法程序得以确定，对收入分配格局的影响将在比较长的时期内保持稳定，对于时刻都处于变动之中的市场收入分配格局的调节作用有局限性。公债则可以根据需要随时发行，而且可以专门针对特殊的对象发行定向公债，在调节分配结构时比较灵活，弥补了税收在调节收入分配结构方面的局限性。

（三）税收具有强制性，而公债一般是自由认购的。虽然，公债也有强制公债，但强制公债一般是在战争时期以及紧急情况下发行的，正常情况下，公债一般采用自由认购的方式。

（四）税收具有无偿性，而公债是有偿的。国家征税，无须承担偿还义务，而公债属于借贷性质，国家要承担还本付息的责任。因此，从财政成本效益来看，税收优于公债，这是公债在财政收入形式中只能作为辅助手段的一个原因。

二、公债与财政支出

公债与财政支出密切相关，主要表现在以下方面。

（一）财政支出规模直接影响公债的发行规模。公债作为弥补财政收支差额的重要手段，其规模大小受财政支出的影响很大。因为作为财政收入主体的税收，其规模主要取决于经济规模、增长速度和税收制度三项因素。这三项因素的可预见性相对较强，年度与年度之间的变化比较容易把握，而支出的可变性比较大，不可预见的因素也比较多，年度与年度之间的变化很大，常常超过收入规模。因此，支出的扩大往往意味着公债当年发行规模的扩大。公债的发行规模与财政支出规模呈正相关。

（二）现有的公债规模将影响将来的财政支出规模。一方面，公债发行规模的扩大，意味着可供财政支配的资金增多，为扩大财政支出创造了条件。另一方面，财政发行的公债是有偿的，是未来财政收入的预支，到期必须还本付息。因此，当期的发行规模必然要影响到将来的财政支出。从大多数国家的实践来看，往往是财政支出规模的扩大导致了公债发行规模的扩大，而公债发行规模的扩大又把财政支出提升到一个新的台阶，形成财政支出和公债发行规模相互推动、共同扩张的局面。

（三）财政支出结构影响公债的结构。发行什么种类的公债，主要取决于用于财政支出的具体用途。若是用于生产建设性投资，则应发行中长期公债；若是为了解决临时性的资金周转需要，则可以发行一年期以内的短期公债。支出需求是多样性的，公债结构也应该是长、中、短期相结合的，公债的灵活性能充分满足支出多样性的需求。另外，为了适应现实经济生活中的通货膨胀现象，在公债的利率结构方面也需要加以调整，即处理好固定利率的公债和浮动利率的公债之间的比重问题。浮动利率公债的发行有利于减少投资者和筹资者双方的风险，通货膨胀上升，浮动利率跟着上调，有利于投资者的利益；反之，通过膨胀减轻，浮动利率下调，有利于减轻财政支出的负担。

三、公债与财政赤字

（一）财政赤字是发行公债的重要原因。财政赤字就是财政年度中出现的财政支出大于财政收入的差额，公债的发行就是为了弥补这个差额。弥补财政赤字的办法虽然很多，如增加税收、压缩财政开支等，但是，增加税收、压缩财政开支都很困难，而用公债来弥补财政赤字是一种最方便、最灵活、最有效的手段。因此，世界各国通常都用发行公债的方法来弥补财政赤字。财政赤字是公债发行的重要原因，反过来发行公债引起的利息支付又会加大财政赤字，因此，财政赤字与公债有着互相促进、互为因果的关系。

筹集财政资金、弥补财政赤字是公债的初始职能。在现代经济生活中，公债还被许多国家作为调节经济的杠杆，如用以调节市场货币流通量、稳定经济等。因此，出于调节经济的目的而发行的公债，并非财政赤字所致。所以，财政赤字是发行公债的重要原因，但不是唯一的原因。

（二）公债是弥补财政赤字的理想方式。公债的发行及时、灵活、方便，是弥补财政赤字的理想方式。首先，用发行公债筹集财政资金，较课税来得及时迅速，而且什么时间发行，主动权掌握在国家手中。其次，根据财政收支不同性质的矛盾，以及财政收支的不同需要，国家可以发行形式多样的公债。例如，为弥补财政季节性收支差额，可发行短期公债；为弥补年度财政收支差额，可发行中期公债；为解决国家重点建设项目的资金不足，可发行长期建设公债；为偿还旧债，可发行新债等。

许多资本主义国家都由银行以“创造信用”的方式来承购公债。这样，公债的发行就会导致货币供应量的增加，从而成为财政赤字到通货膨胀的中间过渡。很显然，若公债发行量适度，公债发行对象主要为个人，即通过公债形式把居民个人手中的闲置货币集中起来，则不会增加货币供应量。

（三）发行公债可以平衡国际收支。任何国家在与其他国家及国际组织、机构的经济贸易往来中，如收入不足以抵充支出，就会出现国际收支逆差，这将影响该国的货币汇率和经济实力。这时，除了动用外汇储备之外，最有效、最能迅速地扭转局面的办法即是对外发行公债，用以平衡国际收支。

任务三 公债规模

公债的规模通常是指年末公债余额，而年末公债余额是由两部分构成的：一部分是以前年度发行的至本年末尚未偿还的部分；另一部分是本年度新发行的至年末尚未偿还的部分。公债规模的大小并不仅仅是一个绝对量的表现，还受多种因素影响和制约。确定合理的公债规模，取决于多种因素，概括地讲，包括政治因素与经济因素。

影响公债规模的首要因素是国家需要资金的多少。国家需要的资金量大，发行量就大；反之，发行量则小。当前不举借公债的国家很少，但发行规模上却有很大差异。这不仅和各个国家的财政状况有直接关系，还取决于该国奉行的公债政策，即适度偏小、以偿还能力为限，还是越多越好、以满足需要为宜。其次是政治局势。剔除强制发行的因素，人们对政府的信赖程度，特别是政治局势是否安定，是承购者自愿购买公债的重要原因。

社会经济发展水平的高低，决定了国家运用公债政策的程度。只有商品经济的发展达到一定的水平，社会物质财富才会有相当的积累；国民生活普遍富足，社会游资充斥，国家才有可能大规模举借债务。也只有经济发展了，各种金融机构才可能发挥其助国举债的功能。公债规模的大小，主要取决于公债的承受能力和偿付能力。

一、公债的承受能力

中央政府发行公债是为了加速本国的经济发展或弥补某一财政年度的财政赤字。公债的承受能力包括公债发行主体即中央政府财政和公债发行对象即社会经济组织和居民个人的承受能力和负担能力。中央政府确定公债发行规模时必须同时考虑这两个方面的承受能力。

(一)中央财政的承受能力

公债发行与财政收支的关系最为直接，也最为密切。首先，发行公债一般是为了弥补某一时期的财政赤字，保证一定规模的财政支出，从而满足经济增长的资金需求；其次，偿还公债也主要依靠以后年度的财政收入偿还。衡量公债发行主体承受力的主要指标是公债依存度和公债偿还率。

1. 公债依存度

公债依存度是指财政年度内公债发行数额占财政支出总额的比率，计算公式为：

公债依存度＝年度公债发行额÷年度财政支出总额×100％

这一指标反映了财政支出中有多少是依靠发行公债来筹措的。当公债发行量过大、依存度过高时，表明财政支出过分依赖债务收入，财政处于脆弱状态，并会对财政的未来发展构成潜在威胁。这是因为公债收入是一种有偿性的收入，国家财政支出主要应当依赖于税收，债务收入只能作为一种补充性收入。因此，公债规模的合理与否可以根据这一指标来判断。

2. 公债偿债率

一般以一定财政年度的还本付息额与财政收入的比值作为公债的偿债率指标，计算公式为：

公债偿债率＝年底还本付息额÷年度财政收入总额×100％

偿债资金可能来源于预算收入划出的部分、公债资金投资创造的收益或借新债还旧债，但最终都是来源于财政收入。这一指标反映了中央政府偿还公债的能力。偿还能力越强，对公债的承受能力也就越大。因此，公债流量与公债的偿还能力有着直接的关系。

(二)公债发行对象的承受能力

除考虑公债发行主体的承受能力外，要确定合理的公债规模还必须考虑公债发行对象的承受能力。首先，应考虑整个国民经济的承受能力，举借公债实质上是一种社会再分配，它直接或间接地取走了可用于社会再生产的资金。如果举债过多，就会影响正常的分配与再分配，对经济和社会的发展造成危害。其次，应考虑公债购买者的承受能力。我国公债的购买者主要是个人、企事业单位以及各类金融机构，他们各自的承受能力是确定公债合理规模的重要依据。衡量公债发行对象承受能力的指标有很多，其中最主要的指标是国民经济承担率，该指标从宏观上反映了整个国民经济的债务承担能力。国民经济承担率是当年公债余额占当年国内生产总值的比重，用公式表示为：

国民经济承担率＝当年公债余额÷当年国内生产总值×100％

当年公债余额占当年国内生产总值的比重越大，则国民经济的债务承受能力越弱。

二、公债的偿付能力

确定公债发行量还必须考虑到公债的偿付能力，最为重要的是考虑公债承受能力与公债偿付能力的对比状况。通常认为，当公债负担持续几年小于偿债能力时，公债负担便是安全的。而在持续出现公债负担大于或者等于偿债能力的现象时，应缩小公债规模。

偿债能力是国家财政在一定时期可以用于偿还公债本息的能力。它虽然与国家经济发展水平和财政收入规模有直接的联系，但决定偿付能力的只是中央财政收入中扣除一般支出后的部分，这是因为国家财政只能支配国民收入中的一部分，偿付公债只能从国家财政收入中支付。再进一步分析，一个国家的财政收入必须用于满足社会一般公共需要和其他方面的需求，不可能全部用于偿还债务。如果将满足社会一般公共需要和其他方面需要的支出称为财政一般支出，则从国家职能上讲，这些一般支出在一定时期必定有一个最低的极限值；财政支出若低于该极限值，国家财政将无法行使其应有的职能。因此，公债的最大偿付能力就是国家财政收入中扣除最低限度的一般支出后的财力。

公债规模主要由其承受力、偿付力所决定。除此之外，公债的存量结构与投向结构、公债发行的经济背景以及中央政府在公开市场上操作公债的能力等因素，对公债规模的形成也有不同程度的影响。政府应综合考虑上述因素，合理确定公债的规模。

三、公债的发行与管理

公债的发行已不再是单纯的弥补财政赤字的手段，已成为国家调节经济的一种经济杠杆。因此，现代国家运用公债，已逐渐建立起一套完整的公债管理体系，以发挥公债在现代经济生活中的作用。

(一)公债期限长短的配套

期限长短不等的公债，对于债权人和债务人的利益是不同的。一般情况下，发行长期公债对于政府比较有利，长期公债偿还期限长，政府除每年付息外，在短期内不需筹措还本资金，因而不致增加财政负担。但是，在严重通货膨胀的情况下，债券期限愈长，公债贬值的程度就愈大，债券持有者的损失就愈大。若政府发行长期公债时能考虑到通货膨胀的因素，在还本付息时采取一些弥补措施，那么，利率较高的长期公债对于购买者还是有吸引力的。短期公债具有流动性大、风险小、发行容易的特点。因此，债券期限长短的合理配套，债权人与债务人利益的有机统一，就能使公债的发行经常化。

在进行公债期限结构选择的同时，还必须结合公债利率结构的分析。公债期限结构选定的目标是：公债期限长短的配套能够满足财政支出的需要；而公债利率结构的选择是，既能满足财政的“公债利息成本最低”的要求，又能使公债顺利发行。

1. 预期利率的变动与公债期限长短的选择

如果人们预期利率将上升，那么债券购买者就不会倾向于购买长期债券；而对于公债的发行者来说，则希望能在利率上升前借到钱。如预期利率将上升，公债发行者则应该选择多发行长期公债,因为公债的利率在发行时就已经确定,公债到期时,虽然市场利率上升,但公债的偿还付息仍可按原定较低的利率支付。同理,如果人们预期利率下降,债券购买者就会倾向于购买长期公债,而对于公债发行者来说,这时不宜多发行长期公债,应以发行短期公债为好。所以,对于公债管理者来说,必须结合预期市场利率的变动来选择公债的期限。

2. 预期通货膨胀率的变动与公债期限长短的选择

如果预期通货膨胀率上升,公债购买者在选择长期公债时就会很谨慎,一般倾向于选择短期公债,所以对于公债发行者来说,在制定长期公债利率时必须考虑预期通货膨胀率上升的因素,否则公债难以推销。如果预期通货膨胀率保持稳定,则不会对公债利率结构产生影响。实际上,长期公债与短期公债各有利弊,无论是对于公债的发行部门还是对于公债的持有者,一个期限长短混合、配套合理的公债结构,肯定优于期限单一的公债结构。

(二)公债发行价格的确定

一般来讲,公债发行有平价、溢价、折价三种不同形式。采取何种发行价格形式,除了公债期限这一既定条件外,关键还取决于公债票面利率和市场利率的差异。公债发行价格的计算公式为:

发行价格=(票面金额+票面金额×发行利率×期限)÷(1+市场利率×期限)

1. 平价发行

平价发行是指公债的发行价格与公债票面金额相等。政府按票面金额取得收入,到期按票面金额还本,公债发行收入与偿还本金支出相等。在市场化发行情况下,当市场利率与公债票面利率不一致时,平价发行会使发行者承担高利率成本,出现公债销售不畅。

2. 溢价发行

溢价发行是指公债发行价格高于公债票面金额。政府按高于票面金额的溢价取得收入,到期按票面金额还本,公债发行收入高于偿还本金的支出。公债之所以能够溢价发行,是因为公债票面利率定得较高,超过市场利率。于是,公债就成为供不应求的投资品,这样其发行价格可望提高,直至其收益率与市场利率基本一致时为止。

3. 折价发行

折价发行是指公债发行价格低于公债票面金额。政府按低于票面金额的折价取得收入,到期按票面金额还本,公债发行收入低于偿还本金的支出。折价发行,可能是由于一开始公债票面利率定得太低,引起公债销售不畅,于是降低发行价格才能完成发行任务。

(三)公债发行方式

公债可以采用公募和私募两种方式发行。公募是指中央财政向不特定的社会公众公开发行公债。私募是指中央财政不公开发行公债,只是向少数投资者发行。少数投资者通常是资产雄厚的大金融机构、大企业。私募受发行对象的限制,公债推销虽然数额不大,但购买者集中,一次性购买量较大。当政府需要通过公债将某些特定主体的国民收入集中到财政手中时,用私募方式最为有效。现代经济国家大都采取公募方式,因为它体现了开放性、市场性原则,通过众多投资者的市场选择,达到社会资金的合理配置,为公债良性循环创造了条件。

公募发行方式又分为直接公募发行和间接公募发行。直接公募发行是指中央财政直接向投资者推销公债。但其发行成本较高,只有在公债品种比较单一时适用。间接公募发行就是通过金融中介机构参与推销公债,具体有承购包销、公开招标、公开拍卖等。

1. 承购包销

承购包销是指中央财政和承购包销团签订承购包销合同销售公债，由承销人向投资者分销，未能售出的余额由承销人自行认购。这种方法通过承销合同确定发行者和承销人的权利和义务，两者具有平等的关系，承销团承担推销的风险。承购包销团由商业银行、信贷机构和证券商组成，确定一家主干事、若干家副主干事和几十家一般干事，主干事承担有限责任。政府与承购包销团协商决定发行价格，讨价还价的结果往往是一个接近市场供求状况的利率水平。承购包销团在确定承销份额上，可采用固定份额和变动份额两种。固定份额方法适用于金融体制比较稳定的情况，承销人对自己应承担的份额心中有数，有利于及早安排资金。变动份额方法适用于金融体制变动较大时的情况，承销人可根据情况灵活变动资金。

2. 公开招标

公开招标是由发行人提出含有公债发行条件和所需费用的标的，向投标人发标，投标人直接竞价，然后发行人根据竞价结果发行公债。公开招标方式确定的价格或利率是由市场供求状况决定的，体现了市场公平竞争原则。

根据所竞标的的不同，公开招标分为价格招标和利率招标。价格招标是指公债的利率与票面价格之间的联系固定不变，投标人根据固定利率对未来金融市场利率变化的预期加以投标，投标价格可低于面值，也可高于面值。招标人将投标结果按其价格高低排列确定中标者，依次配售，售完为止。若中标者的认购额超过了预定发行规模，则按比例配售。所有中标者根据各自不同的投标价格购买公债，这种方式称为“第一价格招标”，最有把握中标的是报价最高的投标人，但容易产生垄断招标；反之，所有中标者都按统一价格购买公债，这种方式称为“第二价格招标”，最有把握中标的仍是报价最高的投标人，但其认购价格接近市场价格水平，削弱了少数投标人垄断市场的可能性。利率招标即发行人只确定发行规模和票面价格，发行利率由投资者投标确定。发行人以投标人报出的最高利率作为公债的发行利率，从报出的最低利率开始依次选定投资认购额，直至售完预定发行数额。如果中标人以某一利率中标，其认购额超过了预定发行规模，则按比例配售。利率招标对所有中标人都按统一利率发行。

根据报价竞争性的不同，公开招标又可分为竞争性招标和非竞争性招标。前者是由投标人竞争报价，后者是投标人只对认购限额投标，不报价格和利率，在招标结束后，非竞争性投标人首先以统一利率购买，然后是竞争性投标人购买。

同步思考 5－1　　招标发行公债

改革开放以来，我国公债发行方式经历了 20 世纪 80 年代的行政分配，90 年代初的承购包销，到目前的定向发售、承购包销和招标发行并存的发展过程，总的变化趋势是不断趋向低成本、高效率的发行方式，逐步走向规范化与市场化。

(1)定向发售。定向发售方式是指定向养老保险基金、失业保险基金、金融机构等特定机构发行公债的方式，主要用于国家重点建设债券、财政债券、特种公债等品种。

(2)承购包销。承购包销方式始于 1991 年，主要用于不可流通的凭证式公债，它是由各地的公债承销机构组成承销团，通过与财政部签订承销协议来决定发行条件、承销费用和承销商的义务，因而是带有一定市场因素的发行方式。

(3)招标发行。招标发行是指通过招标的方式来确定公债的承销商和发行条件。根据发行对象的不同，招标发行又可分为缴款期招标、价格招标、收益率招标三种形式。

招标发行将市场竞争机制引入公债发行过程，从而能反映出承销商对利率走势的预期和社会资金的供求状况，推动了公债发行利率及整个利率体系的市场化进程。此外，招标发行还有利于缩短发行时间，促进国债一、二级市场时间的衔接。基于这些优点，招标发行已成为我国公债发行体制改革的主要方向。

思考与讨论：

招标发行方式对我国公债何有意义？

3. 公开拍卖

公开拍卖是指在拍卖市场上按照例行的经营性拍卖方法和程序，由发行人公开向投资者拍卖国债。公开拍卖完全由市场决定公债的发行价格和利率。目前，大多数发达国家皆采用这种方式。根据叫卖顺序的不同，公开拍卖分为公开叫卖升序排列和公开叫卖降序排列。公开叫卖升序排列是指拍卖人按照不断上升的价格顺序向一组投标人招标，在拍卖过程中，当报出第一价格时，有关投标人报出其认购数额，招标人公布全部需求数量，然后不断提高价格，继续公布各个价格的需求数量，直到全部需求小于招标数额为止。当达到这一点时，招标人可以确认前次价格是完成全部发行的最高价格。公开叫卖降序排列是指拍卖人按不断降低的价格顺序报价，公债以逐渐降低的价格出售，直到全部需求小于招标数额为止。公开拍卖方式能使信息交流更为畅通，投标人易于知道国债的公认价值，避免成功投标人总是吃亏的不正常现象。

(四)公债的偿还

发行的公债到期以后就要还本，同时还要支付利息。各国一般通过制定公债偿还制度对公债的偿还以及与偿还相关的各个方面做出具体的规定，以保证公债的正常运行。

公债的偿还是指近期偿还公债本金与支付利息。其中，还本通常是政府按照债券面额偿还；付息则是按期、按条件支付。公债的偿还方式主要有以下几种：

1. 一次偿还法。它是指政府对定期发行的公债，在债券到期后一次还本付息的方法。

2. 购销偿还法。它是指政府按市场价格在公债流通市场上买入公债而销售债务的方法。实践中，这种方法多以短期的上市公债为主。

3. 调换偿还法。它是指政府发行新公债来换回公债持有者手中的旧公债而注销债务的方法。对于政府而言，它的债务数量并没有减少，只是债务期限延长了而已。对于投资者而言，其债权人的地位未变，增加的只是新债权。

4. 比例偿还法。它是指政府在公债的偿还期内，对所有公债债券号码进行抽签确定的每年按一定比例轮流分次偿还的方法。

(五)公债种类的配套

不同种类的公债有各自不同的特点，种类齐全的公债，能把社会上各种性质的闲散资金吸引到公债市场上来，既能满足各种闲散资金的投资需要，又能满足财政的需要。

从我国目前的情况来看，公债品种比较单一，公债的流通市场不够活跃。公债的品种与公债的流通市场有密切的关系，如果公债的品种单一，公债的流通市场也就不兴旺。而公债的二级流通市场与公债的一级发行市场也有密切的关系。要使公债的发行长期化、正常化，就必须建立一个发达的流通市场，而在发达的流通市场中，须有品种较多的公债。所以，对于公债管理者来说，必须要研究市场中各种资金的性质，结合财政的需要，发行品种多样的公债，为使流通市场健全发达而提供品种多样的金融商品。

(六)公债使用方向的控制

国家运用财政信用动员的资金,与国家通过税收等动员的资金有本质上的区别。运用财政信用筹集的债务收入,必须要考虑将来的还本付息。公债是有偿的,而税收是无偿的。不能把有偿借入和无偿交纳的收入混同起来,都作为无偿收入的资金使用。必须明确债务收入使用方向,严格进行债务收入使用的成本与效益的核算,保证债务还本付息的资金来源,减轻公债的负担。

我国 20 世纪 80 年代发行的国库券,虽说用于经济建设,但事实上,1979 年以来我国连年发生财政赤字,不能排除有一部分国库券是用于弥补财政赤字的。世界上多数国家不把公债作为预算收入,而我国却把公债收入打入预算收入并与正常预算收入统一使用。这种做法在实践上会带来两个方面的弊病:一方面很难分清公债收入究竟用于弥补财政赤字,还是用于经济建设,这样就掩盖了财政赤字的实际情况,不利于全面分析财政赤字产生的原因,从而很难实现真正的财政收支平衡;另一方面把有偿借入和无偿取得的两种不同性质的收入混同起来作为无偿资金使用,这样就无法对公债收入的使用方向、投资效益和偿还能力进行统一的考核。

为了使公债的发行能正常、持久地进行,使公债真正地成为国家筹集资金、加快建设的手段之一,必须明确国家债务收入的使用方向,严格债务收入的使用。因此,在财政预算上,应将债务收入单列,专款专用,明确投资方向,以收定支。同时,对投资项目进行科学的测算,严格考核其经济效益,有偿使用,有借有还,谁借谁还,做到以债养债,以减轻公债还本付息所带来的财政负担。

(七)公债的市场运行机制

1. 完善一级市场发行体系

根据目前公债市场发展的实际情况,形成一个科学合理的公债期限结构,实行长中短结合,既能满足投资者的多种需要,也有利于公债发行任务的顺利完成。

在发行时间上要改变目前公债发行的不确定性。要借鉴国际惯例,根据中央预算的资金需要,提早发布阶段性的公债发行时间表,使之步入更规范化的轨道,便于各类投资者及早调动资金。

要根据机构投资者的布局和现状,建立一个相对固定的承销团制度,进一步明确承销机构的权利和义务,鼓励承销机构建立自己的分销网络,从而形成和建立起相对稳定的公债发行机制。

要进一步探索并采取多种市场化的发行方式。公债发行的原则及未来的方向是进行市场化,但要根据我国现状,探索多种渠道与形式。

2. 理顺二级市场的框架体系

把银行间债券交易场所发展成机构间的场外交易市场,按照规范的场外交易规则进行交易,可以提高公债的流动性;拓展二级市场的参与主体,任何投资者都可以通过中央公债登记公司的托管结算系统参与公债投资,在货币市场与资本市场之间搭建一条以公债为媒介的渠道,可以为社会资金的流动性提供保证,也便于央行货币政策顺畅地传递。参与广泛、流动性强的公债二级市场可以为中央政府低成本、高效率地发行公债提供最可靠的保障。

充分利用现有交易所的交易网络,引导一些中小投资者购买公债,稳定、规范并促进交易所的公债交易,使之成为一个零售性的场内交易市场。

在上述场外、场内市场发展的基础上，建立统一的公债托管结算系统，有利于确保公债市场乃至整个金融市场的安全、高效运行，也有利于建立公债发行市场的良性循环机制。

拓展阅读5－1

公债与税收的效应比较

为办理公共事务、建设公共工程，税是政府要收的，也是公民应交的，但必须有度，税率不可太高，税率过高降低企业扩大再生产的能力，抑制个人消费。那么，量入为出，收多少税办多少事，是否可以呢？不能说这绝对不行，如果多数纳税人如此主张，也只能这样做。但可以肯定地说，这不是最佳思路，并非富民强国的有效途径。在税收之外，发些公债，多办一些包括中小学免书费、开校车，甚至观察宇宙、撞碎质子等在内的利民好事，能够更快富民强国。国际经验表明，这是公债的功效。

同样作为获取财政资金的手段，较之税收，公债的最大特点，是非强制、免公摊，付利息、用闲钱。其突出的社会效应，就在“用闲钱”。闲钱不用，是巨大的社会浪费。对社会甚至对人类来说，借闲钱，发展公益事业、支持科学探索的好处，有目共睹，不言自明。另一方面，对闲钱持有者，买公债、得利息，也会有人觉得于己有利；不然，他们不会用手中的闲钱买公债。

其实，公债带给闲钱持有者们的好处，不仅是公债利息。如果只算利息，债权人很可能得不偿失，因为纸币趋向贬值，世界各国莫不如此，绝非秘密。买公债对闲钱持有者们的更大好处，在于公债的运用，会使社会上的闲钱来源增多。闲钱来自何处？闲钱来源于社会经济活动。运用公债，活跃经济，增加闲钱来源，已在社会上处于闲钱获得者地位的闲钱持有者们，自然能够从中获得更多的闲钱，其数量远远超过公债的利息。因而，买债者大多有更多的钱再买公债。

由此可知，公债与税收，存在互补关系。税收是未来偿付公债的希望和保障，公债能够弥补眼下的税收不足。善用公债，可以避免税收的负效应，平衡使用、充分发挥社会的闲置财力。公债能够让死钱闲钱有用武之地，并越用越多，显然这是税收做不到的。

项目六　财政预算

学习目标

能力目标

1. 能够掌握财政预算制度、财政预算程序和预算政策；
2. 学会运用本项目知识分析财政预算执行情况；
3. 具备能够运用财政预算的基本原理解决政府预算编制中出现的实际问题。

知识目标

理解：财政预算的内涵、财政预算的组成。

熟知：财政预算的形式和原则、财政管理体制模式。

掌握：财政预算程序、预算管理改革。

素质目标

1. 具备收集资料、分析资料的能力；
2. 具备独立思考、团结协作的能力，注重团队的成绩与荣誉；
3. 培养与人沟通、言行举止得体等综合素质能力。

项目引例

全国两会将推出《政府预算解读》

京华时报讯(记者商西) 全国人大常委会预算工作委员会预决算审查室主任夏光近日接受媒体采访时提到，为方便代表和社会公众读懂财政预算报告，今年两会将推出一个《政府预算解读》。另有多位专委会负责人介绍了全国人大常委会的相关工作。

预算法修改，根据协商情况安排，全国人大常委会法工委研究室副主任梁鹰表示，在落实十八届三中全会决定改革任务方面，法工委承担的一个非常重要的任务就是制定和修改法律，其中预算法的修改备受关注，因为这事关管好国家的“钱袋子”。

预算法修正案草案 2011 年年底首次提交全国人大常委会审议，2012 年 6 月二审，三审原本纳入去年全国人大常委会立法工作计划，但至今未进行。

全国人大常委会法工委经济法室副主任杨合庆介绍，十八届三中全会的决定对完善预算制度提出很多要求，需就此同财政部、国务院法制办等进行沟通协商，再根据情况安排审议。

全国人大常委会预算工委预决算审查室主任夏光提到，过去有很多全国人大代表反映财政预算报告看不懂，为释疑解惑，今年预算工委准备和财政部一起提交给大会一个《政府预算解读》，方便代表和社会公众读懂预算报告。

资料来源：2014 年全国两会，京华时报，http://news.qq.com/a/20140227/001358。

思考与讨论：

政府出台《政府预算解读》的目的是什么？

知识支撑

任务一　财政预算概述

一、财政预算的内涵

政府预算又称国家预算、财政预算、政府财政预算，是指国家预算部门经过法定程序编制、审查、批准的，以收支一览表形式体现的国家年度财政收支计划。预算执行过程中，政府必须接受国家权力机构的授权和委托，预算活动体现国家权力机构和全体公民对政府活动的制约和监督。

预算由预算收入和预算支出组成。预算收入包括：①税收收入；②依照规定应当上缴的国有资产收益；③专项收入；④其他收入。

预算支出包括：①经济建设支出；②教育、科学、文化、卫生、体育等事业发展支出；③国家管理费用支出；④国防支出；⑤各项补贴支出；⑥其他支出。

二、财政预算的组成

财政预算的组成，是财政预算的分级管理。每级政府的财政收支活动，都构成一级预算。目前，世界上大多数国家实行多级预算。

我国财政预算的级次是按照一级政权设立一级预算的原则建立的，我国预算由中央预算和地方预算组成，预算管理实行分级别分税制。地方预算包括省（自治区、直辖市）、省辖市（自治州、直辖市辖区）、县（自治县、市、旗）、乡（镇）4 级组成，如图 6—1 所示。

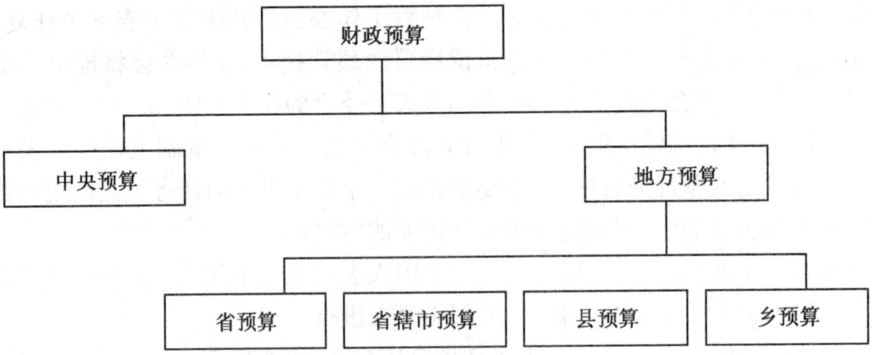

图 6—1　财政预算的组成

中央预算是中央政府的预算，是经法定程序批转的中央政府的财政收支计划，它由中央各部门(含直属单位)的预算组成，包括地方向中央上缴的收入数额和中央对地方返还或者给予补助的数额。中行各部门预算由本部门所属各单位组成。单位预算是指列入部门预算的国家机关、社会团体和其他单位的收支预算。

地方预算是经法定程序批准的地方各级政府的财政收支计划的统称。由各省、自治区、直辖市总预算组成。地方各级总预算由本级政府预算和汇总的下一级总预算组成，本级政府预算由本级各部门预算组成。本级各部门预算，由各部门所属单位预算组成。

部门预算是指各主管部门汇总编制的本系统的财政收支计划，由本部门所属各单位的预算组成，这些部门包括：与本级政府财政部门直接发生预算拨款关系的地方国家机关、军队、政党组织和社会团体。

单位预算是由事业行政单位根据事业发展计划和行政任务编制的，并经过规定程序批准的年度财务收支计划，反映单位与财政部门之间的资金领拨关系。单位是指列入部门预算的国家机关、社会团体和其他行政单位的财政收支计划。

三、财政预算的形式

财政预算的形式复杂多样，根据不同的分类，形成不同的预算，下面介绍几种预算形式。

(一)根据预算编制形式划分

根据预算编制的形式范围不同，财政预算分为单式预算和复式预算。

1. 单式预算

单式预算是将预算年度内全部的财政收入与财政支出汇编在一个预算内，形成一个收支项目安排对照表，而不区分各项财政收支的经济性质的预算形式。单式预算能从整体上反映某一年度财政收支的状况，便于了解政府财政的全貌，也便于立法机关审批和社会公众了解，但是它不利于政府对复杂的财政活动进行深入分析和管理。在第二次世界大战前，世界上大多数国家都采用单式预算的组织形式。

2. 复式预算

复式预算是将预算年度内的全部财政收支按收入来源和支出性质的不同，分别编成两个或两个以上的预算，从而形成两个或两个以上的收支对照表。复式预算的形式大体分两种：一种形式是双重预算，即按经济性质把财政收支分别编入经常预算和资本预算。经常预算反映政府在一般行政上的经常收支，而资本预算反映政府的资本投资和国家信用。这是复式预算的典型形式。另一种形式是多重预算，即由一个主预算和若干个子预算组成，如日本的中央预算。

复式预算是随着政府职能范围的扩大和政府预算功能的变化，在单式预算的基础上演化而来的。编制复式预算，一方面便于考核预算资金的来源和用途；另一方面有利于分析预算收支对社会需求的影响。但它同样具有明显的不足：①由于把国家信用收入作为资本预算的正常收入项目，这就使得资本预算不论整个预算的收支状况如何总是平衡的，容易掩盖预算财政赤字。②经常预算支出的资金来源主要是税收收入。西方国家的税收收入在整个预算收入中所占的比例很大，容易掩盖支出浪费。③由于经常预算和资本预算科目划分标准很难统一，给预算编制带来了麻烦。

单式预算和复式预算的区别表现在以下几个方面。

从形式上看,单式预算是把财政收支全部列入统一的表格中;复式预算是把全部财政收支按经济性质分别列入两个或两个以上的表格中。

从内容上看,单式预算的收大于支,即为预算盈余,反之则为预算赤字;而复式预算中由于资本预算主要以国债和依照规定应当上缴的国有(或公营)资产收益为收入来源,一般不允许出现赤字,但往往将经费预算的盈余或赤字转入资本预算。

从对国债收支的处理方法上看,单式预算通常把国家债务收支作为一般的收支项目对待,纳入总的收支项目中统一核算预算收支的平衡状况;复式预算的经常预算只列债务利息支出,不列债务本金,债务本金放在资本预算中用于安排投资性支出,或者用建立偿债基金的方法,把债务收支单独放在资本预算中加以反映。

从对财政活动的反映程度看,单式预算具有全面性和综合性的特点,可以较为准确地反映财政活动的总体情况,更符合统一性和完整性的预算原则,但不能明确反映财政收支的结构性,更不能反映政府投资性支出的经济效益状况;复式预算虽然不如单式预算那样全面集中,但收支结构、债务规模和经济建设状况的反映较为明确,更符合宏观调控的要求,因而采用比较普遍。

(二)根据预算内容和关系的不同划分

根据预算内容和关系的不同划分,财政预算分为总预算和单位预算。

总预算是基于各级政府汇总的本级政府预算和下级政府预算所编制的预算。

单位预算是各级政府机关、社会团体、事业单位的经费预算和国有企业的财务收支计划。

(三)根据财政预算组成环节的层次不同划分

根据财政预算组成环节的层次不同划分,财政预算分为中央预算和地方预算。

中央预算由中央各部门(含直属单位)的预算组成。

地方预算由各省、自治区、直辖市总预算组成。

(四)根据财政预算期限长短的不同划分

根据财政预算编制期限长短的不同,财政预算分为年度预算和中长期预算。

财政预算通常按年度编制,即年度预算。预算年度是编制和执行国家预算的起止期限,通常为一年。世界各国主要采用历年制,即从 1 月 1 日到 12 月 31 日,以中国、法国等国为代表。有些国家采用跨年制:英国、日本等国是从 4 月 1 日到次年 3 月 31 日;澳大利亚等国是从 7 月 1 日到次年 6 月 30 日;美国等国从 10 月 1 日到次年 9 月 30 日。

中长期预算是从较长时期来考察预算收支是否平衡,现在世界上许多国家在编制年度预算之外再编制不同形式的中长期预算,从 3 年、5 年到更长时间。

(五)按是否考虑经济效果分类

按项目是否考虑经济效果分类,财政预算分为项目预算与绩效预算、计划项目预算。

1. 项目预算

项目预算是指只反映项目的用途和支出金额,而不考虑其支出经济效果的预算。

2. 绩效预算

绩效预算是 20 世纪 50 年代初,由美国胡佛委员会建议,在联邦预算中推行的一种预算形式。所谓绩效预算,是以项目的绩效为目的、以成本为基础编制和管理的预算。在编制绩效预算时,要求政府各部门先制订有关的事业计划或工程规划,计算出每项实施的计划的成本和效益,然后择优把项目列入预算。在绩效预算执行后,要用对比计划和实际、本期和前期成本效益的方法，考核行政部门使用预算资金的每项工作或业务的绩效。因此，绩效预算又称成本预算或部门预算。

绩效预算是以成本的观念来衡量工作成果，对于监督和控制财政支出、防止浪费有积极的作用，但对有些部门支出的成本效益的评估却难以操作，如国防部门的绩效支出。

3. 计划项目预算

计划项目预算是在绩效预算的基础上，依据国家确定的目标，着重按项目安排和运用定量分析方法编制的预算。

实行计划项目预算的基本步骤是：要求按政府确定的目标划分项目；要确定完成项目所必需的资源，对选定的项目配置资源，在此基础上确定这部分资源的费用。

计划项目预算的优点主要是：①可以把预算中安排的项目和政府的中、长期计划相结合，做到长计划短安排，有利于政府活动的开展。②由于在选择和安排项目的过程中，重视成本效益，因而要求依据各项资料进行经济分析和评估，并通过项目之间的比较，来降低各个项目的费用和提高财政资金的使用效果。③考虑到许多项目往往是跨年度的，按项目安排预算，可以根据发展变化情况，对目标、计划和预算进行调整。其缺点是成本效益分析不能覆盖所有预算项目，且预算编制复杂，推行困难。

绩效预算和计划项目预算都是着眼于预算支出的成本收益分析的预算。不同的是，绩效预算侧重于预算评估，其重点放在一个预算年度上；而计划项目预算侧重于计划的制订，它把政府活动规划结合起来考虑，属于滚动式预算。

（六）按预算方法划分

按预算方法不同，财政预算分为零基预算和增量预算。

1. 零基预算

零基预算是对每一年（或每一项目）预算收支的规模进行重新审查和安排，而不考虑基期的实际支出水平，即以零为起点而编制的预算。这种方法强调从头开始，从根本上分析研究所有项目（包括原有的和新的）和每一项目的全部支出（包括已支出和未支出）的成本和效益，在此基础上确定其预算收支数。

零基预算的优点是没有现成的框框，不受现行预算执行情况的约束，能够充分发挥各级管理人员的积极性和创造性，促进各级预算单位精打细算。同时，使政府可以根据需要确定优先安排项目，减轻政府为满足不断增加的财政支出而增税或扩大债务的压力。其缺点是工作量大，需要较多高素质的管理人员。

2. 增量预算

增量预算是指财政收支计划指标在以前财政年度的基础上，按新的财政年度的经济发展情况进行调整后确定的预算。由于增量预算有前期的基础和参考，工作量减少且比较合理，各国主要采用此预算方法。

四、财政预算的原则

（一）公开性原则

公开性原则是指国家预算反映政府的活动范围、方向和政策，与全体公民的切身利益息息相关，国家预算及其执行情况必须采取一定的形式公布于人民，让人民了解财政收支情况并进行监督。

（二）可靠性原则

可靠性原则是指国家预算的每一收支项目的数字指标必须运用科学的方法、依据充分翔实的资料来确定，不得假定、估算，更不能任意编造。

（三）完整性原则

完整性原则是指列入国家预算的一切财政收支都要反映在预算中，不得打埋伏、造假账或者在预算外另加预算。国家允许的预算外收支也应在预算中有所反映。

（四）统一性原则

统一性原则是指，尽管各级政府都设有财政部门，也有相应的预算，但这些预算都是国家预算的组成部分，所有地方政府预算连同中央预算一起共同组成统一的国家预算，要求设立统一的预算科目，每一个科目都要严格按统一的口径、程序计算和填列。

（五）年度性原则

任何一个国家预算的编制和实现都要有时间上的界定，即所谓的预算年度。它是指预算收支计划起讫的有效期限，通常为一年。预算的年度性原则是指政府必须按照法定预算年度编制的国家预算，这一预算要反映全年的财政收支活动，同时不允许将不属于本年度的财政收支内容列入本年度的国家预算之中。

应当指出的是，上述预算原则不是绝对的，一种预算原则的确立不仅要以预算本身的属性为依据，而且要与本国的经济实践相结合，要充分体现国家政治、经济政策。一个国家的预算原则一般是通过制定国家预算法来体现的。

同步案例 6－1　　怎么样看待预算信息公开

推行政府信息公开，是党中央、国务院在新的历史时期做出的重要决策，也是当前政府工作的一项重要内容。财政部高度重视预算信息公开工作，多次召开专题会议研究部署推进相关工作。

政府预算体现了国家的方针政策，规定政府活动的范围和方向。预算信息公开是公共财政的本质要求，也是推行政府信息公开的重要内容。做好预算信息公开工作，有助于保障公民的知情权、参与权、表达权和监督权，推动社会主义政治文明与和谐社会建设；有助于建设高效廉洁政府，提高政府执政能力和办事效率；有助于促进依法理财、民主理财，加强财政科学化精细化管理；有助于提升预算管理水平，提高财政资金使用效益。因此，我们对预算信息公开工作十分重视，将努力把这项工作做得更好。

思考与讨论：

预算信息公开对我国政府预算体制改革有哪些推动作用？

五、预算管理职权的划分

预算管理职权是指财政预算方针、政策、法律、法令的制定权、解释权、修订权，财政预算、决算的编制权、审批权、执行权、调整权、监督权等。《中华人民共和国预算法》规定：凡属于全国性的财政预算方针、政策、法律、法规、条例、公债发行等由中央统一制定，其解释权、修订权归中央。省、自治区、直辖市有权制定地区性的财政预算规章制度，但不能违反全国的统一规定，并注意毗邻地区的影响。

预算管理权限具体划分是：各级人民代表大会是审查、批准政府预算、决算的权力机关；各级人民政府是预算管理的行政机关；各级财政部门是预算管理的职能部门；各部门、各单位是预算的具体执行单位。

（一）各级人民代表大会及其常委会的职权

1. 各级人民代表大会的职权

对预算、决算的审批权，即审查本级预算草案和本级总预算草案以及预算执行情况的报告；批准本级预算和本级总预算执行情况的报告；对预算、决算方面不适当的决定的撤销权，即各级人民代表大会有权改变和撤销本级人民代表大会常务委员会关于预决算的不适当的决定或命令。

2. 各级人民代表大会常务委员会的职权

对预算执行情况的监督权；对本级预算调整方案的审查批准权；审查和批准本级政府决算；撤销本级人民政府和下一级人民政府关于预算、决算不适当的决定、命令和决议。

（二）各级人民政府职权

各级人民政府是预算管理的行政机关，其具体职权是：确定预算管理体制具体办法权；编制本级预算、决算草案权；向本级人代会作本级预算决算报告权；组织本级预算执行权；编制预算调整方案权；改变和撤销本级及下级不适当的决定权；监督本级及下级预算执行监督权等。

（三）各级财政部门职权

各级财政部门是预算管理的职能部门，财政部和地方财政机关分别代表中央和地方政府进行实际预算操作处理，具体编制本级预算、决算草案；具体组织本级预算执行；具体编制预算调整方案；定期向本级政府报告。

（四）各部门、各单位职权

各部门、各单位制定本部门或单位的具体执行办法；编制本部门或单位的预算草案决算情况；组织部门或单位预算的执行；定期向本级财政部门报告等。

任务二 财政预算程序

一、财政预算编制

（一）财政预算编制的时间

政府预算编制的组织程序按“两上两下”即“自下而上、自上而下、两上两下、上下结合”的方式，其过程为：单位、部门提出概算，下达预算收支指标，编制汇总预算，审批预算。

部门预算要求：国务院于每年 7 月份向省、自治区、直辖市政府和中央各部门下达编制下一年度预算草案的指示，提出编制预算草案的原则和要求。

中央预算草案经全国人民代表大会批准后，为当年中央预算。财政部应当自全国人民代表大会批准中央预算之日起 30 日内，批复中央各部门预算。中央各部门预算应当自财政部批复本部门预算之日起 15 日内，批复所属各单位预算。

地方各级政府预算草案经本级人民代表大会批准后，为当年本级政府预算。县级以上地方各级政府的财政部门应当自本级人民代表大会批准本级政府之日起 30 日内，批复本级各部门预算。地方各部门应当自本级财政部门批复本部门预算之日起 15 日内，批复所属各单位预算。

(二)政府预算编制的依据

各级政府编制年度预算草案的依据有:①相关法律、法规。②国民经济和社会发展计划、财政中长期计划以及有关的财政经济政策。③本级政府的预算管理职权和预算管理体制确定的预算收支范围。④上一年度预算执行情况和本年度预算收支变化因素。⑤上级政府对编制年度预算草案的指示和要求。

各部门、各单位编制年度预算草案的依据有:①相关法律、法规。②本级政府的指示和要求以及本级政府财政部门的部署。③本部门、本单位的职责、任务和事业发展计划。④本部门、本单位的定员定额标准。⑤本部门、本单位上一年度预算执行情况和本年度预算收支变化因素。

二、预算编制的内容

(一)预算收支的内涵

国家预算由预算收入和预算支出组成。预算收入包括:税收收入;依照规定应当上缴的国有资产收益;专项收入;其他收入。

预算支出包括:经济建设支出;教育、科学、文化、卫生、体育等事业发展支出;国家管理费用支出;国防支出;各项补贴支出;其他支出。

预算收入划分为中央预算收入、地方预算收入、中央和地方共享收入。预算支出划分为中央预算支出和地方预算支出。

(二)预算编制的内容

中央预算的编制内容包括:本级预算收入和支出;上一年度结余用于本年度安排的支出;返还或者补助地方的支出;地方上解收入。

中央财政本年度举借的国内外债务和还本付息数额应当在本级预算中单独列示。

地方各级政府预算的编制内容包括:本级预算收入和支出;上一年度结余用于本年度安排的支出;上级返还或者补助的收入;返还或者补助下级的支出;上解上级的支出;下级上解收入。

三、部门预算编制流程

(一)中央部门预算的总流程

首先,中央各部门编制、汇总和上报本部门的预算建议数;财政部业务司局再按照其管理职能分别对部门预算建议数进行审核,并下达预算控制数;各部门根据预算控制数编制预算,上报财政部;财政部门再对部门预算数进行审核汇总,报送国务院审定后报送全国人大批准;最后,根据全国人大批准的预算,由财政部统一批复给各部门。

(二)部门编报预算的流程

部门或单位在编报预算的过程中通过利用"中央部门预算编报子系统",编制和上报部门预算建议数,根据预算控制数编制和上报部门预算数。

(三)财政部审核和上报预算的流程

财政部在管理部门预算的过程中根据现行管理职能将部门预算拆分给各业务司局;各业务司局再在自己的权限范围内审核各部门预算数据,给各部门下达部门预算控制限额;最后,根据全国人大批准后的中央预算,预算司向各部门批复预算。

(四)财政部批复预算的流程

全国人大代表批准中央预算后,财政部在一个月之内将预算批复到各部门。

四、政府预算的执行

政府预算的执行指经过法定程序批准的预算的具体实施过程,包括组织预算收入和拨付预算资金等内容。预算的执行原则是“统一领导、分级管理”。各级预算由本级政府组织执行,具体工作由本级财政部门负责。执行机关有财政部门、税务部门、中国人民银行、海关等。

预算年度开始后,在各级政府预算草案获得本级人民代表大会批准前,本级政府可以先按照上一年同期的预算支出数额安排支出;预算经本级人民代表大会批准后,按照批准的预算执行。

预算收入征收部门,必须依照法律、行政法规的规定,及时、足额征收应征的预算收入。不得违反法律、行政法规规定,擅自减征、免征或者缓征应征的预算收入,不得截留、占用或者挪用预算收入。有预算收入上缴任务的部门和单位,必须依照法律、行政法规和国务院财政部门的规定,将应当上缴的预算资金及时、足额地上缴国家金库(以下简称国库),不得截留、占用、挪用或者拖欠。各级政府财政部门必须依照法律、行政法规和国务院财政部门的规定,及时、足额地拨付预算支出资金,加强对预算支出的管理和监督。各级政府、政府各部门、各单位的支出必须按照预算执行。

政府预算部门负责预算执行的具体工作,主要任务有如下几点。

(1)研究落实财政税收政策的措施,支持经济和社会的健康发展。

(2)制定组织预算收入和管理预算支出的制度和办法。

(3)督促各预算收入征收部门、各预算缴款单位完成预算收入任务。

(4)根据年度支出预算和季度用款计划,合理调度、拨付预算资金,监督检查各部门、各单位管好用好预算资金,节减开支,提高效率。

(5)指导和监督各部门、各单位建立健全财务制度和会计核算体系,按照规定使用预算资金。

(6)编报、汇总分期的预算收支执行数字,分析预算收支执行情况,定期向本级政府和上一级政府财政部门报告预算执行情况,并提出增收节支的建议。

(7)协调预算收入征收部门、国库和其他部门的业务工作。

五、政府决算

政府决算是经法定程序批准的年度预算执行结果的会计报告。目的是总结和评价全年的预算收支活动,为过去一年预算收支的执行和管理提供信息;总结一年来的预算执行情况,总结经验教训,弥补预算建立和执行环节的不足。

中国政府决算管理主要由以下几个环节构成:①政府决算的部署;②年终清理和结账;③政府决算的编制;④政府决算的审查和批准。

财政部应在每年的第四季度部署编制决算草案的原则、要求、方法和报送期限,制发中央各部门决算、地方决算及其他有关决算的报表格式,布置编制决算的工作。县级以上地方政府财政部门根据财政部的部署,布置编制本级政府各部门和下级政府决算草案的原则、要求、方法和报送期限,制发本级政府各部门决算、下级政府决算及其他有关决算的报表格式。地方政府财政部门根据上级政府财政部门的部署，制定本行政区域决算的报表格式。地方政府财政部门根据上级政府部门的部署，制定本行政区域决算草案和本级各部门决算草案的具体编制办法。各部门根据本级政府财政部门的部署，制定所属各单位决算草案的具体编制办法。

政府财政在每一预算年度终了时，应当清理核实全年预算收入、支出数字和往来款项，做好决算数字的对账工作。不得把本年度的收入和支出转为下年度的收入和支出，不得把下年度的收入和支出列为本年度的收入和支出。不得把预算内收入和支出转为预算之外，不得随意把预算外收入和支出转为预算之内。决算各项数字应当以经核实的基层单位汇总的会计数字为准，不得以估计数字替代，不得弄虚作假。

各单位应当按照主管部门的布置，认真编制本单位的决算草案，在规定期限内上报。各部门在审核汇总所属各单位决算草案的基础上，连同本部门自身的决算收入和支出数字，汇编成本部门决算草案并附决算草案详细说明，经部门行政领导签字后，在规定期限内报本级政府部门审核。

任务三　预算管理改革

预算管理主要涉及部门预算、国库集中支付制度、预算外资金“收支两条线”、政府采购制度、分税制等。下面就这几个主要方面进行分析。

一、财政管理体制模式

当前世界各国所实行的财政管理体制，虽然形式多样，各具特色，但大体可分为三种模式。

（一）集权型财政管理体制

集权型财政管理体制是某一国家在其特殊发展时期或政体组织是完全单一制国家实行的一种财政管理体制。

集权型财政管理体制的主要特征如下。

1. 地方财政收入统一上缴中央，地方一切支出需经中央核准，统一拨付。

2. 财政管理权限高度集中于中央，地方财政实际上只是中央财政的延伸，既没有明确的事权，也没有稳定的财权，只是负责执行中央统一的财政政策，地方没有或仅有少许财力。

3. 地方编制和执行全国范围内统一的政府预算，地方不是独立的一级预算，上级财政预算与下级财政预算是一种包含关系。

我国在建国初期曾实行过这种体制，现在的新加坡、摩纳哥等只有一级政府的国家也实行这种体制。

（二）分权型财政管理体制

分权型财政管理体制是建立在典型的分权政体基础之上。大多数实行联邦制的国家，其国家内部都存在着多级政府，各级政府均拥有决策的自主权，使决策权极大地分散化了，联邦政府与下级政府之间不存在上下级隶属关系，各自独立地行使宪法赋予的权利。

分权型财政管理体制的主要特征如下。

1. 各级政府分别对财政、预算、税收等方面立法，并独立、自主地行使财政管理权限。

2. 明确划分各级政府的职责及支出范围，各负其责。上级政府对下级政府的事务一般不干预，中央政府与地方政府的联系也只体现在极其有限的财政补助上。

3. 在财政收入的划分上，一般实行分税制，即分别立法、分设税局、分别征收、分别管理的体制。

4. 各级预算独立编制，自求平衡，相互之间不存在包含与被包含的关系。

(三)混合型财政管理体制

混合型财政管理体制，是一种在强调中央集权占主导地位的前提下实行分级管理的体制。

混合型财政管理体制的主要特征如下。

1. 按照"有一级政府、有一级预算"的原则，在中央统一立法、统一政策、统一制度、统一计划的前提下，以政权级次划分预算级次，实行分级管理。

2. 在分级管理中，中央政府处于主导地位，地方政府对中央政府具有较明显的依存性。根据中央政府和地方政府的职责划分和企事业、行政事业单位的隶属关系确立各级政府的财政支出范围。

3. 以分割税收或其他形式在中央政府和地方政府之间进行财政收入范围的初次划分，而这种初次划分与各级政府所拥有的事权往往是不对称的。

4. 按照财权与事权相对称的原则，由中央政府统一进行区域间的财力调剂。凡收入大于支出的地区，向中央政府上缴收入；凡支出大于收入的地区，由中央政府予以补助。中央预算另设专项拨款，由中央集中支配。

二、部门预算改革

部门预算是部门依据国家有关政策规定及其职能的需要，审核、汇总所属基层预算单位的预算和本部门机关的经费预算，经财政部门审核后提交立法机关批准的涵盖本部门各项收支的财政计划。

部门预算相对于传统的功能预算，发生了如下变化：①扩大了预算的编制范围，有利于提高预算的综合性；②一个部门一个预算；③克服了代编预算的方式，提高了准确性；④建立新预算管理机制。编制部门预算要求统一预算分配权，为此，财政部的内设机构及其职能也相应进行了重新设计：一是由预算司作为统一管理预算的部门；二是改变了原来按经费性质设置机构的做法，基本上做到了一个部门归口财政部的一个业务司；三是统一了国有企业资产和财务管理，统一预算内外资金管理，编制综合预算，使预算编制、执行和监督相对分离，初步建立起了分工合理、责任明确、相互制约的运行机制；四是调整了预算批复的主体，由财政部预算司统一批复；五是预算批复方式由财政部各司独立向各部门批复改为由财政部预算司统一批复，有利于及时批复预算。

为深化部门预算改革，财政部又推进了支出预算管理改革及强化基础管理两项基础工作。

(一)支出预算管理改革

支出预算管理改革包括以下两方面。

1. 基本支出预算管理改革

基本支出预算管理改革具体内容有：一是完善行政单位定员定额标准。根据中央部门履行职能情况、有关政策调整等因素，提出完善现行定员定额标准体系的思路，提高预算编制的规范性和准确性。对符合定员定额管理条件的事业单位，在总结试点经验的基础上，做好相关制度、标准的制定工作。二是推进实物费用定额试点工作。制定和完善实物费用定额标准，扩大试点部门，加快实现实物定额由"虚转"向"实转"转变，建立定员定额与实物费用定额相结合的定额标准体系。三是做好事业单位改革工作。按照事业单位体制改革的总体部署,积极研究事业单位经费的供给范围和供给方式,将符合条件的事业单位逐步纳入定员定额试点范围。

2. 项目支出预算管理改革

项目支出预算管理改革的内容有:一是加强对经常性专项业务费的管理。选择一些符合条件的经常性专项业务费项目,明确界定其支出范围,并制定出相应的管理办法,切实加强对此类项目的预算管理。二是积极探索项目支出预算滚动管理的合理途径。按照中央本级项目支出管理办法的规定,项目支出预算采取项目库管理方式,项目库分为中央部门项目库和财政部项目库。将部门上报但未批复项目、部门预算执行中申请追加的项目与项目库有机对接。做到既严格控制执行中的追加,又保证预算编制、执行追加审核标准的统一、规范,维护预算的严肃性和权威性。

(二)强化预算基础管理改革

为完善财政管理,加强财政监督,提高资金使用效益,促进行政工作任务的完成和事业的发展,财政部于 2001 年印发了《中央部门项目支出预算管理试行办法》,规定编制项目支出预算的基本方法,适用于中央级行政事业单位由行政事业费开支的项目,主要包括大型修缮、大型会议和其他行政事业性项目;通过项目库的设立,规范大额支出的申请及列入预算的程序,规定必须经过科学论证,以确保资金用在刀刃上。2006 年财政部根据基本支出改革的进展情况,对基本支出管理办法进行修订,进一步完善"e 财网"指标管理系统,建立中央行政事业人员的基础数据库,进一步加强结余资金管理,按照《中央部门预算财政拨款结余资金管理暂行规定》的要求,真正做到将部门项目预算安排和结余资金清理使用情况相结合,提高预算编制的准确性。在不断细化项目支出预算的同时,切实提高包括横向分配预算资金在内的预算资金年初到位率。通过压缩年初代编预算规模,减少执行中的追加事项。同时,加强对执行中追加预算的审批。对部门在预算执行中提出的追加申请,要严格控制和审批。年初列代编预算在执行中追加的项目,应符合年初代编的项目范畴要求。

三、国库集中收付制度改革

在改革前,中国的财政性资金缴库和拨付方式,是通过征收机关和预算单位设立多重账户分散进行的。这种在传统体制下形成的运作方式,越来越不适应社会主义市场经济体制下公共财政的发展要求。其主要弊端是:重复和分散设置账户,导致财政资金活动透明度不高,不利于对其实施有效管理和全面监督;财政收支信息反馈迟缓,难以及时为预算编制、执行分析和宏观经济调控提供准确依据;财政资金入库时间延滞,收入退库不规范,大量资金经常滞留在预算单位,降低了使用效率;财政资金使用缺乏事前监督,截留、挤占、挪用等问题时有发生,甚至出现腐败现象。因此,必须对现行财政国库管理制度进行改革。

财政国库管理制度改革的指导思想是:按照社会主义市场经济体制下公共财政的发展要求,借鉴国际通行做法和成功经验,结合中国具体国情,建立和完善以国库单一账户体系为基础、资金缴拨以国库收付为主要形式的财政国库管理制度,进一步加强财政监督,提高资金使用效益,更好地发挥财政在宏观调控中的作用。

财政国库管理制度改革的主要内容是:按照财政国库管理制度的基本发展要求,建立国库单一账户体系,所有财政性资金都纳入国库单一账户体系管理,收入直接缴入国库或财政专户,支出通过国库单一账户体系支付到商品和劳务供应者或用款单位。国库单一账户体系包括:财政部门在中国人民银行开设的国库单一账户、按资金使用性质在商业银行开设的零余额账户、在商业银行为预算单位开设的零余额账户、在商业银行开设的预算外资金财政专户、在商业银行为预算单位开设的小额现金账户和特殊过渡性专户。建立国库单一账户体系后,相应取消各类收入过渡性账户。预算单位的财政性资金逐步全部纳入国库单一账户管理。在建立健全现代化银行支付系统和财政管理信息系统的基础上,逐步实现由国库单一账户核算所有财政性资金的收入和支出,并通过各部门在商业银行的零余额账户处理日常支付和清算业务。

四、预算外资金"收支两条线"改革

预算外资金是指各地区、各部门,全民所有制企业,事业、行政单位根据国家财务制度的规定收取、提留和安排使用,不纳入国家预算管理的资金。1996 年《国务院关于加强预算外资金管理的决定》中明确指出,预算外资金是财政性资金,并规定财政部门在银行设立预算外资金专户,实行"收支两条线"管理。

"收支两条线"管理是针对预算外资金管理的一项改革,其核心内容是将财政收支纳入预算管理范围,形成完整统一的各级预算,提高法制化管理和监督水平。对合理合法的预算外收入,不再自收自缴,而是实行收纳分离,纳入预算或实行财政专户管理。取消各执行单位自行开设和管理的过渡收入账户,改为由财政部门委托的代理银行开设预算外资金财政汇缴专户,只用于预算外收入的收缴,不得用于执收单位的支出。对于支出,实行收支脱钩,即执收单位的收费和罚没收入不再与其支出安排挂钩,单独编制支出预算,由财政部门通过政策途径安排。财政部 2001 年 11 月 5 日发布了《关于深化收支两条线改革进一步加强财政管理的意见》,在对部分部门的预算外收入纳入预算或实行收支脱钩管理的基础上,总结经验,逐步扩大试点范围,重点研究解决预算外资金的管理问题。对实行收支脱钩管理的部门原用预算外资金安排的支出,中央财政将根据其履行职能的基本需要准确核定,并通过财政拨款予以保障。

五、政府采购制度改革

政府采购制度是指各级政府为了开展日常政务活动和为公众提供公共服务,以公开招标、投标为主要方式从市场上为政府部门或所属公共部门购买商品、工程和服务的一种制度。政府采购制度作为财政制度的一个重要组成部分,在国外已经有相当长的历史,英国在 1782 年设立文具公用局,美国在 1778 年的《宪法》中就有了政府采购的条款。政府采购制度在各国的经济管理中有着十分重要的地位,目前发达国家的政府采购占 GDP 的比率较高,一般为 10%～20%,如美国为 20%,欧盟为 15%～20%,日本为 10%,东南亚国家大体在 5%左右。政府采购制度具有公开性、公平性和竞争性的特征。公开竞争是政府采购制度的基石,它体现了公平的原则。通过竞争,政府能买到具有最佳价格和性能的物品和劳务,节约财政资金,使公民缴纳的税金产生最大的效益,它同时又体现了效率的原则。

(一)政府采购需要的条件

1. 专门的机构及人员

从各国的经验来看,一般把财政部门作为政府采购中的一个重要管理机构。其职责主要有:制定政府采购法规或指南,管理招标事务,制定支出政策,管理和协调采购委员会的工作等。由于政府采购是一项专业性、系统性较强的工作,因而要由一批专门的人才来执行。

2. 明确规范的采购原则

一般建立政府采购制度的国家都把货币价值最大化、公开、公平竞争、透明度、效率、防止腐败等作为政府采购普遍遵循的原则。

3. 法定的采购程序

采取招标方式或是非招标方式，要看采购对象的数量、金额或特点而定。但无论采取哪种方式，都要遵循严格的法定程序。

4. 权威的仲裁机构

仲裁的主要内容是招投标和履约双方在一些程序、协议条款和运作方式上产生的各种异议。

(二)政府采购的范围、方式和程序

1. 政府采购的范围

政府采购的范围较广，内容庞杂。一般按政府采购对象的性质将其内容分为三大类，即货物、工程和劳务。货物包括原料产品、设备和器具；工程包括建造房屋、兴修水利、改造环境、交通设施和铺设地下水管等；服务包括专业服务、技术服务、资讯服务、营运服务、维修、培训、会务等。

2. 政府采购方式

政府采购方式包括公开招标、邀请招标、竞争性谈判、单一来源采购、询价等，其中公开招标是最基本的方式，即邀请所有潜在的供应商参加投标，采购部门通过事先确定并公布的标准从所有投标者中评出中标供应商，并与之签订采购合同的一种采购方式。

3. 政府采购程序

政府采购程序一般包括三个阶段，即确定采购要求、签订采购合同和执行采购合同。

(三)改革进程

我国的政府采购制度是在社会主义市场经济的大背景下逐步发展起来的。自 1996 年以来，我国的政府采购制度改革经历了研究探索、试点初创、全面试点、全面实施四个阶段，采购范围和规模不断扩大，经济效益和社会效益大幅提高，法律框架基本形成，管采分离的管理体制初步建立，调控经济和社会发展的政策功能逐步显现。1996～1997 年为研究探索阶段，财政部提出了把推行政府采购制度作为我国财政支出改革方向的政策建议，上海市、河北省、深圳市等地开展了试点工作；1998～1999 年为试点初创阶段，财政部制定发布了《政府采购管理暂行办法》；2000～2002 年为全面试点阶段，财政部在国库司内设立了政府采购管理处，2002 年全国政府采购规模突破了1 000亿元；2003 年至今为全面实施阶段，2003 年 1 月 1 日，《中华人民共和国政府采购法》正式实施，标志着政府采购制度改革试点工作结束，进入了全面实施阶段。

十几年来，全国政府采购规模增长迅速。1998 年仅为 31 亿元，2010 年全国政府采购规模达到8 422亿元。“十一五”期间，全国采购规模由 2005 年的2 928亿元增加到 2010 年的8 422亿元，年均增长 23.5%，累计节约财政资金4 000多亿元。“十一五”时期，我国政府采购规模持续扩大，经济效益显著提高。政府采购实施范围从传统的货物类采购向工程类、服务类采购扩展。货物类采购从通用类货物向专用类延伸，服务类采购从传统的专业服务快速扩展到公共服务、服务外包等新型服务领域，工程类采购也逐步纳入了政府采购管理范围。同时，政府采购资金构成从财政性资金逐步向单位自筹资金、BOT(建设—经营—转让)项目市场融资等方面扩展。与财政支出结构调整相适应，采购活动也逐步涵盖一些公益性强、关系民生的支出项目。在此基础上，我国政府采购活动规范化水平得到显著提升。

(四)完善的思路

尽管改革取得了很大的进展，但还需要进一步完善，主要从以下几方面来考虑。

1. 明确政府采购制度的目标和原则。借鉴国际上政府采购规范中的目标和原则，将经济有效的使用国家资金、提高资金使用效益作为政府采购制度的首要目标，同时坚持公开、公平、公正和充分竞争的原则，促进采购机构和采购队伍的廉洁。

2. 完善立法，建立有效的异议、申诉和救济机制，健全政府采购管理模式。从国际立法来看，建立健全完备有效的质疑、申诉和救济机制，是政府采购制度的重要内容，也是政府采购制度有效运行和实现政府采购目标的重要保证。中国应当完善政府采购法律法规中质疑、申诉机制和救济机制，允许政府采购合同的双方当事人通过磋商、仲裁、司法或行政等手段，对不正当的采购行为提出质疑和申诉，保证采购实体、供货商或承包商或服务提供者的正当权益。

3. 改进现行的行政、事业单位的财务管理体系和具体操作方式。实行政府统一采购的前提条件之一，是实行国库单一账户，即实行账款分离制。这样，实行政府采购制度后，财政部门可以不再简单按预算拨付经费，而按批准的预算和采购合同的履约情况直接向供货商拨付货款。由于这部分支出采取直接付款形式，财政部门能对政府部门和公共部门的商品和服务的采购行为实行有效的监督。

六、分税制改革及完善对策

国家预算管理体制是在中央和地方政府之间，以及地方各级政府之间划分预算收支范围和预算管理权限的一项制度。

预算管理体制的根本任务是划分预算收支范围和规定预算管理职权，促进国民经济和社会发展。

预算管理体制的内容主要包括：预算管理主体和级次的确定（我国预算管理主体分为中央、省、市、县、乡五级）；预算收支范围的划分；预算管理权限的划分；预算调整制度和方法。

预算管理体制建立的原则为：统一领导、分级管理的原则；与国家政权结构及经济管理体制相适应的原则；财权与事权统一、权责组合的原则。

新中国成立后，我国预算管理体制经历了多次演变和改革：①1950 年到 1952 年是“统收统支”体制，是高度集中的预算体制。地方组织的一切收入逐级上缴中央，地方一切收支由中央核定。这种体制适用于特殊时期集中财力物力，由中央统一支配，地方权限很小。②1953 年到 1979 年是“统一领导，分级管理”体制。中央统一制定预算政策和预算制度，地方按预算级次实行分级管理。③1980—1993 年的“划分收支、分级包干”体制。中央各职能部门不再下达指标，地方政府由原来被动安排财政收支变为主动参与经济管理，注重政府间收入在所有制关系下的划分，缺乏合理依据。④1994 年至今的分税制。我国在借鉴国际经验的基础上，结合国内实际，开始了分税制试点和改革。

(一)分税制的基本内容

1. 中央与地方事权和支出的划分

中央预算主要承担国家安全、外交和中央国家机关运转所需的费用，调整社会经济结构、协调地区经济发展的政策支出，以及由中央直接管理的事业发展支出。具体包括：中央行政管理费、国防费、外交和援助支出以及中央统管的基本建设支出等。

地方预算主要承担地区政权机关运转所需支出，以及本地区经济、事业发展所需支出。具体包括：地方行政管理费、部分武警经费，地方统筹发展的级别建设投资，地方企业的技术改造和新产品试制费，支农支出，价格补贴及其他支出。

2. 中央与地方收入的划分

根据中央和地方的事权划分情况，按照财权和事权相统一的原则，将税种划分为中央收入、地方收入和中央与地方共享收入。将有利于国家权益、实施宏观调控所必需的税种划分为中央固定收入，将适合于地方征管的税种划分为地方固定收入，将同经济发展直接相关的主要税种划分为中央与地方共享收入。具体划分情况如下。

中央固定收入包括：关税，海关代征的增值税和消费税，消费税，中央企业所得税，地方银行、外资银行及非银行金融企业所得税，铁道部、各银行总行、保险总公司等部门集中缴纳的收入（包括营业税、所得税、利润和城市维护建设税），中央企业上缴利润等，外资企业出口退税（除了1993年地方已经负担的20%部分列入地方上缴中央基数外，以后发生的出口退税全部由中央预算负担）。

地方固定收入包括：营业税（不含铁道部门、各银行总行、各保险总公司等集中缴纳的营业税）、地方企业所得税（不含地方银行、外资银行及非银行金融企业所得税），地方企业上缴利润、个人所得税、城镇土地使用税、城市维护建设税（不含铁道部门、各银行总行、各保险总公司集中缴纳的部分）、房产税、车船税、印花税、耕地占用税、契税、遗产税和赠与税（尚未开征）、土地增值税、国有土地有偿使用收入等。

中央与地方共享收入包括：增值税、资源税、证券交易税。增值税中央分享75%，地方分享25%；资源税按不同资源品种划分，海洋石油资源税作为中央收入，其他资源税作为地方收入，证券交易税，原规定中央与地方各分享50%，后调整为中央与地方“八二”分享。

根据形势的变化，2002年1月1日起，取消按企业隶属关系划分企业所得税收入的分配办法，除了铁路运输、国家邮政、中国工商银行、中国农业银行、中国银行、中国建设银行、国家开发银行、中国农业发展银行、中国进出口银行以及海洋石油等特殊行业企业交纳的所得税，继续作为中央收入外，对其他企业所得税和个人所得税实行中央与地方按比例分享。以2001年为基期，基数内的收入全归地方；2002年企业所得税增量，中央、地方各享50%；2003年所得税增量，中央分享60%，地方分享40%；以后年度另行规定。

3. 中央对地方税收返还数额的确定

现行分税制度还建立了中央对地方税收的返还制度。税收返还以1993年为基期核定。按照1993年地方实际收入以及税制改革后中央与地方收入的划分情况，核定1993年中央从地方净上划的收入数额（即：消费税+75%的增值税－中央下划收入），并以此作为中央对方的税收返还基数，以保证1993年地方既得利益。

1993年以后，税收返还额在1993年基数上逐年递增，递增率先是按全国增值税和消费税增长率的1∶0.3系数确定，后为了调动地方政府发展生产，增加财源的积极性，促进增值税和消费税的合理增长，改为按各地区增值税和消费税增长率的1∶0.3确定，即本地区增值税和消费税每增长1%，中央对地区的税收返还额增长0.3%。对1994年以后上划中央收入达不到1993年基数的，则相应扣减返还数额。

（二）现行分税制存在的问题

1. 中央与地方事权不清晰

现行分税制将财力作为改革的重点，在改革方案中未对事权划分进行必要调整，改革未能全面触动旧体制的根基，仍存在将地方政府视为单一的利益主体，使地方政府在改革中的调控手段和财力基础较少，中央和地方的事权仍有交叉和模糊。还需要进一步深化改革。

2. 中央与地方收入划分尚不够科学

分税制改革尽管采取分税的办法来划分中央和地方的收入，但在确定企业所得税归属时，仍保留了按企业行政隶属关系划分的做法，即中央企业的所得税归属中央收入，地方企业的所得税归属地方收入。这种做法从利益关系上固化了企业与各级政府间的行政隶属关系，不利于资源优化配置和现代企业制度的建立，并由此产生以下几方面的负面效应。

(1)强化了旧体制下形成的地方保护主义倾向。

(2)强化了国有资产地方政府所有的观念。

(3)在一定程度上保留了地方政府盲目发展高利产业的利益机制，不利于产业结构的优化调整。

3. 地方税体系不健全

现行分税制尽管在地方税体系建设上迈出了重要步伐，但离地方税体系的目标模式尚有较大的差距。主要表现在以下方面。

(1)地方税主体税种缺位，规模过小，难以支撑地方财政运行局面。

(2)地方税税权较小，地方政府难以利用必要的税收管理权来调节本地经济，并实施本级财政管理。

4. 转移支付制度不规范

中央对地方的转移支付制度已初步建立，但受改革步伐阶段的影响，制度还不规范、不成熟。主要表现在以下方面。

(1)转移支付方式不规范。目前转移支付是以税收返还的方式进行的，地方从中央获取的税收返还额主要取决于其基期年既得收入数额。这种方式保留了原有的利益分配格局和地区间收入水平悬殊的状况，难以发挥转移支付调节地区间收入差距功能。

(2)现行税收返还数额的确定仍未完全摆脱基数法，尽管一些地区采取了不同程度、不同形式的因素法，但还很不成熟，有待进一步完善。

(3)现行税收返还制度尚难体现中央的宏观调控意图，对地方政府行为倾向的调节作用有限。

(三)完善现行分税制的基本思路

1. 按照市场经济的要求合理划分各级政府的事权，为科学划分财权提供科学、可靠的依据

(1)要按照社会主义市场经济的要求对政府事权和企业事权合理定位，推进政府机构改革，尽快转变政府职能，将政府事权范围控制在市场失效的领域和宏观经济层次。

(2)要按照区域性原则和受益性原则来划分各级政府间的事权，即按区域性原则明确各级政府管理本地区社会事务、提供区域性公告产品的责任和权力；按受益范围确定各级政府的经济管理事权，将区域性的基础设施建设、产业结构调整及其他本地区相关的宏观经济管理事权划归地方政府。

(3)进一步落实地方政府统筹本地区社会经济发展的权利，凡是需由地方政府开发的事业，都应由地方政府自行规划和决策。

2. 按照分级财政管理的要求划分税种

税种划分应体现以下原则要求：

主体税种合理配置原则；责任与受益对等原则；经济分权原则。

3. 加强地方税建设，形成与地方政府职能相适应的地方税体系。

(1)实行分税制后，中央财政收入增加，其中一部分收入通过转移支付的办法返还地方。

(2)要合理分配税权，形成与股价政权结构相统一、有利于分级财政管理的税权结构。

(3)要加强地方税法制建设，推进地方税征管制度，形成高效、科学、严密的地方税征管体系。

4. 建设科学的转移支付制度

首先，要完善转移支付额的确定办法，用因素法来取代基数法；其次，要完善转移支付方式，既要采用一般性补助方式，又要有针对性地采用专项补助方式，以充分发挥转移支付的调节功能。

拓展阅读6－1

百个市级部门"晒"预算 北京市委党校首次公开预算

1. 北京市委党校2014年首次公开预算

2013年，北京市90个提交北京市人代会审议预算的部门中，除北京市民防局、北京市台湾同胞联谊会外，其余88个部门公布了预算。

相比2013年，2014年提交北京市人代会审议预算的部门多了10家，达到100家，北京市委党校、北京市社科院、北京市无线电管理局等都在新增范围之内。

北京市财政局副局长、新闻发言人韩杰表示，2014年市级各部门预算编制严格落实中央八项规定，以及北京市委、北京市政府一系列厉行勤俭节约的政策要求，本市压缩三公经费的重点将是党政机关的一般性支出，例如非重点项目出国考察等因公出国经费，将取消没有实质内容的、照顾性的出国项目。

2. 市级一般公务用车暂停购置

据悉，2014年北京市根据国家厉行节约的要求，"三公"预算金额为9.72亿元，与2013年"三公"经费11.13亿元相比，减少1.41亿元，下降12.67%。其中，因公出国(境)费压缩10.4%；公务接待费降得更多，同比下降20.2%；公务用车购置及运行费降12.29%。

对于广受各界关注的公务车问题，韩杰介绍，结合国家公务车改革等有关要求，2014年北京市已决定对市级一般公务用车暂停购置。对于执法执勤车辆，也只能在报废后才能购置。

3. 增加公车燃油费等四项支出

在公务车运行费公开上，过去预算单位通常只是公布运行费的一个总数，公众缺乏对细节的全面了解。2014年市级预算单位除了公布运行费总数外，还要公布公车的燃油费、维修费、保险费和其他支出四项费用，比如其他支出包括过路过桥费、租车费等，让公众对公车运行费有更加细致的了解。

根据规定，北京市人代会批准预算之后，北京市财政局将在一个月内批复各部门预算，各部门须在20个工作日之内公开部门预算。自2010年实行部门预算公开以来，提交北京市人代会审议预算的部门范围逐年扩大，数量由2010年的45家增至2014年的100家。

资料来源：李天际．北京青年报，http://www.qianlong.com。

项目七　财政政策

学习目标

能力目标

1. 能够掌握财政政策的基本知识、基本原理；解读我国的宏观财政政策；
2. 能够结合我国的实际分析我国财政政策实践在每个阶段的现实意义。

知识目标

理解：财政政策的内涵、财政政策的类型。

熟知：财政政策的目标。

掌握：财政政策工具及其作用途径、财政政策工具的运用及意义。

素质目标

1. 具备收集资料、分析资料的能力；
2. 具备独立思考、团结协作的能力，注重团队的成绩与荣誉；
3. 培养与人沟通、言行举止得体等综合素质能力。

项目引例

财税改革列为首要任务　积极财政政策再延续

自 2011 年起，中国告别“积极的财政政策和适度宽松的货币政策”组合，转而实施“积极的财政政策和稳健的货币政策”。2014 年，这一政策组合第四次写入预算报告。

2014 年全国财政收入 139 530 亿元，增长 8%；全国财政支出153 037亿元，增长 9.5%。相比去年全国财政收入(执行数据)增长 10.1%，支出增长 10.9%，有一定程度下调。这也反映出中央政府对于积极财政政策的理解不在于扩大财政规模，而更偏重结构性调整。

政策组合延续

从形式上看，今年的预算报告较往年有两处明显的改动。

一是在“2013 年中央和地方预算执行情况”部分，首次增加了“落实全国人大预算决议情况”内容；二是“2014 年中央和地方预算草案”部分，一改历年先报财政收支数据的传统写法，开篇先讲“2014 年财税改革工作重点”，继而介绍“2014 年财税政策”，之后才是“2014 年收支预算”。

改革力度加大

相比财政政策的延续，更让人关注的是正在加速推进的财税体制改革。

党的十八届三中全会在部署未来改革时着重强调了财税体制改革的重要性，并将财政上升到国家治理的基础和重要支柱地位。而这些在2014年财政预算报告中得到详细的体现。

全国人大代表、中国社科院副院长李扬注意到财政预算报告结构的变化:“今年预算报告改变了编写结构,在部署2014年财政工作时,将财税改革任务放在首位,突出了今年改革的重要性。”

“中国改革的难点在于制度,改革就需要打破旧制度,建立新制度。”李扬说。距离2020年改革要取得决定性成果还有7年时间,今明两年将是我国财税体制改革任务最繁重的时期。

资料来源:中国粮油信息网,http://finance.chinanews.com。

思考与讨论:

财政政策有哪些执行工具?中国的财政政策在不同时期都采用何种财政政策?

任务一　财政政策概述

一、财政政策的内涵

财政政策作为政府宏观调控经济的重要手段,是为政府的经济发展目标服务的,是政府调节经济的一系列手段和措施的总称。在市场经济中,政府调控在市场失灵领域发挥着重要作用,为市场经济的正常运转提供保障。

二、财政政策的类型

财政政策根据作用和目标的不同,可分为不同的类型。

(一)根据财政政策对经济的影响分类

根据其财政政策对经济的不同影响,可将其分为扩张性财政政策、紧缩性财政政策和中性财政政策。

1. 扩张性财政政策是指通过财政分配活动来增加和刺激社会的总需求。扩张的财政政策的作用机理是通过减税和增加财政支出规模来扩大社会的投资需求和消费需求。

扩张性财政政策的目的是提升经济,拉动经济增长。它通过减少税收、扩大财政支出和赤字来实行。

2. 紧缩性财政政策是指通过财政分配活动来减少和抑制总需求。在经济繁荣时期,国民收入高于充分就业的均衡水平,存在过度需求。这时政府通常采取紧缩性财政政策,增加政府税收和减少政府支出。

紧缩性财政政策的目的是收缩经济,避免经济过热。它通过增加税收、减少财政支出来实行。

3. 中性财政政策是指财政的分配活动对社会总需求的影响比较温和,财政收支总量在原有基础上只作小幅度调整,而主要对收入结构或支出结构作适度调整,对总需求既不产生扩张效应,也不产生紧缩性效应的政策,在维持社会总供求对比的既定格局条件下,保持社会总供求的同步增长。

中性财政政策的目的是维持经济稳定,对经济发展起中性作用。它通过维持财政收支平衡来实行。

(二)根据财政政策的实施手段分类

按照财政政策实施手段的不同,可将其分为税收、公债、投资、补贴、公共支出、预算等方面的财政政策。

(三)根据财政政策对调节经济周期的作用分类

根据财政政策对调节经济周期的作用,可分其为自动稳定和相机抉择的财政政策。

1. 自动稳定的财政政策是指,这种政策本身具有内在的调节功能,能够根据经济波动情况,无须借助外力而自动地发挥稳定作用。财政政策的自动稳定性主要表现在两个方面:一是税收的自动稳定效应;二是公共支出的自动稳定效应。税收自动稳定效应表现为通过税收增加,收紧政策;税收减少,扩张政策。公共支出自动稳定效应表现为公共支出扩大,扩张政策;公共支出减少,紧缩政策。

2. 相机抉择的财政政策分为扩张性财政政策、紧缩性财政政策和中性财政政策三类,是政府有意识地利用财政政策工具根据经济形势进行调节的行为。

同步案例 7－1　　不同时期财政政府是如何体现的?

适度从紧的财政政策

适度从紧的财政政策,不等于一般的紧缩性财政政策。适度从紧的财政政策的主要内容是加强收支管理、整顿财税秩序、努力增收节支、控制财政赤字。具体措施是全面强化税收征管,使财政收入保持较快增长,与国内生产总值的增长相适应;坚持量入为出,控制支出总量,优化支出结构,保证重点需要,促进经济结构的调整与优化,使财政支出的增长低于收入的增长;压缩财政赤字,控制债务规模;加强预算外资金管理。

积极的财政政策

积极的财政政策,不等于扩张性财政政策。积极的财政政策的主要内容,一是发行长期建设国债,扩大政府投资,重点用于农村水利、交通通信等基础设施和基础产业建设,并加大对企业技术改造的支持力度,增加对重大项目装备国产化、高新技术产业化、环保与生态建设以及科学教育方面的投资。二是调整税收政策,包括暂停征收固定资产投资方向调节税、调整企业所得税等有关税收政策以带动投资需求,提高出口退税率以刺激外贸出口等。三是调整收入分配政策,促进消费需求的扩大。

稳健的财政政策

稳健的财政政策,不等于中性财政政策。稳健的财政政策包括两个方面:总量与结构。从总量上看,既不扩张,也不紧缩,即既不继续大规模发行长期建设国债、扩大赤字规模,使税收持续过快增长;也不全部停发长期建设国债,不放弃已采取的、被实践证明具有“稳定经济和结构优化相结合”效果的“结构性”减税措施,而是把握一定的力度,使长期建设国债规模、财政赤字规模、税收增长处于一个合理的区间,合理确定财政支出的比重和投向。从结构上看,实行“有保有压”,一方面促进瓶颈、短缺部门的发展;另一方面控制那些偏热行业的发展,以减少经济增长过程中出现的结构性扭曲。

资料来源:学易网,www. studyez. com。

思考:

每种财政政策都在何种情况下采用?我国的财政政策在不同时期分别是怎样的?

任务二 财政政策的目标和工具

一、财政政策的目标

财政政策的目标主要有:经济增长、充分就业、物价稳定、国际收支平衡。

(一)经济增长

经济增长通常是指在一个较长的时间跨度上,一个国家人均产出(或人均收入)水平的持续增加。经济增长率的高低体现了一个国家或地区在一定时期内经济总量的增长速度,也是衡量一个国家或地区总体经济实力增长速度的标志。经济增长通常用国内生产总值增长率指标来度量。一般来说,发展中国家年经济增长率在3%以内为低速增长,4%~6%为中速增长,大于6%为高速增长。

(二)充分就业

充分就业一是指有劳动能力并愿意工作的社会成员都能获得就业机会;二是指在岗的劳动者在法定工作时间内能够得到充分有效的利用,不存在“隐性失业”(指员工被减少薪水、无薪休假、缩减工时、削减福利等弹性工作安排)。充分就业的衡量指标是失业率。失业率的高低是判断总供给和总需求是否平衡的主要标准之一。一般来说,失业率在4%以下,就被认为经济体系已达到充分就业水准。

(三)物价稳定

稳定物价又称稳定币值,是指要抑制住通货膨胀、避免通货紧缩、维持币值的稳定。其衡量指标是物价上涨率或通货膨胀率。政府调控所要达到的稳定物价的目标,主要是防止和克服物价在短期内的大幅波动和严重通货膨胀。通行的标准是,物价年上涨率在2%以下为稳定,3%~5%为平和,一旦超过5%则预示着经济总量和经济结构可能失调,需要采取措施加以控制,而达到两位数时,治理通货膨胀就要成为压倒一切的任务。

(四)国际收支平衡

国际收支平衡是指一国国际收支净额即净出口与净资本流出的差额为零,即国际收支净额=净出口-净资本流出=0。

一般来说,顺差意味着该国的外汇收入超过支出,外汇收入增加,意味着国内市场的货币供应量增加。同时,顺差也意味着商品量的输出大于商品量的输入,相对地减少了国内市场的商品量供给。

反之,逆差意味着该国的外汇支出超过收入,外汇收入减少,意味着国内市场的货币供给量减少。同时,逆差也意味着商品量的输入大于商品量的输出,相对地增加了国内市场的商品量供给。

就中国实际来看,在国际收支中一直处于顺差地位,这对经济发展有积极和消极两方面影响:积极方面是可以促进经济增长,保证企业利润;消极方面是在国际市场上会引起以美国为首的国家不满,同时中国经济发展不平衡,加剧了内需不足。

二、财政政策工具及其作用途径

财政政策工具包括国家预算、税收、公债、财政投资、财政补贴、公共支出等。

(一)国家预算

国家预算是指国家通过预算形式调节财政收支,预算包括以下几方面:①调节收支规模和收支差额;②调整财政支出结构;③选择和编制预算,如单式预算和复式预算。

国家预算通过财政收支规模及支出结构影响国民收入分配的规模与结构。

(二)税收

税收是指国家为了实现其职能,按照法定标准,无偿取得财政收入的一种手段。

税收通过调整税种、征税范围、税率、减免税等影响市场主体的生产与消费行为。

(三)公债

公债称金边债券,是调节经济活动、实现政府政策目标的重要手段。它对调节通货、抑制通货膨胀或提升经济有重要的辅助作用。

公债通过调整债务规模大小、发行对象、期限、利率等影响流通中的货币量。

(四)财政投资

财政投资主体多元化、决策分散化,对调节资金使用、提高资金效益有重要作用,可有效调节供求,改善国民收入格局,影响产业结构。

财政投资通过投资规模大小、投资方向等影响社会总需求,带动社会资金投资,引导产业发展方向。

(五)财政补贴

政府通过价格、工资等,对鼓励的行业和企业给予补贴,提高该行业、企业产量和利润。财政补贴通过补贴金额大小、补贴内容、补贴对象等手段调节企业和居民的收入分配结构,影响生产和消费行为。

(六)公共支出

公共支出是国家在预算中安排的行政、国防、社会事业等支出的总称。对国民经济和社会发展有长期的、潜在的重要作用,可以调节生产、消费、产业结构、收入分配等。

公共支出通过支出规模大小、支出方向等影响社会总需求,扶持弱小产业发展,促进社会事业进步。

三、财政政策工具的运用及意义

改革前,我国财政政策工具的使用没有完整的体系,主要是运用预算、税收、财政支出、补贴、公债等工具调节经济发展;1992年后,通过借鉴国际经验,开始自觉运用多种政策手段。

政府调控经济不能直接干预,而是要尊重市场经济的原则和规律,充分发挥市场机制配置资源的基础性作用,调控的目的是弥补市场机制的不足和失灵。在实践中,我国逐步由行政干预经济转向通过产业政策、财政政策、货币政策等经济手段进行间接调节。具体表现在:

通过预算收支规模扩大或缩小,引起社会总需求同向增加或减少;通过购买性支出增加或减少,引起社会总需求同向增加或减少;通过税收增加或减少,引起居民可支配收入反向减少或增加,居民可支配收入的变化与社会总需求的变化是同向的;通过转移性支出增加或减少,引起居民可支配收入同向增加或减少,居民可支配收入与社会总需求同向变化。

每一种财政工具都有不同的特点、不同的作用方式,不同的组合可以形成不同的效果。财政政策工具的综合运用,对于政府更好地实现调节经济的职能,有着重要作用。当市场自发调节存在问题,需要政府出手来解决时,恰当地运用财政政策工具,可影响社会总供求平衡、经济增长、居民收入分配、物价、就业、国际收支平衡等，以达到抑制通货膨胀、扩大总需求、经济增长等目标。

任务三 财政政策实践

1978年改革开放以前，我国采取计划经济体制，政府对经济的调控主要是通过计划手段和行政措施来实现的，很少主动运用财政政策。改革开放以来，政府开始有意识地主动运用财政政策来调控经济。1992年确立社会主义市场经济体制改革目标后，我国政府开始加快市场经济步伐，逐步较好地实现了由直接行政手段为主向经济手段为主的间接方式转变。

1993年以来政府所运用的财政政策分阶段进行分析如下。

一、适度从紧的财政政策(1993～1997年)

1993～1997年，我国政府为应对经济过热和通货膨胀，实施了适度从紧的财政政策，即紧缩性财政政策，实现了反周期调节的预期目标，促进了经济的稳定增长。这也标志着政府从行政手段为主转为经济手段为主，财政政策开始成为保障宏观经济稳定，促进经济协调发展的重要调控工具。

(一)适度从紧财政政策实施的前提

1993～1996年，由于投资需求过度扩张，生产资料价格迅速攀升，国民生产总值增长率连续五个季度在两位数以上，出现了明显的通货膨胀现象。

因此，此期间，我国宏观调控的着力点是控制通货膨胀，此轮通货膨胀主要表现在："四热"房地产热、开发区热、集资热和股票热、"四高"(高投资膨胀、高工业增长、高货币发行和信贷投放、高物价上涨)、"四紧"(交通运输紧张、能源紧张、重要原材料紧张、资金紧张)和"一乱"(经济秩序特别是金融秩序混乱)。

(二)适度从紧财政政策的内容

财政部门采取了一系列措施，具体包括：(1)通过适当压缩财政开支逐步减少财政赤字，控制固定资产投资规模和社会集团购买力，采取有效措施促进增加有效供给，缩小社会供求总量的差额；(2)通过税制改革，调整税种结构和税率，严格控制税收减免，清理到期的税收优惠政策，进一步规范分配秩序；(3)实行分税制财政管理体制改革，提高中央财政收入占全国财政收入的比重，增强中央财政的宏观调控能力；(4)整顿财经秩序，健全规章制度，强化财税监管，加大执法力度，大力打击逃税骗税和设"小金库"等违法违纪行为，加强对预算外资金使用情况的监督检查；五是支持汇率改革，实行以市场供求为基础的、单一的、有管理的浮动汇率制，完善出口退税制度，促进外贸出口增长。

(三)适度从紧的财政政策实践

在货币政策的配合下，1996年我国国民经济成功实现了"软着陆"，既有效地抑制了通货膨胀，挤压了过热经济的泡沫成分，又保持了经济的快速增长。1996年国内生产总值增长9.6%，物价指数比上年增长6.1%，形成了"高增长、低通胀"的良好局面。对此，国际上的评价是非常高的，说中国避免了一次经济灾难。在这一时期，财政投资和税收是财政调控的重要杠杆。

二、积极的财政政策(1998～2004年)

积极的财政政策在类型上属于扩张性的财政政策,是在特定时期采取的应对经济下滑的宏观调控政策。

自1997年7月起,爆发了一场始于泰国、后迅速扩散到整个东南亚并波及世界的东南亚经济危机,使许多东南亚国家和地区的汇市、股市轮番暴跌,金融系统乃至整个社会经济遭受严重创伤。

1998年,由于亚洲金融危机的影响,加上国内商品供求矛盾逐步由卖方市场转向买方市场,需求不足的问题成为主要矛盾。经济增长明显受到需求不足的制约,实际上是通货紧缩。1997年以前,中国经济面临的最大问题是通货膨胀,因此没有治理通货紧缩的经验。在国际上,也是治理通货膨胀的经验比较多,一般都采用控制银行货币投放量、提高利率、控制财政支出等手段。对于治理通货紧缩,最关键的是扩大需求,使社会总供给与社会总需求趋向平衡。党中央、国务院果断决策,及时调整宏观调控政策,由"适度从紧"、"稳中求进"转向了"扩大内需",实施了积极的财政政策,实质上就是扩张的财政政策,主要是通过发行长期建设国债、增加财政赤字、扩大政府支出,特别是增加投资性支出等来扩大需求,拉动经济增长。这其中,国债、税收和投资是财政调控的重要杠杆。主要措施包括:一是发行长期建设国债,带动全社会固定资产投资;二是调整税收政策,刺激需求增长;三是调整收入分配政策,改善居民消费心理预期;四是规范收费制度,减轻社会负担,推动、扩大消费。五是支持国民经济战略性调整,促进国有企业改革和产业结构优化。

在稳健的货币政策的配合下,积极的财政政策基本完成了预期的宏观调控目标:加强了基础设施建设,调整了经济结构,促进了企业技术改造,提高了居民的收入,更重要的是拉动了经济增长,国债投资每年拉动GDP增长1.5～2个百分点,平均每年拉动1.8个百分点,从单一的投资拉动到扩大投资和刺激消费并重,使我们掌握和积累了应对通货紧缩趋势的经验。这一时期,中国经济增长速度基本上保持在7%～9%之间,又一次实现了国民经济"软着陆",从而避免了中国经济的大起大落。

三、稳健的财政政策(2005～2008年年初)

从2003年开始,我国的宏观经济运行出现了一些新的情况,物价由负增长变为正增长。2004年居民消费价格总水平上涨3.9%。这些数据说明,我国经济告别了通货紧缩,经济进入上升阶段,呈现出加速发展的态势但还存在着经济结构不合理,经济增长方式粗放等问题:一是钢铁、冶金、房地产、建材等行业发展太快,局部过热;二是经济社会发展中还有能源、交通、农业、教育、公共卫生、社会保障等许多薄弱环节需要加强。党中央、国务院看到了宏观经济中的问题,从2003年起,及时采取一系列的宏观调控政策,初步消除了经济发展中的不稳定、不健康因素,避免了经济出现大的波动。但一些深层次的问题还没有解决,主要是粮食增产和农民增收的机制尚不完善、固定资产投资反弹压力大、能源和运输瓶颈约束依然突出等。

积极财政政策的实质是扩张性的财政政策,当通货膨胀逐渐成为影响宏观经济发展的压力时,继续实施这一政策,不仅不利于控制固定资产投资的过快增长,而且易于形成逆向调节;不仅不利于减缓通货膨胀的趋势,而且易于加剧投资与消费比例失调的程度,加大经济健康运行的风险和阻力。因此,积极财政政策应当适时转向。再加上目前投资规模很大,社会资金较多，也有条件调整财政政策的取向。此外，目前我国经济并非全面过热，农业、教育、公共卫生、社会保障等许多薄弱环节有待加强，而且没有强烈信号表明近期会发生高通货膨胀，因此，积极财政政策不宜一下子转向紧缩的财政政策。在这种情况下，中央提出从2005年起实行稳健的财政政策。

实行稳健的财政政策的核心是松紧适度，着力协调，放眼长远。具体说来，就是要注重把握“控制赤字、调整结构、推进改革、增收节支”十六个字。

（1）控制赤字，就是适当减少财政赤字、适当减少长期建设公债发行规模，使中央财政赤字规模大体保持在3 000亿元左右。同时随着GDP的不断扩大，财政赤字占GDP的比重也会不断下降。继续保持一定的赤字规模和长期建设公债规模，是坚持“发展是党执政兴国的第一要务”的要求，也是保持一定宏观调控能力的需求。

（2）调整结构，就是要进一步按照科学发展观和公共财政的要求，着力调整财政支出结构和公债资金投向结构。

（3）推进改革，就是转变主要依靠公债项目拉动经济增长的方式，按照既立足当前，又着眼长远的原则，在继续安排部分公债项目投资，整合预算内基本建设投资，保证一定规模中央财政投资的基础上，适当调减公债项目规模，腾出一部分财力，用于大力推进体制和制度改革创新，为市场主体和经济发展创造一个相对宽松的财税环境，建立有利于经济自主增长的长效机制。

（4）增收节支，就是在总体税负不增或略减税负的基础上，严格依法征税，确保财政收入稳定增长，同时严格控制支出增长，在切实提高财政资金的使用效益上下功夫。

四、积极的财政政策（2008年至今）

（一）2008～2009年的积极的财政政策

1. 背景

2008年的美国次贷危机，是因次级抵押贷款结构破产、投资基金被迫关闭、股市剧烈震荡引起的风暴。那次危机导致全球主要金融资产出现流动性不足，影响很大。

美国次贷危机对中国的影响：作为世界经济增长最快的新兴经济体，中国对对外贸易的依存度已经达到了70％的高水平，受到危机的冲击，使中国经济和社会发展出现了一系列困难。根据2008年国民经济运行情况（国家统计局数据），我国全年国内生产总值为300 670亿元，比上年增长9.0％，其中一季度增长10.6％，二季度增长10.1％，三季度增长9.0％，四季度增长6.8％。而最新的统计数据表明，中国2009年一季度GDP增长率仅为6.1％（增长主要是靠国家兴建基础设施拉动的）。

可以看出，从2008年第三季度开始，我国经济明显进入了下滑通道，同时国家财政收入的增速逐步放缓甚至出现负增长，中国宏观经济增速明显放缓，各项宏观数据急转直下。表现为进出口总值下降，工业增加值增长速度持续回落，股市财富大幅缩水，失业人数大幅增加；外部需求明显收缩，部分行业出现产能过剩，部分企业经营困难，就业问题突出，经济增长下行压力大。

在这种不利影响下，需要提振经济。由于出口和投资是拉动中国经济增长的主要动力，受美国次贷危机影响，外部需求不足，因此只有通过扩大国内需求和投资来拉动经济增长，以避免经济衰退引起的就业困难、财政收入下降，企业倒闭引发的银行贷款困难、社会震荡等问题。

2. 具体内容

2008 年 11 月 5 日，中国政府决定实行积极的财政政策和适度宽松的货币政策，出台更加有力地扩大国内需求的措施，加快民生工程、基础设施、生态环境建设和灾后重建，提高城乡居民特别是低收入群体的收入水平，促进经济平稳较快增长。当日召开的国务院常务会议确定了进一步扩大内需、促进经济增长的十项措施：主要包括加快建设保障性安居工程；加快农村基础设施建设；加快铁路、公路和机场等重大基础设施建设；加快医疗卫生、文化教育事业发展；加强生态环境建设；加快自主创新和结构调整；加快地震灾区灾后重建各项工作；提高城乡居民收入；加大金融对经济增长的支持力度等。为了实施“十项新政”，保证经济较快的增长，政府史无前例地出台了 30 年来规模最大的财政刺激计划，到 2010 年年底投资总额约 4 万亿元。会议决定，2008 年四季度先增加安排中央投资1 000亿元，2009 年四川、甘肃、陕西三省灾后重建基金提前安排 200 亿元，带动投资总规模达40 000亿元。这一重大举措被称为“4 万亿投资计划”。此后，又实施了结构性减税、“家电下乡”，以及鼓励汽车、家电以旧换新等政策措施，以扩大投资和消费；完善出口信贷保险和出口税收政策，适时调整出口退税等政策，以稳定出口。同时，实施了十大产业调整振兴计划、国家科技重大专项、发展高技术产业集群、加强企业技术改造等政策，以调整优化经济结构；另外，稳定农业发展，促进农民增收，制定实施稳定和扩大的就业政策，提高离退休职工的离退休金和养老金，提高最低保障水平和最低工资标准等措施，以改善民生。上述各项调控措施统称为“一揽子计划”。

3. 政策效果

中国政府应对全球金融危机的措施较大且及时，效果明显，表现在以下几个方面。

生产增速稳步回升；国内需求增长加快；经济结构调整积极推进；民生继续得到改善。

随着积极财政政策“一揽子计划”的逐步落实，我国有效地应对了国际金融危机冲击的影响，稳定了经济金融大局，经济运行中出现了一系列积极的变化。2009 年一季度的统计数据显示，重要的先行经济指标——制造业采购经理指数连续 4 个月从低位回升，并在 2009 年 3 月一举突破 50 点关口，达到 52.4；同时，工业增长速度明显加快上升，3 月份工业增加值增长速度同比达到 8.3%，比 1～2 月份上升 4.5 个百分点，已经回到了 2008 年 10 月份的增长水平。制造业进入扩张状态表明工业的存货调整正在逐步完成，正在产生新的增长动能，而工业增长速度明显回升，则为整个经济企稳回暖提供了最重要和最关键的支撑。

在新的积极财政政策经济刺激计划的作用下，我国宏观经济系统抵挡住了国际金融危机的冲击，经济企稳回暖的态势已初步形成。

尽管 2008 年至今，中国政府一直使用积极的财政政策，但随着 2008 年经济危机的影响逐渐远去，政策的重点和经济形势都出现了新的变化，因而积极的财政政策虽然在持续，但力度正在不断弱化。

拓展阅读 7－1

传统工具捉襟见肘　财政政策创新迫在眉睫

随着宏观经济形势的变化，作为核心政策工具之一的财政政策，正面临着新的挑战。对此，充分认清财政政策实施中存在的问题，厘清未来的发展方向，是当前宏观调控与经济转型的必然需要。

应该说，在 2009 年这轮宏观调控过程中，财政政策对于刺激内需起到了重要作用，但过度依赖财政投资性支出政策，对于税收政策、财政消费性支出政策、国有资本运营政策等其他财政政策工具的重视相对不够，同时，对于财政政策与货币金融政策的协调，也有许多不足之处。这些都制约了财政政策的作用效果。

对财政政策的结构效果重视也不足。从产业结构来看，财政政策支持对象，更多是重工业和基础设施等领域，一定程度上加重了长期困扰中国经济的产能过剩和重复建设问题。从企业结构来看，财政政策实施的受益者，更多是国有企业、大型企业，而对于民营企业、中小企业的支持力度还严重不足，这也使得后者在危机中复苏的程度远远落后于前者。再从区域结构和城乡结构来看，在充分调动了地方政府的投资热情之后，财力充足的各地方政府，进一步增大了财政投资的扩张程度，并且首先保障城市领域的投资，而财力较弱的地方则对财政投资政策运用乏力，这使得原有的区域结构失衡和城乡结构失衡问题更加突出。

财政政策对居民消费与社会福利的支持，也还有所不足。虽然从规模和增幅来看，近年来中央财政的相关支出不断增加，但与迅速增长的投资性支出相比较，这些支出却已相对落后，难以满足经济社会发展的需要。甚至在地方政府层面上，为了配合和保障中央积极财政政策的实施，对社会福利和保障性支出还间接产生了“挤出效应”。

在政府迫切运用财政政策来刺激内需的过程中，财政资金的使用效率经常被忽视。一方面，财政资金在拨付之后，对于后续使用的情况缺乏客观科学的评价和管理。另一方面，财政投资的管理存在弊端，如同一个项目有多个部门管，地方针对同一个项目，还可以分头向多个部门要钱。正是由于缺乏对资金使用效率的重视，去年在积极财政政策执行过程中，地方政府主导的公共建设项目大量出现过度投资和重复投资，降低了财政资金的实际运用效率和效果。

为了使财政政策在未来经济发展中发挥更有效的作用，笔者以为，在政策思路上有几方面问题亟须有所突破。

其一，积极财政政策如何适度退出。其二，财税体制改革已经迫在眉睫。其三，财政政策需要更加重视民生。其四，经济社会发展中的新问题、新情况不断出现，而传统的财政政策工具和手段在应对这些问题时效果难尽如人意，财政政策创新的迫切性大大增加。最后，财政政策的内外协调更加重要。

资料来源：杨涛．上海证券报，2010 年 5 月 28 日。

(二)2010～2014 年的积极的财政政策

2009 年、2010 年积极的财政政策主要表现在公共投资的扩张方面。

2010 年 3 月 5 日，十一届全国人民代表大会第三次会议，会议报告指出，要继续实施积极的财政政策。一是保持适度的财政赤字和国债规模。二是继续实施结构性减税政策，促进扩大内需和经济结构调整。三是优化财政支出结构，有保有压，继续向“三农”、民生、社会事业等领域倾斜，支持节能环保、自主创新和欠发达地区的建设。严格控制一般性支出，大力压缩公用经费。四是切实加强政府性债务管理，增强内外部约束力，有效防范和化解潜在财政风险。

2011 年及以后的积极财政政策将主要表现在民生上。与 2010 年 1.05 万亿元的规模相比，2011 年预算财政赤字减少1 500亿元，赤字率也从去年的 2.8%下降到 2%左右。同时，要着力优化财政支出结构，增加“三农”、欠发达地区、民生、社会事业、结构调整、科技创新等重点支出。十一届全国人大四次会议审查的财政预算报告，根据预算安排，2011 年，中央财政用在与人民群众生活直接相关的教育、医疗卫生、社会保障和就业、文化方面的民生支出安排将增加至10 509.92亿元，而 2010 年上述五方面的民生支出合计8 898.54亿元。要再开工建设保障性住房、棚户区改造住房共1 000万套，改造农村危房 150 万户。重点发展公共租赁住房。抓紧建立保障性住房使用、运营、退出等管理制度，提高透明度，加强社会监督，保证符合条件的家庭受益。结构性减税，同样是一项惠民举措。像个人所得税的调整，有利于提高低收入阶层的购买能力和工作积极性，同时调整税率档次则有利于全面降低居民纳税额，提高居民收入，有利于提振消费者信心。

2012 年，中国继续实施积极的财政政策，根据形势变化适时适度预调微调，进一步提高政策的针对性、灵活性和前瞻性。2012 年的积极的财政政策主要体现在以下几个方面：

(1)进一步完善结构性减税政策，减轻企业和居民的负担。

(2)进一步增加城乡居民的收入，努力提高消费能力。

(3)进一步优化财政支出的结构，保障和改善民生。

(4)进一步促进经济结构调整与区域协调发展，推动经济发展方式加快转变。

2013 年更好地发挥积极财政政策在稳增长、调结构、促改革、惠民生中的作用。一是适当增加财政赤字和国债规模。二是结合税制改革完善结构性减税政策。重点是加快推进营业税改征增值税试点工作，完善试点办法，适时扩大试点地区和行业范围。三是着力优化财政支出结构。继续向教育、医药卫生、社会保障等民生领域和薄弱环节倾斜，严格控制行政经费等一般性支出，勤俭办一切事业。

2014 年实施积极的财政政策，适当扩大财政赤字，保持一定的刺激力度，同时赤字率保持不变，体现宏观政策的稳定性和连续性，促进经济持续健康发展和财政平稳运行。围绕使市场在资源配置中起决定性作用，加强和改善财政宏观调控，发挥财政政策促进结构调整的优势，把实施财政政策同全面深化改革紧密结合起来，明晰政府和市场的边界，处理好政府和市场的关系，着力提高宏观调控水平，推动经济更有效率、更加公平、更可持续发展。

在实施积极的财政政策的过程中，重点把握好三个方面的内容：

(1)优化财政支出结构，提高财政资金使用效益。厉行勤俭节约，严控“三公”经费等一般性支出。进一步优化转移支付结构，重点增加对革命老区、民族地区、边疆地区、贫困地区的转移支付。创新扶贫开发方式，推进精准扶贫，大力支持集中连片特殊困难地区区域发展和扶贫攻坚。清理、整合、规范专项转移支付，严格控制新增项目和资金规模，建立健全定期评估和退出机制。将专项转移支付项目由 2013 年的 220 个减少到 150 个左右。加强财政结转结余资金管理，盘活财政存量资金，腾出资金重点用于农业、教育、社会保障、卫生、大气污染治理和生态环境保护等领域的支出。

(2)完善有利于结构调整的税收政策，促进经济提质增效升级。结合税收制度改革，进一步扩展小型微利企业税收优惠政策。完善促进养老、健康、信息、文化等服务消费发展的财税政策。对先进技术设备、关键零部件、能源原材料等 767 种商品实施较低的进口暂定关税。对 300 种资源、能源和高耗能产品实施税率为 2%～40%的出口关税。完善促进企业创新的税收政策，研究完善加速设备折旧政策，落实好扩大企业研发费用加计扣除范围的政策。

(3)切实加强地方政府性债务管理，有效防控财政风险。研究制定地方政府债券自发自还改革方案，推动部分地方开展改革试点。对地方政府性债务实行分类管理和限额控制，对没有收益的公益性事业发展举借的一般债务，由地方政府发行一般债券融资，主要以公共财政收入和举借新债偿还；对有一定收益的公益性事业发展举借的专项债务，主要由地方政府通过发行市政债券等专项债券融资，以对应的政府性基金或专项收入偿还。

模块二

金融基础

项目八　货币和货币制度

学习目标

能力目标

1. 能够分析货币、货币制度与经济的关系；
2. 能够运用货币基础理论和基础知识解释货币的相关经济现象。

知识目标

理解：货币的起源、货币的本质与内涵。

熟知：货币形态的发展及其变化、货币层次的划分、我国的货币制度。

掌握：货币的职能和作用、货币制度的演变。

素质目标

1. 具备收集资料、分析资料的能力；
2. 具备独立思考、团结协作的能力，注重团队的成绩与荣誉；
3. 培养与人沟通、言行举止得体等综合素质能力。

项目引例

德国尚未承认“比特币”合法货币地位

最近一段时间，一种名为“比特币”的虚拟货币受到广泛关注，并有报道称，德国已经率先承认了其合法货币地位。

“比特币”究竟为何物？德国到底是否已承认其作为货币的合法性？

“比特币”其实是一种用特定算法计算出来的加密数据包。其含义由一个化名为“中本聪”的人在 2008 年提出。随后，他以开放、对等、共识、直接参与的理念为基准，结合开源软件和密码学中块密码的工作模式，在 P2P 对等网络和分布式数据库的平台上，开发出“比特币”发行、交易和账户管理的操作系统，并于 2009 年 1 月 3 日发行第一批 50 个比特币。

生成“比特币”的过程被形象地称为“挖矿”。虽然理论上每个人只要有电脑都能做“矿工”，但生成“比特币”的运算过程相当复杂，也就是说“比特币”通过计算机的运算能力消耗获得价值。此外，在技术层面上，“比特币”的供应量是受到控制的，至今共开发出大约1 100万个，但其数量最多也只能达到2 100万个。因为“挖”出的“比特币”越多，“挖矿”的难度就越大，“比特币”的增长就越慢，目前全世界每小时只不过产生 150 个比特币而已。据测算，最后一个“比特币”将在 2140 年产生。

一些人认为,“比特币”像黄金一样具有充当货币的一些特性:一是它具有一定的稀缺性,无法被大量的随意生产、开采;二是可以被转让、可以被记录,具有一定流通性;三是它还具有一定的保值功能。

记者调查了解到,德国自民党议员、议会金融委员会成员弗兰克·舍弗勒今年7月底和8月初曾就“比特币”相关问题对联邦财政部提出过问询。而财政部对其问询的答复便成为德国媒体报道的依据。

为核实情况,记者专门联系了德国联邦财政部。该部的马丁·乔杜里先生向记者表示,“比特币”既不是电子货币,也不是法定支付手段。但是,德国联邦财政部承认“比特币”为“记账单位”。作为记账单位,“比特币”和外汇一样可具有结算功能,但不具备充当法定支付手段的功能。“比特币”可以作为“私人货币”,也就是说,基于私人之间的约定,“比特币”才可以作为支付手段使用。

在中国,2013年11月19日,一个比特币就相当于6 989元人民币。2013年12月3日,中国人民银行、工业和信息化部、中国银行业监督管理委员会、中国证券监督管理委员会、中国保险监督管理委员会等五部委发布的《关于防范比特币风险的通知》指出,比特币是一种虚拟货币,不具有与货币等同的法律地位,不能作为货币在市场上流通使用。此外,《通知》规定,金融机构和支付机构不得开展与比特币相关的业务。2014年1月7日,淘宝发布公告,宣布将于1月14日起禁售比特币等互联网虚拟货币等商品。

资料来源:银行利率,http://www.banklilv.com/content/20131009/15876.html。

思考与讨论:

分析比特币的实质及现实意义。

任务一　货币的起源和发展

人类社会在地球上已有百万余年或更长的历史,货币却只不过是几千年前才开始出现在人类社会之中的,那么与我们生活息息相关的货币究竟是如何产生和发展的呢?

一、货币的起源

货币自问世以来,已经有几千年的历史。对于货币是怎样产生的这个问题,人们一直进行着不断的探究。古今中外的众多学者从不同的角度进行了研究,形成了不同的货币起源学说。

(一)中国古代与西方早期的货币起源说

中国古代的货币起源学说主要从两个角度解释了货币的产生。一个是先王制币说,认为货币是圣王先贤为解决民间交换困难而创造出来的;一个是司马迁的交换需要说,司马迁认为货币是用来沟通产品交换的手段,因此货币就是为使用商品交换的需要而自然产生的。

西方早期关于货币起源的学说大致有三种:(1)创造发明说,认为货币是由国家或先哲创造出来的,主要代表人物如公元2～3世纪的古罗马法学家J. 鲍鲁斯;(2)便于交换说,认为货币是为解决直接物物交换的困难而产生的,主要代表人物如英国经济学家亚当·斯密;(3)财富保存说,认为货币是为保存财富而产生的,主要代表人物如法国经济学家J. 西斯蒙第。

拓展阅读 8－1

战俘营里的香烟

第二次世界大战期间，在纳粹的战俘集中营中流通着一种特殊的货币：香烟。当时的红十字会设法向战俘营提供了各种人道主义物品，如食物、衣服、香烟等。由于数量有限，这些物品只能根据某种平均主义原则在战俘之间进行分配，而无法顾及每个战俘的偏好。但是人与人的喜好显然是有所不同的，有人喜欢巧克力，有人喜欢奶酪，还有人则可能更想得到一包香烟。因此，这种分配显然无针对性，战俘就有进行交换的需要。

即便是在战俘营这样一个狭小的范围内，物物交换也显得非常不方便，因为它要求交易双方恰巧都想要对方的东西，也就是所谓的需求的双重巧合。为了使交换能够更加顺利地进行，需要有一种充当交易媒介的商品，即货币。那么，在战俘营中，究竟哪种物品适合做交易媒介呢？许多战俘营都不约而同地选择香烟来扮演这一角色。战俘用香烟来进行计价和交易，如一根香肠值 10 根香烟，一件衬衣值 80 根香烟，替别人洗一件衣服则可以换得 2 根香烟。有了这样一种记账单位和交易媒介之后，战俘之间的交换就方便多了。

(二)马克思的货币起源说

马克思认为，商品经济内部存在着商品的使用价值和价值之间的矛盾，从而商品交换中价值必然要得到体现，必须有商品价值的表现形式，即价值形式。而价值形式随着商品交换的发展而发展，经历了四个阶段的漫长演变，最终产生了货币。

1. 简单价值形式

最初，在人类社会生产发展到刚刚有点剩余产品时，偶然会发生剩余产品的交换行为，一种商品价值偶然地、简单地表现在另一种商品的使用价值上，这就是简单的价值形式，简单价值形式产生了货币的胚胎。

简单价值形式的商品的价值表现为：1 只羊交换 2 把石斧。在上述交换的过程中，羊的价值通过与石斧的交换而表现出来，1 只羊等于 2 把石斧，石斧成为羊的等价物。虽然商品交换具有偶尔性，商品价值表现不完善、不成熟，但已经具备了商品交换的基本内容。

2. 扩大的价值形式

在第一次社会大分工之后，畜牧业从农业中分离出来，劳动生产率得到了提高，剩余产品逐渐增多，商品交换变得经常而丰富，参加交换的商品也逐渐增多。一种商品不再是偶然地与另一种商品相交换，而是和越来越多的商品相交换，由更多商品来表现自己的价值，称为扩大的价值形式。例如 1 只羊可以交换 2 把石斧或者 1 袋谷物，或者是 2 张兽皮，也可以是 10 尺布。

此时，商品交换变得有目的，可以进行选择，商品的价值形式也较简单价值形式完善充分。货币的胚胎虽然开始发育、成长，但还没有分离出一种固定充当一般等价物的商品。

3. 一般价值形式

随着剩余产品的增加，商品记载表现的种类日益繁多，扩大价值形式使商品交换变得困难了。为了商品交换简单方便，人们渐渐开始自发地用自己生产的商品先换成一种大家普遍接受的商品，然后再去交换自己所需要的其他商品，其结果是使某种商品从大量的商品中分离出来，成为表现其他各种商品价值的媒介，该商品就成了一般等价物。所有商品都由这一种商品表现价值的形式，称为一般价值形式。在一般价值形式下，2 把石斧的价值由 1 只羊来表示，同时 1 袋谷物、2 张兽皮、10 尺布的价值都可以用 1 只羊的价值来表现。

从上述的描述中我们发现，一般价值形式和扩大价值形式只是等式两边的移位，但实质上人类历史上价值形式的发展由此出现了质的飞跃，由简单的物物交换发展为以一般等价物为媒介的间接交换，一般等价物已经具有了货币的一般性质。但一般等价物在初期是非固定的，在不同的时期、不同地区由不同商品充当，阻碍了商品交换在更多范围、更深程度上的进一步发展。

4. 货币价值形式

随着商品交换的不断扩大，人们发现许多充当一般等价物的商品本身存在着“不易分割、质地不均匀、不便于携带、难以保存”等缺点，而这些缺点阻碍了商品交换规模的扩大，干扰了商品交换的正常秩序，这在客观上要求有一种能弥补一般等价物上述缺陷，并能固定充当一般等价物的商品出现，而这种商品就是金银贵金属。

一般等价物固定在贵金属身上，由贵金属来固定地充当商品交换的媒介，这就是货币价值形式。货币价值形式的价值表现表示为：2 把石斧的价值等同于 2 分黄金，同时 1 袋谷物、2 张兽皮、10 尺布的价值都可以用 2 分黄金的价值来表现。

货币是商品交换发展的必然产物，是商品价值形式发展的结晶。由于金银的自然属性适合于执行一般等价物的职能，因此，自然地分离出来固定地充当一般等价物，货币就产生了。至此，商品的内在矛盾对立完全转变为外部对立，价值在这里获得了独立的表现形式。

二、货币的本质与内涵

研究货币的本质就是要弄清货币是什么的问题。马克思关于货币的起源揭示了货币的本质属性，认为货币是从商品世界中分离出来的固定地充当一般等价物的特殊商品，并能反映一定的生产关系。

首先，货币是商品，具有商品的基本属性，即具有商品的价值和使用价值。如果货币失去了商品的基本属性，它就失去了与其他商品相交换的基础，也就不可能在交换中被分离出来充当一般等价物。

其次，货币是特殊商品，具有特殊的使用价值。充当商品交换的一般等价物，货币具有两个特殊的功能：一是货币能够表现一切商品的价值。在商品交换中产生货币之后，普通商品进入交换领域，先与货币交换。一种商品只要能交换到货币，商品的价值就得到了确认和实现，因而，货币就成为商品世界唯一的核算社会劳动的工具。二是货币具有同一切商品直接交换的能力。普通商品只能以其特定的使用价值来满足人类的需要，而货币是人们普遍接受的商品，是社会财富的一般代表，拥有它就意味着能随时换取任何商品，从而获得各种商品的使用价值。货币成了每个商品生产者追求的对象，也就具有直接同一切商品交换的能力。

最后，货币作为一般等价物可以体现一定的生产关系。商品与货币交换的实质是人类劳动的交换，货币作为交换的媒介，体现出商品经济条件下这种人与人之间劳动交换的相互关系。

三、货币形态的发展及其变化

从货币产生至今，货币形式一直在不断地发展演变，主要反映出商品交换发展对币材的不同要求。币材是指充当货币的材料或物品。一般来说，币材应同时具备以下特质：一是价值较高，这样就可以用少量的货币完成大量的交易；二是易于分割，且分割后不影响其价值，以便实现价值量不等的商品交易；三是易于保存，指币材经久耐用，不会因为时间长久而变质或长期保存而减少价值，满足频繁换手交易和保存购买力的需要；四是便于携带，以利于货币在较大区域内充当交换媒介。从币材的角度看，货币形式的演变沿着从低级向高级、从有形向无形、从注重货币材料自身价值向注重货币形式发挥交换媒介功能的便利度、降低交易成本的轨迹发展。根据这一发展规律，可将货币形态分为以下几种类型。

(一)商品货币

商品货币是兼具货币与商品双重身份的货币。它在执行货币职能时是货币，不执行货币职能时是商品。它作为货币用途时的价值与作为商品用途时的价值相等，又称足值货币。在人类历史上，商品货币主要有实物货币和金属货币两种形态。

1. 实物货币

实物货币是指以自然界存在的某种物品或人们生产的某种物品来充当货币，是货币形式发展最原始的形式，与原始、落后的生产方式相适应。能否作为实物货币主要取决于两个要素：一是罕见或相对珍贵而受大家喜爱，这样才能作为一般等价物被广泛接受；二是容易转让，以便能够在交易中作为媒介而转手。古代的实物货币种类很多，如在古波斯、印度、意大利等地都有用牛、羊作为货币的记录。古埃塞俄比亚曾用盐作货币，美洲曾用烟草、可可豆作为实物货币。我国古代的贝、刀、铲、纺轮、弓、箭、皮、帛、牛、马、羊、猪等都曾经在不同的地域充当过交易的媒介，其中使用时间较长、影响较大的有贝币和谷帛，它们基本具备上述实物货币的两个要素。然而，以实物形式作为货币，并不能很好地满足交换对货币的要求。因为许多的实物货币都形体不一，不易分割、保存，不便携带，而且价值不稳定，所以并不是理想的货币形式。随着商品经济的发展，实物货币逐渐退出了货币历史舞台。

2. 金属货币

金属冶炼技术的出现，为实物货币向金属货币转化提供了物质条件。以金属如铜、银、金等作为材料的货币称为金属货币。与实物货币相比，金属货币具有价值稳定、易于分割、易于储藏等优势，更适宜充当货币。以贵金属作为币材是货币发展史上的重要演进。中国是最早使用金属货币的国家，从殷商时代开始，金属货币就成为中国货币的主要形式。但是在中国历史上，流通中的货币主要是由铁、铜等金属铸造的，金、银主要是作为衡量价值和储藏财富的工具。西方国家使用金银作为金属货币的历史比较久远。金属充当货币材料采用过两种形式：一是称量货币，二是铸币。

称量货币是指以金属条块的形式按重量流通的金属货币。这种金属条块在使用时每次都要称重量，鉴定成色，所以称为称量货币。称量货币在中国历史上使用的时间很长，典型的形态是银两制度。从汉代开始实行银两制度，一直到1993年，国民党政府实行“废两改元”，才从法律上废止了这种落后的货币形式。

铸币是铸成一定形状并由国家印记证明其重量和成色的金属货币。铸币的出现，克服了称量货币使用时的种种不便，便利了商品交易。最初的铸币形态各异，如中国历史上的铸币的形状有仿造贝币铸造的铜贝、银贝、金贝，有仿造工具铸造的刀币、布币等。最后铸币的形态逐渐过渡并统一为圆形，因为圆形便于携带，不易磨损。中国最早的圆形铸币是战国中期的圜钱，流通全国的则是秦始皇为统一中国货币而铸造的秦半两。这种铸币为圆形，中间有方孔，一直沿用到清末。因为钱有方孔，所以，历史上称为“孔方兄”。西方国家金属铸币采用的是圆形无孔的形式，币面通常铸有统治者的头像。清朝末年，受流入我国的外国银元的影响，方孔铸币被圆形无孔铸币所取代。

金属作为货币材料，特别是当流通中的货币是十足的金属铸币时，货币的价值比较稳定，能够为交换和生产提供一个稳定的货币环境，有利于交换和借贷活动的发展。但是金属货币也有难以克服的弊端，面对日益增长的待交换商品量和保存财富的需求，货币的数量很难保持同步的增长，因为金属货币的数量受金属的贮藏、开采和稀缺性的限制，因此在经济急速发展时期，大量商品却往往由于货币的短缺而难以销售或价格下跌，引发萧条。同时金属货币在进行大额交易时不便携带，也影响了金属货币的广泛使用。

(二)代用货币

代用货币是指能代替金属货币执行一般等价物职能的纸质的信用凭证。由于货币作为商品交换的媒介，在流通中只起到转瞬即逝的媒介作用，人们更关心的是用货币能否买到价值相当的商品，而不是货币实体的价值量。事实上，流通中的被磨损的铸币被人们照常接受，并不影响商品交易，这就表明货币可以用象征的货币符号来执行流通手段的职能，这时，代替金属货币流通的纸质的信用凭证——代用货币产生了。就实质特征而论，代用货币本身的价值就是所代替货币的价值，但事实上，其本身价值低于(甚至远远低于)其所代表的货币价值。

世界上最早出现的纸质货币是中国北宋年间的“交子”。当时四川用铁钱，分量重，流通不便，一些富商联合发行了“交子”，代替铁钱流通，并负责兑现。19世纪下半期，各国可兑换金币的银行券广泛流通。但此时的银行券仍是金的符号，以金为后盾，代替金币进行流通，流通中仍有大量的金币充当货币。银行券的出现是货币币材的一大转折，它为其后不兑现纸币的产生奠定了基础。

(三)信用货币

从历史的观点看，信用货币是金属货币制度崩溃的直接后果。20世纪30年代，由于世界性的经济危机接踵而至，各主要经济发达国家先后被迫脱离金本位和银本位，所发行的纸币不能再兑换金属货币，于是产生了信用货币。所谓信用货币，是由政府或银行通过信用程序发行和创造的，能行使货币全部或部分职能的信用工具。信用货币是代用货币进一步发展的产物，同代用货币一样，其自身价值也远远低于货币价值，区别在于信用货币不再像代用货币那样，以足值的金属作保证，而是以信用作保证，由政府强制发行流通，并且不可兑现。一般而言，信用货币作为一般的交换媒介，须有两个条件：一是人们对此货币的信心，二是货币发行的立法保障，二者缺一不可。目前世界上几乎所有的国家都采用信用货币的形态。信用货币可以分为纸币和存款货币。

纸币是国家发行并强制流通的货币符号，是以纸张为币材，印制成一定形状，标明一定面额的货币。国家纸币作为不兑现的信用货币，由于其与财政赤字密切联系，容易导致货币流通的混乱。在20世纪30年代，中央银行垄断货币发行，并在了解货币与经济关系的基础上，控制纸币发行数量，控制货币供应，纸币突破了货币商品形态对经济发展的制约，为政府调控经济提供了一种手段，所以说，纸币是货币发展历程中的重大飞跃。

存款货币是指能够发挥货币交易媒介和资产职能的银行存款，包括可以直接进行转账支付的活期存款和企业定期存款、居民储蓄存款等。现代银行的一项重要业务是为客户办理结算业务，充当支付中介。人们先把一部分款项存入银行，设立活期存款账户，客户根据存款余额可签发支票，凭支票进行转账结算，通过存款账户间存款的转移来完成支付行为，在这个过程中，可签发支票的存款发挥着同货币一样的作用，故称为“存款货币”。用存款货币取代现金进行支付，具有快速、安全、方便的优点，特别是在大额异地交易中，很难用现金进行即时交易。因此在发达的商品经济中，转账结算是一种重要的支付方式，绝大部分的交易都通过存款货币的转移实现支付。存款货币的出现，打破了实体货币的观念，将货币由有形货币引向了无形货币。

（四）电子货币

伴随着迅速发展的电子商务而出现的电子货币，从某种意义上代表了货币发展的未来。

关于电子货币的内涵，巴塞尔银行监管委员会的内涵较有概括性或代表性：电子货币是指在零售支付机制中，通过销售终端、不同的电子设备之间以及在公开网络上执行支付的“储值”或“预付支付机制”。所谓“储值”，是指保存在物理介质（硬件或卡介质）如智能卡、多功能信用卡等中用来支付的价值。这种介质亦被称为“电子钱包”，它类似于我们常用的普通钱包。当其储存的价值被使用后，可以通过特定设备向其追储价值。“预付支付机制”则是指存在于特定软件和网络中的一组可以传输并可用于支付的电子数据，通常被称为“数字现金”。它们由二进制数据（位流）和数字签名组成，可以直接在网络上使用。

电子货币可以像现金和存款货币一样，进行汇兑、存款、贷款和满足消费，并且能够方便地实现与现金的转换。电子货币作为一种货币，除了具有货币的一般属性外，还具有一些特殊属性。主要体现在以下几个方面。

（1）电子货币具有多元化的发行主体。电子货币的发行机构既有中央银行，又有一般的金融机构甚至非金融机构，而且后者占了很大的比重。

（2）电子货币是在线货币，即电子货币的流通必须有一定的基础设施。电子货币的传输需要有专用的网络，保管需要有存储设备，交换需要有通信手段，保持其安全需要有加密和解密用的计算机。如果以上基础设施不完备，电子货币将无法保管、流通，乃至无法使用。

（3）电子货币是虚拟货币。电子货币是在银行电子化技术高度发达的基础上出现的一种无形货币，是一种没有货币实体的货币。

（4）电子货币是信息货币。电子货币实际上是由一组含有用户身份、密码、金额、使用范围等内容的数字构成的特殊信息，以电子信息的形态出现，所以通过使用相应的技术即可以执行货币的某些职能。

电子货币的种类如下。

（1）银行卡。银行卡是银行发行的具有转账结算、存取现金和透支消费的部分或全部功能的电子卡片。它可以采用联网设备以在线刷卡记账、POS结账、ATM提取现金等方式进行支付，可以在商场、饭店及其他场所使用。

（2）IC卡或智能卡。IC卡是一种功能比较单一的储值卡，通常称为智能卡、智慧卡或电子钱包。

（3）电子支票。电子支票是运用银行系统的自动化或专业网络、设备、软件及一套完整的用户识别、数据验证等规范化协议完成的数据传输。

我国电子货币的发展主要表现为银行卡的发行和使用，第一张银行卡是在1985年6月由中国银行珠海分行发行的“中银卡”。1996年，国务院决定成立国家经济信息化推动组，专门负责制定这一领域的国家战略和计划、有关政策和指导方针等。2002年年初，各银行联网通用的“银联卡”出现，以银行卡为代表的电子货币取得了长足的发展。

电子货币的使用对货币发行与流通必然会产生一系列的影响，中央银行在进行货币调控时也将面临更多的问题，从目前来看，各国尚未单独对电子货币进行统计，作为一种新的交易媒介，电子货币还有许多问题有待于深入研究。

三、货币层次的划分

李克强总理在2014年两会上作的政府工作报告中指出："货币政策要保持松紧适度，营造稳定的货币金融环境。加强宏观审慎管理，引导货币信贷和社会融资规模适度增长。今年广义货币 M_2 预期增长13%左右。要加强财政、货币和产业、投资等政策协同配合，做好政策储备，适时适度预调微调。"我们也经常能够在各种经济报道中听到 M_0、M_1、M_2，它们分别是什么意思呢？其实它们都是货币，分别代表不同的货币层次。

货币是在购买商品或劳务时被广泛接受的支付手段，我们手中的通货，即钞票和硬币当然是被广泛接受的。但是在现代社会中，企业之间可通过支票来进行购买和支付，我们在银行中的各种存款可以转换成现金，信用卡也是一种被广泛接受的支付手段。此外，人们所持有的商业票据、债券、股票等都可以在一定条件下转换成货币，在一定程度上执行货币的某些职能。因此，货币的范围不仅包括流通中的货币，还包括银行存款，甚至各种有价证券等。通常，这些被排除在货币定义之外，但又和货币的定义颇为相似的如银行存款、有价证券等被称为准货币。可见流通中的纸币或辅币只是货币的一部分，而不是货币的全部。货币包含的范围要比通货大得多，因此货币可以划分为若干层次。

（一）货币层次划分的标准

目前，国际通用的划分货币层次的方式是以金融资产的流动性为标准，把货币划分为 M_0、M_1、M_2，流动性是指一种金融资产能迅速转换成现金而对持有人不发生损失的能力。它取决于买卖的便利程度和买卖时的交易成本。货币流动性越强，其变现能力越强。现金和活期存款可以作为流通手段和支付手段使用，具有完全的流动性，其货币性最强。定期存款和储蓄存款虽然也会形成购买力，但需转化为现金才能变为现实的购买力，提前支取需要遭受一定损失，因此其流动性稍差一些。

（二）货币层次的划分

1. 国际货币基金组织对货币层次的划分

国际货币基金组织将货币划分为三个层次：M_0、M_1、M_2。

（1）M_0（现钞），是指流通于银行体系以外的现钞，即居民手中的现钞和企业单位的备用金，不包括商业银行的库存现金。

（2）M_1（狭义货币），由 M_0 加上商业银行活期存款构成。

由于活期存款随时可以签发支票而成为直接的支付手段，所以它是同现金一样最具有流动性的货币。各种统计口径中的"货币"，通常是指 M_1。M_1 作为现实的购买力，对社会经济生活有着最广泛而直接的影响，因此，许多国家都把控制货币供应量的主要措施放在这一层，使之成为政策调控的主要对象。

（3）M_2（广义货币），由 M_1 加上准货币构成。

准货币由银行的定期存款、储蓄存款、外币存款以及各种短期信用工具如银行承兑汇票、短期国库券等构成。准货币本身虽非真正的货币，但它们在经过一定的手续后，能比较容易地转化为现实的货币，加大流通中的货币供应量。广义货币相对于狭义货币来说，范围扩大了，它包括了一切可能成为现实购买力的货币形式。M_2 层次的确立，对研究货币流通整体状况具有重要意义。特别是对金融制度发达国家货币供应的计量以及对货币流通未来趋势的预测均有独特的作用。近年来，许多经济和金融发达国家，就出现了把货币供应量调控的重点从 M_1 向 M_2 转移的趋势。

2. 我国货币层次 3 个口径的划分

根据我国目前的经济形势和金融管理体制，各类货币的流动性特点，可以将货币划分为以下三个层次：

(1)M_0：流通中的现金。

(2)M_1：M_0＋可开支票的活期存款。

(3)M_2：M_1＋准货币（企业单位定期存款＋城乡居民储蓄存款＋证券公司的客户保证金存款＋其他存款）。

其中，M_1 是我国的货币供应量，通常也称为狭义货币，是中国人民银行管理和调控货币流通的重点目标。M_2 是通常所说的广义货币。商业票据和短期融资债券属于准货币。

任务二　货币的职能和作用

货币的职能是指货币本身所具有的功能，是货币本质的具体体现。在金属货币制度下，由于货币本身有内在价值，因此，学者们对货币职能的认识没有实质性的分歧，划分标准也大体一致。例如，色诺芬（公元前 430～公元前 355 年）就认为货币是用来交换和积累财富的；亚里士多德（公元前 384～公元前 332 年）明确指出货币具有价值尺度、流通手段和贮藏手段的职能。我们则从马克思主义学说的角度来认识货币究竟都有哪些职能。

一、货币的职能

对于货币的职能，马克思从历史和逻辑统一的角度，对典型的货币——金币的职能按照先后顺序排列为价值尺度、流通手段、贮藏手段、支付手段和世界货币五种。

（一）价值尺度

价值尺度职能是指货币具有衡量和表现商品价值大小的职能，这是货币最基本的职能。作为价值尺度，货币把一切商品的价值表现为量，使它们在质上相同，在量上可以比较。货币之所以能执行这种职能，是因为它本身也是商品，也具有价值。

货币执行价值尺度职能具有以下特点：①它是商品的内在价值尺度即劳动时间的外在表现。马克思指出："货币作为价值尺度，是商品内在价值尺度即劳动时间的必然表现形式"。商品价值的大小，是由凝结在该商品中的社会必要劳动时间决定的，但是商品价值不可能由各单个商品生产者耗费的劳动时间来表现，只能借助于货币外化出来，所以货币是商品的外在价值尺度。②它可以是观念上的货币，但必须具有十足的价值。因为货币执行价值尺度，即商品生产者在给商品定价格时，只要想象中的或者是观念上的货币就行了，并不需要有现实的货币。但执行价值尺度职能的货币必须具有十足的价值，如果它没有价值就不可能用来衡量价值，就像本身没有重量的东西不可能用来衡量重量一样。③它具有完全的排他性、独占性。因为充当价值尺度职能的只能是一种商品，只有这样，商品价值才能得以真正统一的表现。

为了比较不同商品的价格，货币必须具有一定的单位。货币单位包括货币单位的名称和单位货币的价值两方面的内容。各国法律规定的货币名称都是以习惯形成的名称为基础的。一国货币的单位名称往往就是该国货币单位的名称。如果几个国家共用一个单位名称，则在货币名称前面加上国家名。例如，目前世界上用"元"作货币名称的国家共有 52 个，如美元、日元等。我国有些特别，货币名称是人民币，货币单位是元。再如，用"镑"作货币名称的国家共有 12 个，如英镑、苏丹镑等。

在金属货币条件下，单位货币的价值就是确定单位货币所包含的货币金属重量、成色及其等分，称为货币的价格标准。在金属货币制度下，价格标准即货币所含金属量，而在纸币制度下，价格标准主要通过货币的购买力来表现。例如，英国的货币单位定名为"镑"，按照其 1870 年《铸币条例》的规定，其含金量为 123.274 格令（1 格令＝64.789 91 毫克）；美国的货币单位定名为"元"，根据其 1934 年 1 月法令的规定，1 美元的含金量为 13.714 格令；中国在 1914 年《国币条例》中规定的货币单位名称为"圆"，每圆银币含纯银量为 6 钱 7 分 9 厘。

价值尺度职能的发挥依赖于价格标准，价格标准是为货币发挥价值尺度职能做出的技术性规定，所以，价值尺度职能是通过价格标准来实现的。然而，二者又有明显的区别：①货币发挥价值尺度职能是自发的，不依赖于人们的主观意志，而价格标准是国家运用法律形式规定的，是相对稳定的；②货币拥有价值尺度职能时反映商品价值与货币价值之间的对等关系，而价格标准的作用是衡量货币量的单位，用于反映货币与货币之间的关系，它与商品价值无关。

充当价值尺度职能的货币，可以是本身有价值的特殊商品，也可以是本身没有价值的信用货币。信用货币执行价值尺度职能的典型特征是价值尺度的可变性，它反映在货币购买力的变化上，这种价值尺度的可变性有损于货币价值尺度职能的发挥，因此，必须保持信用货币价值尺度的相对稳定性。

（二）流通手段

在商品交换中，当货币作为交换的媒介实现商品的价值时就执行流通手段的职能，这也是货币的基本职能之一。这种以货币为媒介的商品交换，叫作商品流通。

当货币执行流通手段职能时不能是观念上的货币，而必须是现实存在的货币。因为货币作为商品交换的媒介，它是代表一定的价值量来同商品相交换，交易双方必须一手交钱，一手交货，等价交换，买卖行为才能完成。当然，我们所说的现实存在的货币，并不单指有形的货币，它也可以是无形的存款货币、电子货币。

充当流通手段货币的一个特点是它不一定具有十足的价值。因为货币作为流通手段时只是一种交易的媒介，商品所有者出售商品，换取货币，其目的是用货币去购买自己所需要的商品，只要货币能购得自己所需要的商品，货币本身的价值对商品所有者而言并不重要。也正是因为这一特点，货币才可以发展为现今的纸币，纸币作为一种货币符号才可以在当今的商品流通中发挥着巨大的作用。

但是，货币执行流通手段职能时，把商品交换分为买和卖两个独立的行为，买与卖在时间与空间上分开了，这就蕴藏着只买不卖或只卖不买、商品买卖可能脱节的危机，货币流通手段的产生，蕴藏了经济危机的可能性。

（三）贮藏手段

当货币被当作社会财富的独立代表，被人们贮藏起来退出流通领域而处于静止状态的时候，它就执行贮藏手段的职能。由于货币作为一般等价物，用它可以换取自己需要的任何商品，因而成为社会财富的一般代表和直接化身，这引起人们贮藏它的欲望。对商品生产者来说，货币的价值积累和保存手段，还是保证其再生产持续不断渐进性的必要条件。

马克思认为，充当贮藏手段的货币应该是具有十足价值的金属货币，拥有贮藏手段职能的货币必须是现实的而且是足值的，因为人们贮藏货币的目的是贮藏财富，是保值，这就决定了作为财富代表的货币不能是虚幻和无价值的。拥有贮藏手段职能的货币主要是金属货币，如金、银等贵金属。

在金属货币制度下，货币的贮藏或者价值保存手段的职能，具有自发地调节货币流通的作用。当流通中需要的货币量减少时，多余的金属货币就会退出流通领域被贮藏起来；当流通中所需要的货币量增加时，贮藏的金属货币又会重新进入流通领域而成为流通手段。这样，贮藏货币就像蓄水池一样，自发地调节着流通中的货币数量，使货币流通量与商品流通的需要相适应。

值得我们注意的是，纸币因为本身没有价值，不能执行贮藏手段的职能。在现实生活中，在物价相对稳定的情况下，人们经常采取储蓄存款的方式来积累财富，这时的货币不再拥有贮藏手段职能。

（四）支付手段

货币作为交换价值的独立存在形态进行单方面转移时发挥支付手段的职能。随着商品流通的发展，出现了商品的交换与货币的支付在时间上不一致的情况，有的先买货后付款，有的先付款后取货，这样就在信用交易的同时建立了债权债务关系，货币就成为跨期支付手段。此时的货币不再简单地作为交换手段完成等值的商品和货币的互换，而是作为跨期交换行为的一个结清环节，或作为交换价值的绝对存在进行单方面转移，成为在信用交易中不足交换过程的独立环节。随着信用关系的发展，货币在偿还债务或作其他支付时，都可以作为价值的对立运动形式进行单方面转移，如在信贷收支、财政收支、工资发放或劳务收支、捐赠或赔款等活动中，货币都发挥着支付手段的职能，这就使得货币收支在时间上、数量上不一致，进而改变了一定时期的货币流通量。

货币执行支付手段职能的特点是与流通手段比较得来的。货币执行流通手段职能时，在时间上与商品运动是紧密联系的，是即期的、现实的购买手段。而在执行支付手段职能时，则是一种远期的购买，只有在约定支付日期到来时，货币才真正进入流通。充当支付手段职能的货币，不一定是足值的货币，可以由纸币、信用货币及电子货币来执行。只有稳定的货币才可以执行货币的支付手段职能。

在货币执行支付手段职能条件下，由于赊销商品部分不需要支付货币，再加上债权债务关系相互抵消等因素，相对减少了货币数量，节约了流通费用。但与此同时，随着货币赊销的发展，商品生产者之间形成一个越来越立体交融的支付链条，一旦某个商品生产者不能按期还债，支付链条出现断裂就会引发连锁反应，从而发生经济金融危机。

（五）世界货币

随着国际贸易的发展，货币会越出国界，在世界市场上发挥一般等价物的作用，会在国际范围内执行价值尺度、流通手段、贮藏手段和支付手段的职能，成为世界货币。

在世界市场上，货币最初不采取铸币形态，而直接以贵金属的形态出现，是直接以重量计算的贵金属，即黄金和白银。但是到了近代，由于国际经济交往的频繁，世界市场的形成，各国在经济交往中使用各国的金铸币，这时各国货币都要脱下国别“制服”，以黄金平价决定相互比价。

在当代不兑现的信用、货币条件下，执行世界货币职能的货币，除了少量的黄金外，大多数是被世界认同的纸币。自从金本位制度崩溃后，不是世界任何一个国家的信用货币都可以执行世界货币职能，只有少数综合国力很强的国家的货币能够被大多数国家认可，充当世界货币，如美元、日元、欧元等。

世界货币的作用主要是作为国与国间的支付手段，以平衡国家贸易差额；作为国与国间的购买手段，用以购买外国商品；作为国与国间财富一般转移手段，用于战争赔款、跨国投资、国际信贷等。

货币的五个职能是相互联系的。货币的价值尺度职能和流通手段职能是与货币一同产生的，是货币的两个基本职能。由于货币能表现一切商品的价值，因而它具有价值尺度的职能；由于它能与一切商品相交换，因而它具有流通手段的职能。缺少价值尺度与流通手段中任何一种职能，就不能称其为货币。因此，马克思说："价值尺度和流通手段的统一是货币。"

货币的其他三个职能是随着经济的发展，在两个基本职能的基础上派生出来的。正由于货币执行流通手段和支付手段职能，人们才愿意保存货币，货币才具有贮藏手段职能。货币的支付手段职能是由商品信用交易产生的，货币的价值尺度、流通手段、贮藏手段和支付手段在世界市场上发挥作用时，就执行世界货币的职能。

二、货币的作用

自货币产生以来，其对人类社会生活产生的重要影响是显而易见的，无论是对宏观经济还是微观经济都有着极其重要的作用。

(一)货币在宏观经济中的作用

1. 货币是提高社会资源配置效率的工具

货币作为一般等价物，是社会财富的代表，谁拥有货币，就意味着他可拥有所需要的同货币价值相等的其他商品、劳务等资源。人们可以利用价格、利率、信贷等同货币直接有关的经济杠杆实现货币资金的分配，调剂资金余缺。通过资金分配和调剂，引导其他社会资源的重新分配，充分发挥现有资源的作用，提供资源配置的效率。如果没有货币，人们通过物物交换来配置资源，其效率将会极其低下。利用货币以及有关的经济杠杆能迅速实现社会资源的合理配置，并降低交易成本。

2. 货币是传递商品经济和市场供求信息的重要工具

在市场经济中，价格是商品价值的货币表现。在价格形成过程中，汇集了各种有关商品的经济信息。利用价格机制，人们可以向市场传递各种信息，也可以从价格变化中获取各种有用的信息。例如，价格变动可以及时地反映社会供给和社会需求的变化，有利于政府管理部门根据市场供求变动的信息，制定适当的宏观经济政策。

3. 货币是实现宏观经济调控的工具

在一国国民经济活动中，政府经常要利用财政政策和货币政策以及其他宏观经济政策手段来间接地调控经济，以实现宏观经济的均衡。无论是财政政策还是货币政策，都是以货币为基本工具的。财政收支要有货币数量来表示，货币政策的任何一种工具的使用都离不开货币计量。考核宏观经济政策的效果也是利用货币来完成的，例如 GDP 等指标最后都是以货币来表示的。

(二)货币在微观经济活动中的作用

1. 货币是商品生产的第一推动力和持续推动力

在商品经济中，任何企业和个人要从事商品生产，都离不开一定数量的货币。人们在开始从事生产活动之前，需要用货币资金购买生产资料和劳动力，没有这部分货币资金的垫付，生产就无法进行，此时，货币作为商品生产的第一推动力的作用就显现出来了。当生产启动后，需要追加资金，或者商品销售后，商品资本转化为货币资本，投入再生产过程，此时的货币就发挥着持续推动力的作用。一个企业一旦失去货币，其生产过程就难以为继。

2. 货币是实现经济核算的工具

货币具有价值尺度职能，人们可以利用货币作为记账单位，来计算价格、成本和利润等。以此来衡量微观经济效益的高低，这有利于经营者作出正确的经营决策，也便于经营决策者对生产过程进行监督和控制。

3. 货币是实现收入分配的工具

在现行的商品货币经济条件下，企业的收入分配必须借助于货币来实现。企业要利用货币指标考核劳动者劳动的数量和质量，然后根据考核的结果，以货币方式支付报酬。用货币方式支付报酬，既方便又准确。

但需要我们重视的是，货币在发挥各种积极作用的同时，也会对社会经济发展产生一些负面的影响。首先，由于货币的出现将交换过程分离为买和卖两个环节，使商品买卖脱节和供求失衡成为可能。其次，货币在发挥支付手段职能时形成了经济主体之间复杂的债务链条，就会产生债务危机。再次，货币的跨时支付使得财政超分配和信用膨胀成为可能，货币过多会造成通货膨胀，而货币过少又会影响商品价值的实现，导致价格下跌。因此，对货币进行调控管理是非常重要的。

（三）货币发挥作用的内在要求

货币通过发挥它所具有的职能对社会经济生活产生重要影响。但是，要正常发挥货币的积极作用必须具备一定的条件。

1. 币值的稳定。只有当货币币值保持稳定，货币才能正常发挥计价标准的职能，才能稳定地充当交换手段和支付手段。如果货币币值剧烈变动，无论是升值还是贬值，都会影响货币的交换媒介职能。货币币值的状况对货币发挥资产职能也有重要影响，如果币值不稳，人们就难以选择货币作为财富价值的贮藏手段，也难以利用货币实现资产的保值增值。

2. 有一个调节机制使货币流通量能够适应经济社会发展的需求。随着社会经济和商品市场状况的变化，货币需求量也在不断地增减变化，这就要求货币供给应该具有弹性，才能实现货币供求的均衡和货币的正常流通。在商品或金属货币制度下，有内在价值的货币供求具有自发调节的机制；但信用货币没有自我调节能力，需要中央银行通过货币政策来进行调控，使货币供给量能够根据货币需求的变化进行及时调整，否则货币难以正常发挥作用。

任务三 货币制度的演变

货币制度是针对货币的有关要素、货币流通的组织与管理等内容以国家法律形式或国际协议形式加以规定所形成的制度，简称币制。其目的是保证货币和货币流通的稳定，使之能够正常地发挥各种职能。

一、货币制度的形成

货币制度是伴随着金属铸币的出现而开始形成的，只是由于当时的商品经济不发达，简单商品经济处于自然经济之中，早期的货币与货币流通便呈现出极其分散、极其紊乱的特点。这些特点表现在：

(1)币材用贱金属较多，如铜、铁，并且不止一种金属充当币材。

(2)铸币分散，流通混乱。在欧洲，每个城邦都设自己的铸币厂，古希腊有1 500～2 000所造币局。

(3)铸币不断贬值，即重量减轻，成色降低。各地铸币成色悬殊，平价混乱，各种货币的折合极为复杂。铸币的贬值常常影响到商品的正常交易，严重阻碍经济的发展。

由于早期铸币在形制、重量、成色等方面都有较大的差异，加上民间私铸、盗铸，货币流通比较混乱，这就要求国家对此加以管理。随着资本主义制度的确立，这种不严密的、混乱的货币制度很难适应资本主义经济发展对货币流通的要求，迫切需要国家通过法律程序，建立统一的货币制度。

二、货币制度的构成要素

从资本主义国家建立起统一的货币制度以来的几百年间，尽管货币制度几经变迁，各国货币制度也各有特色，但其构成的基本内容和要求是一致的。一般而言，货币制度的构成要素有以下几个方面。

(一)规定货币材料

确定以何种材料制造货币，是一个国家建立货币制度的首要步骤，也是货币制度的基础。选用哪种材料制作货币是由国家法律规定的，但不是根据人的主观意愿任意规定的，而是由各国的生产力水平和客观经济条件所决定的。

不同的货币材料构成不同的货币制度，各国只有选定了不同的货币材料才能决定各国的货币怎样铸造、怎样发行、怎样调节和为保证货币稳定用哪种金属或财富作为货币的准备。目前，世界各国都实行不兑现的信用货币制度，不再对币材作出规定。

(二)规定货币单位

货币单位是指货币计量单位。货币单位的规定主要有两个方面。

1. 规定货币单位的名称。货币单位的名称最早与商品货币的自然单位或重量单位相一致，如两、磅。后来由于铸造和兑现等的原因，货币单位与自然单位、重量单位逐渐相脱离，有的沿用旧名，有的重立新名。按国际惯例，往往加上该国简称，如美元、英镑、日元等。

2. 规定货币单位的值。在金属货币条件下，货币单位的值就是每一货币单位所包含的金属重量和成色。在不兑现的信用货币制度尚未完全脱离金属货币制度时，确定货币单位的值主要是确定每单位货币的含金量；当黄金非货币化后，纯粹信用货币制度一般不再硬性规定单位货币的值，货币单位的值主要体现在维持本国货币币值稳定而采用的一些措施上，如规定中央银行对币值稳定的责任与权力等。

(三)规定流通中的货币种类

规定货币种类主要是指规定主币和辅币。

主币就是本位币，是一个国家流通中的基本通货，一般作为该国法定的价格标准。主币的最小规格通常是一个货币单位。在金属货币制度下，主币是指用金属材料按照国家规定的货币单位铸造的货币；在信用货币制度下，主币的发行权集中于中央银行或政府指定的发行银行。

辅币是本位货币单位以下的小面额货币，它是本位币的等分，主要解决商品流通中不足一个货币单位的小额货币支付问题。在金属货币流通条件下，为节约流通费用，辅币多由贱金属铸造，是一种不足值的货币，故铸造权由国家垄断并强制流通，但铸造数量一般都有限制，铸造收益归国家所有。由于辅币的实际价值低于名义价值，国家以法律形式规定其按名义价值流通，并规定其与主币的兑换比例。金属货币退出流通后，辅币制度仍然保存下来，在当代不兑现的信用货币制度下，辅币的发行权一般都集中于中央银行或政府机构。

(四)规定货币的法定支付能力

货币的法定支付能力有两种：无限法偿和有限法偿。

无限法偿是指不论支付数额多大，不论属于何种性质的支付(买东西、还账、缴税等)，对方都不能拒绝接受。在金属货币制度下，本位币通常具有无限法偿的能力；在不兑现的信用货币流通下，中央银行发行的纸质货币具有无限法偿能力，而流通中的存款货币，在经济生活中是被普遍接受的，但大多数国家并未明确做出其是否具有无限法偿能力的规定。

有限法偿是指在一次支付中若超过规定的数额，收款人有权拒收，但在法定限额内不能拒收。在金属货币制度下，不足值辅币通常为有限法偿，但是信用货币制度下则没有明确的规定。例如，我国目前仍然实行现金管理，国家对现金和非现金流通规定了适用范围和数量，但对本位币人民币“元”和辅币“角”、“分”未作明确的无限法偿或有限法偿的区分，只是规定它们都是法定货币，都具有法偿能力。

(五)规定货币铸造发行的流通程序

1. 自由铸造与限制铸造

这种规定是金属货币制度的内容之一。自由铸造即公民有权把法令规定的金属币材送到国家造币厂铸成金属货币；公民也有权把铸币熔化，还原为金属。限制铸造是指只能由国家来铸造金属货币，特别是不足值的辅币必须由国家铸造，其他机构和个人不得铸造。

2. 分散发行与垄断发行

信用货币出现后货币制度必须对发行权做出规定，分散发行是指允许私人部门按照规定的条件发行信用货币。垄断发行是指信用货币只能由中央银行或指定机构发行。例如，早期的银行券允许商业银行分散发行，但后来为了解决银行券分散发行带来的混乱问题，各国逐渐通过法律把银行券的发行权收归中央银行。在不兑现的信用货币制度下，各国的信用货币的发行权都集中在中央银行或指定机构。

(六)货币发行准备制度的规定

货币发行准备制度是指在发行者必须以某种金属或某几种形式的资产作为其发行货币的准备，从而使货币的发行与某种金属或某些资产建立起联系和制约关系。在金属货币制度下，法律规定以金或银作为货币发行准备，早期各国一般都采用百分之百的金属准备。后来各国采用部分金准备制度以适应货币发行日益增加的需要，货币发行准备金的比例主要通过货币的含金量加以确定，在货币制度演化过程中，这个比例逐步递减，直至金属货币制度的崩溃。纯粹的信用货币制度下，货币发行的准备制度已经与贵金属脱钩，多数国家主要以外汇资产做准备，也有的国家以物资做准备，还有些国家的货币发行采取与某个国家的货币直接挂钩的方式。各国在准备比例和准备制度上也有差别。目前各国货币发行准备的构成一般有两大类：一是现金准备，包括黄金、外汇等具有极强流动性的资产；二是证券准备，包括短期商业票据、财政短期国库券、政府公债券等在金融市场上流通的证券。

三、货币制度的演变

近代的货币制度从资本主义发展初期开始，经历了金属货币本位制（银本位制、金银复本位制、金本位制）和纸币本位制（不兑现的信用货币制度）二个阶段、四种货币制度。货币制度的演变如图 8—1 所示。

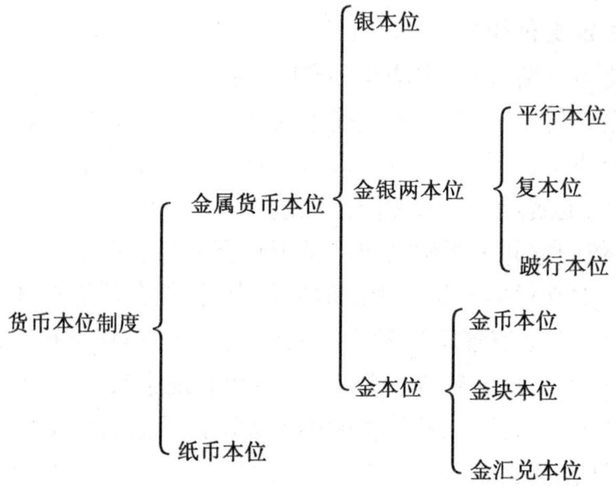

图 8—1　货币制度的演变

（一）银本位制

早在中世纪，许多国家就采用过银本位货币制度。银本位制是以白银作为本位币币材的一种货币制度，规定银铸币的重量、成色、形状及货币单位，其基本内容包括：以白银作为本位币币材，银币为无限法偿货币，具有强制流通的能力；本位币的名义价值与本位币所含的一定成色、重量的白银相等，银币可以自由铸造、自由熔化；银行券可以自由兑换银币或等量白银；白银和银币可以自由输出输入。银本位制在 16 世纪以后开始盛行，至 19 世纪末期被大部分国家放弃。

银本位制主要适用于商品生产不够发达的资本主义社会初期。从 16 世纪后半叶起，英国发生了资本主义工业革命，随后席卷欧洲，商品生产迅速发展，商品交易日益频繁，规模不断扩大，增加了货币需要量，白银供应虽然有了大幅度增加，但白银的价格很不稳定，仍不能满足商品生产和交换对货币材料的需求。同时，大宗交易急剧增加，价值较低的货币在交易中呈现出不便利性。此时，在巴西发现了丰富的金砂，黄金开采量也随之增加，大量黄金从美洲流入欧洲。为适应经济发展的需要，黄金进入流通领域，和白银一起共同充当货币材料，从而出现了金银复本位制。

（二）金银复本位制

金银复本位制是国家法律规定金银两种金属同时作为本位币的币材，1663 年始于英国，在 16～18 世纪流行于西欧各国，是资本主义制度发展初期比较典型、西方各国使用时间比较长的货币制度,但金银复本位是不稳定的货币制度。金银复本位的基本特征是:金银两种金属同时作为法定币材,一般情况下,大额批发交易用黄金,小额零星交易用白银。金银铸币都可以自由铸造、自由输出输入国境,都有无限法偿能力,金币和银币之间、金币银币与银行券之间都可以自由兑换。

金银复本位按照金银两种贵金属的不同关系分为如下三种。

1. 平行本位制

金银复本位首先表现为平行本位,是两种金属货币均按其所含金属的实际价值流通,国家对这两种货币的交换比率不加规定,由市场去决定。因为违背了货币的独占性,国内的信用发展不起来,国际市场上黄金和白银大量流动。为了使货币制度稳定下来,从而推动资本主义经济的发展,资本主义国家通过法律将金币和银币的比价固定下来,平行本位制发展成为双本位制。

2. 双本位制

双本位制即金币和银币是按国家法定比价流通,与市场上黄金和白银比价的变化无关。例如,法国曾规定1金法郎=15.5银法郎。这样做虽然可以避免由于金银实际价值波动带来的金币和银币交换比率波动的情况,克服平行本位制下商品具有金银“双重价格”的弊病,但双本位制违背了价值规律的要求,当金银的法定比价与市场比价不一致时,就产生了“劣币驱逐良币”的现象。

由于这一现象是由16世纪英国伊丽莎白女王一世的财政大臣托马斯·格雷欣(Thomas Gresham)发现并提出的,所以这一现象发生的规律又被称为格雷欣法则(Gresham's Law)。格雷欣法则即劣币驱逐良币规律,在金属货币流通条件下,当一个国家同时流通两种实际价值不同,但法定比价不变的货币时,实际价值高于名义价值的货币(亦称良币)必然被人们熔化、储藏或输出而退出流通领域,而实际价值低于名义价值的货币(也称劣币)反而充斥市场,作为商品交换的媒介。

3. 跛行本位制

为了解决劣币驱逐良币现象所带来的问题,西方国家取消了银币的自由铸造。跛行本位制是指金银币都是本位币,但国家规定金币能自由铸造,而银币不能自由铸造,已发行的银币照样流通,但停止自由铸造,并限制每次支付银币的最高额度。金币和银币按法定比价交换,这就决定了银币在现实流通中无法起到本位币的作用而仅仅充当辅币的角色。跛行本位制是由金银复本位制向金本位制过渡的一种货币制度。

(三)金本位制

金本位制是以黄金为本位币的一种货币制度,在金属货币制度中占有重要地位。金本位有金币本位、金块本位和金汇兑本位三种形式。

1. 金币本位制

金币本位制是典型的金本位制。19世纪初,英国首先过渡到金币本位制,到第一次世界大战前结束。其基本特点是:只有金币可以自由铸造,有无限法偿能力;辅币和银行券与金币同时流通,并可按其面值自由兑换为金币;黄金可以自由输出输入;货币发行准备金是黄金。

金币本位制是一种稳定有效地货币制度,曾经对资本主义经济发展和国际贸易的发展起到了积极的促进作用。首先,因为金币的价值相对稳定,便于企业精确地计算成本、价格和利润,从而为促进生产发展创造了有利条件;同时,稳定的流通手段,增强了人们对于通货的信任，又为资本主义商品流通的扩大创造了有利条件。其次，金币币值稳定，使债权人和债务人的利益均不受损失，从而，保证了信用事业的正常发展，同时也加速了金融资本的形成和壮大。随着金融资本的形成和壮大，信用工具、信用形式日趋多样化，金融市场的活跃，又促进了工商业的更大发展。最后，金币的自由输出、输入，保证了各国货币比价的稳定，从而促进了国际贸易的发展。

但是随着资本主义经济的发展，特别是帝国主义列强矛盾加剧所导致的战争，使金币流通的基础不断削弱，第一次世界大战期间，各国为阻止黄金外流，先后停止了金币流通、自由兑换和黄金的自由输出输入，战后也难以恢复金币流通，故先后放弃了金币本位制，只能改行残缺不全的金本位制——金块本位制和金汇兑本位制。

2. 金块本位制

金块本位制又称生金本位制，是指国家规定黄金是本位币，但在本国内部不铸造、不流通金币，而流通代表一定重量黄金的银行券，黄金集中存储于政府，银行券只能按一定条件向发行银行兑换金块的一种货币制度。英国于 1925 年率先实行此制度，规定银行券兑换金块的最低限是1 700英镑；法国 1928 年规定至少 21.5 万法郎才能兑换金块。这种兑换能力显然不是一般公众所能具备的，故有时又被称作富人本位制。

3. 金汇兑本位制

金汇兑本位制又称虚金本位制，是指国家规定黄金为本位币，但国家不铸造金币，且金币不参与流通，只发行流通具有含金量的银行券，并且银行券在国内不能兑换黄金，只能兑换成外汇，然后用外汇到国外才能兑换黄金的制度。实行这种制度的国家必须把外汇和黄金存于国外作为外汇基金，然后以固定价买卖外汇以稳定币值和汇价。金汇兑本位制实际上是使一国的本币依附于一些经济实力雄厚的外国货币，从而使该国在经济上受这些强国的影响和控制。实行金汇兑本位制的多为殖民地、半殖民地国家。我国在民国时期的法币制度就是典型的金汇兑本位制。

金块本位制和金汇兑本位制是残缺不全的金本位制，是不稳定的货币制度。一是因为二者都没有金币流通，金币本位制所具备的自发调节货币流通量、保持币值相对稳定的机制不复存在。二是因为银行券不能自由兑换黄金，削弱了货币制度的基础。三是发行基金和外汇基金存放他国，加剧了国际金融市场动荡的干扰作用，一旦他国币值不稳，必然连带本国金融随之动摇。

因此，金块本位制和金汇兑本位制也没有维持几年。经过 1929～1933 年世界经济大危机后，各国的金本位制事实上已经不存在了。世界经济危机的风暴迅速摧毁了这种残缺不全的金本位制，使其彻底崩溃。随后，资本主义各国先后实行了不兑现的信用货币制度。

(四)不兑现信用货币制度

信用货币制度是以纸币为本位币，且纸币不能兑换黄金，也不以黄金作担保的货币制度。它是当今世界各国普遍实行的一种货币制度。

不兑现信用货币制度又称纯粹的信用货币制度。20 世纪 30 年代金本位制崩溃以后，1944 年 7 月，由 44 国达成的《布雷顿森林协定》建立了以美元为中心的“双挂钩”国际货币体系(即美元与黄金挂钩，其他国家货币与美元挂钩)，形成了一种特殊的美元—黄金本位制，有人把它称为变相的国际金汇兑本位制。但是，这一制度也存在着自身不可克服的矛盾。随着美元危机和世界经济矛盾的加深，在 20 世纪 70 年代这一制度又彻底崩溃了。自此以后，各国货币与黄金既无直接联系，也无间接挂钩关系。这种黄金的非货币化意味着金属货币制度已经完全退出历史舞台，取而代之的是不兑现信用货币制度。20 世纪 70 年代中期以来，各国实行的都是不兑现的信用货币制度。

不兑现的信用货币制度取代黄金本位制度，是货币制度发展的质的飞跃，它突破了商品形态的桎梏，而以本身没有价值的信用货币为流通中的一般等价物。当然，透过历史演变的表现，也能看到其深刻的历史必然性。

现行的不兑现信用货币制度具有不同于其他货币制度的特点，主要体现在以下几个方面：一是现实经济中的货币都是信用货币，主要由现金和银行存款构成；二是现实中的货币都是通过金融机构的业务投入到流通中去的；三是国家对信用货币的管理调控成为经济正常发展的必要条件。由于纸币发行不受准备金限制及贵金属的制约，具有一定的伸缩弹性，使得货币发行的弹性很大，如果发行不适度，往往会导致恶性通货膨胀和汇率不稳定等现象发生。因此，政府不再只是经济运行的守夜人、旁观者，而成为利用纸币发行、流量来调节并干预经济的参与者、操纵者。世界各国都对信用货币流通的管理和调节极为重视，并且把货币政策作为实现宏观经济目标的重要手段。

四、我国的货币制度

我国现行的货币制度较为特殊。由于我国目前实行"一国两制"的方针，1997 年、1999 年香港和澳门回归祖国以后，继续维持原有的货币金融体制，从而形成了"一国多币"的特殊货币制度。目前，我国不同地区各有自己的法定货币：人民币是大陆地区的法定货币，港元是香港地区的法定货币，澳门元是澳门地区的法定货币，新台币是台湾地区的法定货币。各种货币都限于本地区流通，人民币与港元、澳门元之间按以市场供求为基础决定的汇价进行兑换，澳门元与港元直接挂钩，新台币主要与美元挂钩。

(一)我国货币制度的历史沿革

我国使用货币已经有几千年的历史了。原始货币主要有海贝、布帛、农具等。商周时期开始使用金属货币，秦始皇统一中国后统一了币制，规定黄金为上币，铜钱为下币，统一铸造内方外圆的金属货币。

唐代经济以自然经济为主，商品经济处于复苏阶段，水平很低，实行了"钱帛兼行"的货币制度——钱即铜钱，帛则是丝织物的总称，包括锦、绣、绫、罗、绢、绮等，实际上是一种以实物货币和金属货币兼而行之的多元的货币制度。在这种情况下，"钱帛兼行"的货币制度既有多种实物货币，又有单位价值较小的铜钱，从而较好地适应了小额商品交易的需要。宋、辽、夏、金时期，我国的经济有了较大的发展，两宋的货币制度，是以钱为主，绢帛等实物成了普通商品。白银日渐重要，纸币也已出现和流通。北宋真宗年间，由当时四川的富商首创了"交子"，交子是世界上最早的纸币。

我国用白银作为货币的时间很长，唐宋时期白银已普遍流通，仁宗景佑年间(1034～1037 年)银锭正式取得货币地位。金、元、明时期确立了银两制度，白银是法定的主币。清宣统二年(1910 年)4 月政府颁布了《币制则例》，宣布实行银本位制，实际是银圆和银两并行。1933 年 4 月，国民党政府废两改元，颁布《银本位铸造条例》，1935 年 11 月实行法币改革，在我国废止了银本位制。

1935 年 11 月，国民政府规定以中央银行、中国银行、交通银行三家银行(后增加中国农民银行)发行的钞票为法币,禁止白银流通,发行国家信用法定货币,取代银本位的银圆。规定法币汇价为1元等于英镑1先令2.5便士,1936年法币改为与美元挂钩,100法币等于35美元。由中央银行、中国银行、交通银行三家银行无限制买卖外汇,是一种金汇兑本位制。

在抗日战争和解放战争期间,国民党政府采取通货膨胀政策,法币急剧贬值。1937年抗战前夕,法币发行总额不过14亿余元,到日本投降前夕,法币发行额已达5 000亿元。到1947年4月,发行额又增至16万亿元以上。1948年,法币发行额竟达到660万亿元以上,等于抗日战争前的47万倍,物价上涨3 492万倍,法币彻底崩溃。1948年8月19日,国民党发行金圆券,1金圆券等于300万法币,法币被金圆券取代。1949年5月,国民党政府又发行了银圆券。随着解放战争的不断胜利,旧中国的货币制度彻底崩溃。

(二)我国的人民币货币制度

中国人民银行于1948年12月1日在河北省石家庄市成立,并于同一天发行人民币,这是新中国货币制度的开端。人民币制度是通过统一各解放区货币、禁止金银外币流通、收兑国民党政府发行的各种货币而确立下来的。

第一版人民币是在恶性通货膨胀的背景下发行的,1950年流通的钞票,最小面额是50元券,最大面额是50万元券。随着新中国经济建设的恢复发展和物价的稳定,为了便利商品流通和货币流通,1955年3月1日发行了第二版人民币,按1∶10 000的比例无限制、无差别地收兑了第一版人民币,并同时建立了主辅币制度,这个格局一直保持到现在。1962年4月20日发行了第三版人民币。1987年4月27日发行了第四版人民币,增发50元和100元面额的币种。1999年10月1日,为纪念新中国成立50周年,发行了第五套人民币。

目前,人民币已经发行至第五套,其中第一套、第二套(角币及圆币)、第三套(纸币)已经停止使用。流通中的人民币主币有1元、5元、10元、20元、50元、100元6种券别,辅币为1分、2分、5分和1角、2角、5角6种券别,其中,1分、2分和5分面额的纸币已经于2007年3月25日退出流通。人民币的符号为"¥",取人民币单位"元"字的汉语拼音"YUAN"的第一个大写拼音字母"Y"加两横,读音同"元"。

人民币是我国大陆的法定货币,人民币主币的"元"是我国经济生活中法定计价、结算的货币单位,具有无限法偿能力;人民币辅币的货币单位有"角"和"分"两种,分、角、元均为十进制,辅币与主币一样具有无限法偿能力。人民币是由国家授权中国人民银行统一发行与管理。

国家规定,人民币是信用货币,人民币不规定含金量,是不兑现的信用货币。人民币以现金和存款货币两种形式存在,现金由中国人民银行统一发行,存款货币由银行体系通过业务活动进入流通,中国人民银行依法实施货币政策,对人民币总量和结构进行管理和调控。中国人民银行集中统一管理国家金银、外汇储备,作为国际支付的准备金,负有保持人民币对内和对外价值稳定的重要职责。

1. 人民币的发行原则

我国的人民币是信用货币,为保证人民币的稳定,我国坚持集中统一、经济发行和计划发行的原则。

人民币的发行实行高度集中统一原则。人民币的发行权属于国家,中国人民银行是我国唯一的货币发行机关。除中国人民银行外,任何地区、部门和单位都不准发行货币、变相货币和货币代用品。

经济发行原则是指中国人民银行发行的人民币数量由经济发展水平、社会生产和水平流通的客观需要决定，人民币的流通数量随着生产和流通规模变化而增减，从而保证人民币的稳定。

计划发行原则是指中国人民银行根据国家批准的货币发行量，编制人民币发行计划，按计划发行货币，调节货币流通。

由上述可知，我国的人民币制度具有独立自主、集中统一、计划管理和适应经济发展需要的特点，这些特点正是人民币币值相对稳定的基础和条件。

2. 人民币的发行渠道

中国人民银行发行人民币有两个渠道：直接发行渠道和间接发行渠道。

直接发行渠道是指中国人民银行到金融市场上购买黄金、外汇和国债，向社会直接投放货币。中央银行购买国债，是调控金融稳定的重要手段。

间接发行渠道是指中国人民银行向商业银行以及其他金融机构发放贷款，再通过商业银行业体系派生货币，这是中央银行的主要发行渠道。

(三)中国香港、澳门和台湾地区的货币制度

人民币在中国香港和澳门地区不是法定货币。香港和澳门地区按基本法自行决定发行港元和澳门元。但是现在港、澳地区有些商店接受使用人民币交易。中国台湾地区的银行不接受人民币的兑换，一般商家也不接受人民币，而使用新台币来买卖交易。台湾地区的法律仅认为人民币是有价证券，不具有通货身份。

1. 中国香港地区的港元

港元又称港币，是中华人民共和国香港特别行政区的法定流通货币。按照香港基本法和中英联合声明，香港的自治权包括自行发行货币的权利。港元正式的简称为 HKD(Hong Kong Dollar)，标志为 HK$。

港元的纸币绝大部分是在香港金融管理局监督下由三家发钞银行发行的。三家发钞银行包括汇丰银行、渣打银行和中国银行，另有少部分新款 10 元钞票，由香港金融管理局自行发行。硬币则由金融管理局负责发行。1997 年回归前，香港流通的硬币上铸有英皇头像，曾一度成为收藏对象。1997 年起，政府逐渐收回旧硬币，以背面为香港市花洋紫荆的新硬币代替，但铸有英皇头像的硬币仍为合法货币，与新硬币同时流通。

自 1983 年起，中国香港建立了港元发行与美元挂钩的联系汇率制度。发钞行在发行任何数量的港币时，必须按当时的美元与港元的兑换汇率兑换美元，向金融管理局交出美元，记入外汇基金账目，领取了负责证明书后才可印钞。这样，外汇基金所持的美元就为港元纸币的稳定提供支持。

虽然港元只在中国香港有法定地位，但在中国大陆和中国澳门很多地方也接受港元。而且，在澳门的赌场，港元是除澳门元以外唯一接受的货币。

2. 中国澳门地区的澳门元

澳门元又称澳门币，是中华人民共和国澳门特别行政区的法定流通货币，常用缩写 MOP$，其正式的简称为 MOP(Macao Pataca)。澳门的货币政策由澳门金融管理局管理。

现在，澳门币的纸币由澳门金融管理局授权大西洋银行与中国银行澳门分行发行，硬币则由澳门金融管理局负责发行。澳门币与港元之间实行联系汇率制度，澳门币与港元挂钩。由于港元与美元实行联系汇率制度，所以澳门币也间接与美元挂钩。澳门现在对澳门币与外币的进出境都没有管制，游客可以在澳门的酒店、银行、兑换店等地自由兑换货币。

3. 中国台湾地区的新台币

新台币的前身为台币(旧台币)。台币在 1945 年 5 月 22 日开始发行。当初台币被定位为一种过渡时期的货币,日据政府的台币与国民政府的台币一比一兑换。由于当时中国内地抗日战争后金融状况不稳定,因此台湾未使用当时通行于中国内地的法币、金圆券,而是另外再发行台币。由于 1948 年上海爆发金融危机,连带也使旧台币大幅贬值,造成台湾物价急剧上涨。

1949 年 6 月 15 日台湾发行新台币,明确规定 40 000 元旧台币兑换 1 元新台币,新台币成为现在台湾的法定货币。另外,因应金门、马祖等战地的特殊需要,也曾经发行限定流通于这些地区的新台币金门、马祖流通券,目前则已经取消。

拓展阅读 8－1

在欧洲债务危机下,欧元还能存在多久

第二次世界大战以后,特别是 20 世纪 50 年代以来,世界经济全球化的趋势不断加强。随着经济全球化的发展,还出现了货币一体化,尤其是区域性的货币一体化,十分引人注目。区域性货币制度是指由某个区域内的有关国家(地区)通过协调形成一个货币区,由联合组建的一家中央银行来发行与管理区域内的统一货币的制度。利用区域性货币制度可以使成员国在货币区内通过协调的货币、财政和汇率政策来实现经济增长、充分就业、物价稳定和国际收支平衡。

区域性货币制度的理论依据是 20 世纪 60 年代西方经济学家蒙代尔率先提出的"最适度货币区"理论。他认为要使浮动汇率更好地发挥作用,必须放弃各国的国家货币制度而实行区域性货币制度。"区域"是指有特定内涵的最适度货币区,由一些彼此间商品、劳动力、资本等生产要素可以自由流动,经济发展水平和通货膨胀率比较接近,经济政策比较协调的国家(地区)组成的一个独立货币区,在货币区内通过协调的货币、财政和汇率政策,达到充分就业、物价稳定和国际收支平衡。

在现实中,区域性货币制度一般与区域内多国经济的相对一致性和货币联盟体制相对应。20 世纪 60 年代后,一些地域相邻的欠发达国家首先建立了货币联盟,并在联盟内成立了由参加国共同组建的中央银行。例如 1962 年建立的西非货币联盟制度,1973 年建立的中非货币联盟制度和 1965 年建立的东加勒比货币联盟制度等。

欧洲货币制度则是区域性货币制度的一个典范。欧洲货币制度从起源到完全实施经历了一个较长的阶段。1950 年欧洲经济合作组织建立了欧洲支付同盟,启动了欧洲货币制度联合的进程。1957 年欧共体建立之后,正式提出了建立欧洲经济和货币联盟。1991 年欧共体更名为欧盟,规定最迟在 1999 年 1 月 1 日之前建立经济货币联盟(Economic and Monetary Union,EMU),统一货币进程加快。1994 年成立了欧洲货币局,1995 年 12 月正式决定欧洲统一货币的名称为欧元(EURO)。1998 年 7 月 1 日欧洲中央银行成立,1999 年 1 月 1 日欧元正式启动,法国、德国、卢森堡、比利时、荷兰、意大利、西班牙、葡萄牙、芬兰、奥地利、爱尔兰共 11 个国家为首批欧元国,希腊于 2000 年加入欧元区。2002 年 1 月 1 日起,欧元的钞票和硬币开始流通。欧元的钞票由欧洲中央银行统一设计,由各国中央银行负责印刷发行;而欧元硬币的设计和发行由各国完成。2002 年 7 月 1 日,各国原有的货币停止流通,与此同时,欧元正式成为各成员国统一的法定货币。至 2009 年年底,欧元区已经有 16 个成员国。欧洲货币制度的建立和欧元的实施,标志着现代货币制度又有了新的内容并进入了一个新的发展阶段,也为世界其他地区货币制度的发展提供了一个示范。

资料来源:搜狐财经,国际金融报,2011 年 12 月 28 日。

思考与讨论:结合你所学过的知识对此案例进行分析,欧元启动的意义?

项目九　信用和利息

学习目标

能力目标

1. 能够利用信用的基本知识解释信用经济与相关经济问题的能力；
2. 具备分析和解决现实生活中信用问题的能力；
3. 具备单利和复利、名义利率和实际利率进行计算的能力；
4. 能够应用利息和利率本理论对现实金融问题进行分析。

知识目标

理解：信用的起源及发展、信用的内涵和特征。

熟知：信用的构成要素、信用形式和工具、利息及本质、利率的内涵及种类。

掌握：利率的计算、决定和影响利率的因素、利率的作用。

素质目标

1. 具备收集资料、分析资料的能力；
2. 具备独立思考、团结协作的能力，注重团队的成绩与荣誉；
3. 培养与人沟通、言行举止得体等综合素质能力。

项目引例

一个商业信用融资的启发性案例

这是一家位于广州市内商业闹区、开业近两年的某理发店，吸引了附近一大批稳定的客户，每天店内生意不断，理发师傅难得休息，加上店老板经营有方，每月收入颇丰，利润可观。但由于经营场所限制，始终无法扩大经营，该店老板很想增开一家分店，但由于本店开张不久，投入的资金较多，手头还不够另开一间分店的资金。

平时，有不少熟客都要求理发店能否打折、优惠，该店老板都很爽快地打了 9 折优惠。该店老板苦思开分店的启动资金时，灵机一动，不如推出 10 次卡和 20 次卡，一次性预收客户 10 次理发的钱，对购买 10 次卡的客户给予 8 折优惠；一次性预收客户 20 次理发的钱，给予 7 折优惠。对于客户来讲，如果不购理发卡，一次剪发要 40 元，如果购买 10 次卡(一次性支付 320 元，即 10 次×40 元/次×0.8=320 元)，平均每次只要 32 元，10 次剪发可以省下 80 元；如果购买 20 次卡(一次性支付 560 元，即 20 次×40 元/次×0.7=560 元)，平均每次理发只要 28 元，20 次剪发可以省下 240 元。

该店通过这种优惠让利活动，吸引了许多新、老客户购买理发卡，结果大获成功，两个月内该店共收到理发预付款达7万元，解决了开办分店的资金缺口，同时稳定了一批固定的客源。

这种应用广泛的筹资方式，其实质就是通过信用的方式来融资，是一种信用融资。

思考与讨论：什么是信用？信用具有什么样的功能？信用有哪些形式？

任务一 信用概述

一、信用的起源及发展

信用的历史悠久，它的发展同商品货币经济紧密相连，商品货币经济的发展是信用赖以生存和发展的经济基础。

(一)信用的起源

人类最早的信用活动，起始于原始社会末期。社会生产力的发展，使原始社会出现两次社会大分工：第一次是畜牧业与原始农业的分工；第二次是手工业与农业的分工。这两次社会大分工促进了商品的生产和交换，加速了原始社会公有制的瓦解和私有制的产生。私有制的出现，造成了财富占有的不均和分化，从而出现了贫富差别。这样，贫困家庭缺少生产资料和生活资料，为了维持生产和生活被迫向富裕家庭借债，通过借贷调剂余缺，这样就产生了信用。

(二)信用的发展

信用最早产生于人与人之间的借贷行为。从历史的角度考察，信用的产生是以剩余产品、贫富差别和私有制的出现作为基础和条件。从信用的发展看，信用的方式经历了从实物借贷向货币借贷的过程。

1. 实物借贷

在原始社会时期的信用是实物信用，也是原始形态信用。实物信用是以信用方式进行物物交换。这种交换不可避免地会遇到物物交换时所带来的重重困难，从而使信用关系难以获得广泛的发展。货币的产生克服了物物交换的困难，并逐渐在信用领域里成为主要的借贷工具。随着货币支付手段职能的发展，实物借贷已被局限在极其狭小的范围内。在现代社会经济中，几乎所有的信用关系都是以货币为对象来建立的。

2. 货币借贷

随着商品生产和商品交换的发展，出现了货币，借贷的形式由实物借贷转化为货币借贷。由于生产上的季节性、生产周期长短不同等原因，使商品买卖与货币支付在时间上有时不能一致，要求商品买卖采取延期支付的形式，卖者成为债权人、买者成为债务人，到了约定还款期限，再偿还所欠货款。货币借贷在奴隶社会和封建社会采取高利贷的形式。高利贷是以极高利率为特征的借贷活动，例如，旧中国盛行于华北地区的“驴打滚”，以日计息，利率为4～5分以及广州地区形成的有名的“九扣十三归”等。高利贷的作用对社会生产力来说，不起促进作用，而是起阻碍破坏作用。它使小生产者无力进行扩大再生产，简单再生产也难以维持。

在封建社会末期，高利贷放贷者手中积累了相当数量的货币资本，可以随时投入资本主义生产、创办资本主义企业，但他们留恋高利贷的剥削方式，而且利率过高，不适应资本主义发展对信贷的迫切需要。发展资本主义企业需要大量的货币资本，单靠资本家的个人财力不够，需要借助信用关系进行筹集，由此产生了新兴产业资本的发展与落后的高利贷信用关系之间的矛盾，直至资本主义信用的出现和资本主义银行的产生。借贷资本形成，新兴的资产阶级战胜顽固的高利贷者，生息资本才从属于产业资本。在产业资本的循环过程中，一方面必然形成一部分暂时闲置的货币资本，即形成了可以贷放出去的资本；另一方面也存在临时补充资本的需要，即需要贷款。因此，其必然使闲置资本寻找出路、贷出去牟利，为货币资本暂时不足的企业提供贷款的可能。可见，借贷资本的运动产生了资本主义信用。

信用产生于商品流通，又不局限于商品流通。随着商品货币经济的深入发展，货币的支付手段职能超过了商品流通的范围，而与货币支付手段相联系的信用关系，也就不仅仅表现为商品的赊购赊销，而是日益表现为货币的借贷。由于货币在人们之间分布不均匀，一些人手中积累了货币，或者一些生产流通企业在生产流通过程中出现了闲置的货币，需要寻找运用的场所；另一些人或企业则需要货币去从事生活和生产经营，从而要求通过信用形式进行货币的调剂。这就使信用渗透到再生产过程的各个环节，而不局限于商品流通的范围。

二、信用的内涵和特征

信用一词，源于拉丁文，意为信任、相信、声誉、恪守诺言等。作为经济学上的术语，是原词义的转化与延伸，在经济学意义上的信用从属于商品货币的经济范畴。

(一)信用的内涵

马克思曾指出："这个运动以偿还为条件的付出，一般地说就是贷和借的运动，即货币或商品的只是有条件的让渡的这种独特形式的运动。是以偿还利息为条件的特殊的价值运动形式。"简单地说，信用是指以偿还本金和支付利息为前提条件的借贷行为。其本质是一种借贷行为，是价值运动的特殊形式。

理解信用内涵要把握以下三点。

(1)信用是一种借贷行为，信用关系即债权债务关系。

(2)在信用活动中出让的是使用权，并不出让所有权，有借有还。

(3)信用是价值的单方转移，不是对等转移，所以它是价值运动的特殊形式。

(二)信用的特征

信用作为一种特定的经济行为，与其他经济行为相比，具备以下三个特征。

1. 偿还性，信用是借贷行为，信用过程中商品或货币的所有权与使用权发生了分离。商品货币的所有者把以一定数量的商品或货币贷放出去，借者在一定时期内使用这些商品或货币，并按约定的期限偿还本金。

2. 付息性，即信用是以取得利息为条件的贷出，借贷行为是以借者支付利息为条件的，偿还本金和支付利息是信用的最基本的特征。

3. 时间的间隔性，与其他交易行为最大的不同是，信用行为是在一定的时间间隔下进行的，价值运动在时间上存在间隔，也是信用关系存在的必要条件。借贷在前，偿还在后，只有经过一定的时间间隔，受信人归还本金并支付利息后，信用行为才完结。也正因为这种时间间隔，也使信用具有一定的风险性。

三、信用的构成要素

(一)信用主体

信用主体即信用行为的双方当事人，信用的本质是借贷，借贷关系要建立，就至少需要两个或两个以上的当事人，即至少需要一个债权人和一个债务人才能够建立起借贷关系。其中，转移资产的一方为债权人，接受资产的一方为债务人。债权人通过授信取得一定的权利，即在一定时间内向债务人收回一定量货币和其他资产与服务的权利，而受信人则有偿还的义务。

(二)信用客体

信用客体即信用行为的交易对象，它或以货币的形式存在，或以商品的形式出现，既可以是有形的，也可以是无形的。

(三)信用工具

从理论上看，信用关系建立可以通过君子协议来完成，不一定非要书面协议，但一旦出现纠纷，没有书面协议，债权债务就无法得到法律的有效保护。更为重要的是书面的债权债务凭证可以使债权债务具有可流动性。所以，载明债权债务关系内容的书面凭证即信用工具是现代信用不可或缺的要素。

任务二 信用形式

信用形式是表现信用关系的具体形式。随着商品经济的发展，为了满足各种融资的需要，出现了多种信用形式。

信用的种类很多，根据发出信用的主体和表现形式不同可分为：商业信用、银行信用、国家信用、消费信用、国际信用、民间信用等。

一、商业信用

商业信用(commercial credit)是指企业之间以赊销商品和预付货款等形式提供的信用。商业信用产生的时间最早，它是当代信用的基础。这种信用的具体表现形式很多，如赊销商品、预付货款、预付定金、延期付款等。

赊销和预付货款是商业信用的两种基本形式。赊销和预付货款把商品购买与支付货款分离为两个环节。这两种形式对于买卖双方都有利。赊销是指在交易中，由于买方缺乏现实货币不能立即支付，而卖方在资金比较充裕，对买方信誉比较了解和信任的情况下，允许买方在约定期限内支付，即延期支付。这样，一方面可以使商品生产者(卖方)将货物销售出去，不至于积压；另一方面，也可以让缺乏购买资金而又需要某种商品者(买方)提前得到所需的商品，经过一定时期，再归还商品的货款，进而可以缓解资金的不足。

对于预付货款而言，一方面可以使商品生产者(卖方)提前筹集到资金，进而可以扩大生产规模，扩大生产实力；另一方面，可以使买方能够保证获得所需的畅销的商品。

(一)商业信用的特点

(1)商业信用的规模和数量有一定限制，是经营者之间对现有的商品和资本进行再分配不是获得新的补充资本。商业信用的最高界限不超过全社会经营者现有的资本总额。

(2)商业信用有方向性。往往是生产生产资料的部门向需要这种生产资料的部门提供，绝不能相反。例如，面粉商→面包商→批发商→零售商。严格遵循社会生产销售程序，遵循社会总生产的循环。因此，商业信用能力有局限性，一般只在贸易伙伴之间建立。

(3)商业信用容易形成社会债务链。在经营者有方向地互相提供信用的过程中，形成了连环套的债务关系，其中一环出现问题，很容易影响整个链条，出现类似三角债的问题，严重者可引起社会经济危机。

(4)商业信用的动态与产业资本的动态是一致的。在经济繁荣阶段,商业信用随着生产和流通的发展及产业资本的扩大而扩张,在产业繁荣时,生产规模扩大,生产商品增多,以信用出售的商品也相应增加,对商业信用的需要也增加;在经济衰退阶段,商业信用又会随着生产和流通的消减及产业资本的收缩而萎缩。

(二)商业信用的局限性

1. 信用数量的局限性

由于商业信用是厂商之间相互提供的信用,因而它的规模只能局限在提供这种商业信用的厂商所拥有的资本额范围内。同时,由于厂商不是按照其全部资本额,而仅是按照其后备资本额来决定其所能提供的商业信用量,所以,商业信用在量上是有限的。

2. 授信方向的局限性

由于商业信用的客体是商品资本,因此它的提供是受商品流转方向的限制,它只能向需要该种商品的厂商提供,而不能向生产该种商品的厂商提供。例如,造纸厂商在购买造纸机械时,可以从机械制造商那里获得商业信用,但是,机械制造商反过来却无法从造纸厂商那里获得商业信用,因为造纸厂商生产的商品——纸不能成为机械制造商所需的生产资料。

3. 信用对象的局限性

只有信用双方比较了解,特别是授信一方相信受信一方能如期清偿债务,信用活动才能成立。

4. 信用期限的局限性

企业在由对方提供商业信用时,期限一般受企业生产周转时间的限制,期限较短,所以商业信用只能解决短期资金融资的需要。

(三)我国的商业信用

我国在新中国成立初期曾广泛存在商业信用。当时,商业信用解决了国民经济恢复时期资金不足的困难,有助于国有经济利用多种商业信用形式,实现对其他经济成分的引导和调控。商业信用在当时不仅被广泛运用,而且取得了较好的成效。1956 年后,随着生产资料社会主义改造的基本完成和计划经济管理体制的建立,商业信用逐渐被取缔,只允许保留少数几种情况。禁止商业信用虽然消除了计划管理失控的隐患,但也扼杀了其繁荣市场、搞活流通的作用,束缚了商品生产和流通的发展。1979 年改革开放后,商业信用又重新恢复,但并未得到迅猛发展。这是由于大量变相、强制的商业信用的产生极大冲击了企业和个人的信用道德观念,滋生了企业采用强制商业信用的习惯,企业间相互拖欠货款的现象屡见不鲜,在一定程度上阻碍了商业信用的健康发展。1995 年 5 月,我国颁布了《中华人民共和国票据法》明确了票据当事人的权利和义务,对票据的要求进行了规定。因此,今后要发展商业信用,应该努力健全法律法规,督促企业规范商业信用行为,扶持建立企业资信数据库,不断完善企业资信信息,强化企业资信分析,积极实施商业信用事前调查、审查,事后检查制度,增强银行对贴现、承兑的风险控制。

二、银行信用

银行信用(bank credit)是银行及其他金融机构以货币形式,通过存款、贷款等业务活动所提供的信用。银行信用是在商业信用发展到一定程度以后产生的,它的产生对商品经济的发展起着巨大的推动作用，标志着信用制度更加完善，它是当代信用的主导。

(一)银行信用的特点

(1)银行信用是以货币形态提供的间接信用，银行信用是一种中介信用，银行是货币资本所有者和使用者之间的中介。不受方向制约，不受数量限制，范围广，规模大，期限长。

(2)银行信用的信用性强，具有广泛的接受性。一般说来银行是信誉最好的信用机构，它的很多债务凭证具有最广泛的接受性，被视为货币充当流通手段和支付手段。

(3)银行信用的发生集中统一，可控性强。社会资金以银行为中心集散，易于统计、控制和管理；以银行为中介，中断债务链，在促进经济活动的同时，稳定经济发展。因此，银行信用受到世界各国的重视及商业活动的推崇，成为当今世界最主要的信用形式之一。

(二)商业信用和银行信用的关系

现代信用形式中，商业信用和银行信用是两种最基本的信用形式。商业信用是指企业之间在买卖商品时，以商品形式提供的信用。其典型形式是由商品销售企业对商品购买企业以赊销方式提供的信用。银行信用是银行或其他金融机构以货币形态提供的信用。银行信用是伴随着现代资本主义银行的产生，在商业信用的基础上发展起来的一种间接信用。银行信用在规模上、范围上、期限上都大大超过了商业信用，成为现代经济中最基本的占主导地位的信用形式。两者的关系如下：

1. 商业信用始终是信用制度的基础

历史上商业信用产生在先，它直接与商品的生产和流通相关联，直接为生产和交换服务。企业在购销过程中，彼此之间如果能够通过商业信用直接融通所需资金，就不一定依赖于银行。

2. 只有商业信用发展到一定程度后才出现银行信用

资本主义的银行信用体系，正是在商业信用广泛发展的基础上产生与发展的。

3. 银行信用的出现又使商业信用进一步完善

因为商业信用工具、商业票据都有一定期限，当商业票据未到期而持票人又急需现金时，持票人可到银行办理票据贴现，及时取得急需的现金，商业信用就转化为银行信用。由于银行办理的以商业票据为对象的贷款业务，如商业票据贴现、票据抵押贷款等，使商业票据及时兑现，商业信用得到进一步发展。

可见，二者之间是互相促进的关系，而不存在互相取代的问题。我们应该充分利用这两种信用形式促进经济发展。

三、国家信用

国家信用(national credit)是指以国家为一方的借贷活动，即国家作为债权人或债务人的信用。国家信用的主要表现形式是发行国债，又称公债，是政府举借的债务。国债是整个社会债务的重要组成部分，是指政府在国内外发行债券或向外国政府和银行借款所形成的国家债务。

(一)国家信用的特点

(1)国债发行主体是国家，可见，国家信用无疑是信用等级最高的一种。

(2)国债是特殊的财政范畴，是一种财政收入。

(3)用途具有专一性。利用国家信用筹集资金，都是为了特定的财政支出需要，或为国家和地方的重点建设项目举债，或为了社会公益事业建设借款，是取之于民，用之于民，因此必须专款专用，不能随意用于其他开支。目前，世界各国国家信用有增无减，日益庞大。

(二)国家信用的基本形式

国家信用的基本形式包括国家公债、国家重点建设债券和国库券。

1. 国家公债

这是一种长期负债。发行这种公债筹来的资金一般用来进行国家大型建设项目的建设。

2. 国家重点建设债券

这是一种在发行时指明用途并将筹集来的资金专项使用的债券。

3. 国库券

国际上的国库券一般是短期负债，多在1年期以下，以1个月、3个月、6个月的居多，也有超过1年的。

目前，我国主要发行有普通国债和特种国债。

(1)普通国债包括凭证式国债、记账式国债和无记名国债。

凭证式国债：是一种国家储蓄债，可记名、挂失，以“凭证式国债收款凭证”记录债权，可提前兑付，不能上市流通，从购买之日起计息。

记账式国债：以电脑记账形式记录债权，通过无纸化方式发行和交易，可以记名、挂失。

无记名国债：是一种实物债券，以实物券的形式记录债权，不记名、不挂失，可上市流通。

(2)特种国债包括定向国债、特别国债和专项国债。

定向债券：为筹集国家建设资金，加强社会保险基金的投资管理，经国务院批准由财政部向养老保险基金、待业保险基金(简称两金)及其他社会保险基金定向募集的债券，称为特种定向债券，简称定向债券。

特别国债：经第八届全国人大常委会第30次会议审议批准，财政部于1998年8月向四大国有独资商业银行发行了2 700亿元长期特别国债，所筹集的资金全部用于补充国有独资商业银行资本金。

专项国债：经九届全国人大常委会第四次会议审议通过，财政部于1998年9月面向中国工商银行、中国农业银行、中国银行和中国建设银行等4家国有商业银行发行了1 000亿元、年利率5.5%的10年期附息国债，专项用于国民经济和社会发展急需的基础设施投入。

(三)我国的国家信用

我国自改革开放以来，国家信用经历了从无到有、不断发展扩大的过程，人们对国家信用的认识也在不断地深化，国家信用的发展历程如下。

1. 改革开放前的我国国债

新中国成立时，国民经济处于极端困难的境地。1950年财政收支预算中出现了赤字。为了弥补赤字，减少现钞发行，有计划地回笼货币，稳定物价，保证各阶层人民的安定生活和工商业的正常发展，1949年12月30日，中央人民政府委员会决定发行人民胜利折实公债。该公债于1950年1～3月发行，发行数额为3.02亿元。中央人民政府第29次会议于1953年12月9日通过了《1954年国家建设公债条例》，决定通过发行公债来解决一部分建设资金。1954年共发行国内公债8.36亿元。

为了加速国家经济建设，逐步提高人民物质和文化生活水平，国务院决定发行1955年国家建设公债。国务院《关于发行1955年国家建设公债的指示》指出：“1954年国家经济建设公债的推销数额，大大超过了计划。国家通过公债推销工作，不但集中了社会上一部分多余的和可能节约的资金，供应了国家建设的需要，而且还对全国人民广泛地进行了一次爱国主义和过渡时期总任务的教育，进一步提高了他们对社会主义建设的关心和责任感。"由于 1954 年的公债发行工作是成功的，因而为 1955 年发行公债创造了有利的政治和社会条件。1955 年实际发行数为 6.19 亿元，超过计划 3.17%。

1955 年 11 月 14 日第一届全国人大常委会第 26 次会议通过了《1956 年国家建设公债条例》，决定 1956 年发行国内公债 6 亿元。1956 年实际发行国内公债 6.07 亿元。1957 年实际发行数为 6.84 亿元，超过计划 14%，1958 年因为还本付息增加，适当增加了发行额，1958 年实际发行数为 7.98 亿元，超过计划 26.67%。

从 1955 年我国开始大量的出口矿产品和农产品来偿还外债，1958 年国家预算中已经没有国外公债。1958 年 4 月 2 日，中共中央做出了《关于发行地方公债的决定》，决定从 1959 年停止发行全国性公债，到 1968 年，国家内外债全部还清。1969 年 5 月 11 日，《人民日报》宣布我国成为世界上第一个"既无内债，又无外债"的国家，出现这种情况主要是由当时的客观条件所决定的。当时，帝国主义对我国进行军事干预和经济封锁。我国没有别的出路，只有还清全部。同时随着生产的发展和税收的增加，我国已经没有必要继续发行国内公债。因此，既无内债又无外债是外部环境造成的。以后，虽然财政收支中没有债务收支，但是国民经济是在限制财政支出增长的情况下运行的。这 20 年我国国民经济之所以没有获得快速发展，没有大规模的筹资来源也是一个影响因素。

2. 改革开放后的我国国债发行状况

发行规模逐年增长，且速度较快。1979 年 4 月，中央提出了"调整、改革、整顿、提高"的方针，为了解决历史上遗留的问题，加快国民经济发展的步伐，扩大了企业自主权，增加了对农民的补贴，逐步改善了人民生活，但 1979～1981 年国家财政收入却连续三年下降，尽管在财政收入中列入了国外借款，但仍然出现了很大的财政赤字。1979 年和 1980 年的国家财政分别出现了 170.67 亿元和 127.50 亿元的财政赤字，向银行透支 170.23 亿元，引起了物价上涨。为了改变这种情况，争取在短期内实现财政收支平衡和物价稳定，1981 年 1 月 16 日国务院通过了《中华人民共和国国库券条例》，决定从 1981 年开始发行国库券。1981 年，我国国债发行仅为 49 亿元。随着国债在我国经济生活中的作用越来越大，2000 年我国国债发行已达4 657亿元，发行量平均每年递增 27%。

我国国债发行规模的扩大，与整个宏观经济状况密切相关。从 1998 年开始，我国经济出现了明显的通货紧缩的现象，有效需求不足，物价指数持续 20 多个月下降，生产资料价格更是持续 40 多个月下降。尽管 2001 年上半年物价有所回升，但是投资与消费需求还是比较低速的。1998～2000 年，我国累计发行长期建设国债3 600亿元，带动地方、部门、企业、银行投入的资金 2.4 万亿元，牵涉到6 000多个项目，1998 年拉动经济增长 1.5 个百分点，1999 年和 2000 年拉动约 2 个百分点。

四、消费信用

消费信用(consumer credit)是企业、银行和其他金融机构向消费者个人提供的，用于生活消费目的的信用。目的是解决消费者支付能力不足的困难，主要用于耐用消费品、支付劳务费用和购买住宅等方面的需要。

(一)消费信用的特点

(1)扩大需求,提高消费,刺激经济发展,缓解消费者有限的购买力与不断提高的生活需求的矛盾。有利的促销手段,可开拓销售市场,促进商品生产和流通。

(2)给经济增加了不稳定的因素,容易造成需求膨胀。经济繁荣时,消费信用扩大,商品销量增加;经济萧条时,消费信用萎缩,商品销售更加困难,经济更加恶化。

(二)消费信用的方式

随着社会经济的不断发展,消费信用表现为赊销、分期付款和消费信贷三种方式。

(1)赊销,是卖方提供给买方先提货后付款的完全信用形式,主要存在于有长期固定经济往来的买卖方之间。

(2)分期付款,是消费者购买商品后,先支付部分现款,然后根据签订的合同,分期加息支付余下的贷款。在贷款未付清前,商品所有权属于卖者。

(3)消费信贷,是银行或其他金融机构直接给个人用以购买住房和耐用消费品贷款。

新中国成立以来,我国的银行基本上是以企事业单位为服务对象,几乎没有开展服务个人的消费信用业务。建设银行于 1997 年首次承办居民住房抵押贷款,北京市商业银行 1999 年首次推出个人耐用消费品贷款。继住房信贷、耐用消费品信贷之后,汽车贷款、助学信贷、家具信贷、装修信贷、旅游信贷、银行开始给予信用卡户一定额度的透支,使信用卡真正成为一种贷款品种。

(三)消费信用的作用

1. 积极作用

在现代经济生活中,消费信用在一定条件下可以促进消费商品的生产和销售,并从而促进经济的增长。此外,企业通过以赊销方式对顾客提供信用等方式,这一信用形式对于促进新技术的应用、新产品的推销以及产品的更新换代,也有不可低估的作用。

2. 消极作用

若消费需求过高,生产扩张能力有限,消费信用则会加剧市场供求紧张状态,促使物价上涨,引起虚假繁荣等消极影响。因此,消费信贷应控制在适度范围内。

五、国际信用

国际信用(international credit)是指一切跨国的借贷关系和借贷活动,本质上体现着国际之间的资金流动。

国际信用关系的主体有政府、金融机构、企业和个人。载体可以是商品、货币和有价证券。任何国家要加快本国经济的发展,都需要借助国际信用。一方面,利用商品资本和货币资本向其他国家提供信用,可推动本国商品的出口,为过剩资本寻找出路。另一方面,通过接受外国信用,利用外来资金,以促进本国经济的发展。国际信用具体形式可以分为两种:国外商业性借贷和国外直接投资。

(一)国外商业性借贷

国外商业性借贷是指跨国资金输出者和使用者构成借贷双方,主要包括出口信贷、国际商业银行贷款、政府贷款、国际金融机构贷款、补偿贸易、国际租赁和国与国间债券发行。

出口信贷:是指出口国政府为支持和扩大本国产品的出口,提高产品的国际竞争能力,通过提供利息补贴和信贷担保的方式,鼓励本国银行向本国出口商或外国进口商提供的中长期信贷。

国际商业银行贷款：是指一些大商业银行向外国政府及其所属部门、私营工商企业或银行提供的中长期贷款。

政府贷款：是指一国政府利用国库资金向另一国政府提供的贷款，这种贷款一般带有援助性质。

国际金融机构贷款：国际金融机构对会员国的贷款，主要包括国际货币基金组织、世界银行及其附属机构——国际金融公司和国际开发协会，以及一些区域性国际金融机构提供的贷款。这些机构的贷款大多条件优惠，主要目的是促进成员国长期经济发展和国际收支状况的改善。

国与国间债券发行：是指一国工商企业、政府机构、银行及其他金融机构等，在国际资本市场上以外国货币为面额发行有价证券筹集资金。它的投资者既可以是外国居民也可以是外国的非居民，因此可以看作一种混合的信用形式。

(二)国外直接投资

国外直接投资是指一国居民或企业直接对另一个国家的企业进行生产性投资，并由此获得对投资企业的管理控制权。

国际直接投资不是简单的借贷关系。但它们作为国家之间债权债务总量的一部分，所以一般都将直接投资的国际资本流动概括在国际信用的范畴之内。

六、民间信用

民间信用(private credit)又称民间借贷。西方国家指国家信用之外的一切信用形式，包括商业信用和银行信用。中华人民共和国《银行管理暂行条例》规定个人不得经营金融业务，因此，在中国，民间信用指个人之间以货币或实物形式所提供的直接信贷，故又称个人信用。民间信用的发展在我国由来已久，在广大农村中普遍存在。过去民间信用主要用于解决生活费用的短缺，近年来，随着城乡个体经济的发展，民间信用日益活跃，个人之间、家庭之间也通过民间信用来解决生产经营资金不足的问题。它的主要存在形式有：直接货币借贷；通过中介人进行的货币借贷；以实物作抵押取得借款的“典当”等。民间信用的主要特点：信用的目的既为生产，又为生活；期限较短，规模有限；自发性和分散性较强；风险性较大；利率较高。民间信用是商业信用与银行信用的补充。

(一)民间信用的特点

1. 利率高

决定民间信用的因素主要是资金供求关系，银行利率只能起指导作用。从实际情况看，民间信用利率普遍高于银行利率。

2. 风险大

手续不全容易发生违约现象。民间信用是私人间的借贷，具有一定程度的隐蔽性、随意性和自发性，国家法规难以规范其行为，加上当事人多采取口头信用，因而违约现象盛行，风险较大。

3. 民间信用期限短

民间信用的需求者由于生产和生活的急需，在民间求借，以解燃眉之急，所以期限短。

(二)民间信用的作用

民间商业信用是在经济生活中不可或缺的因素,广泛存在于生产、流通、消费等各环节。它对经济的发展既有积极作用又有消极作用。

1. 积极作用

(1)通过民间资金的调剂,进一步发挥分散在个人手中资金的作用,加速资金运转,促进国民经济进一步繁荣。

(2)民间信用一般是在国家银行信用和信用社信用涉足不到和力不能及的领域发展起来的,特别是在个体商业、手工业、旅游和运输等行业,可起到拾遗补阙的作用。

2. 消极作用

民间信用毕竟是一种自发的、盲目的、分散的信用活动,是一种较为落后的信用形式,因此,在充分发挥民间信用积极作用的同时,也应防止其消极的一面,主要是风险大,具有为追求高盈利而冒险、投机的盲目性。利率高,有干扰银行和信用社正常信用活动、扰乱资金市场的可能性。借贷手续不严,容易发生违约,造成经济纠纷,影响社会安定。由于民间信用具有上述消极作用,这就要求在承认并利用其积极作用的同时,对这种信用活动适当地加以管理,采取积极措施,对其加以引导,使其逐步合法化、规范化。

任务三　信用工具

信用衍生品有广义和狭义两个层面的含义。广义上,国际互换和衍生产品协会(ISDA 2003)将信用衍生品(Credit Derivatives)定义为用来分离和转移信用风险的各种工具和技术的总和。狭义上,信用衍生品是指为用来进行信用风险交易的金融合约,在信用事件(Credit Events)发生时,根据规定条款提供与信用有关的损失保险。信用事件既包括拒付和破产等违约事件,也包括借款者信用品质的变化,比如信用降级、债务重组等事件。中国银行间市场交易商协会发布的《中国银行间市场金融衍生品交易主协议(2007 年版)》用列举的方式给出了信用衍生品的内涵:“包括但不限于信用联结票据(CLN)、信用违约互换(CD_S)、总收益互换(TR_S)。”

信用衍生品最早出现在 20 世纪 90 年代,2001 年起逐渐步入高速发展阶段。2004 年下半年起,国际清算银行将 CDS 纳入其半年度官方统计报告,信用衍生品是次贷危机的导火索。目前,全世界信用衍生品的规模排在利率和外汇衍生产品后,是场外交易市场(OTC)的第三大衍生产品交易品种。在信用衍生品中,信用违约交换(CDS)在市场中最流行,其市值占全部信用衍生品市值的 97%左右。其他两种市场份额较高的信用衍生品为指数类 CD_S 及合成 CDO_S。

CD_S 是一种双边金融契约,对某种特定的标的物(Reference Asset)的面值或本金(Par Value)提供保险。信用风险保护买方(Protection Buyer)向卖方(Protection Seller)定期支付固定的费用或一次性支付一定金额,当合约中规定的信用事件发生时,卖方向买方赔偿参考价值面值的损失部分。信用事件包括参考资产发生主体倒闭、拒付或延迟支付本金或利息,以及参考资产的重构等。信用违约互换的参考资产可以是单一资产,也可以是一揽子资产组合。CD_S 交易主要在场外市场进行,合约制定以交易双方约定为主,参考资产为2 500 万～5 000万美元,也可以从数百万美元到数亿美元不等,期限从几个月到十年,其中以五年期最为常见。

根据国际清算银行的统计，目前全球60%的CD_S参考资产为AAA级至BBB级的信用债券。

一、信用工具的内涵及特征

在早期的信用活动中，借贷双方仅凭口头协议或记账而发生信用关系，因无法律上的保障，极易引起纠纷，并且不易将债权和债务转让。信用工具的产生和发展克服了口头信用和记账的缺点，使信用活动更加顺畅，更加规范化，而且通过信用工具的流通转让形成了金融市场。

（一）信用工具的内涵

信用工具（credit instrument）是载明债权、债务关系的合法书面凭证。在现代经济中，人们融通资金往往要借助于信用工具，因此信用工具又被称为金融工具。狭义的信用工具就指金融工具类的信用工具。它是指在金融市场的融资活动中，证明资金的需求者与供给者之间的债务、债权关系或所有权关系的凭证。它是代替货币流通的信用支付工具，具备一定的货币性质，是重要的金融资产，是金融市场上重要的交易对象。所以，信用工具也称为金融工具。金融工具对其买进或持有者来说就是金融资产。在多种信用形式下，资金的融通是通过金融工具来实现的。

（二）信用工具的特征

信用工具种类繁多，但各种信用工具一般都具有以下四个特点。

1. 偿还性

偿还性是指信用工具的债务人按期还本付息的特征。信用工具一般都载明期限，债务人到期必须偿还信用凭证上记载的债务，但也存在着例外。如股票的偿还期是无限的。

2. 流动性

流动性是指信用工具在短时间内转变为现金而在价值上又不受损失的能力，又称变现能力。现金和活期存款是最具有流动性的，政府发行的国库券也具有较强的流动性，而其他信用工具或者不能随时变现，或者在变现时要蒙受损失。

3. 收益性

收益性是指信用工具（特别是有价证券）定期或不定期给持有者带来收益。如股票可获得股息收益，债券能获得债券利息，这是固定收入。另外还可利用金融市场的行情变化，买卖信用工具，带来差价收入。信用工具的收益有三种：一种为固定收益，是投资者按事先规定好的利息率获得的收益，如债券和存单在到期时，投资者即可领取约定利息。固定收益在一定程度上就是名义收益，是信用工具票面收益与本金的比例。另一种是即期收益，又叫当期收益，就是按市场价格出卖时所获得的收益，如股票买卖价格之差即为一种即期收益。还有一种是实际收益，指名义收益或当期收益扣除因物价变动而引起的货币购买力下降后的真实收益。在现实生活中，实际收益并不真实存在，而必须通过再计算。投资者所能接触到的是名义收益和当期收益。

4. 风险性

风险性是指投入的本金和预期收益遭受损失的可能性。风险主要来自两个方面：一是违约风险，指债务人不能按时履行契约，支付利息和偿还本金的风险。二是市场风险，是指市场上信用工具价格下降可能带来的风险。

二、信用工具的类型

随着信用在现代经济生活中的不断深化和扩展，信用工具种类越来越多。

(1)按着融资方式可分为直接融资工具和间接融资工具。直接信用工具是工商企业、国家和个人发行或签署的商业票据(包括汇票、本票、支票等)、债券、股票和抵押契约。间接信用工具是银行和金融机构发行的银行券(或纸币)、存款单、人寿保险单和各种银行票据。

(2)按信用形式划分,可分为商业信用工具,如各种商业票据等;银行信用工具,如银行券和银行票据等;国家信用工具,如国库券等各种政府债券;证券投资信用工具,如债券、股票等。

(3)按着融资期限划分,可分为长期、短期信用工具。一般以一年为界,融资期限在一年以上的为长期信用工具,长期信用工具通常是指有价证券,主要有债券和股票。融资期限在一年以下的为短期信用工具,短期信用工具主要是指国库券、各种商业票据,包括汇票、本票、支票等。西方国家一般把短期信用工具称为"准货币",这是由于其偿还期短,流动性强,随时可以变现,近似于货币。

三、短期信用工具

短期信用工具是指融通资金期限在1年以内(含1年)的信用工具,包括票据、国库券、大额可转让存单、回购协议、同业拆借、银行短期信贷等。

(一)票据

票据包括商业票据、银行票据和支票。

1. 商业票据

商业票据是商业信用工具,是证明债权债务关系的书面凭证。可分为商业期票和商业汇票两种。

(1)商业期票又称为商业本票,是债务人(购货人)向债权人(出货人)开出的承诺在一定日期支付一定金额的书面凭证。它是由债务人向债权人发出的支付承诺书,承诺在约定期限内支付一定款项给债权人。它有两个当事人:一是出票人;二是受票人。本票必须记载以下事项表明本票的字样;无条件支付承诺;确定的金额;收款人名称;出票日期;出票人签章。

(2)商业汇票简称汇票,是商品交易债权人通知债务人在一定日期支付一定金额给持票人的书面凭证。它是由债权人向债务人发出的支付命令书,命令他在一定的期限内支付一定款项给第三人或持票人。

商业汇票有三个当事人:一是出票人;二是付款人;三是受款人,即持票人。由于商业汇票是有债权人签发给债务人,所以商业汇票必须经过债务人承认后才能生效,这种票据行为叫承兑,即付款人在在票据上签名盖章,承诺票据到期付款的行为。由债务人自己承诺到期付款的汇票,称为商业承兑汇票;由债务人委托银行承兑的汇票,称为银行承兑汇票。

汇票必须记载以下事项:表明汇票字样;无条件支付的委托;确定的金额;付款人名称;收款人名称;出票日期;出票人签章。

商业票据具有三个特征。第一,抽象性。票据只载明票据当事人对票据本身的权利和责任,如收付款项的金额、期限等,不说明票据产生和转让的原因。第二,无条件支付性。付款人对自己签发或承兑的到期票据,必须无条件支付,不得以任何借口拒付。第三,流通性。票据可以转让和流通。商业票据转让时,转让者必须在票据的背面签字,称为"背书"。经过"背书"的票据,可以充当流通手段和支付手段,用来购买商品或偿还债务。

以上是商业票据的介绍,对于本票和汇票的区别,概括如表9-1所示。

表 9—1　　本票与汇票的区别

	本　票	汇　票
当事人不同	只有出票人和收款人,付款人即出票人	有出票人、付款人和收款人三个当事人
责任范围不同	由出票人即付款人本人签发,因此则由出票人负责,也无须承兑	在承兑前由出票人负责付款,承兑后则由承兑人负主要付款责任,出票人负次要责任
债权债务关系不同	债务人对债权人的一种支付承诺	债权人对债务人的一种支付命令

2. 银行票据

银行票据可分为银行本票、银行汇票。

(1)银行本票。银行本票是申请人将款项交存银行,由银行签发给申请人凭以在同城范围内办理转账结算或支取现金的票据。它有两个当事人:一是出票人,即银行;二是受款人,即持票人。银行本票见票即付,信用很高,所以客户愿意接受,票据持有者可以按票据的票面价值去流通、购买和支付。按票面是否记名及提取日期的规定,分为记名本票和不记名本票,即期本票和远期本票。

(2)银行汇票。银行汇票是银行开出的汇款凭证。它由银行签发,交由汇款人自带或寄给外地收款人,凭此向异地银行兑取现款。银行汇票有三至四个关系人:一是汇款人(如系自带,同时也是受款人);二是出票人,即汇出银行;三是受款人,即出票人;四是付款人,即汇入银行。银行汇票的使用流程如图 9—1 所示。

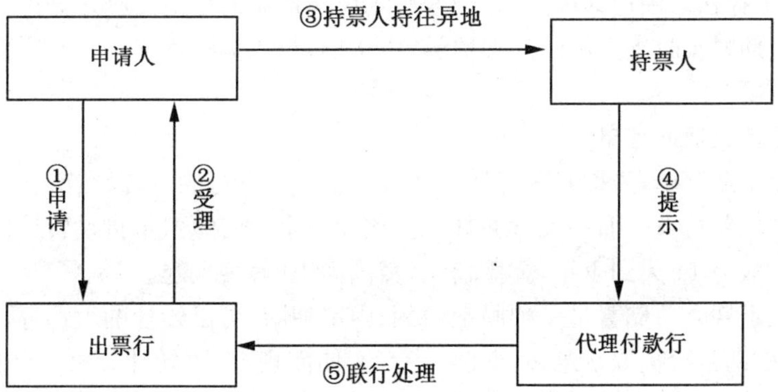

图 9—1　银行汇票的使用流程

3. 支票

支票是存款户签发,要求银行从其活期存款账户上支付一定金额给指定人或持票人的凭证。凡在银行开立活期往来账户的,银行均给其空白支票簿,存户凭此在存款金额内签发支票。支票一般有当事人:一是出票人,即存款人;二是付款人,即银行;三是受款人,即持款人。支票的必要项目:写明其为“支票”字样;无条件支付命令;付款银行名称;出票人签字;出票日期和地点(未载明出票地点者,出票人名字旁的地点视为出票地);付款地点(未载明付款地点者,付款银行所在地视为付款地点);写明“即期”字样,如未写明即期者,仍视为见票即付;一定金额;收款人或其指定人。

支票按是否记载收款人姓名支票可分为记名支票和不记名支票；按支付方式可分为现金支票和转账支票。现金支票可以由存款人签发用于到银行为本单位提取现金，也可以签发给其他单位和个人用来办理结算或者委托银行代为支付现金给收款人；转账支票只能用于转账，不能提取现金。它适用于存款人给同一城市范围内的收款单位划转款项，以办理商品交易、劳务供应、清偿债务和其他往来款项结算；常常在票面上用两条平行线来表示，又称之为划线支票。

支票在使用过程中遵循以下事项：第一，支票一律记名，转账支票可以背书转让；第二，支票提示付款期为十天（从签发支票的当日起，到期日遇例假顺延）；第三，支票签发的日期、大小写金额和收款人名称不得更改，其他内容有误，可以划线更正，并加盖预留银行印鉴之一证明；第四，支票发生遗失，可以向付款银行申请挂失，挂失前已经支付，银行不予受理；第五，出票人签发空头支票、印章与银行预留印鉴不符的支票、使用支付密码但支付密码错误的支票，银行除将支票做退票处理外，还要按票面金额处以5%但不低于1 000元的罚款。当存款人所签发的支票的票面金额超过其银行存款账户余额的时候，这种支票称为“空头支票”。空头支票是不能兑付的。在我国，如签发空头支票，要给予结算制裁。通常是按支票面额的一定比例处以罚款。

（二）国库券

国库券是国家财政当局为弥补国库收支不平衡而发行的一种政府债券。国家为了弥补年度内先支后收或短期收支不平衡，由财政部发行的以国家为债务人的信用凭证。国库券由中央银行具体办理发行和还本付息事宜。因国库券的债务人是国家，其还款保证是国家财政收入，所以它几乎不存在信用违约风险，是金融市场风险最小的信用工具。国库券是国库直接发行的用以解决短期财政收支失衡的一种债券，由于期限短、流动性强、安全性高，被视为零风险债券或“金边债券”。

（三）大额可转让定期存单

大额可转让定期存单，简称CDS存单，是由商业银行发行的、可以在市场上转让的存款凭证。这种存单的主要特点是面额大、期限固定、比较安全、不记名、可自动转让。大额可转让定期存单的期限一般为14天到1年，金额较大，美国为10万美元起。

大额可转让定期存单储蓄是一种固定面额、固定期限、可以转让的大额存款定期储蓄。到期时，持有人可以向银行提取本息；到期前，持有人如需现金，可转让。可转让的意思是，存单的购买者可于存单到期日之前在货币市场上把它们售出以回收资金，或者可以用来作为债务抵销工具，或者进行质押来获得流动资金，在到期日银行将对任何一个持有该存单的人付款。其发行对象既可以是个人，也可以是企事业单位。大额可转让定期存单无论单位或个人购买均使用相同式样的存单，分为记名和不记名两种。

大额可转让定期存单最早产生于美国。美国的Q条例规定商业银行对活期存款不能支付利息，定期存款不能突破一定限额。20世纪60年代，美国市场利率上涨，高于Q条例规定的上限，资金从商业银行流入金融市场。为了吸引客户，美国花旗银行于1961年推出可转让大额定期存单，购买存单的客户随时可以将存单在市场上变现出售。这样，客户实际上以短期存款取得了按长期存款利率计算的利息收入。可转让大额存单提高了商业银行的竞争力，而且也提高了存款的稳定程序，对于发行存单的银行来说，存单到期之前，不会发生提前提取存款的问题。

(四)回购协议

回购协议是指在金融市场出售某种债券时,出售者与购买者之间达成的一项协议,由出售者在一定时间内重新买回债券。出售者在出售债券时借入资金,并在一定时间内偿还,实际上是以证券为担保的借款。回购协议通常为隔夜的短期交易,追偿不超过1年。回购协议实质上是一种短期抵押融资方式,那笔被借款方先售出后又购回的金融资产即是融资抵押品或担保品。回购协议有两种:一种是正回购协议,是指在出售证券的同时,和证券的购买商签订协议,协议在一定期限后按照约定价格回购所出售的证券,从而及时获取资金的行为;另一种是逆回购协议,是指买入证券一方同意按照约定期限和价格再卖出证券的协议。

四、长期信用工具

长期信用工具又称有价证券,是具有一定面额,代表财产所有权或债权,并能定期取得一定收入的凭证。长期信用工具包括股票和各种债券,它们一般被称为有价证券。

(一)股票

股票是有价证券的一种主要形式,它是股份公司发行的、用以证明投资者的股东身份和权益,并据以获取股息和红利的凭证。股东是股份公司的所有者,他们在法律上有参加企业管理的权利,股票的持有人无权向企业要求撤回股金,但可以把股票转让给他人。

股票的分类如下所示。

1. 按股东的权利可以分为普通股和优先股

普通股是股份有限公司的最重要最基本的一种股份,它是构成股份公司股东的基础。普通股有以下几个特征:经营参与权,普通股股东可以参与公司经营管理,拥有选举表决的权利;收益分配权,普通股股东有权凭其所持有的股份参加公司盈利分配,其收益与公司经营状况直接相关,具有不确定性,且普通股的盈利分配顺序后于优先股;认股优先权,如果股份公司增发普通股票,原有普通股股东有权优先认购新发行的股票,以保证其对股份公司的持股比例保持不变;剩余资产分配权,股份公司破产清盘时,在其清偿债务和分配给优先股股东之后,剩余资产可按普通股股东所持有股份进行分配;检查监督权,为保证公司资本的安全和增值,普通股的持有人拥有检查监督权,他们有权查阅公司章程、股东会议纪要和会计报告,监督公司的经营,提出建议和质询。

优先股是指股份有限公司在筹集资本时给予认购者某些优先条件的股票,优先股有以下几个特征:约定股息率,优先股股东的收益先于普通股股东支付,事先确定固定的股息率,其收益与公司经营状况无关;优先清偿剩余资产,股份公司破产清盘时,其分配优先于普通股股东;表决权受限制,优先股股东无经营参与权和选举权。一般不能上市交易,即优先股的流通性受到一定限制。目前在我国沪深两市上市的A、B股均为普通股,未上市流通的国家股法人股民基本上都属于普通股,我国优先股的数量已经比较少,且大多属于历史遗留问题。

2. 按投资主体的性质股票可发分国家股、法人股和社会公众股

国家股是指有权代表国家投资的部门或机构以国有资产向公司投资形成的股份,包括以公司现有国有资产折算成的股份。法人股是指企业法人或具有法人资格的事业单位和社会团体以其依法可经营的资产向公司非上市流通股权部分投资所形成的股份。社会公众股是指我国境内个人和机构投资可上市流通股票所形成的股份。内部职工股和转配股也属于社会公众股,除社会公众股、转配股和公司高层管理人员持股之外,其他社会公共股均可上市流通,可以

上市流通的社会公众股也称为流通股。我国 2005 年后国家股和法人股逐渐减持，转为流通股。

3. 按股票交易场所不同，我国上市公司股票又可分为 A 股、B 股、H 股、N 股、S 股等

A 股，即人民币普通股，是由我国境内公司发行，供境内机构、组织或个人（不含台、港、澳投资者）以人民币认购和交易的普通股股票。B 股，即人民币特种股票。上海 B 股是以美元港元标价，深圳 B 股以港元标价，面向境外投资者发行，在上海和深圳两个证券交易所上市交易。目前我国 B 股股票共有 100 余只。H 股，即在内地注册，以港元计价在香港发行并上市的境内企业的股票。香港的英文是 Hong Kong，取其字首，即为 H 股，依次类推，在纽约上市的股票为 N 股，在新加坡上市的股票为 S 股，日本上市为 T 股。

（二）债券

债券是由债券发行人为向社会公众筹措资金而面向投资者发行的按一定的利率支付利息并按约定的条件偿还本金的有价证券，其本身是一种表明债权债务关系的凭证，并具有相应的法律效力。债券持有人（即投资者）为债权人，而债券发行人即为债务人。债权人有权向债务人按约定的条件取得利息和收回本金。债券上一般均载有发行单位、面额、利率、偿还期限等内容。

1. 按债券的发行主体分为国家债券、地方债券、金融债券和企业债券

国家债券简称国债，是由中央政府发行的政府债券，其债务人为国家。国债是投资者接触最多的一种债券。地方债券是由省、市、自治区及其他地方政府所发行的债券，其债务人为地方政府。金融债券，是指银行和非银行金融机构为筹集资金而发行的债券。其债务人为发行债券的金融机构。企业债券又称为公司债券，是企业发行的债券，其债务人为发行债券的企业，较之国债而言，其信誉要低一些，风险相对较高，利率也相对较高。

2. 按债券的偿还期限的长短，可分为短期债券、中期债券和长期债券

偿还期限在 1 年以下（含一年）的债券称为短期债券，偿还期限在 1～5 年的债券称为中期债券，偿还期限在 5 年以上的债券称为长期债券。

3. 按债券是否可以转换分为可转换债券和不可转换债券

可转换债券是指在特定时期内可以按某一固定的比例转换成普通股的债券，它具有债务与权益双重属性，属于一种混合性筹资方式。由于可转换债券赋予债券持有人将来成为公司股东的权利，因此其利率通常低于不可转换债券。若将来转换成功，在转换前发行企业达到了低成本筹资的目的，转换后又可节省股票的发行成本。根据《中华人民共和国公司法》的规定，发行可转换债券应由国务院证券管理部门批准，发行公司应同时具备发行公司债券和发行股票的条件。

目前在深、沪证券交易所上市的可转换债券是指能够转换成股票的企业债券，兼有股票和普通债券双重特征。一个重要特征就是有转股价格。在约定的期限后，投资者可以随时将所持的可转券按股价转换成股票。可转换债券的利率是年均利息对票面金额的比率，一般要比普通企业债券的利率低，通常发行时以票面价发行。转换价格是转换发行的股票每一股所要求的公司债券票面金额。

不可转换债券是指不能转换为普通股的债券，又称为普通债券。由于其没有赋予债券持有人将来成为公司股东的权利，所以其利率一般高于可转换债券。

4. 按债券的付息的方式分为零息债券、定息债券和浮息债券

零息债券又称贴现债券，是指债券券面上不附有息票，在票面上不规定利率，发行时按规定的折扣率，以低于债券面值的价格发行，到期按面值支付本息的债券。从利息支付方式来看，贴现国债以低于面额的价格发行，可以看作是利息预付，因而又可称为利息预付债券、贴水债券，是期限比较短的折现债券。

定息债券又称固定利率债券，是将利率印在票面上并按其向债券持有人支付利息的债券。该利率不随市场利率的变化而调整，因而固定利率债券可以较好地抵制通货紧缩风险。

浮息债券又称浮动利率债券，它的息票率是随市场利率变动而调整的利率。因为浮动利率债券的利率同当前市场利率挂钩，而当前市场利率又考虑到了通货膨胀率的影响，所以浮动利率债券可以较好地抵制通货膨胀风险。其利率通常根据市场基准利率加上一定的利差来确定。浮动利率债券往往是中长期债券。

(三)债券与股票的区别

1. 股票和债券代表的权力不同，债券是债权凭证，代表债权；股票是所有权凭证，表示对公司财产的所有权。

2. 股票和债券还本付息方式不同，债券的利息是固定的，到期还本付息，而股息收入是随着企业经营状况而定的，是不固定的，股票只能转让流通，不能退股，本金是不返还的。

3. 股票和债券的责任不同，债券持有人无权参与公司的经营管理，也不承担公司亏损的责任；而股票的持有人，有权参与公司的经营管理决策。

4. 债券的还本付息是由法律保护的，如果举债公司不能按期支付利息和偿还本金，债券的持有人有权对举债公司提起诉讼，使其承担法律责任；而股票的派发则由募股公司的董事会和公司利润状况决定，派发多少和派与不派，不受法律制约。

任务四 利息和利息率

一、利息及本质

利息(Interest)作为资金的使用价格在市场，经济运行中起着十分重要的作用，已成为现代金融的核心内容。

(一)利息的内涵

利息是资金所有者由于借出资金而得到的报酬，即信贷资金的增值额。

利息从债权人的角度看，是债权人因贷出货币资金而从债务人那里获得的报酬；从债务人的角度看，利息是债务人为取得货币资金的使用权所花费的代价。

(二)利息的本质

利息是信用活动产生的必然结果，人们对利息是一种报酬或补偿的认识，意见是非常统一的，但是关于利息的本质问题展开了广泛的争论，不同学派的经济学家都对利息的本质提出了自己的观点。

1. 马克思的利率决定理论

马克思针对资本主义经济中的利息指出："贷出者和借入者双方都是把同一货币额作为资本支出的。但它只有在后者手中才执行资本的职能。同一货币额作为资本对两个人来说取得了双重的存在，这并不会使利润增加一倍。它所以能对双方都作为资本执行职能，只是由于利润的分割。其中归贷出者的部分叫作利息。”因此，利息实质上是利润的一部分，是剩余价值的特殊转化形式。从探究利息的来源角度研究利息的本质，进而认为利息不是产生于货币的自行增值，而是产生于它作为资本的使用。他认为，第一，利息以货币转化为货币资本为前提。第二，利息和利润一样，都是剩余价值的转化形式。G—G′只是一个简化的没有意义的资本运动形式，实际上，货币资本只有借助于产业资本或商业资本循环，才能产生增值。如果借款人是商业资本家，则运动全过程为：G—G—W—G′—G′。从中可以看出，利息来源于剩余价值。第三，利息是职能资本家让渡给借贷资本家的那一部分剩余价值，体现的是资本家全体共同剥削雇佣工人的关系。

因为马克思对利息本质的论述深刻地揭露了私有制下的剥削关系，所以马克思的这种利息来源理论也被称为“剥削论”。通过对利息来源的剖析，可以看出，在典型的资本主义社会中，它体现了借贷资本家与产业资本家共同占有工人剩余价值以及他们瓜分剩余价值的关系。利息之所以能够转化为收益的一般形态，马克思分析的主要原因：第一，借贷关系中利息是资本所有权的果实这种观念被广而化之，取得了普遍存在的意义。在货币资本的借贷中，贷者之所以可以取得利息，在于他拥有对货币资本的所有权；而借者之所以能够支付利息，在于他将这部分资本运用于生产的过程之中，形成价值的增值。第二，利息虽然就其实质来说是利润的一部分，但同利润率有一个极明显的区别：利润率是一个与企业经营状况密切联系因而事先捉摸不定的量；而利息率则是一个事先极其确定的量，无论企业家的生产经营情形如何，都不会改变这个量。第三，来自于利息的悠久历史。信用与利息，早在资本主义生产方式以及与之相适应的资本观念和利润观念存在以前，就存在了，货币可以提供利息，早已成为传统的看法。

2. 西方经济学家关于利息来源与本质的理论

西方经济学家关于利息的本质分析的出发点不同，关于利息来源与本质的有不同的流派，主要观点如下。

(1)利息报酬论。由威廉配第(古典政治经济学家)提出，是古典经济学中颇有影响的一种理论。他认为：利息是因为所有者暂时放弃货币使用权而给贷出者带来不方便的报酬。评价：描述了借贷的现象。但是没有真正理解剩余价值的本质。

(2)资本生产力论。由萨伊提出。他认为资本、劳动、土地是生产的三要素，在生产中它们各自提供了服务，资本具有生产力，利息是资本生产力的产物。评价：否定了劳动价值论。

(3)节欲论。由西尼尔(英国)提出。认为资本来自储蓄，要储蓄就必须节制当前的消费和享受，利息来自于对未来享受的等待，是对为积累资本而牺牲现在消费的一种报酬，是资本家节欲行为的报酬。评价：西尼尔用节欲来代替资本，他认为资本是节欲的结果，劳动和资本共同创造了财富，资本在生产中的作用是重要的。资本来源于储蓄，储蓄是来自节欲。所以，资本获得的利润是合理的。

(4)灵活偏好论，又称流动性偏好论。它是凯恩斯(英国)提出的著名理论。认为利息是在一个特定的时期内，人们放弃货币周转灵活性的报酬，是对人们放弃流动性偏好，即不持有货币进行储蓄的一种报酬。评价：流动性偏好理论指出了人们对货币的一种心理偏好。人们流动性偏好的动机有三种：交易动机、预防动机和投机动机。从而提出流动性陷阱，这是其他货币理论学派无法解释的。凯恩斯学派的利率决定理论纠正了古典学派忽视货币因素的偏颇，然而它又走上了另一个极端，将储蓄与投资等实际因素完全不予以考虑，这显然也是不合适的。

这些理论大多脱离经济关系本身，甚至从非经济现象进行考察，从而无法揭示资本主义利息的真正来源与本质。

二、利率的内涵及种类

利率(Interest Rate)作为重要的经济变量，在经济中起到杠杆作用。它的种类很多，各种利率都是按不同的划分方法或划分角度来进行分类的，划分利率种类的目的是为了更清楚地说明问题，表明不同种类利率的特性。

(一)利率的内涵

利息率，是指借贷期内所形成的利息额与所贷资金额的比率，日常简称为利率。利率是衡量利息数量大小的尺度。也体现了生息资本增值的程度。

(二)利率的种类

按照不同的分类标准，利率可以划分为不同种类。

1. 年利率、月利率和日利率

按照计息时间长短利率可以分为年利率、月利率和日利率。年利率是以年为计息的时间单位计算的利息，通常以百分比表示，俗称“分”；月利率是以月为单位计算利息，通常以千分比表示，俗称“厘”；日利率也称为“拆息”，是以日为单位计算的利息，俗称“毫”，以万分比表示。它们三者的关系是：

$$日利率=月利率\div 30=年利率\div 360$$

2. 名义利率与实际利率

按照是否剔除了通货膨胀率的影响利率可分为名义利率与实际利率。名义利率是包含了通货膨胀因素的利率。实际利率是名义利率剔除物价变动因素对货币影响后的利率。

例如，假定某年度物价没有变化，某甲从某乙处取得 1 年期的 1 万元贷款，年利息额 500 元，实际利率就是 5%。但是在物价不断上涨的情况下，如果某一年的通货膨胀率为 3%，某贷款者年末收回的 1 万元本金实际上仅相当于年初的9 707元，本金损失率近 3%。为了避免通货膨胀给本金带来的损失，假设仍然要取得 5%的利息，就必须把贷款利率提高到 8%。才能保证收回的本金和利息之和无损失。

用 r 表示名义利率，i 表示实际利率，P 表示通货膨胀率，名义利率和实际利率的关系式为

$$r=i+P \tag{9.1}$$

但是通货膨胀对于利息部分也有使其贬值的影响。考虑到这一点，名义利率还应作向上的调整。这样，名义利率的计算公式可以写成

$$R=(1+i)(1+P)-1 \tag{9.2}$$

这是目前国际上通用的计算实际利率的公式。在存在通货膨胀时，名义利率并不能反映投资者的真实收益水平；当实际利率低于名义利率时，对借款人有利，对贷款人不利。

3. 固定利率与浮动利率

按照在借贷期内是否调整利率可分为固定利率与浮动利率。

(1)固定利率。它是指在整个借贷期内，利率不随借贷资金供求变化而调整的利率，一般用于短期借贷，即在借贷期内不作调整的利率。我国人民币借贷一般以固定利率为主。实行固定利率，对于借贷双方准确计算成本与收益十分方便，是传统采用的方式。但是，由于近几

十年来通货膨胀日益普遍并且越来越严重，实行固定利率，对债权人，尤其是对进行长期放款的债权人会带来较大的损失，因此，在越来越多的借贷中开始采用浮动利率。

(2)浮动利率。它是指在借贷期内随市场利率变化而定期调整的利率。一般由双方协商，一方在规定的时间依据某种市场利率进行调整，一般调整期为半年。浮动利率一般适用于长期贷款以及市场物价利率变动较为频繁时期。浮动利率定期调整的利率尽管可以为债权人减少损失，但也因手续繁杂、计算依据多样而增加费用开支，因此，多用于 3 年以上的借贷及国际金融市场。

4. 官方利率与市场利率

按照利率不同的决定方式可分为官方利率与市场利率。

(1)官方利率。它是由政府金融管理部门或者中央银行确定的利率。是政府实现宏观调节目标的一种政策手段。

(2)市场利率。它是指由借贷资金的供求关系决定的利率。利率按市场规律自由变动是市场利率存在的前提条件，借贷资金供大于求时利率作为资金的价格会下跌，借贷资金供小于求时利率作为资金的价格会上升。所以，这种利率与供求关系成反比。

我国目前以官方利率为主。发达的市场经济国家，以市场利率为主，发展中国家和地区的情况，基本介于上述两类情况之间。加快利率市场化的问题是我国目前金融改革的重点。

5. 基准利率与一般利率

按照地位的不同可分为基准利率与一般利率。

(1)基准利率。它是在利率体系中起决定作用的利率，通常是由一个国家中央银行直接制定和调整，在整个利率体系中发挥基础性作用的利率，在市场经济国家主要指再贴现利率。基准利率一旦发生变动，金融市场其他利率也伴随相应地同向变动，如美国联邦储备委员会公布的再贴现利率，就是美国的基准利率。基准利率有两重内涵：一是基准利率决定着一个国家的金融市场利率水平，是金融机构系统制定存款利率、贷款利率和有价证券利率的依据；二是基准利率表明中央银行对于当期金融市场货币供求关系的总体判断，基准利率的变化趋势引导着一个国家利率的总体变化方向。

(2)一般利率。它是金融机构按照一般标准发放贷款或吸收存款所执行的利率。例如存款利率和贷款利率，存款利率是金融机构吸收存款所付给存款人的利息与存款额的比率。存款利率的高低直接决定了存款者的利息收益和银行等金融机构的融资成本，包括中央银行存款利率和商业银行存款利率。贷款利率是金融机构对客户发放贷款所收取的利息与贷款本金的比率。贷款利率的高低直接决定着企业利润在银行与企业之间的分配比例。包括中央银行向商业银行和其他金融机构贷款利率和商业银行向社会贷款利率。

以上是各种利率的简介，其实各类利率之间或各类利率内部都有相应的联系，它们之间保持着相对的结构，共同构成一个有机整体，从而形成一国的利率体系。

三、利率的计算

利率是衡量利息水平高低的指标。

(一)单利和复利

根据计息方式不同，利率的计算分为单利和复利两种方法。

(1)单利是指以本金为基数计算利息，所生利息不再加入本金计算下期利息的计息方法。

其计算公式为：

$$I=P\times r\times n \tag{9.3}$$

本利和的计算公式为：

$$S=P(1+r\times n) \tag{9.4}$$

其中 I 为利息额；P 为本金；r 为利息率；n 为借贷期限；S 为本金和利息之和，简称本利和。

【例 9—1】 一笔为期为 5 年，年利率为 6%，本金 10 万元贷款，求利息额与本利和？

利息总额：$I=P\times r\times n=100\ 000\times 6\%\times 5=30\ 000$(元)

本利和：$S=P(1+r\times n)=100\ 000\times(1+6\%\times 5)=130\ 000$(元)

(2)复利是指在存款或贷款期内不但借贷本金计息，对这期间本金产生的利息也计息的计息方式。如按年计息，第一年本金计息；第一年末所得的利息并入本金，第二年则按第一年末的本利和计息；第二年末的利息并入本金，第三年则按第二年末的本利和计息；如此类推，直至信用契约期满。中国对这种复利计息方法通俗地称之为息上加息，其计算公式是如下。

本利和的计算公式为：

$$S=P(1+r)$$

利息的计算公式是为：

$$I=S-P$$

在例 9—1 中，若其他条件不变，按复利计算，到期日的本利和为：

$S=100\ 000\times(1+6/100)^5=133\ 822.56$(元)

利息为：

$I=133\ 822.56-100\ 000=33\ 822.56$(元)

即按复利计息，可多得利息 33 822.56－30 000＝ 3822.56(元)。

复利是更能反映利息的本质特征，较好地反映了资金的时间价值，但是其计息方法过于麻烦，现代各国商业银行都按单利计息，但考虑到复利的因素，所以商业银行的利息期限越长，利率越高。我国现在商业银行的活期存款和保险公司的储蓄型、养老型险种按复利计息。

(二)现值和终值

现值是根据未来某一时点上一定金额的货币(本利和)，按现行利率计算出要能取得这样金额的本利和在现在所必须具有的本金。在计算现值的时候，把未来某一时点上的一定金额的货币看作那时的本利和，按现行的利率计算出要得到这笔金额现在必须具有的本金。

终值是根据利率计算出一笔资金在未来的某一时点上的金额。这个金额就是前面说的本利和，也称为终值。由于是未来的金额，所以终值带有预期性。

现值的计算公式如下。

单利现值公式为：

$$P=S/(1+r\times n) \tag{9.5}$$

复利现值公式为：

$$P=S/(1+r)^n \tag{9.6}$$

【例 9—2】 设 5 年后有一笔 100 000 元的货币，假如利率 6%，按复利计算现在应有的本金是多少？

根据复利现值公式可得

$$P=\frac{S}{(1+r)^n}=\frac{100\ 000}{(1+6\%)^5}=74\ 725.82(\text{元})$$

用现值推导终值的过程叫复利过程，用终值换算现值的过程称折现过程。应用于投资项目的比较、年金的支付方式、银行贴现票据等。

四、决定和影响利率的因素

确定合理的利率水平是运用利率杠杆调节经济的关键环节。然而，利率水平的确定并不是人们的单纯主观行为，必须遵循客观经济规律的要求，综合考虑决定和影响利率水平的各种因素，并根据经济发展战略和资金供求状况灵活调整。决定和影响利率的因素非常复杂，制定和调整利率水平时应考虑的因素有：社会平均利润率、资金供求状况、物价变动幅度、国家经济政策及国际利率水平等。

(一)社会平均利润率

在社会主义市场经济中，利息仍然是平均利润的一部分，因而利率水平受制于平均利润率。也就是说，利率总水平不能太高，太高了大多数企业承受不了；同样，利率总水平也不能太低，太低了不能发挥利率的杠杆作用。所以在制定利率时，要考虑企业的中等利润率水平，不能因少数企业利润低而降低利率，也不能按照少数高利润企业的水平而提高利率，而要根据平均利润率来制定利率。平均利润率越高，利率也就越高，但平均利润率是利率的最高限，利率总是在平均利润率和零之间上下波动。在我国，行业的平均利润率是能够计算的，全社会的平均利润率也可以求出一个近似值。如果大多数行业的平均利润率下降，全社会的平均利润率也会呈下降趋势。在这种情况下，利率的总水平应当调低。

(二)资金供求状况

当平均利润率既定时，利率的变动则取决于借贷资金供求双方的竞争。因为在市场经济条件下，作为金融市场上商品的"价格"——利率，与其他商品的价格一样受供求规律的制约。在借贷市场上，资金供求双方构成两种对立的力量，其对立的原因在于，利率的高低直接影响着供求双方各自的经济利益。因此，无论是资金供给方还是资金需求方都希望利率的确定对自己有利。双方围绕利率的高低形成对立，利率的形成是竞争的结果。目前中国的利率水平不能完全由资金供求状况决定，但在制定利率时必须考虑资金供求状况。随着中国经济体制改革的深入和利率市场化进程的推进，利率受资金供求状况的影响越来越大，利率对资金供求关系的调节作用也越来越明显。

(三)物价变动幅度

在商品经济中，价格对社会经济生活的影响渗透到各个方面。当价格总水平上涨时，人们持有的货币贬值；当价格总水平下跌时，人们持有的货币升值。由于价格具有刚性，它的趋势一般是上涨，因而怎样使自己持有的货币不贬值，或遭受贬值后取得补偿，是经济生活中人们普遍关心的问题。这种关心使得从事货币资金经营业务的银行必须使吸收存款的名义利率适应物价上涨的幅度，否则难以吸收存款；同时也必须使贷款的名义利率适应物价上涨的幅度，否则难以获得投资收益。所以，名义利率水平与物价水平具有同步发展的趋势，物价变动的幅度制约着名义利率水平的高低。

(四)国家经济政策

利率对社会再生产具有调节作用。因此，国家把利率作为调节经济的一种重要工具。利率不能完全随借贷资金的供应状况自由波动，而必须受到国家的调节，因此而产生的一些代表国家意向的经济政策就对利率产生直接的干预和影响。世界各国政府都根据本国的经济状况和经济政策目标，通过中央银行制定的金融政策影响市场利率，进而达到调节经济、实现其经济发展目标的目的。

(五)国际利率水平

国际利率水平对国内利率的变化具有一定的影响，因为国内利率水平的高低直接影响本国资金在国与国间的移动，进而对本国的国际收支状况产生影响。当国际利率水平较低而国内利率水平较高时，会使外国货币资本流入国内，从而有利于国际收支状况的改善；反之，当国际利率水平较高，而国内利率水平较低时，会使本国的资金外流，不利于本国的国际收支平衡。同时，国际利率水平与国内利率水平之间的悬殊太大，不仅对国际收支产生影响，而且还会影响本国通货的对外价值，直接影响本国的对外贸易。所以，为了平衡国际的收支，往往参照国际利率水平来调整国内利率水平，以减少国际收支逆差或顺差。

影响利率变化的因素是多种多样的。除上面提及的各种因素外，经济周期、通货膨胀、货币政策和财政政策、国际经济政治关系等，对利率的变动均有不同程度的影响。

拓展阅读 9－1

利率的风险结构

利率的风险结构是指期限相同的各债券因风险差异而产生的利率之间的关系，称为利率的风险结构，有很多风险因素会影响利率的大小，主要有违约风险，流动性风险、税收风险、购买力风险等。

(1)违约风险，又称信用风险或倒账风险。债券发行人有可能违约，即不能支付利息或在债券到期时不能还本付息。有违约风险债券与无违约风险债券利率的差额，就是人们因为持有某种风险债券必须获得的额外利息，即风险升水或风险溢价。有违约风险的债券总是具有正的风险升水，且其风险升水将随着违约风险的增加而增加。

(2)流动性风险。它指因债券流动性不足，变现速度慢而可能遭受的损失。流动性强弱的衡量方法有证券转让过程中所发生的交易成本的高低，包括各种税费支出和价格折让等。交易活跃、流动性强的债券，需求会增加，价格就会向上移动；反之则价格向下移动。

(3)税收风险。不同的税收待遇，造成不同的收入所得，税收风险就会产生。

(4)购买力风险。由于存在物价上涨，也就产生了名义利率和实际利率。各种证券回避通货膨胀的能力是不一样的，比如股票相对于债券而言，其回避物价上涨影响的能力要好得多，因此这方面的风险就相对较小。

五、利率的作用

在现代市场经济的条件下，利率作为重要的经济杠杆，具有牵一发而动全身的效应，对一国的经济发展起着至关重要的作用。

(一)利率对消费和储蓄的影响

利率直接影响个人收入在消费和储蓄之间的分配。在收入一定的情况下，利率提高促使人们减少当前消费，增加储蓄；利率降低，则促使人们增加当前消费，降低储蓄。储蓄是利率的递增函数，消费是利率的递减函数。

(二)利率对货币流通的影响

一般情况下,货币供给与利率成正比,货币需求与利率成反比。利率从两个方面影响货币流通:一是影响储蓄者对货币的供给;二是影响筹资者对货币的需求。对投资者来说,存款利率提高,会刺激他们供给货币的动机,使部分流通性货币转化为储蓄性货币;反之则相反。对筹资者来说,贷款利率增加,会抑制他们货币需求动机,促使现实购买力缩减;反之则相反。

(三)利率对投资的影响

就实物投资而言,利率提高,意味着筹资成本增加,投资后的相对获利减少,这会抑制投资;反之,利率降低会减少投资的利息负担,会刺激投资的增加。利率对证券投资的影响主要是调节银行储蓄与有价证券的结构,以及对不同有价证券的选择。利率降低,使证券投资变得有利可图,证券投资需求增加,证券价格上涨;利率提高,证券投资吸引力减弱,证券投资需求减少,证券价格下跌。因此,一般来说,银行利率与有价证券价格成反比。

(四)利率对物价的影响

利率是借贷资金的价格,利息作为借贷资金的成本,也是商品价格的组成部分。利率提高,商品价格也会相应提高;反之就会下降。

(五)利率对国际收支的影响

对资本可自由流动的国家来说,提高利率,产生国与国间利差(本国利率高于外国利率),会促使外国资本流入,可改善该国国际收支逆差或加大国际收支顺差;降低利率,产生国与国间利差(本国利率低于外国利率),会促使本国资本外流,改善国际收支顺差或加剧国际收支逆差。但是,提高利率产生的资本流入会带来国内基础货币投放增加,货币供应量上升的效应,这会减弱提高利率紧缩银根的效果。

在现代市场经济中,利率发挥作用的领域是十分广泛的。但在现实生活中,利率作用往往不能充分发挥,因为有些人为的因素或非经济因素使其作用的发挥受到种种的限制。这种限制主要有以下几点。

1. 利率管制,即国家对直接融资和间接融资活动中的利率施行统一的管理,由管理机构据宏观经济发展的要求和对金融形势的判断,制定各种利率,各金融机构都必须遵守和执行。利率管制作为国家宏观经济管理的一种手段,具有可控性强、作用大的特点,但也可能因制定的利率水平不恰当或调整不及时,而限制利率作用的发挥。

2. 授信限量,在一些国家中,如果信贷出现供不应求的现象,而银行又不愿或难以利用提高利率的方式阻止过度需求时,通常可采用“授信条件和限量”的措施,其中包括授信配给制,即对信誉最高、关系最深的客户尽量维持授信量,但对其他求贷者则拒绝。除此外,还包括实施其他授信条件,如首期付款量、质押品、分期还款量等,使许多消费需求和投资需求得不到满足。这种授信限量的结果是:信贷资金的供求矛盾进一步激化,黑市猖獗,使银行利率与市场利率间的距离不合理地扩大,阻碍了利率机制正常发挥作用,还会引起整个利率体系的结构和层次的扭曲。

3. 经济开放程度,经济开放程度取决于两个方面:资金流通自由度与市场分割。在一国经济中,如果政府实行严格的外汇管制,限制资本的流出流入,就会使一国的利率体系孤立起来,失去了与世界利率体系的有机联系。在此,利率体系就失去了汇率效应,即利率的变动对本国货币与外国货币的比价发生影响,从而对国际收支产生影响。同样,在一国经济中,如果资金流动受到各种限制,进行条块分割,金融市场处于一种分割状态,不能成为有机联系,整个利率体系就会失去弹性，作用的发挥就有了很大的局限性。

4. 利率弹性，表示利率变化后其他经济变量对利率变化的反应程度。某一变量的利率弹性高，表示该变量受利率的影响大，对利率变动的反应灵敏，利率的作用就充分发挥出来。反之，若利率弹性很小，利率对经济变量乃至真实经济的影响自然就很微弱了。

可见，利率作用要充分发挥，必须具备一定条件。第一，市场化的利率决定机制。指利率不是由少数银行寡头协定或政府人为决定，而是通过市场和价值规律机制，由市场供求关系决定。这一机制能够真实灵敏地反映资金供求状况，促使资金合理流动，缓和资金供求矛盾，发挥筹集资金、调剂余缺的作用。第二，灵活的利率联动机制。近年来，美国联邦储备委员会曾多次针对经济形势，调高或降低其基准利率——再贴现利率，由于美国具有灵活的利率联动机制，因而再贴现率的升降引起了商业银行利率、市场利率的迅速变动，从而起到了紧缩信用或扩张信用的作用。第三，适当的利率水平。水平过高，会抑制投资，阻碍经济的发展与增长；水平过低，又不利于发挥利率对经济的杠杆调节作用。利率水平的确定一方面要能真实反映社会资金供求状况；另一方面使资金借贷双方都有利可图，从而促进利率对社会总需求、物价、收入等因素作用的发挥，推动经济的持续、稳定发展。第四，合理的利率结构。利率水平的变动只能影响社会总供求的总体水平，而不能调整总供求的结构和趋向，也不能调整经济结构、产品结构以及发展比例等。合理的利率结构包括利率的期限结构、行业结构以及地区结构，以此体现经济发展的时期、区域、产业及风险差别，弥补利率水平变动作用的局限性，通过利率结构的变动引起一连串的资产调整，从而引起投资结构的改变，使经济环境产生相应的结构性变化，更加充分地发挥出利率对经济的调节作用。

六、利率管理体制和利率市场化

利率与经济生活有着紧密的联系，它对消费、储蓄、投资都有重要影响，所以世界各国都把利率作为国家宏观经济调控的重要手段之一，并制定相应的利率政策。利率管理体制是利率政策的重要内容。各国采取的利率管理体制大致可分为三类：国家集中管理、市场自由决定、国家管理与市场决定相结合。大多数国家在相当长的时间内采取了最后一种做法，只是国家管理的程度和方式各有不同。从 20 世纪 70 年代开始，西方大多数国家逐步放松了利率管制，金融市场的利率更多的由市场决定，呈现出一种利率自由化的趋势。

我国利率管理体制经过二十多年的改革，在放松利率管制、推动利率市场化方面取得了很大的进展。特别是 1996 年以来，利率市场化进程不断加快，利率体系的市场化程度逐渐提高，利率在经济运行中发挥的作用越来越重要。尽管如此，但相对于已经实现了市场化的微观经济而言，利率改革仍很滞后，我国仍属于利率管制的国家。

（一）利率市场化的内涵

利率市场化是指国家控制基准利率，其他利率基本放开，由市场即资金供求关系确定。它不仅包括利率决定、利率传导、利率结构和利率管理的市场化，而且要最终形成以中央银行基准利率为引导，各种利率保持合理利差和分层有效传导的利率体系。利率市场化是我国建设社会主义市场经济体制，优化资源配置的需要，是顺利实施货币政策目标的内在要求，是我国金融间接调控的关键，也是完善金融机构自主经营机制提高竞争力的必要条件。

（二）我国利率市场化的进程

我国的利率市场化已经取得了重大的突破。根据 2002 年中国人民银行公布的：先外币、后本币；先贷款、后存款；先长期、大额，后短期、小额的利率市场化改革的总体思路，改革的层次和深度不断加强。截至2004年10月我国利率市场化顺利实现了"贷款利率管下限、存款利率管上限"的阶段性目标。这项政策构建了现阶段我国利率市场化改革的总体框架。我国利率市场化取得了一定的成果：一是基本实现了货币市场利率品种的市场化，包括银行同业拆借利率、债券回购利率、票据市场转贴现利率、国债与政策性金融债的发行利率和二级市场利率等；二是放开了对外币利率的管理，外币利率实现了市场化，同时中外资金融机构在外币利率政策上也实现了同等公平待遇；三是贷款利率实现下限管理，上限基本完全放开。商业银行可以根据贷款风险自主实行差别化定价策略，进而获得风险补偿。

目前，我国利率市场化其实已经取得了很大的成果。金融生态环境有了极大的改善，而存贷款利率虽然实现了围绕中国人民银行的基准利率的较大范围的浮动，但由中央银行确定利率并报国务院批准的利率决定的计划机制基本未变。另外我国商业银行成本约束机制仍有待进一步健全，过快的推进利率市场化容易产生金融风险，损害我国经济的健康发展。到目前为止，我国的利率市场化还需要在各方面加快改革，塑造良好的金融生态环境，为利率进一步市场化奠定坚实的基础。

同步案例9－1　　名义利率与实际利率

在1988年，中国的通货膨胀率高达18.5%，而当时银行存款的利率远远低于物价上涨率，所以在1988年的前三个季度，居民在银行的储蓄不仅没给存款者带来收入，就连本金的实际购买力也在日益下降。老百姓的反应就是到银行排队取款，然后抢购，以保护自己的财产，因此就发生了1988年夏天银行挤兑和抢购之风，银行存款急剧减少。

针对这一现象，中国的银行系统于1988年第四季度推出了保值存款，将名义利率大幅度提高，并对通货膨胀所带来的损失进行补偿。

中国的银行系统对三年定期存款的保值率(%)

季　度	年利率	通货膨胀补贴率	总名义利率
1988.4	9.71	7.28	16.99
1989.1	13.14	12.71	25.85
1989.2	13.14	12.59	25.73
1989.3	13.14	13.64	26.78
1989.4	12.14	8.36	21.50

资料来源：汇率网，www.huilvchaxun.net。

思考与讨论：

结合案例说明为什么当通货膨胀率很高时，中国的银行系统对三年定期存款实行保值？

项目十　金融机构体系

学习目标

能力目标

1. 能够具备分析我国目前金融中介机构体系的合理性和缺陷；

2. 能够用金融中介机构基础知识识别金融金钩，初步掌握国际金融体系格局。

知识目标

理解：金融机构的内涵、金融机构的产生、金融机构的种类。

熟知：国际金融机构、我国的政策性金融机构。

掌握：金融机构的功能、金融机构的体系与结构。

素质目标

1. 具备收集资料、分析资料的能力；

2. 具备独立思考、团结协作的能力，注重团队的成绩与荣誉；

3. 培养与人沟通、言行举止得体等综合素质能力。

项目引例

一起诈骗案引发的思考

20 世纪 90 年代中期，在中国的某城市发生了这样一个诈骗案，骗子竟然在城市的繁华闹市区开了一家“中国人民银行××街储蓄所”，这家储蓄所开了仅半个多月时间，诈骗金额竟高达上百万元，直至犯罪分子携款潜逃，这起案件才被揭发出来。事实上，早在 1984 年中国人民银行就开始单独行使中央银行的职能，而中央银行是不可能开办储蓄业务的。

思考与讨论：广大民众对金融机构的认识是否明确？

任务一　金融机构概述

一、金融机构的界定

(一)金融机构的内涵

金融机构是指从事金融活动的组织，也被称为金融中介或金融中介机构。它通常以一定量的自有资金为运营资本，通过吸收存款、发行各种证券、接受他人的财产委托等形式形成资金来源，而后通过贷款、投资等形式运营资金，并且在向社会提供各种金融产品和金融服务的过程中取得收益。

(二)金融机构与一般经济组织的共性及特殊性

金融机构与一般经济组织之间既有共性又有特殊性。共性主要表现为金融机构首先需要具备普通企业的基本要素，如有一定的自有资本、向社会提供特定的商品(金融工具)和服务、必须依法经营、独立核算、自负盈亏、照章纳税等。特殊性主要表现在以下几个方面：

1. 经营对象与经营内容的特殊性

一般经济组织的经营对象是具有一定使用价值的商品或普通劳务，经营内容主要是从事商品生产与流通活动；而金融机构的经营对象是货币资金这种特殊的商品，经营内容主要是货币的收付、借贷及各种与货币资金运动有关的金融活动。

2. 经营关系与经营原则的特殊性

一般经济组织与客户之间是商品或劳务的买卖关系，其经营活动遵循等价交换的原则；而金融机构与客户之间主要是货币资金的借贷或投融资的信用关系，在经营中遵循安全性、流动性和盈利性原则。

3. 经营风险及影响程度的特殊性

一般经济组织的经营风险主要来自于商品生产与流通过程，集中表现为商品是否产销对路。这种风险所带来的至多是因商品滞销、资不抵债而宣布破产。单个普通企业破产造成的损失对整体经济的影响较小，冲击力不大。而金融机构因其业务大多是以还本付息为条件的货币信用业务，故其风险主要表现为信用风险、挤兑风险、利率风险、汇率风险等。这一系列风险所带来的后果往往不局限于对金融机构自身的影响，一家大型金融机构因经营不善而出现的危机有可能对整个金融体系的稳健运行构成威胁。而一旦发生系统风险，导致金融体系运转失灵，在现代货币经济中必然会危及整个社会再生产过程，引发社会经济秩序的混乱，甚至会爆发严重的社会或政治危机。2007 年美国爆发的次贷危机就是金融机构风险外溢引发连锁反应的典型案例。

二、金融机构的产生

(一)货币经营业及其向银行业的转变

在古代，随着商业的产生和发展而出现了古代货币经营业，这就是历史上最早的金融机构了。货币经营业，就是经营货币商品的行业。古代货币经营业是现代资本主义银行的先驱，后者由前者演变而来。古代货币经营业包括：①铸币兑换业；②货币保管业；③汇兑业。货币的兑换业务和货币的保管及汇兑业务是古代货币经营业发展的两个阶段。银行业的出现是古代金融业发展的重大转折。

(二)古代银行业的发展和资本主义银行的产生

在西欧古代社会中，就已经有了银行业的存在。比如，在公元前 2000 年左右的古巴比伦寺庙和公元前 500 年左右的古希腊教堂，就有了经营、保存货币和贷款业务的存在；而在公元前 400 年的雅典，银行业就有了显著的发展；在公元前 100 年的罗马帝国，已经有了银行和信用的法规。

到了中世纪，商品流通进一步发展，欧洲各国贸易集中于地中海沿岸各国，以意大利为中心，因而银行业者首先在意大利各共和国内出现并发展起来，12 世纪末叶开始传播到欧洲其他国家。当时银行的业务有:①接受存款;②在客户之间作支付的中介人;③汇兑业务;④贷款。

上述银行由于主要贷给政府,而政府利用权力不归还贷款的事时有发生,所以是不稳定的。1567 年,法国、西班牙和葡萄牙国王同时停止归还贷款,造成中世纪银行业的衰落。在这种情况下,商界和政府产生了一种意图,想把银行事业从私人手中夺过来,并把它变为当局管理下的合法企业。1580 年,威尼斯成立这种类型的银行。此后,1593 年在米兰,1609 年在阿姆斯特丹,1621 年在纽伦堡,1619 年在汉堡以及其他城市相继成立了这类银行。这类银行通常称为“划拨银行”,因为它们最初只接受商人的存款和为商人办理结算,后来才开始进行贷款业务。它们所经营的贷款业务仍属于高利贷性质,同时由于和政府联系密切,贷款风险还是很大的。

高利贷的银行业,不能满足资本主义发展对信用的需求。因为新兴资产阶级需要的贷款的利息不会吞噬全部资本主义利润,所以,客观需要建立资本主义银行;而资本主义银行,既能汇集闲置的货币资本,又能按照适度利率(利息率)向资本家提供贷款。资本主义银行体系,是通过两条途径产生的:一条是改造旧的高利贷银行业,使其逐步适应新条件而变为资本主义的银行;另一个途径是根据资本主义原则组织股份银行。这两条途径,在工业资本主义最早发展的英国表现最为明显。

在英国,资本主义银行体系是在 17 世纪产生的,最初是从经营高利贷与兑换业的金匠中独立出来一些专门在资本家之间从事信用中介的银行家中产生的。但是,这一转变过程非常缓慢,差不多到 18 世纪才完成,主要是这些人不愿放弃高额利息收入,他们当时的年利率在 20%～30% 之间,这种情况当然是工商业资本家所不愿接受的。所以,1694 年,在英国政府倡议和帮助下,成立了英格兰银行。这是一家规模巨大的股份制银行,它的正式贴现率一开始就规定为 4.5%～6%。英格兰银行的成立,标志着适应资本主义生产方式要求的银行制度开始建立。同时,随着新银行制度的诞生和发展,旧的高利贷银行不得不降低贷款利率,改造成适应资本主义制度需要的银行了。

三、金融机构的种类

金融机构的种类众多,各不相同的金融机构构成整体的金融机构体系。按照不同的标准,金融机构可以划分为不同的种类。

(一)按照业务性质和功能的不同,将金融机构分为管理性金融机构、商业性金融机构和政策性金融机构

管理性金融机构是在一个国家或地区具有金融管理监督职能的机构,主要有中央银行、金融管理局、证监会、保监会等。商业性金融机构是指以经营存放款、证券交易与发行、资金管理等一种或多种业务,以追求利润为其主要经营目标,自主经营、自负盈亏、自求平衡、自我发展的金融企业,包括商业银行、商业性保险公司、投资银行、信托公司、投资基金、租赁公司等。政策性金融机构的业务经营不以营利为目的,主要是贯彻落实政府的经济政策,如国家开发银行、中国农业发展银行、中国进出口银行等。

(二)按照业务内容的不同,将金融机构划分为银行类金融机构和非银行类金融机构

银行类金融机构是指可以发行存款凭证的金融机构,包括中央银行、商业银行、政策性银行以及信用合作社等存款机构;非银行类金融机构则包括保险公司、证券公司、信托公司、投资

基金等。

(三)按照业务活动的地理范围,将金融机构分为国际性金融机构、全国性金融机构和地方性金融机构

国际性金融机构主要是指业务活动跨越不同国家和地区的金融机构,如花旗银行、汇丰银行等。此外,国际货币基金组织、世界银行以及区域性的开发银行也可归为此类,但基本从事政策性金融业务。全国性金融机构的业务活动局限在一国的范围之内。地方性金融机构业务活动的地域范围更加狭小,主要局限在某一地域内,如一省内,一个城市内。目前我国大多数的城市商业银行都属于地方性金融机构。

金融机构还有其他的分类方法,例如依据资本和业务规模等可以划分为大、中、小型金融机构,等等。

四、金融机构的功能

(一)提供支付结算服务

金融机构提供支付结算服务功能是指金融机构通过一定的技术手段和流程设计,为客户之间完成货币收付或清偿因交易引起的债权债务关系服务。提供有效的支付结算服务是金融机构适应经济发展需求而较早产生的功能。银行业的前身——货币兑换商最初提供的主要业务之一就是汇兑。金融机构尤其是商业银行为社会提供的支付结算服务,对商品交易的顺利实现、货币支付与清算和社会交易成本的节约具有重要的意义。

(二)促进资金融通

资金从盈余单位向赤字单位的流动与转让就是资金融通,简称融资。融通资金是所有金融机构都具有的基本功能。不同的金融机构会利用不同的方式来融通资金。例如银行类机构一方面作为债务人发行存款类金融工具和债券等动员和集中社会闲置的货币资金,另一方面作为债权人向企业、居民等经济主体发放贷款;保险类金融机构通过提供保险服务来吸收保费,而后再支付必要的出险赔款和留足必要的理赔准备金外,将吸收到的大部分保险资金直接投资于金融资产;基金类金融机构则作为受托人接受投资者委托的资金,将其投入资本市场或特定产业;信托类金融机构在接受客户委托管理和运用财产的过程中,将受托人的闲散资金融通给需求者。

(三)降低交易成本

交易成本包括对资金商品的定价(即利率)、交易过程中的费用和时间的付出、机会成本等。对于个体借贷者而言,个体贷款者提供的资金数量有限、期限相对较短,与借款人对资金的数量、期限要求难以一致,因此,融资交易的单位成本比较高,资金供应也比较紧张,这样的融资基础使高利贷极易产生。此外,融资交易的完成需要经调查、谈判、签约等环节才能最终完成,在每个环节都要有一定的费用和时间的支出成本。对个体投资者来说,需要付出大量的时间与成本支出用于搜集、掌握、分析和评估与投资有关的信息;而借款人在考虑借入资金时,除了资金商品价格(利率)的高低因素外,也还需要考虑其他费用支出等成本因素。由此,能否以较低的融资交易成本完成融资活动,成为社会融资活动能不能顺畅进行的关键。

金融机构利用筹集到的各种期限不同、数量大小不一的资金进行规模经营,可以合理控制利率、费用、时间等成本,使投融资活动能够最终以适应社会经济发展需要的交易成本来进行,从而满足不断增长的投融资需要。

（四）提供金融服务便利

提供金融服务便利功能是指金融机构为各部门的投融资活动提供专业性的辅助与支持性服务，主要表现在对各种企业和居民家庭、个人开展广泛的理财服务以及对发行证券筹资的企业提供融资代理服务。如果金融机构出面为各种客户提供投资或筹资方面的服务，则会大大提高投资效果或筹资效率。

（五）改善信息不对称

所谓的信息不对称，是指交易的一方对交易的另一方不充分了解的现象。例如，对于贷款项目的潜在收益和风险，借款者通常比贷款者了解得更多一些。

金融机构可以改善信息不对称正是由于其具有强大的信息收集、信息筛选和信息分析优势。首先，在提供支付结算的服务过程中，金融机构可以通过客户开立的账户了解客户的个性化信息，如信用历史、基本财务状况等，从而可以掌握客户发展的基本动态；其次，金融机构从业人员的专业知识与素质，使其具有较强的信息筛选、信息分析能力；再次，金融机构的规模经营能够使获得信息的单位成本大大降低。

（六）转移与管理风险

金融机构转移与管理风险的功能是指金融机构通过各种业务、技术和管理，分散、转移、控制或减轻金融、经济和社会活动中的各种风险。金融机构转移与管理风险的功能主要体现为它在充当金融中介的过程中，为投资者分散风险并提供风险管理服务。如商业银行的理财业务及信贷资产证券化活动、信托投资公司的信托投资、投资基金的组合投资、金融资产管理公司的资产运营活动都具有该功能。此外，通过保险和社会保障机制对经济与社会生活中的各种风险进行的补偿、防范或管理，也体现了这一功能。

五、资本主义银行体系的发展

资本主义银行是资本主义金融机构的主体。随着资本主义发展变化，银行制度也在发展变化。开始时，资本主义银行主要是存款银行，即吸收存款，为顾客办理结算，也发放贷款。这类银行通称为商业银行。商业银行一般吸收的是企业和居民暂时闲置的短期资金，发放短期贷款。为了维持银行信誉，商业银行一般不发放大量长期贷款。但是，扩大投资是资本主义发展的规律，于是，在商业银行之外，又出现了专门吸收长期资金（主要以债券的形式），专门发放长期投资贷款的银行即投资银行。随着资本社会分工的发展：要求有专门为某种产业、行业或某项专业金融服务的专业银行，如农业银行、外汇银行、储蓄银行等。

随着资本主义的银行事业和其他非银行金融业的发展，金融活动越来越复杂化，对社会经济发展的影响越来越大，既有正面影响，也有负面影响。因此，需要把某些金融业务集中起来加以管理，根据国家利益、资本主义整体利益或宏观利益进行监督与管理。于是，在众多的银行之上成立了中央银行。中央银行成为唯一的货币发行银行、银行的银行和政府的银行。

除了银行之外，根据经济发展的需要，还成立了许多非银行金融机构。这些机构主要包括：证券公司、证券交易所、保险公司、信托公司、租赁公司及各种基金、财务公司等，这些机构都是金融机构不可分割的一部分，起着对银行的补充作用。

六、我国的金融业

中国关于高利贷的记载颇多，关于政府放款机构的记载也较早，但关于银行业的记载则较晚。较早的记载是南北朝之际寺庙经营的典当业。有关这方面的大量记载则始于唐代，有经营典当业的质库、有保管钱财的柜房、有打制金银(饰品)和经营金银买卖的金银铺；至于汇兑业务，不仅有商人经营，更主要的是官府经营；此外，还有专门放债收息的官府机构。经过宋元到明清，钱庄、银号、票号兴起，银钱业有长足发展，但由于封建社会的长期停滞，中国古老的银钱业，一直未能发生向现代银行业的质的转化。

直到1845年，我国才出现第一家新式银行，不过这是一家外国银行，是由英国人开设的丽如银行。

中国人自己开办的银行是1897年成立的中国通商银行，它的成立标志着中国现代银行信用事业的开始。这家银行是以商办面目出现的股份银行，实质上是受控于官僚、买办集团的。

新中国成立以前，国民党政府直接控制着中央银行、中国银行、交通银行和中国农业银行。属于官商合办的“小四行”的中国通商银行、四明银行、中国实业银行和中国国货银行，属于江浙财团的“南三行”的浙江兴业、浙江实业和上海商业储蓄银行，都受官僚资本控制。号称“北四行”的盐业银行、金城银行、中南银行、大陆银行，它们虽未被官僚资本直接控制，但实际上也不是全然独立的。其他银行也都或多或少、或直接或间接地受控于国民党官镣资本银行体系。

新中国建立以后，没收了官僚资本主义银行，改造了民族资本主义银行。1952年底，全国银行基本上都属于社会主义性质的银行了。在改革开放前，中国银行业是高度集中统一的，虽然一直保持中国银行(专营外汇)、时断时续的农业银行，但实际上中国人民银行统管一切，中国银行、中国农业银行仅是中国人民银行内部机构的一部分。中国人民银行集中央银行与商业银行于一身，既集中人民币的发行，也集中对中国金融的管理。应当指出，在那个时期，金融业的经营，主要体现在对金融活动的管理上，资金按计划分配，而且实行低利率政策，盈亏最终由国家负责。

我国现代金融事业和金融机构的建立与完善，是改革开放以后的大事。随着计划商品经济体制和中国特色的社会主义市场经济体制的确立与逐步完善，适应现代市场经济的金融机构体系也逐渐建立与完善起来。可以这样说：从基本框架上，中国现代金融机构体系已基本上建立起来，即以中国人民银行为领导和核心，以国有商业银行为主体，其他银行和非银行金融机构为补充的体系基本建立起来。下一步的工作是，如何完善各金融机构的内部机制，合理调整结构和比例，各金融机构之间如何建立起既有竞争又有合作，更加适合社会主义经济发展要求的金融体系和体制。

拓展阅读10-1

全面深化金融业改革开放，加快完善金融市场体系

2013年12月2日下午，人民银行党委书记、行长周小川同志主持党委中心组集中学习。党委中心组各位成员围绕学习贯彻党的十八届三中全会通过的《中共中央关于全面深化改革若干重大问题的决定》和习近平总书记的重要讲话精神，结合人民银行和金融工作实际以及各自的体会，展开了热烈深入的学习讨论。中央国家机关工委和人民银行党委相关部门负责同志列席。

党的十八届三中全会提出全面深化改革，加快完善现代市场体系。金融作为现代经济的核心，是社会主义市场体系的重要组成部分。我们要认真学习贯彻全会精神，紧紧围绕市场在资源配置中的决定性作用，全面深化金融业改革开放，加快完善金融市场体系，不断提升金融

业服务实体经济能力，促进经济持续健康发展。

改革开放以来，我们坚定不移地推进金融改革，基本建立了与社会主义市场经济相适应的金融体制，金融业配置资源和服务实体经济的能力大幅提升，整体实力和风险抵御能力明显提高，金融宏观调控的科学性、前瞻性和有效性稳步增强，成功经受住了国际金融危机的严峻考验，为我国经济持续健康发展作出了重要贡献。未来相当长一个时期，我国经济社会发展仍将处于重要战略机遇期，既面临难得的发展机遇，也面对诸多风险和挑战。做好今后一个时期的金融工作，关键是要牢牢把握金融服务实体经济的本质要求，坚持市场配置金融资源的改革导向，坚持创新与监管相协调的发展理念。金融系统要按照全会的决策部署，全面推动金融改革、开放和发展，加快完善种类齐全、结构合理、服务高效、安全稳健的现代金融市场体系。

构建更具竞争性和包容性的金融服务业。扩大金融业对内对外开放，在加强监管前提下，允许具备条件的民间资本依法发起设立中小型银行等金融机构。践行党的群众路线，发展普惠金融。

任务二 金融机构的体系与结构

一、银行金融机构的体系与结构

现代银行种类繁多，名称各异。概括起来，主要有四大类，即中央银行、商业银行、投资银行、专业银行。

（一）中央银行

中央银行是一国金融机构的核心和领导，它集中全国的货币发行，执行国家或政府的货币金融政策，集中经营性银行和其他金融机构的支付准备金，对经营性银行等进行资金支持，故中央银行又被称为货币发行银行、政府的银行和银行的银行。

中央银行因为地位特殊、作用特殊，故在银行体系中自成一大类，但大多数国家都是集中和单一制的，即一国只有一家这种银行。个别国家也采取复合制度，如美国设有 12 家联邦储备银行，都起中央银行作用，在其上设有联邦储备委员会。中央银行在各国金融业管理，国家宏观经济、金融调控上起重大作用。欧洲中央银行也是一个特例。

（二）商业银行

传统的商业银行也称存款银行或存款货币银行，它是各国金融体系中的骨干力量。这类银行由于集中了社会上工商企业绝大部分的活期存款，有些国家的商业银行还集中定期存款和居民储蓄作为自身放款的资金来源，同时起着创造存款货币的作用，故被称为存款货币银行。

（三）投资银行

投资银行是专业银行的一种，之所以把它从商业银行中分立出来，主要是为了与商业银行相对应。商业银行至目前为止，仍然以吸收企业短期存款，发放短期贷款，为企业日常生产和商业活动服务为主要职能。与商业银行截然不同的是，投资银行是对工商企业办理长期投资、长期贷款、包销或代销新发行的有价证券业务的专业银行，这类银行又称“长期投资信贷银行”。这类银行有各种各样的形式和名称。主要有：投资银行、长期信贷银行、金融公司、实业银行、开发银行、证券公司、持股公司等。

投资银行在19世纪后期即已出现，而且很快成为银行体系的新环节，其原因主要是因为随着生产发展对投资需求的急剧扩大，同时，西方国家货币资本积累也日渐增多，形成强大的资本力量。投资银行的出现，为使工业资本和银行资本更好地结合提供了一个有力的工具。

投资银行的主要业务有：①对工商企业的股票和债券进行直接投资。②对工业公司提供长期贷款。③包销和代理发行工商企业新股票和债券。④参与企业的创建和改造活动。⑤包销本国政府和外国政府的公债券等。此外，有不少也兼营一些短期贷款业务和其他业务。

投资银行和商业银行不同，它们的资金来源主要依靠发行自己的股票和债券来筹集，而不是主要靠吸收存款；有些虽也吸收存款，但主要是定期存款，有些国家的投资银行则根本不吸收存款。此外，它们也从其他银行取得贷款，但后者在其资金来源中只起补充作用。在资金运用方面，原来，商业银行只办理短期业务，投资银行只办理长期业务，现在实际上相互有所交叉。

（四）专业银行

专业银行是指专业从事某项金融业务和提供专门金融服务的银行机构。这类银行一般都有自己特定的客户。随着社会分工的发展，要求银行必须具备某一方面的专门知识和专门职能，为社会提供专门的金融服务，于是从事专门性金融业务的银行就应运而生。专业银行按其服务对象和借贷资金运动特点的不同，可划分为许多种，如开发银行、储蓄银行、不动产抵押银行、农业银行、进出口银行及外汇银行等。

二、非银行金融机构的体系与结构

（一）证券类金融机构

1. 证券交易所

证券交易所是买卖股票、公债、公司债券等有价证券的组织，它有固定场所。交易所本身并不买卖有价证券，而是为买卖证券者提供交易的场所。证券交易所的组织形式在欧美经济发达国家多是会员制，发展中国家有的采取会员制，有的也采取股份公司制。

证券交易所的最高决策机构是会员大会，但决定业务经营方针的是理事会（或董事会）。证券交易所是商品经济发展的必然产物，它的产生和发展为证券买卖创立了一个常设市场。证券交易所是集聚社会资金、调节资金投向和转换的中心，在市场经济中有重要作用。

2. 证券公司

证券公司是专门从事有关证券经营及相关业务的金融企业。证券公司的主要业务包括有价证券的自营买卖业务、委托买卖业务、认购业务和销售业务四种。自营业务是指证券公司根据自身对证券市场信息的掌握与分析，自己出资、自己购买、自己销售或兑付证券，从中获取利息和差价收入的业务。委托业务则是受客户委托，根据客户提出的要求进行买卖，从中收取佣金或手续费的业务。认购业务主要是指参与政府债券、公司债券的承购、竞价认购的业务。销售业务主要是对政府债券、公司债券的包销、代销和助销等业务活动。

证券公司是证券交易所的重要成员，大的证券公司大多是证券交易所的会员，有权参加证券交易所的管理，参与证券交易所的证券买卖，主要是代客买卖，亦有部分自营买卖。

证券公司在金融市场上起着重要的作用。在一级市场（发行市场）上，它通过承购、代销、助销、包销有价证券，促进发行市场的平稳运行，使发行者能够筹集到所需资金。在二级市场（交易市场）上，通过代理或自营有价证券，使投资双方利用有价证券达到各自融资的目的。证券公司的设立、业务范围、撤并必须经其业务主管机构的批准。

3. 证券经纪人

证券经纪人是在证券交易中充当双方的中介、收取佣金的商人。

经纪人有个人经纪人和法人经纪人。个人经纪人必须具有一定学历、信誉，有较丰富的经验和资产保证等条件才能充当。法人经纪人通常是具有一定资金实力的银行、信托公司、证券公司、投资公司或财务公司等机构，由它们按规定指派代表参加交易所的交易活动。

经纪人按其收费方式、经营范围不同，又可分为多种。主要有：

① 佣金经纪人。他们是接受客户委托，在证券交易所内代客买卖有价证券，并按固定比例收取佣金的经纪人。他们是证券交易的主要参与者，人数最多，故一般所说的“经纪人”就是指的他们。

②二元经纪人。他们是接受佣金经纪人的委托，代理买卖证券的人。当佣金经纪人同时接受许多委托买卖证券业务指令、自己做不过来时，就将其中某项业务委托给二元经纪人。二元经纪人的由来是美国过去这类经纪人买卖 100 股股票收取 2 美元佣金，故有此称。二元经纪人可以个人身份在交易所内取得席位，是独立的经纪人。

③特种经纪人。这类经纪人专门从事某个行业的证券交易，接受佣金经纪人的委托，成为经纪人的经纪人。

由于经纪人是证券买者与卖者的中介代表，在证券交易中具有重要地位，故各国都对他们进行严格的管理。

4. 证券商

证券商是专门从事有价证券买卖业务的商号和商人。它(他)们是证券市场的主要参加者。如前所述，证券交易是涉及许许多多投资者的特殊交易，公开竞价买卖，但又需要集中进行，证券经纪人和证券交易商必然要发展起来。

根据证券商活动的内容不同，可以分为以下几种：

其一，证券公司。关于证券公司，前面已经说过，它是从事证券买卖的企业。在证券市场上，它们的活动相当广泛。一般有以下四个方面：①自营业务。②代理业务。③信用业务。④咨询业务。

其二，交易所交易商。证券交易所交易商是只办理自营业务，不办理委托业务的证券商。他们一般以个人身份取得交易所的席位，在交易所内通过低价买入，高价卖出，赚取利润。他们捕捉时机，频繁买卖，时间极短，故又被称为“抢帽子”者。他们的活动具有较大的投机性，但对维持市场的连续性，促进交易公平，缩小报价差额等有积极作用。

其三，零股交易商。零股交易商是专门处理不足为一个成交单位的股票买卖的证券商，亦称零头交易商。交易所交易是按成交单位进行的，如 100 股股票为一个成交单位。不足一个单位的股票称为零头，不能在交易所内买卖。

(二)保险公司

保险公司是经营保险业务的企业，是金融机构的一个组成部分。保险公司经营的基础是集中多数单位和个人的风险，用收取保险费的形式，建立保险基金，用于弥补投保人因自然灾害或意外事故造成的损失，或对个人因伤残死亡等给予物质补偿。

中国人自己创办的保险公司，是中国轮船招商局于 1885 年创办的“仁和”保险公司，这是中国的第一家保险公司。

保险公司形式很复杂，主要有以下几种：①私营保险公司。它是私人投资经营的公司，多数以股份形式出现，在资本主义社会占主导地位。②个人保险公司。它以个人身份承做保险业务，这只在英国很盛行，其他国家很少出现。③合作保险。这是西方互助保险公司，是办理相互保险业务的公司。④公私合营保险机构。⑤自保保险公司。一些大公司和托拉斯，为了节约保险费，减轻赋税负担，承担为本系统服务的保险公司。⑥国营保险公司。

（三）信托公司

信托公司是以代人理财为主要经营内容，以受托人身份经营现代信托业务的金融企业。现代信托业务起源于英国，但在历史上最早的信托公司却产生于美国，美国“马萨诸塞慈善人寿保险公司”于 1818 年被核准许可营业，英国第一家信托公司“伦敦受托遗嘱执行和证券保险公司”则成立于 1886 年。

信托公司的业务主要分为货币信托和非货币信托两大类。货币信托包括：信托贷款、养老金信托、有价证券信托投资、养老金和投资基金信托、其他货币信托。非货币信托包括：有价证券信托、债权信托、不动产信托、动产信托、担保权信托。

中国最早的信托公司是 1921 年在上海成立的“上海通商信托公司”。

1979 年，中国银行恢复设立信托咨询部；同年 10 月，中国国际信托投资公司成立。

（四）租赁公司

租赁公司是通过融资形式起融物作用的企业。第一家租赁公司于 1952 年 5 月由 H·叙恩费尔德在美国旧金山创立，叫美国金融贴现公司，现为美国国际租赁公司。

租赁按其性质可分为两大类：金融租赁和经营租赁。金融租赁是融资和融物相结合的一种信用方式。

金融租赁是租赁公司根据客户需要购进机器设备等，租给企业使用；企业付给一定量租金，待租期届期时，承租人有竞购、续租、退还的选择权。租赁和贷款不同之处是融资和融物相结合，融资和融物都是所有权和使用权相分离。

经营租赁是出租人将自己经营出租的设备或用品反复出租的租赁行为。这种租赁的特点是时间短，一般在一年以内，所租用物不是企业常用设备或物资。

上述两类租赁形式都可以起到节约资金，扩大投资能力的作用，也具有有利于引进外国先进设备，节约外汇使用等优点。

目前，国际上的租赁行业由三种类型的机构组成：①银行或与银行有关的金融机构所属的租赁公司。②属于制造商的租赁公司。③综合经营并独立开业的租赁公司。

（五）财务公司

财务公司亦称“财务有限公司”，是经营部分银行业务的非银行金融机构。其业务主要有发放贷款、投资，经营耐用品租赁或分期付款的销货业务。其资金来源有：向银行借款，出卖商业票据，推销企业股票、债券和发行本公司证券（大额存款证），多数财务公司还接受定期存款。西方财务公司业务逐渐扩大，几乎与投资银行无多大差异。西方财务公司在发放消费信贷方面占有特殊重要位置。

中国的财务公司多为产业集团分公司集资而成，宗旨和任务是为本企业集团内部各企业筹资和融通资金，促进其技术改造和技术进步，一般不向企业集团之外吸收存款。

（六）风险投资公司与私募股权基金公司

风险投资（VC）又称创业投资，指向具有高增长潜力的未上市的创业企业进行股权投资，并通过提供创业管理服务参与所投资企业的创业过程，以期在所投资企业相对成熟后通过股权转让等形式，实现资本增值收益的资本运作方式。

其特征为：

(1)投资对象一般为处于创业期的中小型企业，而且多为高新技术企业；

(2)投资期限一般在3—5年，投资方式一般为股权投资；

(3)通过上市、收购兼并或股权转让等方式撤出资本，实现增值。

私募股权融资(PE)，指企业通过协商、招标等非社会公开方式，向特定投资人出售股权进行的直接融资。通过私募股权融资引入风险投资是中小企业融资的一个重要途径。企业从创立、发展到上市，大多经过初始融资—私募股权融资—公开上市融资等三个阶段。私募股权融资在企业上市融资过程中起着承上启下的作用。

同步案例10－1　　2014中国十大金融创新案例

用手机微信就能购物，在小卖部也能刷信用卡，呼朋唤友凑钱众筹创业……金融创新，我们越来越在日常生活中切身感受到。新金融业态流淌的不是钱，而是人的体验。

过去，谈起金融业，联想到的是壁垒森严的准入制度、围墙高砌的资本门槛，以及严丝合缝的游戏规则。如今，金融就在你的身边。当然，你还需要管中窥豹、见微知著的本领——从一个个鲜活案例中，把握新时代金融演进的脉搏起伏。

榜样的力量是无穷的。在由深圳市政府中国贸促会、深圳市人民政府主办，深圳市金融办、深圳市贸促委、深圳国际商会承办，《快公司》中文版联合承办的2014深圳金博会创新金融论坛现场，组委会共同发布了2014中国十大金融创新案例，该评选已进入第二届，被视为金融未来新动向的“望远镜”。

2014中国十大金融创新案例名单

钱方QPOS：来自北京钱方银通科技有限公司

微信支付：来自深圳市腾讯计算机系统有限公司

众筹网：来自网信金融集团

广发银行“24小时智能银行”：来自广发银行

南方创投网：来自深圳互联网投融资服务平台

安心牛：来自深圳市小牛电子商务有限公司(在优质的P2P平台上，项目风险可控、收益高，经常一发布即被抢购一空)。

招商银行咖啡陪你：来自招商银行

阿里小额贷款：来自浙江阿里巴巴小额贷款股份有限公司

88财富：来自中科创金融控股集团

橙e网：来自平安银行股份有限公司

资料来源：朝闻天下

思考与讨论：

结合本项目的知识，分析金融机构进行金融创新的理由和意义。

任务三　国际金融机构

国际金融机构有广义和狭义之分。广义的国际金融机构包括政府间国际金融机构、跨国银行、多国银行集团等。狭义的国际金融机构主要指各国政府或联合国建立的国际金融机构组织，分为全球性国际金融机构和区域性国际金融机构，此处介绍的国际金融机构主要指后者。

一、全球性国际金融机构

目前，全球性的国际金融机构主要有国际货币基金组织、世界银行集团、国际清算银行。

(一)国际货币基金组织

国际货币基金组织是为协调国际货币政策和金融关系，加强货币合作而建立的国际性金融机构，于1945年12月成立，总部设在华盛顿。在成立初期，成员国只有39个，到2008年9月26日增至185个，基金总份额为2 173.727亿特别提款权，总的投票权为221.6193万个。我国曾是该组织的创始国之一，但新中国建立以后，一直被排斥在外，1980年才正式恢复席位。国际货币基金组织的宗旨是：通过成员国共同研讨和协商国际货币问题，促进国际货币合作；促进国际贸易的扩大和平衡发展，开发成员国的生产资源；促进汇率稳定和成员国有条件的汇率安排，避免竞争性的货币贬值；协助成员国建立多边支付制度，消除妨碍世界贸易增大的外汇管制；协助成员国克服国际收支困难。

国际货币基金组织的最高权力机构是理事会，由成员国选派理事和副理事各1人组成，理事会对有关国际金融重大事务的方针、政策作出决策，并就一些重大问题提交国际货币基金组织的常设机构——执行董事会处理。执行董事会由22人组成，董事由占有基金份额最多的国家及地区推选任命，其中7人分别由美、英、德、法、日、沙特和中国单独指派。

成员国认缴的基金份额是国际货币基金组织最主要的资金来源。份额大小的重要性表现在两个方面：一是份额多少决定一国的地位和投票权，认缴的份额占总份额的比例越大，投票权就越多，进而一国在决定重大国际金融事务中就具有重要的影响作用。截至2009年8月28日，中国持有的基金份额为92.96亿特别提款权，占基金总份额的3.72%；中国在基金组织的投票权为81 151个，占总投票权的3.66%。二是份额的多少决定成员国获得基金组织贷款的多少。除了基金份额之外，国际货币基金组织的资金来源还包括：通过资金运用取得的利息和其他收入；某些成员国的捐赠款或认缴的特种基金；向官方和市场的借款。其中，借款只是一种临时性的周转措施或特种安排。为了保证国际货币基金组织贷款的优惠性质，国际货币基金组织一般不从市场借款，而是从各国政府或政府集团及其他金融机构借款。

国际货币基金组织的贷款对象只限于成员国官方财政金融当局，而不与任何私营企业进行业务往来；贷款用途只限于弥补成员国国际收支逆差或用于经常项目的国际支付；国际货币基金组织的贷款都是短期贷款，1年至5年不等，贷款利率按贷款期限和额度的累进递增收取；贷款额度有限制，与借款国认缴的基金份额大小成正比；贷款种类目前主要有普通贷款、出口波动补偿贷款、缓冲库存贷款、中期贷款、补充贷款、信托基金贷款等。

(二)世界银行集团

世界银行集团由世界银行、国际金融公司、国际开发协会、国际投资争端处理中心、多边投资担保机构五个机构构成。

世界银行又称国际复兴开发银行，是1945年与国际货币基金组织同时成立的国际金融机构，于1946年6月正式营业，总部设在华盛顿。世界银行与国际货币基金组织的组织结构相似，但世界银行历任行长都是美国人。与国际货币基金组织一样，世界银行的资金来源中最主要的是成员国认缴的份额。世界银行认缴份额与投票权的规定也与国际货币基金组织相同。另外，世界银行还从各种渠道筹集资金：来自官方的占30%，向国际市场借款占70%，这些资金均以固定利率借入。此外，世界银行还采用在国际资本市场发行中长期债券和将贷出款项的债权转让给商业银行等方式进行业务活动。同时，世界银行还从事向会员国提供技术援助、担任国际银团贷款的组织工作、协调与其他金融机构的关系等活动。世界银行的贷款对象可以是成员国政府，国有企业和私有企业则要由政府担保。世界银行的贷款用途较广，包括工业、农业、能源、运输、教育等，一般都是项目贷款。贷款期限为20年左右，并有5年宽限期，利率比较优惠。贷款额度要考虑借款国人均国民生产总值、还债信用强弱、借款国发展目标和需要、投资项目的可行性及在世界经济发展中的次序等。中国是世界银行的创始国之一，1980年5月恢复合法席位。

国际金融公司是专门向经济不发达成员国的私有企业提供贷款和投资的国际性金融组织，属世界银行集团，总部设在华盛顿，1956年建立。国际金融公司是世界上为发展中国家提供贷款最多的多边金融机构。资金来源主要是成员国认缴的股本、借入资本和营业收入；资金运用主要是提供长期的商业融资。其业务宗旨是促进发展中国家私营部门投资，从而减少贫困，改善人民生活。国际金融公司利用自有资源和在国际金融市场上筹集的资金为项目融资，同时向政府和企业提供技术援助和咨询。

国际开发协会是专门向较贫穷的发展中国家发放条件较宽的长期贷款的国际金融机构，属世界银行集团，1960年建立，总部设在华盛顿。其活动宗旨主要是向最贫穷的成员国提供无息贷款，促进它们的经济发展。这种贷款具有援助性质。我国曾是这类无息贷款的承受国，但随着综合国力的增强，于1999年7月1日不再接受国际开发协会无息贷款。国际开发协会的资金来源中最主要的是成员国认缴的份额，同时依靠发达国家成员国增资、世界银行拨款和营业收入来扩大资本。国际开发协会的贷款对象按规定是官方和公私营企业，但实际上都是较贫穷的成员国政府。贷款多用于农业、乡村发展项目、交通运输、能源等。贷款条件优惠，还款年限为50年，宽限期为10年，且不收利息，每笔贷款只需支付0.75%的手续费。

多边投资担保机构成立于1988年，其宗旨是通过向外国私人投资者提供包括征收风险、货币转移限制、违约、战争和内乱风险在内的政治风险担保，并通过向成员国政府提供投资促进服务，加强其吸引外资的能力，从而促使外国直接投资流入发展中国家。多边投资担保机构积极支持中国吸引外国直接投资，曾为我国的制造业、基础设施等提供了多项担保。

（三）国际清算银行

国际清算银行是西方主要发达国家中央银行和若干大商业银行合办的国际金融机构，成立于1930年5月17日，总部设在瑞士巴塞尔。初建的目的是处理第一次世界大战后德国赔款的支付和解决协约国之间的债务清算问题。国际货币基金组织成立后，国际清算银行主要办理国际清算，接受各国中央银行存款并代理买卖黄金、外汇和有价证券，办理国库券和其他债券的贴现、再贴现等；此外还负责协调各成员国中央银行的关系，故有“央行的央行”之称。目前国际清算银行的主要任务是促进各国中央银行之间的合作并为国际金融业务提供新的便利，促进国际金融稳定。其主要职能包括：为各国中央银行提供各种金融服务，帮助各国中央银行管理外汇储备；研究货币与经济问题，并协调国家间的货币政策；协助执行各种国际金融协定。

国际清算银行领导下的常设监督机构称作巴塞尔银行监管委员会，致力于跨国性银行的监管工作。该委员会签署的《巴塞尔协议》和《〈巴塞尔资本充足协议〉的补充协议》成为国际统一的银行监督管理协议。中国人民银行已于1996年9月加入该行。目前国际清算银行在香港设有代表处。

二、区域性的金融机构

(一)亚洲开发银行

亚洲开发银行是西方国家与亚洲太平洋地区发展中国家合办的政府间的金融机构，1966年在东京成立，总行设于菲律宾的首都马尼拉。最初有成员国31个，2008年年底增加到67个，其中48个来自亚太地区，其余19个来自其他地区。我国于1986年3月正式恢复在亚洲开发银行的合法席位。

亚洲开发银行是一个致力于促进亚洲及太平洋地区发展中国家经济发展的区域性金融机构。它不以营利为目的，经营宗旨是通过发放贷款、进行投资和提供技术援助，促进亚太地区的经济发展与合作。

亚洲开发银行的资金来源主要是成员国认缴的股本，其次是借款、发行债券以及某些国家的捐赠款和由营业收入积累的资本。截至2008年年底，中国持有亚行总股份中的228 000股，占总股份的6.429%；中国在亚行有241 232个投票权，占总投票权的5.442%。亚行的主要业务是向亚太地区的成员国政府及其所属机构、境内公私企业以及与发展本地区有关的国际性或地区性组织提供长期贷款。贷款分为普通贷款和特别基金贷款两种。普通贷款期限为12年至25年，年利率为7.5%；特别基金贷款期限为25年至30年，有的长达40年，年利率为1%至3%。自亚行成立以来，其贷款业务发展十分迅速，涉及众多部门，其中农业和农产品加工业、能源及交通运输业是亚行发放贷款的重点部门。

(二)非洲开发银行

非洲开发银行是非洲国家政府合办的互助性国际金融机构，成立于1963年9月，1966年7月正式开业，行址设在科特迪瓦首都阿比让。最初只有除南非以外的非洲国家才能加入该行。为了广泛吸收资金和扩大该行的贷款能力，该行理事会在1980年5月第十五届年会上通过决议欢迎非洲以外的国家入股。1985年5月，我国正式参加了非洲开发银行。截至2009年年底，非洲开发银行有77个成员国，非洲53个国家全部为其成员，此外还有包括中国在内的区外成员24个。

非洲开发银行的宗旨是为成员国经济和社会发展提供资金，促进成员国的经济发展和社会进步，帮助非洲大陆制定发展的总体规划，协调各国的发展计划。资金来源主要是成员国认缴的股本，主要任务是向成员国提供普通贷款和特别贷款。特别贷款条件优惠，期限很长，最长可达50年，贷款不计利息，主要用于大型工程项目建设，贷款对象仅限于成员国。

(三)泛美开发银行

泛美开发银行是由美洲及美洲以外的国家联合建立、主要向拉丁美洲国家提供贷款的金融机构，成立于1959年，1960年10月正式营业，行址设在华盛顿。该银行最初的成员国有美国为首的20个美洲国家，到2009年12月其成员国增加到48个，其中26个来自拉丁美洲和加勒比地区，22个来自欧洲、北美洲和亚洲。1991年中国成为泛美开发银行的观察员，1993年正式提出加入该行的申请，2007年3月19日中国人民银行行长周小川代表中国政府与泛美开发银行行长签署了关于中国加入该行的谅解备忘录。

泛美开发银行的宗旨是集中美洲各国财力，对中、南美洲发展中成员国的经济和社会发展提供资金和技术援助。该银行的资金来源有成员国认缴的股本和银行借款两大部分，资金运用主要是向成员国提供贷款，包括普通贷款和特别业务基金贷款。普通贷款向政府、公私团体的特定经济项目提供，贷款期限为10年至25年，用发放贷款时所使用的货币偿还，贷款利率为8%。特别业务基金贷款对象为以公共工程为主的特别经济项目，贷款期限为10年至30年，利率低于普通贷款利率，并可部分或全部用本国货币偿还。

三、国际金融机构的作用与局限性

在现行的国际货币制度和国际金融活动中，国际金融机构具有重要的作用，主要体现在六个方面：一是维持汇率稳定；二是对金融业的国际业务活动进行规范、监督与协调；三是提供长短期贷款以调节国际收支的不平衡和促进经济发展；四是积极防范并解救国际金融危机；五是就国际经济、金融领域中的重大事件进行磋商；六是提供多种技术援助、人员培训、信息咨询等服务，借此加强各国经济与金融的往来，推动全球经济共同发展。

但目前国际金融机构的作用也有局限性，例如一些机构的领导权被主要的发达国家控制，发展中国家的呼声、建议往往得不到重视；向受援国提供贷款往往附加限制性的条件，要求受援国满足某些前提性的要求之后才能使用贷款，而这些要求大多是对一国经济体系甚至政治体系的不恰当干预，不对症的干预方案常常会削弱或抵消优惠贷款所带来的积极作用。

任务四　我国的政策性金融机构

1994年以前，我国没有专门的政策性金融机构，国家的政策性金融业务，分别由当时几家国有的专业银行承担。1994年，根据国务院《关于金融体制改革的决定》，我国建立了国家开发银行、中国进出口银行、中国农业发展银行三家政策性银行；2001年又设立了中国出口信用保险公司。

一、国家开发银行

国家开发银行于1994年3月17日正式成立。当时设立国家开发银行的主要考虑是，一方面，为国家重点建设融通资金，保证关系国民经济全局和社会发展的重点项目的建设顺利进行；另一方面，把当时分散管理的国家投资基金集中起来，建立投资贷款审查制度，赋予国家开发银行一定的投资贷款决策权，并要求其承担相应的责任与风险，有利于防止盲目投资，重复建设。

国家开发银行成立之初的注册资本金为500亿元人民币，从国家财政逐年划拨的经营性建设基金和经营基金回收资金（含原"拨改贷"）中安排。其总部设在北京，经批准可在国内外设置必要的办事机构。1998年12月11日，经中国人民银行批准，中国投资银行并入国家开发银行。后来，适应业务发展的需要，国家开发银行在各省、直辖市、自治区（除西藏外）以及大连设立了分行，在西藏、厦门和香港设立了代表处。2008 年年底，国家开发银行总资产达 38 212亿元。

国家开发银行设立之初的主要任务是：建立长期稳定的资金来源，确保重点建设资金需要，办理政策性重点建设贷款和贴息贷款业务；对固定资产投资总量和结构进行调节；逐步建立投资约束和风险责任机制，按照市场经济的运行原则办事，提高投资效益。

需要说明的是经国务院批准，国家开发银行于 2008 年 12 月 11 日整体改制为商业银行——国家开发银行股份有限公司，股份总数为3 000亿股，其中财政部出资1 539.08亿元人民币，持有1 539.08亿股，占比 51.3%；中央汇金有限责任公司出资1 460.92亿元人民币，持有1 460.92亿股，占比 48.7%。因此，国家开发银行现在属于国有商业银行。该行注册资本为3 000亿元。改制后的国家开发银行承继了原国家开发银行的全部资产、负债、业务、机构网点和人员，依法承担和履行原国家开发银行在有关具有法律效力的合同或协议中的权利、义务以及相应的债权债务关系和法律责任。

二、中国进出口银行

随着我国对外经济贸易的扩大，运用补贴以施加特殊保护，促进出口的老办法已经过时。为了按照国际惯例运用出口信贷、担保等通用做法，扩大机电产品，特别是大型成套设备和高技术、高附加值产品的出口，合理促进对外贸易的发展，创造公平、透明、稳定的贸易环境，我国成立了中国进出口银行。

中国进出口银行于 1994 年 7 月 1 日成立，总行设在北京。截止到 2008 年年底，中国进出口银行在国内设有 11 家营业性分支机构和 4 个代表处；在境外设有东南非代表处、巴黎代表处和圣彼得堡代表处；与 500 多家银行建立了代理行关系。

中国进出口银行的主要职责是贯彻执行国家产业政策、外经贸政策、金融政策和外交政策，为扩大我国机电产品、成套设备和高新技术产品进出口，推动有比较优势的企业开展对外承包工程和境外投资，促进对外关系发展和国际经贸合作，提供政策性金融支持。

三、中国农业发展银行

农业是国民经济的基础。我国农业基础薄弱，利益比较低，地区差异大。农业的发展，尤其是落后地区农业的发展，粮、棉、油等主要农产品的生产、收购、储备和销售与国计民生息息相关，在相当大的程度上需要国家的支持。长期以来，国家在农业方面投入了大量资金，但信贷资金被挤占挪用的情况也十分严重。为了集中力量解决农业和农村经济发展合理的政策性资金需要，促进主要农产品收购资金的封闭运行，国务院决定成立农业方面的政策性银行，即中国农业发展银行。

中国农业发展银行于 1994 年 11 月 18 日正式成立，注册资本金为 200 亿元。

中国农业发展银行的资金来源主要是中国人民银行的再贷款，同时，该行也发行少量的政策性金融债券。

四、中国出口信用保险公司

中国出口信用保险公司(简称中国信保)于 2001 年 12 月 18 日正式成立，注册资本为 40 亿元人民币，资本来源为出口信用保险风险基金，由国家财政预算安排。中国出口信用保险公司目前是我国唯一承办出口信用保险业务的政策性保险公司。

中国出口信用保险公司的主要任务是：积极配合国家外交、外贸、产业、财政、金融等政策，通过政策性出口信用保险手段，支持货物、技术和服务等出口，特别是高科技、附加值大的机电产品等资本性货物出口，支持中国企业向海外投资，为企业开拓海外市场提供收汇风险保障，并在出口融资、信息咨询、应收账款管理等方面为外经贸企业提供快捷、完善的服务。

项目十一　中央银行

学习目标

能力目标

1. 能够理解中央银行与政府关系、中央银行的相对独立性；

2. 能够认识中央银行在金融机构体系和整个经济中的地位和作用。

知识目标

理解：中央银行的产生及发展、我国中央银行的产生及发展。

熟知：中央银行的类型与组织结构、中央银行的类型、中央银行的资本组成类型。

掌握：中央银行的组织结构；中央银行的性质、特征、职能；中央银行与政府关系；中央银行的业务。

素质目标

1. 具备收集资料、分析资料的能力；

2. 具备独立思考、团结协作的能力，注重团队的成绩与荣誉；

3. 培养与人沟通、言行举止得体等综合素质能力。

项目引例

海南地下钱庄洗钱案的思考

海南省公安厅经侦总队破获一起特大转账提现型地下钱庄案件，该犯罪团伙，在 2 年时间，利用深圳市汇金信投资有限公司为掩护，20 家“空壳”潜公司为载体，将 727 亿多元转至4 473个境内外账户，金额涉及 29 个省市。此次曝出的特大地下钱庄案，庞大的经营金额和地下钱庄的滋生速度令人震惊，该案件也折射出我国金融制度的缺陷和监管力度的缺失。犯罪团伙在深圳的投资公司接到“业务”后，将“客户”对公账户中的资金转入海南事先注册好的工具公司对公账户中，再通过网银将海南对公账户资金转入工具账户，最后转入“客户”指定的账户中。在此转账过程中，基层行反洗钱监管能力不到位也是该案发生的重要原因。银行监管部门对开设账户、中小型个体单位注册及运营情况的监管还不全面，不能实时发现可疑资金交易账户的活动情况。提高基层行反洗钱能力，是今后防范地下钱庄洗钱案的关键。首先，商业银行是经营货币的企业，犯罪分子在放置、离析和归并洗钱“三部曲”中，银行自然就成为首选通道。银行很可能有意或无意地被卷入“洗钱”犯罪活动中，扮演着不光彩的角色。其次，银行具有发现洗钱的业务和技术的条件。银行从事货币经营业务，为客户办理资金存取、汇出汇入往来款项，具有识别可疑交易的便利条件。同时，银行的业务操作流程和内控措施，通过保存客户的交易记录，可以控制和防范洗钱犯罪。

思考与讨论：反洗钱是我国中央银行除传统业务以外适应新形势需要开展的一项主要业务，那么中央银行都办理哪些主要业务？

任务一　中央银行概述

当今世界上大多数国家和地区都建立了中央银行制度，这些国家和地区的中央银行或类似于中央银行的机构，均处于金融体系的核心地位，其不仅担负着制定和执行货币政策，对整个国民经济发挥着宏观调节作用，而且担负着监管商业银行、非银行金融机构以及金融市场的责任。

一、中央银行的产生及发展

（一）建立中央银行的必要性

随着资本主义经济的发展，现代资本主义银行在资本主义国家也迅速建立和发展起来。但是，现代银行出现后的一个相当长时期内，并没有专门发行银行券的银行，更没有中央银行。随着客观经济发展的需要，建立中央银行的必要性逐渐体现，集中表现在以下几个方面：第一，统一发行银行券的需要。第二，集中办理票据交换及清算的需要。第三，为众多商业银行提供最后的资金支持即“最后贷款人”的需要。第四，代表政府监管金融业的需要。

（二）中央银行产生和发展的过程

上述建立中央银行的几方面客观要求并非同时提出的，中央银行的产生也经历了一个长期的过程。

通常在谈及中央银行起源时，首先提到瑞典银行和英格兰银行。前者成立于 1656 年，后者成立于 1694 年，但它们成立之初并非就是中央银行。瑞典银行初建时是一般私营银行，后于 1668 年改组为国家银行。实际上，直到 1897 年它才独占货币发行权。真正最早全面发挥中央银行功能的应属英格兰银行。英格兰银行作为世界上最早的私人股份银行，成立之初就已具有与其他银行不同的特权，比如接受政府存款并向政府提供贷款，在发行银行券上有优势等。但成为中央银行的决定性的第一步，即基本垄断货币发行权，却是其成立 150 年后的 1844 年的事情。1844 年通过的《英格兰银行条例》，结束了在英国有 279 家银行都发行银券的局面。1854 年，英格兰银行成为英国银行业的票据交换中心；1872 年，它开始对其他银行承担起在困难时提供资金支持即“最后贷款人”的责任，并且由于它在发生金融危机时的特殊作用，使它具有相当程度的全国金融管理机构的色彩。

在整个 19 世纪到第一次世界大战爆发前这 100 多年里，出现了成立中央银行的第一次高潮。例如，成立于 1800 年的法兰西银行，到 1848 年垄断了全法国的货币发行权，并于 19 世纪 70 年代完成了向中央银行的过渡；德国于 1875 年把原来的普鲁士银行改为国家银行，并于 20 世纪初基本上独享货币发行权；1913 年，美国联邦储备系统建立，是这个阶段最后形成的中央银行制度。在此期间，世界上约有 29 家中央银行相继设立，其中绝大部分是欧洲国家。它们主要是本国客观经济、金融发展的产物，并且除个别外，都是由普通银行通过逐步集中货币发行和对一般银行提供清算服务及资金支持而演进为中央银行的。

第一次世界大战结束后，面对世界性的金融恐慌和严重的通货膨胀，1920 年在布鲁塞尔召开的国际经济会议上，要求尚未设立中央银行的国家应尽快建立中央银行，以共同维持国际货币体系和经济稳定，由此，推动了又一次中央银行成立的高潮。中央银行的三大职能——发行的银行、银行的银行、国家的银行——在这段迅速扩展时期中逐渐完善。第二次世界大战以后，一批经济较落后的国家摆脱了宗主国或殖民者的统治获得独立，它们皆视中央银行的建立为巩固民族独立和国家主权的一大标志，纷纷建立本国的中央银行。目前，世界上只有极少量的殖民地、附属国尚无自己的中央银行。可见，中央银行的建立主要是通过两个途径进行的：一是从众多的商业银行中逐渐分离出一家银行，逐渐演变为中央银行；二是有国家运用行政力量专门建立的中央银行。

(三)国家对中央银行控制的逐步加强

中央银行一经产生就与政府有着密切的联系，经常体现或实现着政府的某些意图，包括在金融管理中承担一定的责任。从这个意义上说，国家从来都在一定程度上控制着中央银行，尽管这种控制程度在不同的国家以及在同一国家的不同时期强弱不一。

国家对中央银行的控制，总的说来有加强的趋势，尤其是 20 世纪 30 年代经济、金融大危机以来更为明显。

20 世纪 30 年代的经济大危机，动摇了传统的认为经济自身能够自我调整而实现均衡的观念。应运而生的凯恩斯经济理论论证了资本主义经济不能自发达到充分就业的均衡，并进一步指出了政府干预经济的必要性。在这种理论的指导下，中央银行就成为政府对宏观经济施加调节的重要工具之一。中央银行的货币政策已不仅着眼于稳定银行业自身，而是着眼于稳定整个国民经济。

既然政府要利用中央银行调控宏观经济，那么，其加强对中央银行的控制就是顺理成章的事情，而且必然会引起中央银行制度发生新的变化。第二次世界大战后，政府对中央银行控制的强化直接表现为：

第一，中央银行的国有化。各国中央银行实质上成为政府机构的一部分。

第二，制定新的银行法。第二次世界大战后各国纷纷制定新的银行法，明确中央银行的主要职责就是贯彻执行货币金融政策，维持货币金融的稳定，如日本的新银行法规定，中央银行必须“以谋求发挥全国的经济力量，适应国家政策的需要，调节货币，调整金融及保持并扶植信用制度为目的”。这就从立法上保障了国家对中央银行的控制。

二、我国中央银行的产生及发展

(一)旧中国的中央银行

旧中国的中央银行萌芽于 20 世纪初。像中国银行(其前身是清政府于 1904 年设立的户部银行，1908 年更名为大清银行)和交通银行(1908 年设立)，均由于它们的起始就与政府有着密切的关系并发行作为法偿货币的纸币，而部分地起着中央银行的作用。国民党政府的中央银行正式成立于 1928 年 11 月，初始时，其力量远远不及当时的中国银行和交通银行。后来其实力的逐步雄厚与地位的日益增强，也是伴随着对中国银行、交通银行实行增资改组及各种形式的渗透，从而将它们完全置于政府控制之下的进程达到的。至 1942 年，中央银行集中了全国的货币发行，取得垄断全国金融的核心地位。1949 年，随着新中国的诞生，国民党政府的中央银行及其纸币一同在大陆退出了历史舞台。

(二)新中国的中央银行

新中国的中央银行是中国人民银行。中国人民银行是1948年12月1日在合并解放区的华北银行、北海银行和西北农民银行的基础上于河北省石家庄市组建的，直到改革开放前，其既是行使货币发行和金融管理职能的国家机关，又是从事信贷、储蓄、结算、外汇等业务经营活动的经济组织，其机构遍及全国城乡。这种全国基本上只有中国人民银行一家、集中央银行和一般银行的职能与业务于一身的“大一统”银行体制，是与当时实行高度集中统一的计划经济管理体制相联系的。其间虽也存在过一两家专业银行，但它们也不过是财政部或中国人民银行所属的业务部门。1979年后，伴随着经济体制改革进行的金融体制改革，改变了旧有的“大一统”格局，陆续恢复和分设了一些专业银行，开设了各种其他金融机构以及允许外资、侨资在华设立银行分支机构等。与之同时，融资形式、银行业务种类等方面的改革也取得突破。这些变化就使得金融领域中协调、疏导、管理等问题上升到一个重要的位置。但是，直到1983年，中国人民银行仍然一身兼二任：既担负日趋繁重的金融管理任务，同时还经营占全国银行业务绝大比重的工商信贷与城镇储蓄业务。

在这样的背景下，1983年9月，国务院决定：中国人民银行专门行使中央银行职能，以利于其集中力量研究整个金融工作的方针和政策及有效地进行金融宏观调控与管理；中国人民银行原来承办的工商信贷和城镇储蓄业务则新设中国工商银行来经营。1984年1月1日，这一决定得以实施。中国人民银行完全摆脱具体银行业务这一步骤，标志着我国金融制度变革的重大转折，即中央银行体制的正式建立。1995年3月18日，第八届全国人民代表大会第三次会议通过了《中华人民共和国中国人民银行法》，首次以国家立法形式确立了中国人民银行作为中央银行的地位，标志着中央银行体制走向了法制化、规范化的轨道，是我国中央银行制度建设的重要里程碑。

任务二　中央银行的类型与组织结构

一、中央银行的类型

就各国的中央银行制度来看，大致可归纳为四种类型：单一型、复合型、跨国型以及准中央银行型中央银行制度。

(一)单一型中央银行制度

单一型中央银行制度是指国家单独建立中央银行机构，使之全面、纯粹行使中央银行职能，并领导全部金融事业的制度。单一的中央银行制度又分有如下三种具体情形：

1. 一元式

这种体制是在一个国家内只建立一家统一的中央银行，机构设置一般采取总分行制。目前世界上绝大部分国家的中央银行都实行这种体制，我国也是如此。

1998年以前，我国的中央银行是完全按行政区划和级别设置机构的。中国人民银行在北京设立总行，是国务院下属的一个部级机构，在各省、地(市)、县设立对应的分支机构，中央银行分支行等机构的设置与行政区划的省、市、县重合。这些分支机构在“条条”上归上级行领导，在“块块”上受制于当地政府。在这种组织结构下，容易导致分支机构职能的地方化，即中央银行分支机构立场、行为的非中央银行化。在地方利益的驱动下，地方政府盲目上项目、铺摊子，而中央银行分支机构又难以摆脱地方政府的直接行政干预，这就难免助长地方一级的投资膨胀和信贷膨胀，使中央银行的超脱性和独立性受到限制。

鉴于此，1998年我国改革了这一做法，将把按行政区划设置分支机构逐步改为按经济区划设置分支机构。当年撤销了原各省、自治区、直辖市一级分行，在全国设置了九家跨区分行和两家总行营业部。九大跨区分行分别设在沈阳（辖黑龙江、吉林和辽宁）、天津（辖天津、山西、内蒙古和河北）、西安（辖陕西、青海、宁夏、新疆和甘肃）、济南（辖山东、河南）、武汉（辖湖北、湖南和江西）、上海（辖上海、浙江、福建）、南京（辖江苏和安徽）、成都（辖四川、贵州、云南和西藏）和广州（辖广东、广西和海南）。两个总行营业部分别设在北京和重庆。

2. 二元式

这种体制是一国内建立中央和地方两级相对独立的中央银行机构。地方级中央银行虽然也要受中央级中央银行的监督管理，并执行统一的金融政策，但它们在各自所辖地区内有较大的独立性，与中央级机构并非总分行的关系，德国加入欧洲中央银行之前就实行这种体制。

3. 多元式

这是在一个国家内建立较多的中央银行机构执行中央银行职能和任务。只有美国联邦储备体系是这种格局。美国将全国划分为12个联邦储备区，每个区设立一家联邦储备银行为该地区的中央银行，它们在各自辖区内的一些重要城市设立分行。这些联邦储备银行均不受州政府和地方政府的管辖，它们各有自己的理事会，有权印刷联邦储备券（无发行权）和根据本地区实际情况执行中央银行的特殊信用业务。在国家联邦储备银行之上设联邦储备委员会，进行领导和管理，制定全国的货币信用政策。同时，在联邦储备体系内还设有联邦公开市场委员会和联邦顾问委员会等平行管理机构。联邦储备委员会拥有整个体系的最高决策权，实际上的美国中央银行总行，直接对国会负责。

（二）复合型中央银行制度

复合型中央银行制度是指一个国家没有设专司中央银行职能的银行，而是由一家大银行集中中央银行职能和一般商业银行的经营职能的中央银行体制。这种类型的中央银行制度主要存在于过去的苏联和东欧等国。我国在1984年以前也一直实行这种中央银行制度。

（三）跨国型中央银行制度

跨国型中央银行制度是由参加某一货币联盟的所有成员国联合组成的中央银行制度。第二次世界大战后，许多地域相邻的一些欠发达国家建立了货币联盟，并在联盟内共同成立参加国共同拥有的统一的中央银行。这种跨国的中央银行可以发行共同的货币和为成员国制定货币金融政策。宗旨则在于推进联盟内各国经济的发展及避免通货膨胀。比如，由贝宁、科特迪瓦、尼日尔、塞内加尔、多哥和上沃尔特（现为布基纳法索）等国组成的西非货币联盟所设的中央银行，由喀麦隆、乍得、刚果、加蓬和中非共和国组成的中非货币联盟所设的中非国家银行，以及东加勒比海货币管理局等等，都是完全的或不完全的跨国中央银行体制。

此外，值得特别关注的跨国型中央银行是欧洲中央银行。欧共体（现为欧盟）成员国为适应其内部经济金融一体化进程的要求，于1969年12月正式提出建立欧洲经济与货币联盟，以最终实现统一的欧洲货币、统一的欧洲中央银行、统一的货币与金融政策。1979年3月，自正式开始实施欧洲货币体系建立的计划以后，其进程虽然缓慢且困难重重，但还是在一步一步向前推进。1998年6月1日，欧洲中央银行宣告成立，并于当年7月1日正式运作，并规定1999～2002年为实行欧洲货币——欧元（EURO）——的过渡期。1999年1月1日开始在欧元区内为所有国家制定统一的货币政策，并由各成员国中央银行执行，到2002年7月1日，欧元成为唯一的合法货币。

欧洲中央银行的总部设在德国的法兰克福，其基本职责是制定和实施欧洲货币联盟内统一的货币政策，以维持欧元地区内的币值稳定为首要目标。从制度构架上讲，欧洲中央银行由两个层次构成：一是欧洲中央银行本身；二是欧洲中央银行体系，由欧洲中央银行和所有参加欧元区的成员国中央银行组成。前者具备法人身份，后者则没有。

(四)准中央银行型制度

准中央银行是指有些国家或地区只设置类似中央银行的机构，或由政府授权某个或几个商业银行行使部分中央银行职能的体制，新加坡、中国香港属于这种体制。新加坡设有金融管理局、货币委员会(常设机构为货币局)两个机构来行使中央银行的职能，其中金融管理局负责制定货币政策和金融业的发展政策，执行除货币发行以外的中央银行的一切职能，而货币委员会主要负责发行货币、保管发行准备金和维护新加坡货币的稳定。另外，新加坡还设有投资局和中央公积金局等政府机构，配合金融管理局、货币委员会行使金融管理和货币发行等中央银行的职能。

香港在过去很长时期并无一个统一的金融管理机构，中央银行的职能由香港政府、同业公会和商业银行分别承担。1993年4月1日，香港成立了金融管理局，集中了货币政策、金融监管及支付体系管理等中央银行的基本职能，但它又不同于一般中央银行，比如，由汇丰银行、渣打银行和中国银行三家商业银行履行发行钞票货币的职能；票据交换所一直由汇丰银行负责管理；政府的银行这项职能也一直由商业银行执行。

此外，斐济、马尔代夫、利比里亚、莱索托、伯利兹等国，也都实行这种准中央银行体制。

二、中央银行的资本组成类型

各国中央银行资本金的来源及其持有形式不大相同，有全部由国家投资的，有公私混合持股投资的，有全部由私人股份投资的。具体归纳如下：

(一)资本金全部为国家所有的中央银行

资本金全部属于国家所有的，称国有化中央银行。它们或是直接由国家拨款建立，或由私人商业银行经国家收买了私人股份改组而成。目前世界上大多数国家的中央银行都是国有资本形式。

(二)资本金为国家和私人混合所有的中央银行

这属于半国家性质的中央银行。其资本金一部分属于国家投入的，一般占到资本总额的50%以上，另一部分属于私人资本家。例如，日本银行由政府认购资本55%，其余45%由私人认购，私股的唯一权利是领取股息；比利时的中央银行中，国家资本占资本总额的50%；墨西哥的中央银行中，国家资本占资本总额的51%；奥地利、土耳其等国的中央银行也属于这种类型。

(三)资本金全部为私人所有中央银行

这是由私人出资的股份制中央银行。这类中央银行，资本全部由私人股东投资，经政府授权，执行中央银行职能。例如，意大利的中央银行就是按股份制组成。

另外，美国联邦储备银行，其资本属于参加联邦储备银行的各会员银行，即各会员银行认购其所参加的联邦储备银行的股票，数额相当于本身实收资本和公积金的6%(实际上缴纳的股款为3%),并享受年息6%的股息。这种形式实质上也是属于私人股份资本的中央银行。

(四)无资本金的中央银行

在这种制度下,中央银行建立时没有资本金,而是根据国家的授权而执行中央银行职能。中央银行运用的资金来源,主要是各金融机构的存款和流通中的货币。韩国的中央银行是目前唯一没有资本金的中央银行。

(五)资本金为多国所有的中央银行

货币联盟中成员国共同组建中央银行的资本金是由各成员国按商定比例认缴的,各国按认缴比例拥有对中央银行的所有权。

中央银行的资本组成,不论是属于国有、半国有,还是私有及中央银行有无资本金,并不是问题的关键所在,关键问题是中央银行受国家的直接控制和监督。中央银行的负责人由国家任命,完成国家赋予的任务。

三、中央银行的组织结构

各国中央银行根据各自的国情、历史文化、传统习惯、社会政治经济制度以及经济发展状况的不同,形成了各自的中央银行组织机构。从其决策权和执行权的关系看,中央银行的组织结构可归纳为如下类型:

(一)决策权、执行权合一型

这是将决策、执行两权集于一身的中央银行,其最高权力机构一般是理事会,如英格兰银行理事会、美国联邦储备理事会等。

(二)决策权、执行权分开型

在这种制度下,最高权力机构分为金融决策机构与执行机构,分别行使权力,日本和原联邦德国中央银行——德意志联邦银行等属这种类型。

(三)最高权力机构分为决策机构、执行机构和监督机构

欧洲中央银行成立之前的法国、比利时以及瑞士等国的中央银行的组织结构实行这种形式。

按2003年12月通过的《中华人民共和国中国人民银行法》(修正)关于中国人民银行组织结构的主要规定是:中国人民银行设行长一人,副行长若干人。行长由国务院总理提名、全国人民代表大会决定、中华人民共和国主席任免。副行长由国务院总理任命。中国人民银行实行行长负责制,即行长行使最高决策权,行长领导全行工作;副行长协助行长工作。

根据《中华人民共和国中国人民银行法》的规定,1997年设立了货币政策委员会,其职责、组成和工作程序,由国务院规定,报全国人大常委会备案。2003年修正后的该法进一步明确其应当在国家宏观调控、货币政策制定和调整中,发挥重要作用。由于货币政策委员会的性质是咨询议事机构,因此中国人民银行属于决策权、执行权和监督权合一并且权力高度集中的中央银行。货币政策的制定和执行由中国人民银行在国务院领导下进行。

中国人民银行根据履行职责的需要设立分支机构,作为中国人民银行的派出机构。中国人民银行对分支机构实行集中统一领导和管理。可见,分支机构不拥有独立的货币政策决策权。

任务三 中央银行的性质、特征和职能

一、中央银行的性质及特征

(一)中央银行的性质

中央银行的性质一般表述为:中央银行既是为商业银行等普通金融机构和政府提供金融服务的特殊金融机构,又是制定和实施货币政策、监督管理金融业、规范和维护金融秩序、调控金融和经济运行的宏观管理部门。中央银行之所以是特殊的金融机构,是因为中央银行在业务经营目标、经营对象和经营内容上与普通的商业银行和其他金融机构有着本质的区别。中央银行之所以是宏观管理部门,是因为中央银行是国家管理金融、制定和执行金融政策、控制和调节信用活动的重要工具。

(二)中央银行的基本特征

由于中央银行是代表国家管理金融的政府机关,因而决定了其所具备的基本特征是:第一,不以营利为目的。第二,不经营普通银行业务。第三,中央银行处于超然地位。

二、中央银行的职能

在现代金融体系中,中央银行处于核心地位,是一国最重要的金融管理当局和宏观经济调控部门。中央银行是特殊的银行,在一国的经济和金融运行中发挥着"发行的银行"、"银行的银行"和"国家的银行"职能。

(一)发行的银行

所谓发行的银行,就是垄断银行券的发行权,成为全国唯一的现钞发行机构。中央银行独占货币发行权,是中央银行发挥其职能作用的基础。目前,世界上几乎所有国家的现钞都由中央银行发行。一般硬辅币的铸造、发行,有的由中央银行经管,有些国家则是由财政部负责,发行收入归财政,然后由中央银行以信用程序投入流通。

在实行金本位制的条件下,对银行券发行的管理,各国均有严格的由立法程序确定的制度,如对发行限额的控制和发行保证制度等均是人们关注的问题。这是由于,当时银行券的稳定是货币流通稳定的关键性标志。20世纪以来,各国对货币供给的控制,均已涉及存款货币,而不仅仅限于通货。因为货币稳定与否的关键在于较大口径的货币供给状况。目前,对银行券发行的实际控制措施,有的国家限制现钞使用范围,但大多西方国家没有这种限制,如果说控制,那就是只有当商业银行在中央银行有准备金存款时,在存款限度之内,才有权提取现金。

银行券的发行是中央银行的重要资金来源,为中央银行调节金融活动提供了资金力量。

(二)银行的银行

中央银行只与商业银行和其他金融机构发生业务往来,不与工商企业和个人发生直接的信用关系。作为"银行的银行",中央银行集中保管商业银行的存款准备金,并对它们发放贷款,充当"最后贷款者"。中央银行在与商业银行等金融机构进行业务往来时,其主要目的是为了维护金融稳定,调控宏观经济,而不是为了盈利。这一职能具体表现在三个方面:第一,集中存款准备金。第二,最后贷款人。第三,组织全国清算。

(三)国家的银行

中央银行作为政府宏观经济管理的一个部门,由政府授权对金融业实施监督管理,对宏观经济进行调控,代表政府参与国际金融事务,并为政府提供融资、国库收支等服务。具体体现在:收授国库存款,代理国库办理各种收付和清算业务;代理政府债券的发行以及还本付息等事项;在法律许可的情况下,采取直接向政府提供短期贷款或购买政府债券等方式向政府提供资金支持;管理、经营国家外汇、黄金储备;代表政府参加国际金融组织和各种国际金融活动;制定和执行货币政策等。

作为我国的中央银行,中国人民银行垄断人民币的发行权,管理人民币流通,是"发行的银行";依法管理存款准备金、基准利率,对商业银行发放再贷款和再贴现,在金融机构出现风险时,根据情况实施必要的救助,防范和化解系统性金融风险,维护国家金融稳定,是"银行的银行";依法制定和执行货币政策,持有、管理和经营国家外汇储备和黄金储备,负责监督管理银行间同业拆借市场和银行间债券市场、银行间外汇市场、黄金市场,负责建立和管理全国银行系统的征信系统,代表国家从事有关国际金融活动等,是"国家的银行"。

拓展阅读 11-1

中国人民银行将发行航天纪念币、纪念钞

中国人民银行发布公告,称定于 2015 年 11 月 26 日发行中国航天普通纪念币一枚、中国航天纪念钞一张。

中国航天普通纪念币正面主景图案为国徽图案,其上方刊"中华人民共和国"国名,下方刊年号"2015"。

中国航天普通纪念币背面主景图案为神舟九号近轨对接航天器图案,背景外环上方自右起分别为东方红一号卫星、神舟五号、嫦娥一号、探月月球车、代表中国古代飞天梦的民间图腾图案,左下方为抽象的地球和长 2F 运载火箭图案,右下方为由和平鸽演变成的五角星和星星图案。

中国航天纪念钞主色调为蓝色。正面主景图案为神舟九号飞船与天宫一号交会对接图案。左上方为国徽图案、"中国人民银行"行名,其下方为东方红一号卫星图案。票面左下方为面额数字"100"和汉字"壹佰圆"。主景图案右侧为嫦娥一号卫星图案,其上方为面额数字"100"和"中国航天纪念"字样。

背面主景图案由上至下依次为嫦娥一号卫星图案、2020 年中国空间站"天宫"、喷气式客机、冯如 2 号双翼螺旋桨飞机、飞禽海东青图案。票面左上角为风筝局部图案,右上角为面额数字"100"。票面下方为行长章与年号"2015",中国人民银行汉语拼音字母和蒙、藏、维、壮四种民族文字的"中国人民银行"字样与面额,面额数字"100",汉语拼音字母"YUAN"。

中国航天普通纪念币面额为 10 元,直径为 27 毫米,材质为双色铜合金,发行数量为 1 亿枚。中国航天纪念钞面额为 100 元,票面长为 155 毫米,票面宽为 77 毫米,发行数量为 3 亿张。

中国航天普通纪念币、中国航天纪念钞与现行流通人民币职能相同,与同面额人民币等值流通。具体如图 11-1 所示。

图 11—1 中国航天普通纪念币、纪念钞图案

三、中央银行与政府关系

自 20 世纪 30 年代大危机之后，随着国家对中央银行控制的日趋加强，使中央银行与政府的联系越来越密切，但由于中央银行承担着制定和执行货币政策的特殊使命，使之与政府又保持着相对的独立性。因此，应全面认识中央银行与政府这种既紧密联系，又相对独立的关系。中央银行与政府具有共同的使命；中央银行是国家机构的一个重要组成部分；中央银行接受政府的管理与监督。

中央银行是国家机构的组成部分，其职责是为国家利益服务。中央银行的货币政策虽然有着其他经济政策无法替代的地位和作用，但货币政策也不能取代其他经济政策，而需要与其他经济政策紧密配合。因此，中央银行必须接受政府的管理与监督。这种管理与监督主要表现在：

第一，政府拥有中央银行最高权力机构成员和领导人的提名权或任命权。政府通过掌握中央银行最高权力机构成员的任命权或提名权来直接影响中央银行的工作倾向。

第二，法定的责任关系。中央银行的最高权力机构成员和领导人虽然由政府提名甚至任命，但这并不意味着其工作一定向政府负责，也有向国会负责的。目前，世界上大多数国家中央银行是向政府负责的，如英国、日本等国；而在美国等国，其中央银行是向国会负责的。

第三，一些中央银行的最高决策机构内有政府专派代表。

中央银行作为货币政策的制定和执行者，中央银行的目标不同于政府其他任何行政部门。中央银行管理一国的货币事务，要保证货币流通的畅通，物价的稳定，并同时兼顾其他宏观经济目标。而达到这些目标的手段也主要不是行政的手段，而是像法定准备金率、再贴现、公开市场业务等一类的经济手段。因此，中央银行需要很高的专业水平和技巧。它要及时判断宏观经济的整体状况和走势，判断资金的松紧程度，从而决定是否需要调整、以及何时调整、如何调整、调整力度如何等等。中国人民银行作为我国的中央银行，其与政府的关系，主要体现为中国人民银行与国务院及其他部门之间的关系。

按照《中华人民共和国中国人民银行法》的规定，中国人民银行在国务院领导下，依法制定并独立执行货币政策。这就以立法的形式明确了中国人民银行是国务院的一个直属机构。中国人民银行是在国务院领导下的一个部级机构，在组织上享有与国务院其他部级机构平行的独立地位。

中国人民银行在国务院领导下，执行其各项职责，就年度货币供应量、利率、汇率和国务院规定的其他重要事项做出决定，报国务院批准执行。中国人民银行不对政府财政透支，不向地方政府、各级政府部门提供贷款和担保。

任务四　中央银行的业务

作为中央银行职能的具体表现中央银行的业务，在上一节关于中央银行职能的阐述中作了繁简不一的介绍。而这里则是从中央银行作为“银行”的特征必然要从事负债业务、资产业务、中间业务活动的角度，择其主要部分，作个轮廓性描述及一些必要的补充。

一、中央银行的资产负债表

中央银行的业务是履行其上述三大基本职能的体现。中央银行的业务活动可以通过它在资产负债表上的记载得到概括反映。由于各个国家的金融制度、信用方式等方面存在着差异，各国中央银行的资产负债表并不是统一的，其中的项目多寡及包括的内容颇不一致。这里仅将中央银行最主要的资产负债项目概括成表 11－1，旨在概略表明其业务的基本内容。

表 11－1　　中央银行资产负债项目

资　产	负　债
国外资产 再贴现及放款 政府债券和财政借款 外汇、黄金储备 其他资产	流通中通货 商业银行等金融机构存款 国库及公共机构存款 对外负债 其他负债和资本项目
合　并	合　计

中央银行一般是一国通货的唯一发行银行，因此，流通中的通货是中央银行负债的一个主要项目；作为银行的银行，它与商业银行等金融机构间的业务关系，主要是负债方，商业银行等金融机构在中央银行的存款（包括准备金存款）和资产方的贴现及放款；作为国家的银行，它在业务上与政府的关系，主要是列于负债方的接受国库等公共机构的存款和列于资产方的通过持有政府债券融资给政府，以及为国家储备外汇、黄金等项目。

二、中央银行的负债业务

（一）货币发行业务

这是中央银行最重要的负债业务。中央银行通过再贴现、贷款、购买证券、收购金银、外汇等方式，把它们投入市场，形成流通中的货币。每张投入市场的钞票（又称通货）都是中央银行对持有者的负债或说是持有者对中央银行的债权。

在现代不兑现信用货币流通的制度下，货币的发行在客观上要受国民经济发展水平的制约。中央银行的货币发行必须建立在可靠的准备金基础上，而决不能因外界影响或政治压力滥发纸币，甚至肆意发行。

就世界各国中央银行货币发行准备来看，不外两种：一是现金准备，以金银、外汇等抵充；二是信用保证准备，以短期商业票据、财政短期库券、政府公债等抵充。

就我国人民币的发行程序来看，中国人民银行对现金的投放和回笼一直编制现金计划，作为组织执行计划的依据。具体发行是由中国人民银行设置发行基金保管库(简称发行库)来办理的。所谓发行基金是人民银行保管的已印好而尚未进入流通的人民币票券。

其流程如图 11－2 所示。

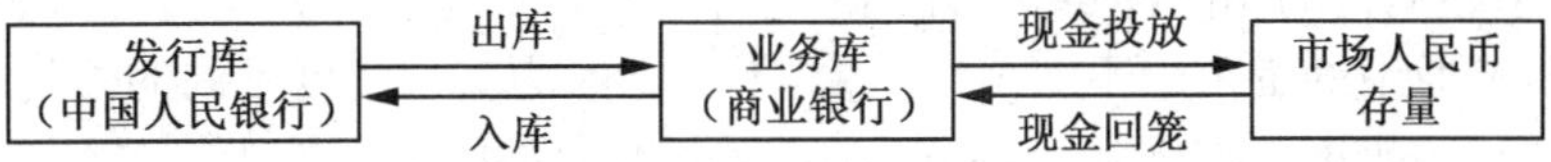

图 11－2　人民币发行和回笼流程

(二)代理国库业务

如前所述，中央银行作为国家的银行，一般均由政府赋予代理国库的职责，政府财政的收入和支出，都由中央银行代理。同时，那些依靠国家拨给行政经费的行政事业单位的存款，也都由中央银行办理。国库存款、行政事业单位存款在其支出之前在中央银行存放，构成中央银行的负债业务，并成为中央银行重要的资金来源。

值得注意的是，目前大部分国家的财政存款都集中存于中央银行，但美国的情况例外。美国财政部只把很小一部分存款存于联邦储备银行内，其余大部分存于许多家合格的商业银行中。这种制度是逐渐形成的，目的是尽量缩减由于财政巨额净收款和净付款对商业银行存款准备金、进而对其信贷规模、再继而对社会货币供应量状况引起较大的波动。

(三)集中存款准备金

集中存款准备金是中央银行制度形成的重要原因之一。

三、中央银行的资产业务

(一)再贴现和贷款

这主要是指中央银行对商业银行及其他金融机构进行融资的业务。中央银行有责任对后者提供融资支持。在商业银行等金融机构资金紧迫时，中央银行用再贴现、再抵押方式给予资金融通，目的是保证银行体系的安全性、灵活性和银行业务的顺利进行。

从各国的经验看，中央银行对商业银行等金融机构办理再贴现和贷款业务，要注意这种资产业务的流动性和安全性，注意期限的长短，以保证资金的灵活周转和对货币流通的及时、有效调节。中央银行办理再贴现时，要了解市场资金需求的真实情况，弄清是否有真实的生产与流通的需要，而且票据的内容、款式及有关手续要符合法律规定，可以做到到期即收，以保持中央银行资金的流动性。

(二)证券买卖业务

各国中央银行都经营证券交易业务。一般说来，中央银行持有优等且有利息的证券是适宜的。对那些随市场变化和经营状况不稳定的证券则不宜大量持有，因为中央银行肩负调节金融的重任，需依据市场银根松紧造时调节资金供应。我国的《中华人民共和国中国人民银行法》规定：中国人民银行不得直接认购、包销国债和其他政府债券，但可以在公开市场上买卖这些债券。

我国财政赤字的弥补，过去除了以发行国家债券弥补一部分以外，往往采取向中央银行借款或透支的方式解决。《中华人民共和国中国人民银行法》1995 年出台以后，明确规定央银行不得对政府财政透支，也不得对地方政府、各级政府部门提供贷款，国家财政赤字的弥补只能靠发行债券来解决。中央银行在公开市场上是否购买财政债券，则视其调节货币流通的需要而定。

（三）金银、外汇储备

这是用于国际支付的国际储备。当代世界各国，在国内市场上并不将金银、外汇作为货币来流通与使用，流通中的货币也不与金银兑换，不少国家均实行程度不同的外汇管制。在国际收支发生逆差时，一般也不直接支付黄金，而采取出售黄金换取外汇来支付的方式。这样，各国的金银、外汇自然就要集中，至少是部分集中到中央银行储存。需要金银外汇者，一般要向中央银行（说到底是向国家）申请购买，中央银行就把买卖金银、外汇当作自己的一项业务。中央银行开展这种业务是为了代表国家集中国际储备、调节资金，稳定金融和促进一国国际贸易及对外交往的顺利进行。

美国财政部是美国国家拥有的黄金的唯一监理人，并且为了货币的目的而买卖黄金。这些业务都是通过联邦储备银行作为其代理机构来进行的。联邦储备银行也为财政买卖外汇，以进行国际收款和付款，并也为本身利益而买卖外汇用于影响美元汇率状况。英国英格兰银行代理经营政府的“外汇平衡账户”以稳定英镑币值。法国法兰西银行负责保管国家的黄金外汇储备，黄金不得自由输出入，还为财政部设立“外汇平准基金账户”，在外汇市场上买卖外汇，干预汇率变动，维持法郎汇率稳定。日本的日本银行作为大藏省的代理机构，与外汇银行一起进行外汇买卖交易。我国的中国人民银行也被赋予持有、管理、经营国家外汇储备、黄金储备的职责。

除上述几项主要资产业务外，各国中央银行大都根据具体情况，经营其他若干资产业务，如对一些非金融机构部门发放特定贷款等。

四、中央银行的中间业务

中央银行的中间业务是中央银行为商业银行及其他金融机构和政府办理资金支付清算和其他委托的业务。这里主要介绍它的资金清算业务。作为起点，我们先来看看票据交换所及其清算程序。

（一）票据交换所及其工作程序

随着支票等银行票据的流通，必然引起银行为客户收进的票据办理向出票人开户行索款的业务。由于支票的签发是以客户在银行有存款为前提的，因此，支票授受客户双方的债权债务关系就反映为双方开户银行间的债权债务关系。由此，也就产生了银行间结清这种债权债务关系的问题。

世界上第一家票据交换所于 1773 年在伦敦成立。此后，纽约于 1853 年，巴黎于 1872 年，大阪于 1878 年，柏林于 1887 年先后成立了其所在国的第一家票据交换所。中国银行业间最早的票据交换所是于1933年在上海成立的。

新中国成立之初，上海票据交换所曾继续营业，1952年由中国人民银行接办。1986年以后，全国开始试行扩大同城票据交换，大中城市普遍建立起票据交换所。目前，全国各城市和经济较为发达的县城也都建立了票据交换所，大大提高了票据清算效率，加速了资金周转。

最初，票据交换所只是把参与票据清算的各家银行集中起来，由它们自行分别办理票据交换和结清应收应付。这时，每家银行都须与其他银行逐一办理票据交换。比如A银行要与前来参加清算的B,C,D等几家银行分别交换票据，其他银行也如此。但人们很快认识到，任何一家银行的应收款项，一定是其他银行的应付款；任何一家银行的应付款项，又一定是其他银行的应收款；各银行应收差额的总和，一定等于各银行应付差额的总和。因此，两家银行彼此结抵差额的办法就可用这样的办法代替：所有参加交换的银行分别轧出自己对所有其他银行的应收或应付差额并按每个银行最后轧出的应收应付额结清债权债务。如表11－2所示。

表11－2

票据交换所的工作原理

	A银行	B银行	C银行	D银行	应收总额	应付差额
A银行	—	20	10	40	70	—
B银行	30	—	50	20	100	20
C银行	20	80	—	10	110	—
D银行	10	20	40	—	70	—
应付总额	60	120	100	70	350	x
应收差额	10	—	10	—	x	20

入场前，各银行先将应收票据按付款行分别归类整理，并计算出向各付款行分别应收的款项金额及汇总金额，填写交换票据计算表。

入场后，各银行一方面将应收票据分别送交有关付款行，一方面接收他们交来的本行应付款票据，核对、计算应付各行款项金额及应付总金额，填写交换票据计算表。各银行根据交换票据计算表，比较本行应收、应付款项总金额，计算出应收或应付差额后，填具交换差额报告单，并凭报告单与交换所的总结算员办理最后款项收付。

过去，曾直接以现金当场结清应收应付差额。如某银行有应收差额，则从票据交换所出纳处领取现金；反之，则将应付现金交与出纳处。随着各商业银行以及票据交换所均在中央银行开有活期存款账户，所以收付差额通过在中央银行的存款账户间的转账即可完成。

(二)中央银行组织全国清算的职责

在述及中央银行职能时已经指出：作为银行的银行，现代中央银行负有组织全国银行间清算的职责。尤其是在中央银行制度步入成熟发展阶段以来，商业银行等金融机构都在中银行依法开立有存款准备金账户。这样，各银行之间发生的资金往来或应收、应付款项，通过中央银行划拨转账就是自然而然的事情了。

中央银行组织全国银行清算包括同城或同地区和异地两大类。

项目十二　商业银行

学习目标

能力目标

1. 能够分析安全性、流动性、营利性之间的矛盾与协调关系；
2. 能够运用现代经营理念对我国商业银行进行简单的评价与分析，提出自己的设想。

知识目标

理解：商业银行的性质、商业银行的职能、商业银行的类型。

熟知：商业银行的经营原则。

掌握：商业银行的负债业务、商业银行的资产业务、中间业务与表外业务。

素质目标

1. 具备收集资料、分析资料的能力；
2. 具备独立思考、团结协作的能力，注重团队的成绩与荣誉；
3. 培养与人沟通、言行举止得体等综合素质能力。

项目引例

五次降息影响工行270亿元利润

2015年8月工行、农行、交行陆续公布了上半年经营数据。其中，工商银行今年上半年实现净利润1 494亿元，同比增长0.7%。农业银行实现净利润1 045.64亿元，同比增长0.5%。交行实现净利润人民币373.24亿元，同比增长1.50%。

工商银行董事长姜建清表示，这些年中国商业银行盈利的增长在趋缓，这个很明显，特别是最近两年，每年都在比较快速的趋缓。简单地说，整个经济在转型、在调整、“三期叠加”，在此过程中，市场环境、企业方面，有些企业出现了一些问题，我们称为它在去过剩产能、去杠杆、去库存，所以银行在经济的下行期会付出一点成本。此外，这些年在货币信贷政策方面的一些变化，比如说已经连续五次降息，其对工行大概影响270亿元的利润。

在不良资产方面，各家银行也有不同程度的上升。交通银行研报指出，上半年，企业盈利状况的持续下滑是商业银行不良贷款大幅增加的主要原因之一。1～6月全国规模以上工业企业利润同比下降0.7%，一些重点行业的亏损面也有所扩大，企业经营状况的变化对商业银行资产质量产生了直接的影响。同时，2014年以来商业银行逾期贷款增长较快，且逾期余额大幅超过不良贷款余额，造成以逾期期限认定的不良贷款增加也是推动上半年资产质量快速下滑的重要因素。

截至2015年6月底，交通银行在报告期内累计减退风险贷款360亿元，不良贷款余额501.5亿元，比上年末增加71.36亿元，不良贷款率为1.35%，比上年末提升0.1个百分点。

工商银行不良贷款率为1.40%，比上年末上升0.27个百分点。上半年共清收处置不良贷款734亿元。着力加强对逾期和潜在风险融资的管理，收回风险融资2 330亿元。

农行不良贷款1 595亿元，比上年末增加345.7亿元，不良贷款率1.83%，比上年末上升0.29个百分点。全行拨备覆盖率238.99%，拨贷比4.37%，农行表示，通过从严落实不良贷款管控责任，综合运用清收、核销、转让、债务减免等手段，加大不良资产处置力度，风险整体控制在目标以内。

资料来源：证券之星网，http://www.stockstar.com/

思考与讨论：

针对不良贷款你是如何看待的？

任务一　商业银行概述

一、商业银行的性质

从商业银行的起源和发展历史看，商业银行的性质可以归纳为：以追求利润为目标的，以金融资产和负债为经营对象的，综合性、多功能的金融企业。

第一，商业银行是一种企业。它具有现代企业的基本特征。和一般的工商企业一样，商业银行也具有业务经营所需的自有资金，也须独立核算，自负盈亏，也要把追求最大限度的利润作为自己的经营目标。就此而言，商业银行与工商企业没有区别。

第二，商业银行是一种特殊的企业。主要表现在：一是商业银行的经营对象和内容具有特殊性。一般工商企业经营的是物质产品和劳务，从事商品生产和流通；而商业银行是以金融资产和负债为经营对象，经营的是特殊的商品——货币和货币资本，经营内容包括货币收付、借贷以及各种与货币运动有关的或者与之联系的金融服务。二是商业银行对整个社会经济的影响要远远大于一般工商企业，同时，商业银行受整个社会经济的影响也较任何一个具体企业更为明显。三是商业银行责任特殊。一般工商企业只以盈利为目标，只对股东和使用自己产品的客户负责；商业银行除了对股东和客户负责之外，还必须对整个社会负责。

第三，商业银行是一种特殊的金融企业。商业银行既有别于国家的中央银行，又有别于专业银行（指西方指定专门经营范围和提供专门性金融服务的银行）和非银行金融机构。中央银行是国家的金融管理当局和金融体系的核心，具有较高的独立性，它不对客户办理具体的信贷业务，不以营利为目的。专业银行和各种非银行金融机构只限于办理某一方面和几种特定的金融业务，业务经营具有明显局限性。而商业银行的业务经营则具有很强的广泛性和综合性，它既经营“零售”业务，又经营“批发”业务，已成为业务触角延伸至社会经济生活各个角落的“金融百货公司”和“万能银行”。

二、商业银行的职能

商业银行作为一国经济中最重要的金融中介机构，具有其不可替代的作用。而商业银行的经济职能恰恰能够说明这一点。

(一)信用中介职能

信用中介职能是商业银行最基本,也是最能反映其经营活动特征的职能。这一职能的实质是通过商业银行的负债业务,把社会上的各种闲散资金集中到银行,再通过商业银行的资产业务,把它投向社会经济各部门。

(二)支付中介职能

商业银行除了作为信用中介,融通货币资本以外,还执行着货币经营业的职能。通过存款在账户上的转移,代理客户支付;在存款的基础上,为客户兑付现款等,成为工商业团体和个人的货币保管者、出纳者和支付代理人。这样,以商业银行为中心,形成了经济社会无始无终的支付链条和债权债务关系。支付中介职能的发挥,大大减少了现金的使用,节约了社会流通费用,加速了结算过程和货币资金周转,促进了经济发展。

(三)信用创造职能

商业银行的信用创造职能是在信用中介与支付中介职能基础上产生的。商业银行利用吸收的存款发放贷款,在支票流通和转账结算基础上,贷款又转化为派生存款,在这种存款不提取或不完全提现的情况下,就增加了商业银行的资金来源。最后,在整个商业银行体系,形成数倍于原始存款的派生存款。

(四)金融服务功能

随着经济的发展,各个经济单位之间的联系更加复杂,各金融中介机构之间的竞争也日益激烈。人们对财富的管理要求也相应提高,商业银行根据客户的要求不断拓展自己的金融服务领域,如信托、租赁、咨询、经纪人业务及国际业务等,并在商业银行经营中占据越来越重要的地位。

三、商业银行的类型

按照不同的分类标准,商业银行可以分为不同的类型。

(一)按组织形式的不同划分

按照组织形式的不同,商业银行可以分为单一制商业银行、总分行制商业银行、控股公司制商业银行和连锁制商业银行。

1. 单一制商业银行

单一制商业银行是指商业银行的业务只由一个独立的商业银行经营,不设或不允许设立分支机构。这种银行主要集中在美国,因为美国历史上曾实行过单一银行制度,规定商业银行业务应由各个相互独立的商业银行本部经营,不允许设立分支机构,每家商业银行既不受其他银行控制,也不得控制其他商业银行。这一制度的实施在防止银行垄断,促进银行与地方经济的协调等方面起到了积极的作用,但同时也带来许多弊端,不利于银行的发展。1994 年美国国会通过《黑格—尼尔银行跨州经营及设立分支机构效率法》,取消了对银行跨州经营和设立分支机构的管制。但是由于历史原因,至今在美国仍有不少单一制商业银行。

2. 总分行制商业银行

总分行制是目前国际上普遍采用的一种商业银行体制,我们国家目前也采用这种银行组织形式。其特点是,法律允许商业银行在总行之下设立分支机构从事银行业务。实行总分行制的商业银行通常都有一个以总行为中心的、庞大的银行网络。其优点在于银行规模较大,分工较细,专业化水平高;分支机构遍布各地,容易吸收存款;便于分支行之间的资金调度,减少现金准备;由于放款额分散于各分支行,可以分担风险。但分支行制会使银行过分集中,不利于自由竞争。

3. 控股公司制商业银行

控股公司制商业银行也称集团制商业银行,其特点是,由一个集团成立股权公司,再由该公司控制或收购若干独立的银行。在法律上,这些银行仍保持各自独立的地位,但其业务经营都由同一股权公司所控制。最初,这种制度主要兴起于第二次世界大战后的美国,其目的在于弥补单一银行制的缺点。实行控股公司制的商业银行可以通过外部并购的方式,更有效地扩大资本,增强实力。此外,控股公司不仅可以控制商业银行,同时还可以控股其他非银行金融机构,这样就能够有效地突破分业经营的限制,实现业务多元化发展。正是由于这些显著优点,控股公司制已成为当今国际银行业最流行的组织形式。

4. 连锁银行制

连锁银行制与集团银行制在形式上基本相似,所不同的只是连锁银行制不成立股权公司,两家或两家以上的银行在表面上保持各自的独立性,但实际上它们通过相互持有股份的形式而将其所有权操于同一个人或同一个集团手中。

以上是国外商业银行的基本组织形式。除此之外,近年来在国际业务中又出现了新的银行组织形式——财团银行,它是由不同国家的大商业银行合资成立的银行,其宗旨是专门经营境外美元及国际资金的存放款业务。

(二)按业务经营模式的不同划分

按业务经营模式的不同,商业银行可以分为分离型商业银行和全能型商业银行。

1. 分离型商业银行

分离型商业银行亦称"职能分工型商业银行",是指在长、短期金融业务及特定金融业务实行分类的银行体制下,主要从事短期性资金融通业务的商业银行。这类银行以经营工商企业短期存放款和提供结算服务为基本业务,而长期资金融通、信托、租赁、证券等业务由长期信用银行、信托银行、投资银行、证券公司等金融机构承担。实行分离型商业银行制度,主要在于增强银行资金的流动性和安全性。在历史上,英国、美国、日本等国家长期实行这种银行体制。

2. 全能型商业银行

全能型商业银行又称"综合型商业银行",是指可以经营长短期资金融通及其他一切金融业务的商业银行。其最大的特点在于不实行商业银行业务与投资银行业务的严格区分。在历史上,德国、瑞士、奥地利等国家长期实行这种银行体制。与分离型银行相比,全能型商业银行的业务要广泛许多,经营的主动权和灵活性也大得多。它不但可以从事短期资金融通业务,还可以从事长期信用业务或直接投资于工商企业,经营信托、租赁、证券、保险等业务。由于全能型商业银行的业务广泛,在竞争中处于比较有利的地位。

四、商业银行的经营原则

目前,各国商业银行已普遍认同了经营管理中所必须遵循的安全性、流动性和营利性"三性"原则。我国也在《中华人民共和国商业银行法》中明确规定了商业银行"安全性、流动性、效益性"的经营原则。

(一)安全性

安全性是指商业银行应努力避免各种不确定因素对它的影响,保证商业银行的稳健经营和发展。商业银行之所以必须首先坚持安全性原则，其原因在于商业银行经营的特殊性：

第一，商业银行自有资本较少，经受不起较大的损失。

第二，商业银行经营条件的特殊性，尤其需要强调它的安全性。

第三，商业银行在经营过程中会面临各种风险。因此，保证安全性经营就必须控制风险。概括起来，商业银行面临的风险主要有：

①国家风险。这是指由于债务国政治动乱或经济衰退而导致债务人无法清偿债务，使债权人遭受损失的可能性。

②信用风险。这是指借贷双方产生借贷行为后，借款方不能按时归还贷款方的本息而使贷款方遭受损失的可能性。信用风险的存在非常广泛，几乎商业银行的所有业务都有可能面临信用风险，其中以信贷业务的信用风险最大。

③利率风险。由于金融市场上利率的变化而使经济主体在筹集资金或运用资金时可能遭受到的损失就是利率风险。利率风险主要表现为经济主体在筹集或运用资金时选择的资金定价方式不当，从而不得不付出比一般水平更高的利息或收到比一般水平更低的收益。

④汇率风险。由于汇率的变动而使经济主体所持有的资产和负债的实际价值发生变动而能带来的损失就是汇率风险。对于既有人民币资产，又有外币资产的商业银行来说，汇率风险是无处不在的。

⑤流动性风险。这是传统商业银行的主要风险之一，指商业银行掌握的可用于即时支付的流动性资产不足以满足支付需要，从而使其丧失清偿能力的可能性。虽然流动性风险经常是商业银行破产倒闭的直接原因，但实际情况往往是由于其他种类风险长时间隐藏、积累，最后以流动性风险的形式爆发出来，因此，流动性风险的防范必须与其他风险控制结合起来。

⑥经营风险。这是指商业银行在日常经营中由各种自然灾害、意外事故等引起的风险。

⑦竞争风险。这是金融业激烈的同业竞争造成商业银行客户流失，资产质量下降，银行利差缩小，从而增大银行经营的总风险，威胁商业银行安全性的可能性。商业银行的经营性特点决定了商业银行保持经营安全的重要性。

(二)流动性

流动性是指商业银行能够随时满足客户提存和必要的贷款需求的支付能力，包括资产的流动性和负债的流动性两重内涵。资产的流动性是指资产在不发生损失的情况下迅速变现的能力。它既指速动资产，又指在速动资产不足时其他资产在不发生损失的情况下转变为速动资产的能力。

商业银行是典型的负债经营，资金来源的主体部分是客户的存款和借入款。存款是以能够按时提取和随时对客户开出支票支付为前提的，借入款是要按期归还或随时兑付的。资金来源流动性这一属性，决定了资金运用方即资产必须保持相应的流动性。

一般来说，商业银行的速动资产被称为第一级准备，它的特点资产以及随时可以收回的通知贷款等，则构成商业银行流动性的第二道防线，称为第二级准备。商业银行负债的流动性则是通过创造主动负债来进行的，如向中央银行借款，发行大额可转让存单，同业拆借，利用国际货币市场融资等。

(三)营利性

一切经营性企业都有一个共同的目标——营利性。商业银行作为经营货币信用的企业，当然也不例外。商业银行通过吸收存款，发行债券等负债业务，把企事业单位和个人的闲置资金集中起来运用出去，弥补一部分企、事业单位和个人的暂时资金不足。商业银行通过这种资金运动，把社会资金周转过程中暂时闲置的资金融通到暂时不足的地方去，解决了社会资金周转过程中资金闲置和不足并存的矛盾，使社会资金能够充分运用，这不仅对社会经济的发展起到有益的促进作用，而且，商业银行从资金运用中得到利息收入和其他营业收入。这些收入扣除付给存款人的利息，再扣除支付给职工的工资及其他有关费用，余下的部分形成商业银行的利润。

商业银行盈利水平的提高，首先，能够使投资者获得较高的收益，国家得到更多的税收收入；其次，盈利的增加可以增强商业银行的自身积累能力和竞争能力，提高银行信誉，使商业银行对客户有更大的吸引力；此外，商业银行盈利水平的提高意味着增强了商业银行承担风险的能力，可以避免因资产损失给商业银行带来破产倒闭的危险。

(四)商业银行经营原则的矛盾及其协调

商业银行经营的安全性、流动性和营利性之间往往是相互矛盾的。从营利性角度看，商业银行的资产可以分为营利资产和非营利资产，资金用于盈利资产的比重越高，商业银行收取的利息就越多，盈利规模也越大。从流动性角度看，非盈利的资产如现金资产随时可以应付存款的提现需要，具有十足的流动性，因而现金资产的库存额越高，商业银行体系应付提现的能力越强，商业银行的流动性越强。从安全性角度看，一般情况下，具有较高收益率的资产，其风险总是较大的。为了降低风险，确保资金的安全，商业银行就不得不把资金投向收益率较低的资产。不难看出，营利性原则要求提高盈利资产的运用率，而流动性原则却要求降低盈利资产的运用率；资金的营利性要求选择有较高收益的资产，而资金的安全性却要求选择有较低收益的资产。这样，使得商业银行的安全性、流动性和营利性之间产生了矛盾。商业银行的某些经营决策往往会产生有利于某一原则，但同时又有损于另一个原则；某一原则的实现，经常以另一个原则的放弃为代价的情况。这种矛盾关系要求商业银行的管理者必须对“三性”原则进行统一协调。

任务二　商业银行的主要业务

商业银行的业务归纳起来可分为四大项：负债业务、资产业务、中间业务和表外业务。前两项业务一般称为信用业务，中间业务和表外业务一般称为服务性业务和派生业务。

一、商业银行的负债业务

负债业务是商业银行最基本、最重要的业务。在商业银行的资金来源中，90%以上来自于负债。负债数量、结构和成本的变化，在极大程度上决定着商业银行的规模、利润和风险状况。

银行的负债业务，主要是指其吸收资金的业务。它包括三项：自有资本、存款和借入款。

(一)自有资本

自有资本主要包括两项。

1. 筹建银行时股东的投资

此项自有资本又叫资本金。资本金是银行最原始的资金来源，也是银行开业的前提条件之一。任何商业银行在开业登记注册时，必须有一定的资本额，亦称法定资本。招募的股本未达到法定注册资本的不予开业。

2. 银行为扩大经营而追加的投资

此项自有资本包括两部分:一是新招募的股本,即扩股;二是股息资本化,即按照法令从每笔支付的股利总额中提取“法定公积金”。

(二)存款

存款是商业银行最主要的资金来源,也是商业银行最主要的负债。任何商业银行总是千方百计地设法增加存款,扩大放款和投资规模,以增加利润收入。

商业银行的存款一般分为活期存款、定期存款和储备存款三大类。

1. 活期存款

活期存款是存户在提取或支付时不需预先通知银行的存款。它的特性在于存户可以随时取款。活期存款的形式近年来有所增多,传统的活期存款账户有支票存款账户、保付支票、本票、旅行支票和信用证,其中以支票存款最为普遍。

由于活期存款的流动性很高,客户在活期存款账户上存取频繁,银行为此要承担较大的流动风险,并要向存户提供诸多的配套服务,如存取服务、转账服务、提现服务和支票服务等,鉴于高风险和高营运成本,银行对活期存款账户原则上不支付利息。中央银行为使银行避免高的流动风险,对活期存款都规定了较高的准备金比率。银行在缴纳法定准备金外,还保存部分库存现金以应付活期账户存户的取现。

2. 定期存款

定期存款是指存款人在银行存款时要约定存款期限,到期存款户才能提取存款,并支付利息,若存款人提前支取还需付罚息。

3. 储蓄存款

储蓄存款是指存户不需按照存款契约要求,只需按照银行所要求的任何时间,在实际提取1周以前,以书面申请形式通知银行申请提款的一种账户。由此定义可见,储蓄存款不是在特定的某一到期日,或某一特定间隔期限终止后才能提取。商业银行对储蓄存款有接到取款通知后缓期支付的责任。

由于储蓄存款的流动性介于活期存款和定期存款之间,银行承担的流动性风险亦大于定期存款流动性风险和小于活期存款流动性风险,故银行对储蓄存款支付的利率低于定期存款。

储蓄存款主要面向个人家庭和非营利机构,营利公司、公共机构和其他团体开立储蓄存款账户受到限制。

居民储蓄存款通常使用银行储蓄存折或计算机储蓄账户。储蓄存折上载明账户的规定事项,包括使用规则和修改账户的条件。计算机储蓄账户下,银行不发给存户存折,而代之以储蓄存款支票簿。存款金额记录于该簿的存根上,取款时银行签发一张不可转让的储蓄提款单。每月的计算机报表显示储蓄账户的收支。在自动出纳机系统发展起来后,银行办理计算机账户的收支会趋于自动化。

(三)借入款

商业银行在自有资本和存款不能满足放款的需求时,就必须通过其他途径——借入款来满足日益增长的放款需要,以扩大其经营规模。商业银行的借入资金主要通过以下方式。

(1)同业拆借。同业拆借是指资金不足的银行向有超额储备的银行借入资金,这种借贷方式在美国称为联储资金。同业拆借一般是短期的,如今天借,明天还,因而不需要抵押品。但如果借款行资金较紧张,需要时间长,经双方磋商同意,可以续借。过去,这一活动只限于大银行，近年来中小银行也陆续开展这一业务，不过有时就需要抵押品。

（2）通过发行各种债券借入资金。商业银行在金融市场上发行的、按约定还本付息的有价证券称为金融债券。商业银行发行长期金融债券，要经过金融管理当局的批准，发行额也有一定限制。此外，商业银行还可以发行次级债券、混合资本债券和可转换债券来借入款项。次级金融债券是指商业银行发行、本金和利息的清偿顺序列于商业银行其他负债之后、先于商业银行股权资本的债券。这类债券的期限比较长，一般为10年，最低不低于5年。混合资本债券和次级金融债券一样，发行混合资本债券所筹集到的资金也可以按规定计入银行的附属资本。不同的是，混合资本债券的清偿顺序位于次级金融债券之后，而且期限更长，一般不低于15年。可转换债券是指商业银行依照法定程序发行、在一定期限内依据约定的条件可以转换成银行股份的金融债券。由于可转换债券附有一般债券所没有的选择权，因此，其利率一般低于普通债券，银行发行这种债券有助于降低筹资成本。

（3）向中央银行借款。在商业银行资金不足时，除在金融市场筹资外，还可以向中央银行借款。中央银行的货币政策对这种借款影响极大。商业银行向中央银行借款的主要形式有再贷款和再贴现两种。前者是指中央银行向商业银行的直接信用放款，后者是指商业银行将其买入的未到期的商业票据向中央银行再次申请贴现。在市场经济发达的国家，由于商业票据和贴现业务广泛流行，再贴现就成为商业银行向中央银行借款的主要渠道；而在商业票据信用不普及的国家，则主要采用再贷款形式。一般情况下，商业银行向中央银行的借款只能用于调剂头寸、补充储备不足和资产的应急调整，而不能用于日常的贷款和证券投资。

二、商业银行的资产业务

商业银行筹集资金的目的，主要是为了运用这些资金。商业银行的资产业务，就是银行的资金运用过程，一般包括贷款和投资，并以放款为主要业务。

（一）贷款业务

贷款是商业银行出借给贷款对象，并以按约定利率和期限还本付息为条件的货币资金。出借资金的银行称为贷款人，借入资金的贷款对象称为借款人。贷款是商业银行的传统核心业务，也是商业银行最主要的盈利资产。商业银行贷款可以按不同的标准划分为不同的种类。

1. 短期贷款、中长期贷款

期限在一年以内（含一年）的贷款为短期贷款；期限在一年以上的贷款为中长期贷款。

2. 信用贷款和担保贷款

信用贷款是指没有担保、仅依据借款人的信用状况而发放的贷款；担保贷款是指由借款人或第三方依法提供担保而发放的贷款，按照具体担保方式的不同，担保贷款又可分为保证贷款、抵押贷款和质押贷款。

3. 公司类贷款、个人贷款和票据贴现

公司类贷款是银行针对公司类客户而发放的贷款，包括流动资金贷款、项目贷款和房地产开发贷款等；银行针对个人客户发放的贷款即为个人贷款，包括个人住房贷款、个人消费贷款、个人经营性贷款和银行卡透支等；票据贴现是贷款的一种特殊方式，是指银行应客户的要求，以现金或活期存款买进客户持有的未到期的商业票据的方式而发放的贷款。

4. 正常贷款、关注贷款、次级贷款、可疑贷款和损失贷款

正常贷款是指借款人能够履行合同，不存在任何影响贷款本息及时全额偿还的消极因素，

银行对借款人按时足额偿还贷款本息有充分把握,贷款发生损失的概率为零。关注贷款是指尽管借款人目前有能力偿还贷款本息,但存在一些可能对偿还产生不利影响的因素,如果这些因素继续下去,则有可能影响贷款的偿还,因此,需要对其进行关注或监控。通常情况下,这类贷款的损失概率不会超过5%。次级贷款是指借款人的还款能力出现明显问题,完全依靠其正常营业收入已无法足额偿还贷款本息,需要通过处置资产或对外融资乃至执行抵押担保来还款付息,这类贷款损失的概率在30%～50%。可疑贷款是指借款人无法足额偿还贷款本息,即使执行抵押或担保,也肯定要造成一部分损失,只是因为存在借款人重组、兼并、合并、抵押物处理和未决诉讼等待定因素,损失金额的多少还不能确定,贷款损失的概率在50%～75%。损失贷款是指借款人已无偿还本息的可能,无论采取什么措施和履行什么程序,贷款都注定要损失,或者虽然能收回极少部分,但其价值也是微乎其微,从银行的角度来看,也没有任何意义和必要再将其作为银行资产在账目上保留下来。对于这类贷款在履行了必要的法律程序之后应立即予以注销,其贷款损失的概率在95%～100%。通常说的不良贷款就是指次级贷款、可疑贷款和损失贷款。

拓展阅读 12-1

发达国家商业银行的"6C"原则

为了确保贷款的安全与盈利,发达国家商业银行非常重视对借款人信用情况的调查与审查,并于多年的实际操作中逐渐形成一整套的衡量标准。如通常所说的放款审查"6C"原则,即character(品德),capacity(才能),capital(资本),collateral(担保品),condition(经营环境),continuity(事业的连续性)。

资料来源:李贺,纪晓丽,奚伟东,徐雯. 货币银行学基础[M]. 上海:上海财经大学出版社,2016.

(二)投资业务

商业银行的投资业务是指银行购买有价证券的经营活动。银行购买的有价证券包括债券和股票。但西方商业银行在有价证券上的投资,是要受到国家很大的限制的。一般不允许银行投资于股权证券,不过银行可以随时进行政府债券投资。

与贷款业务相比,商业银行从事的证券投资业务具有以下特点。

1. 主动性强。在贷款业务中,银行只能根据客户的申请,被动地贷出款项。而在证券投资业务中则不同,银行完全可以根据自身的资金实力和市场行情独立自主地做出决策。

2. 流动性强。银行贷款一般都必须持有到期,不能随时收回。即使存在二级市场能够转让,其条件也会非常苛刻。而绝大多数证券不仅有着完善的二级市场,可以方便地转让,而且能够作为担保品或回购对象使银行轻松地获得融资。因此,证券投资业务具有很强的流动性,一些安全性较高的短期债券通常被当作商业银行的二级储备。

3. 收益的波动性大。贷款业务的收入来自于利息,主要受利率的影响。证券投资业务的收入则有两个来源,即持有证券的利息(或股息)收入和买卖证券的价差收入,因此,收入不仅要受利率的影响,还要受到金融市场行情的影响,波动性较大。

4. 易于分散管理。在贷款业务中,受监管规章、客户需求和银行自身管理能力的限制,银行贷款投向分散的难度较大。而在证券投资业务中,银行几乎可以在足不出户的情况下,投资于任何地区、任何发行人、任何品种的证券，从而能够完全根据投资组合和需要进行分散化管理，降低银行整体风险。

(三)现金资产

现金资产是指商业银行持有的库存现金以及与现金等同的可以随时用于支付的银行资产。一般包括以下几类。

1. 库存现金

库存现金的主要作用是银行用来应付客户提现和银行本身的日常零星开支。随着电子支付系统的发展，库存现金在银行总资产中所占的比重越来越小。

2. 在中央银行存款

商业银行在中央银行的存款是指商业银行存放在中央银行的资金，即存款准备金。在中央银行的存款由两部分构成：法定存款准备金和超额存款准备金。

3. 存放同业及其他金融机构款项

这是指商业银行存放在其他银行和金融机构的存款。这部分款项的主要用途为在同业之间开展代理业务和结算收付，大多属于活期性质，可以随时支用。

现金资产是商业银行流动性最强的资产，持有一定数量的现金资产，主要目的在于满足银行经营过程中的流动性需要。但由于现金资产基本上是一种无盈利或微利的资产，过多地持有这种资产，将会失去其他盈利机会，也就是说，银行持有现金资产会付出机会成本。除了机会成本外，银行持有库存现金还会面临着大量的保管费用和被盗风险。因此，商业银行现金资产管理的任务就是要在保持满足流动性需要的前提下，通过适当调节，保持现金资产的规模适度性和安全性。

三、中间业务与表外业务

表外业务是指未列入银行资产负债表但却能影响银行当期损益的业务。表外业务存在着狭义和广义两种不同的理解。广义的表外业务既包括传统的无风险业务，如汇兑、代理、支付结算等业务，又包括金融创新中产生的一些有风险的业务，如互换、期权、期货、远期交易、贷款承诺、担保等业务。狭义的表外业务则专门指那些风险较大业务。

在我国，中间业务是指商业银行不需要运用自己的资金而代理客户承办支付和其他委托事项，并据以收取手续费的业务。例如，传统的汇兑、信用证、代收、代客买卖等业务。根据中国人民银行2001年颁布的《商业银行中间业务暂行规定》，“中间业务是指不构成商业银行表内资产、表内负债，形成银行非利息收入的业务”。由此可见，中间业务实际等同于广义的表外业务。

两个概念所指的内容大致相同，在我国常常使用“中间业务”一词，而国际上则通用“表外业务”。商业银行的这一类业务大致有如下几种。

(一)结算类业务

结算类业务是指由商业银行为客户办理因债权债务关系引起的与货币支付、资金划拨有关的收费业务。

1. 结算工具

商业银行的结算工具是指其用于结算的各种票据和凭证，主要包括银行汇票、商业汇票、银行本票、支票及其他转账结算凭证。

(1)银行汇票是由出票银行签发的、由其在见票时按照实际结算金额无条件支付给收款人或者持票人的票据。

(2)商业汇票是由出票人签发的、委托付款人在指定日期无条件支付确定的金额给收款人或持票人的票据。商业汇票分为银行承兑汇票和商业承兑汇票。

(3)银行本票是银行签发的、承诺在见票时无条件支付确定的金额给收款人或者持票人的票据。

(4)支票是出票人签发的、委托办理支票存款业务的银行在见票时无条件支付确定的金额给收款人或持票人的票据。

2. 结算方式

结算方式是指用一定的形式和条件来实现各单位(或个人)之间货币收付的程序和方法。结算方式是办理结算业务的具体组织形式,是结算制度的重要组成部分。根据结算地点的不同,可以划分为同城结算方式、异地结算方式和通用结算方式三大类。同城结算方式是指在同一城市范围内各单位或个人之间的经济往来,通过银行办理款项划转的结算方式,具体有支票结算方式和银行本票结算方式。异地结算方式是指不同城镇、不同地区的单位或个人之间的经济往来通过银行办理款项划转的结算方式,具体包括银行汇票结算方式、汇兑结算方式和异地托收承付结算方式。通用结算方式是指既适用于同一城市范围内的结算,又适用于不同城镇、不同地区的结算,具体包括商业汇票结算方式和委托收款结算方式,其中商业汇票结算方式又可分为商业承兑汇票结算方式和银行承兑汇票结算方式。

(二)担保类中间业务

担保类中间业务指商业银行为客户债务清偿能力提供担保,承担客户违约风险的业务,主要包括银行承兑汇票、备用信用证、各类保函等。

1. 银行承兑汇票

银行承兑汇票是由收款人或付款人(或承兑申请人)签发,并由承兑申请人向开户银行申请,经银行审查同意承兑的商业汇票。银行承兑汇票多产生于国际贸易,一般由进口商国内银行开出的信用证预先授权。银行承兑的作用在于为汇票成为流通性票据提供信用保证。汇票是列明付款人和收款人的双名票据,经银行作为第三者承兑后则成为三名票据。承兑银行成为主债务人,而付款人则成为第二债务人。实际上,银行承兑汇票相当于对银行开列的远期支票。持票人可以在汇票到期时提示付款,也可以在未到期时向银行尤其是承兑银行要求贴现取得现款。银行贴进票据后,可以申请中央银行再贴现,或向其他银行转贴现,更一般的做法是直接卖给证券交易商,再由其转卖给其他各类投资者。银行承兑汇票的最重要投资者是外国银行和非银行金融机构。

2. 备用信用证

备用信用证是一种特殊形式的信用证,是开证银行对受益人承担一项义务的凭证。开证行保证在开证申请人未能履行其应履行的义务时,受益人只要凭备用信用证的规定向开证行开具汇票,并随附开证申请人未履行义务的声明或证明文件,即可得到开证行的偿付。备用信用证最早流行于美国,因美国法律不允许银行开立保函,故银行采用备用信用证来代替保函,后来其逐渐发展成为为国际性合同提供履约担保的信用工具。其用途十分广泛,如可用于国际承包工程的投标、国际租赁、预付货款、赊销业务以及国际融资等业务。

3. 银行保函

银行保函是指银行应委托人的申请而开立的有担保性质的书面承诺文件,一旦委托人未按其与受益人签订的合同的约定偿还债务或履行约定义务时，由银行履行担保责任。银行保函业务中涉及的主要当事人有三个：委托人、受益人和担保银行，此外，往往还有反担保人、通知行及保兑行等。

（三）代理类中间业务

代理类中间业务指商业银行接受客户委托、代为办理客户指定的经济事务、提供金融服务并收取一定费用的业务，包括代理政策性银行业务、代理中国人民银行业务、代理商业银行业务、代收代付业务、代理证券业务、代理保险业务、代理其他银行银行卡收单业务等。

1. 代收代付业务

代收代付业务是指商业银行利用自身的结算便利，接受客户的委托代为办理指定款项的收付事宜的业务，例如代理各项公用事业收费、代理行政事业性收费和财政性收费、代发工资、代扣住房按揭消费贷款还款等。

2. 代理证券业务

此业务是指银行接受委托办理的代理发行、兑付、买卖各类有价证券，还包括接受委托代办债券还本付息、代发股票红利、代理证券资金清算等业务。此处有价证券主要包括国债、公司债券、金融债券、股票等。

3. 代理保险业务

代理保险业务是指商业银行接受保险公司委托代其办理保险业务。商业银行代理保险业务，可以受托代个人或法人投保各险种的保险事宜，也可以作为保险公司的代表，与保险公司签订代理协议，代保险公司承接有关的保险业务。代理保险业务一般包括代售保单业务和代付保险金业务。

（四）信托业务

信托是指委托人基于对受托人的信任，将其财产权委托给受托人，由受托人按委托人的意愿以自己的名义，为受益人的利益或特定目的，进行管理或处分的行为。

信托业务与代理业务的区别在于：第一，信托的当事人至少有委托人、受托人、受益人三方，而代理的当事人仅有委托人和受托人（代理人）两方。第二，设立信托必须由确定的、合法的信托财产，而代理不一定以存在财产为前提，没有确定的财产，委托代理关系也可以成立。第三，信托受托人依据信托合同规定管理运用信托财产，享有广泛的权限和充分的自由，委托人不干预；而在代理业务中，受托人权限较小，仅以委托人的授权为限。

可见，在信托业务中，受托人的角色十分重要，他不仅有很高的信誉度，还要具备管理信托财产所需的专业知识。除了专业性的信托公司之外，商业银行同样具备从事信托业务的显著优势。就商业银行而言，信托业务不仅开辟了新的利润来源渠道，有利于增加收益，而且扩大了服务范围，丰富了业务种类，从而分散了银行的经营风险。在发达国家，较大的商业银行普遍都会经营信托业务。

（五）承诺类中间业务

承诺类中间业务是指商业银行在未来某一日期按照事前约定的条件向客户提供约定信用的业务，主要指贷款承诺，包括可撤销承诺和不可撤销承诺两种。

1. 可撤销承诺

可撤销承诺附有客户在取得贷款前必须履行的特定条款，在银行承诺期内，客户如没有履行条款，则银行可撤销该项承诺。

2. 不可撤销承诺

不可撤销承诺是银行不经客户允许不得随意取消的贷款承诺，具有法律约束力，包括备用信用额度、回购协议、票据发行便利等。

(六)交易类中间业务

交易类中间业务指商业银行为满足客户保值或自身风险管理等方面的需要，利用各种金融工具进行的资金交易活动，主要是各种金融衍生业务。金融衍生交易业务是指商业银行为满足客户保值或自身头寸管理等需要而进行的以货币、利率、股票和商品为标的的远期、互换、期权等衍生交易业务。商业银行的交易类中间业务主要有以下几点。

1. 远期合约

远期合约是指交易双方约定在未来某个特定时间以约定价格买卖约定数量的资产，包括利率远期合约和远期外汇合约。

2. 金融期货

金融期货是指以金融工具或金融指标为标的的期货合约，例如：股票期货股指期货。

3. 互换

互换是指交易双方基于自己的比较利益，对各自的现金流量进行交换，一般分为利率互换和货币互换。

4. 期权

期权是指期权的买方支付给卖方一笔权利金，获得一种权利，可于期权的存续期内或到期日当天，以执行价格与期权卖方进行约定数量的特定标的的交易。按交易标的分，期权可分为股票指数期权、外汇期权、利率期权、债券期权等。

需要注意的是，金融衍生交易往往蕴含着巨大的风险，如果控制不当，不仅会给单个商业银行带来巨额损失，还会引起系统性金融风险。

(七)基金托管业务

基金托管业务是指有托管资格的商业银行接受基金管理公司委托，安全保管所托管的基金的全部资产，为所托管的基金办理基金资金清算款项划拨、会计核算、基金估值、监督管理人投资运作，包括封闭式证券投资基金托管业务、开放式证券投资基金托管业务和其他基金的托管业务。

(八)租赁业务

租赁是指资产的所有权和使用权之间的一种借贷关系，即由所有者(出租人)按照契约规定，将财产租给使用者(承租人)使用，并按期缴纳租金。出租人保有所有权，承租人保有使用权。租赁的形式可分为金融租赁和操作性租赁两大类，这里只介绍前者。

金融租赁，又叫融资性租赁或资本性租赁，也叫租赁信贷。这种租赁方式只由承租人自己选好所需设备，由银行下属租赁公司(出租人)出资购买后租给承租人使用。租赁公司投入的资金在租期内陆续通过租金的形式收回(包括利息)。出租人只负责资金，而有关设备的安装、维修、管理等概由承租人负责。租期届满后可以退回和续租，或按市价卖给承租人。

金融租赁业务的开展，有利于促进生产和流通的大力发展。这种业务可以使承租人减少大量的开支，避免资金的占压。同时，还可以使承租人及时更新设备和运用新技术。

(九)咨询情报业务

银行利用自己的机构多、了解国内外市场情况多以及和各方面联系较多等优势，及时向客户提供新的经济信息。西方一些较大的商业银行专门成立咨询情报服务机构，协助企业收取款项；分析资金占用情况，制定降低成本的措施，提高企业经营管理的能力；制定企业发展方向，预测市场行情，及时掌握了解市场动态等，从而提高企业的竞争能力。

1. 企业信息咨询业务

此业务包括项目评估、企业信用等级评估、验证企业注册资金、资信证明、企业管理咨询等。

2. 资产管理顾问业务

此业务指商业银行为机构投资者或个人投资者提供全面的资产管理服务，包括投资组合建议、投资分析、税务服务、信息提供、风险控制等。

3. 财务顾问业务

此业务包括大型建设项目财务顾问业务和企业并购顾问业务。大型建设项目财务顾问业务指商业银行为大型建设项目的融资结构、融资安排提出专业性方案。企业并购顾问业务指商业银行为企业的兼并和收购双方提供的财务顾问业务，银行不仅参与企业兼并与收购的过程，而且作为企业的持续发展顾问，参与公司结构调整、资本充实和重新核定、破产和困境公司的重组等策划和操作过程。

4. 现金管理业务

商业银行协助企业，科学合理地管理现金账户头寸及活期存款余额，以达到提高资金流动性和使用效益的目的。

(十)计算机服务与网上银行服务

当前外国的商业银行，特别是大城市的银行，各种服务大都使用电子计算机。在顾客和银行之间使用电子计算机传递各种经济信息；处理存、放、汇和代收代付业务，这就是电子化资金调拨系统，以此为顾客提供较广泛、较准确、较及时的服务。当前银行服务电子化已经由内部会计、统计发展到柜台业务；由一行联机处理发展到同业之间的联机处理；由国内银行系统的联机作业发展到国内各行各业以及国际的网络化。

近年来，英美国家的商业银行还对交通、公共设施、住宅、文教卫生、城市建设等方面提供较全面的金融服务，以促进其发展。

拓展阅读 12－2

方便快捷的网上银行

网上银行也叫网络银行，就是在网上开通银行业务。它是以互联网为交易平台，人们可以在网上即时转账、支付结算等。通俗地说，你只要有一台联网的计算机就可以不用去银行取钱购物或是到银行转账。而且，你可以随时查询自己的银行账户信息，即使出门旅行、出差在外，你也可以享受到很多的银行服务。换句话说，网上银行就是网上的虚拟银行柜台。

在网络上，网友们都把网上银行称为 3A 银行，因为它不受时间、地点、方式的限制，能够在任何时间(Anytime)、任何地点(Anywhere)、任何方式(Anyway)为客户提供金融服务。

商业银行中间业务与商业银行的表内资产业务相比，风险度较低，但并不能说没有风险。与表内资产负债业务相比，商业银行中间业务呈现以下特点。

一是自由度较大。中间业务不像传统的资产负债业务，受金融法规的严格限制。一般情况下，只要交易双方认可，就可达成协议。中间业务可以在场内交易，也可以在场外交易。绝大多数中间业务不需要相应的资本金准备，这导致部分商业银行委托性和自营性中间业务的过度膨胀，从而给商业银行带来一定的潜在风险。

二是透明度差。中间业务大多不反映在资产负债表上，许多业务不能在财务报表上得到真实反映，财务报表的外部使用者如股东、债权人和金融监管当局难以了解银行的全部业务范围和评价其经营成果，经营透明度下降，影响了市场对银行潜在风险的正确和全面的判断，不利于监管当局的有效监管。

三是多数交易风险分散于银行的各种业务之中。中间业务涉及多个环节，银行的信贷、资金、财会、计算机等部门都与其相关，防范风险和明确责任的难度较大。

四是高杠杆作用。所谓高杠杆作用，也就是"小本博大利"。这主要是指金融衍生业务中的金融期货、外汇按金交易等业务所具有的特征。例如，一名债券投资者，只要拿出 10 万美元，便可以在金融期货市场上买入几个 100 万美元价值的债券期货合约。由于高杠杆的作用，从事金融衍生业务交易，既存在着大赚的可能性，也存在着大亏的可能性。

项目十三　金融市场

学习目标

能力目标

1. 能够运用金融市场工具进行金融市场操作；
2. 能够运用所学的理论、知识和方法分析解决金融市场的相关问题。

知识目标

理解：金融市场的内涵、金融市场的构成要素。

熟知：金融市场的分类、金融市场的功能、金融市场组织方式。

掌握：货币市场及资本市场的内涵、特点和类型。

素质目标

1. 具备收集资料、分析资料的能力；
2. 具备独立思考、团结协作的能力，注重团队的成绩与荣誉；
3. 培养与人沟通、言行举止得体等综合素质能力。

项目引例

2013 年第一季度金融市场总体运行平稳

中国人民银行日前发布《2013 年 3 月份金融市场运行情况》。情况显示，2013 年 1～3 月，金融市场总体运行平稳。3 月份，银行间市场债券发行量同比增加，5 年期以下债券发行比重有所上升；银行间市场同业拆借量和回购量较上月均有增加，货币市场利率水平回落；现券交易活跃，银行间债券指数和交易所国债指数小幅上升。3 月份，上证指数振荡下跌，成交量减少。从债券发行情况看，2013 年 1～3 月，银行间债券市场累计发行债券17 984.2亿元，同比增长 25.9%。3 月份，银行间债券市场发行债券7 802.1亿元，同比增长 9.4%，较 2 月份增长 57.1%。截至 3 月底，债券市场债券托管量为 27.3 万亿元(含央行票据托管量)，其中银行间债券市场债券托管量为 26.0 万亿元，占债券市场债券托管量的 95.1%。1～3 月份，银行间债券市场发行的债券中 5 年期以下债券占比最高。3 月份，同业拆借市场累计成交 3.7 万亿元，较 2 月份增长 31.2%。交易品种仍以 1 天为主，1 天品种共成交 3.1 万亿元，占本月全部拆借成交量的 83.9%。3 月份，同业拆借利率较上月有所下降，同业拆借加权平均利率为 2.47%，较 2 月份下降 30 个基点。从回购交易情况看，1～3 月份，回购市场交易相对活跃，债券质押式回购成交 36.6 万亿元，同比增长 24.0%。3 月份，债券质押式回购成交量为 13.3 万亿元，较2月份增长34.7%。交易品种仍以1天为主，1天品种共成交10.9万亿元，占本月全部质押式回购成交量的82.3%。

2013年3月份，回购利率整体水平较上月有所回落。3月份，债券质押式回购加权平均利率为2.46%，较2月份下降43个基点。从现券交易情况看，1～3月份，银行间债券市场现券成交21.7万亿元，同比增长46.1%。3月份，银行间债券市场现券交易全月累计成交8.5万亿元，较2月份增长63.6%。3月份，银行间债券指数和交易所国债指数均小幅上升。3月末，银行间债券指数为146.66点，较上月末上升0.5点，涨幅为0.34%；交易所国债指数月末收盘为136.96点，较上月末上涨0.37点，涨幅为0.27%。从股票交易情况看，3月份，上证指数振荡下跌，上证指数月末收于2 236.6点，较2月末收盘下降128.97点，跌幅为5.45%。上证A股市场日均交易量971.3亿元，较上月减少113.5亿元。

资料来源：《金融时报》，2013年5月2日，银行利率，http://www.banklilv.com/content/20131009/15876.html。

思考与讨论：

什么是金融市场？金融市场的功能是什么？金融市场的组织方式是怎样的？它包括哪些子市场？

任务一　金融市场概述

一、金融市场的内涵

金融市场有广义和狭义之分。广义的金融市场是指资金供应者和资金需求者双方通过信用工具进行交易而融通资金的市场，也就是说，金融市场是实现货币借贷和资金融通、办理各种票据和有价证券交易活动的市场。而狭义的金融市场往往特指证券的发行与买卖的场所。一般将金融市场理解为以金融资产为交易对象而形成的供求关系及其机制的总和。其具体内涵如下。

(1)金融市场是进行金融资产交易的场所，这个市场既可以是有形的，如证券交易所；也可以是无形的，如外汇交易员通过计算机网络构成的看不见的市场进行着资金的调拨。

(2)金融市场交易的对象是金融资产。金融资产表现为各种金融工具或产品，如债券、股票等，代表持有人对实物资产或未来现金流的索取权，对于持有人来说是资产或者财富。交易双方的关系不是简单的买卖关系，而是建立在信用基础上的资金使用权的有偿转让。

(3)金融市场包含金融资产交易过程中所产生的各种运行机制，包括价格机制、发行机制、监督机制等，其中最主要的是价格机制。在金融市场上，最重要的价格机制是利率。

拓展阅读13－1

金融体系、金融市场与金融中介

金融体系(Financial System)是一个经济体中资金流动的基本框架，是金融资产、金融中介(Financial Intermediaries)、金融市场和金融监管系统等各金融要素构成的综合体。金融中介是指在资金融通过程中，在资金供求者之间起媒介或桥梁作用的人或机构，与金融市场的资金转移机制不同，金融中介的运作机理是：它首先购买赤字单位发行的直接证券(Direct Securities)，然后再向盈余单位发行间接证券(Indirect Securities)，成为赤字单位和盈余单位之间名副其实的媒介。金融体系包括几个相互关联的组成部分：①金融部门(Financial Sector)，包括各种金融机构、市场，它们为经济中的非金融部门提供金融服务；②融资模式与公司治理(Financing Pattern and Corporate Governance)，居民、企业、政府的融资行为以及基本融资工具；协调公司参与者各方利益的组织框架；③监管体制(Regulation System)。金融体系不是这些部分的简单相加，而是相互适应与协调。现实中不同国家的金融制度差异较大，存在着不同的金融体系。一是以英、美为代表的市场主导型金融体系，二是以法、德、日为代表的银行主导型金融体系。在美国，银行资产占 GDP 的比重为 53%，只有德国的 1/3；美国的股票市值对 GDP 的比重为 82%，大约比德国高 3 倍。美国、英国的金融体制常常被称为"市场主导型"，而德国、法国、日本的则被称为是"银行主导型"。

二、金融市场的构成要素

一个较完善的金融市场一般包括以下基本要素。

(一)金融市场业务活动的参加者

金融交易同其他交易一样要有交易双方，即货币资金的供应者和需求者，也就是金融市场业务活动的参加者，一般有企业、金融机构、政府、个人、国外投资者和中央银行。

1. 企业

企业是金融市场运行的基础，也是整个经济活动的中心。金融市场活动的其他参加者都与企业有着密不可分的联系，金融市场又是企业筹集和运用资金的最好场所。当企业资金有盈余时，可以利用金融市场进行投资，并视其资金闲置长短选择不同的信用工具，或投资于货币市场或投资于证券市场取得收益；当企业资金不足需要筹措资金时，企业可以从金融市场上取得资金，或是持未到期的商业票据到银行办理贴现，或是以企业财产和各种有价证券作抵押到银行办理抵押贷款，或是在证券市场上发行股票和债券。金融市场成为企业等筹集各种资金，运用闲置资金进行金融投资的理想场所。

2. 金融机构

金融机构是金融市场运行的主导力量。商业银行是金融市场上资金的最大供应者，它除了对客户提供各种放款与票据贴现外，也对有价证券进行投资。同时商业银行也通过吸收存款以及发行金融债券、定期存单等形式筹集资金，成为资金的需求者。而各类专业银行则通常是通过发行股票、债券的方式筹集资金，除一部分用于专门的放款外，大部分用于有价证券投资。其他金融机构也通过各种方式从金融市场筹集资金或者向金融市场供给资金。

3. 政府

政府在金融市场上首先是资金的需求者。政府为了弥补财政赤字或刺激经济增长，利用国家信用工具来筹措资金，它在短期金融市场上发行短期政府债券——国库券，在长期金融市场上发行公债券等。由于政府债券的大量发行，每个银行、企业及个人都或多或少地拥有国债，因此政府部门对金融市场影响很大并在金融市场上占有重要的地位。

政府也是资金的供给者。它通过地方财政、国有企业等公共部门向民间特定的领域和政策性金融机构提供稳定资金，来调整经济结构或影响整个经济活动的规模。尽管财政资金的投放有时不通过金融市场进行，但财政资金的供应可以改变金融市场上的资金供求关系，因此政府仍然可以认为是金融市场的资金供给者之一。

4. 个人

个人主要是金融市场的资金供给者。个人的货币收入大于支出的部分可以在金融市场上用于各种投资。他们可以根据投资目的不同而选择不同的金融资产。如有的人投资以安全性为第一选择,就购买国债或信誉卓越的公司股票和债券,这些证券风险小但利率也较低;有的人投资目的是为了获取高额利息或红利收入,他就可以选择股票或一些低级债券,相应地承担的风险也大;有些人的资金闲置时间很短,可以投资于短期的国库券、存单或活期存款这些资产,利率低但变现性很强。

个人也是金融市场上的资金需求者。当个人收入或储蓄不足,在购买汽车、住房发生资金困难时,也可以从金融市场上通过消费贷款而取得资金,以实现自己的消费行为。

5. 国外投资者

随着金融市场向着国际化方向发展,国外投资者在各国金融市场进行筹资和投资的需求越来越大,这部分资金的流出或流入会对金融市场产生重大影响。

6. 中央银行

中央银行是商业银行最后贷款人,要通过再贷款与再贴现的方式解决商业银行放款来源的不足;同时它还通过公开市场操作在金融市场上购入和出售有价证券,扮演资金供应者与需求者的双重角色。当然在这些活动中,中央银行更重要的是以资金供求的调节者和金融市场的管理者身份出现的。

(二)金融市场的交易对象

如果说参加者是金融市场主体,那么交易对象就是金融市场的客体。金融市场的交易对象是货币资金。货币资金是一种特殊的商品,作为特殊商品的货币资金是以金融工具的形式出现的。无论是银行的存贷款,还是证券市场上的证券买卖,最终都要实现货币资金的转移,但这种转移在多数情况下只是货币资金使用权的转移,而不是所有权的转移。这与商品市场上作为交易对象的商品的转移不同,在商品的交易中,不仅商品的使用权要发生转移,而且所有权也要从卖者手中转移到买者手中,使用权的转移要以所有权的转移为前提。一个健全完善的金融市场,能够向参加者提供众多的可供选择的金融资产和金融工具,从短期的票据到国库券到长期的公债、公司债券和股票等一应俱全,以满足参加者各种不同的需求。

(三)交易价格

在金融市场上,交易对象的价格就是货币资金的价格。在借贷市场上,借贷资金的价格就是借贷利率。而在证券市场上,资金的价格较为隐蔽,直接表现出的是有价证券的价格,从这种价格反映出货币资金的价格。至于外汇市场,汇率反映了货币的价格。直接标价法反映了外币的价格,而间接标价法反映了本币的价格。在黄金市场上,一般所表现的是黄金的货币价格,如果反过来,就显示出单位货币的黄金价格。

三、金融市场的分类

按交易对象不同,金融市场可以分为货币市场、资本市场、外汇市场、黄金市场和金融合约市场。

(1)货币市场。货币市场是指融资期限在一年以下的金融交易市场,是金融市场的重要组成部分。货币市场就其结构而言,可分为短期借贷市场、同业拆借市场、商业票据市场、短期债券市场、大额可转让定期存单市场、回购协议市场等。

(2)资本市场。资本市场主要是指长期资金交易的场所，它包括证券市场和长期借贷市场。在证券市场上，交易的工具主要是股票、债券和投资基金。

(3)外汇市场。外汇市场是指由外汇需求者与外汇供给者以及买卖中介机构所构成的买卖外汇的场所或交易网络。在外汇市场上，既可以进行本币与外币之间的买卖，也可以进行以一种外币兑换成另一种外币，即不同币种的外币间的买卖。外汇市场是国际金融市场的一个重要组成部分，并且与其他金融市场存在着种种密切关系。例如国际货币市场的借贷业务、国际资本市场上的投资活动以及黄金市场上的各种交易都离不开外汇买卖。外汇市场的参与者有经营外汇业务的外汇银行、接洽外汇买卖的外汇经纪人、从事外币有价证券买卖的证券公司、买卖外汇的进出口公司及个人、负责监管的中央银行。

(4)黄金市场。黄金市场是集中进行黄金买卖和金币兑换的交易中心或场所。由于目前黄金仍是各国进行国际储备的工具之一，在国际结算中占据重要的地位，因此，黄金市场仍被看作是金融市场的一个重要的组成部分。国际黄金市场是世界各国集中进行黄金交易的一个中心，它有固定的交易场所。目前世界上重要的黄金市场有伦敦、纽约、苏黎世、芝加哥和中国香港，号称五大国际黄金市场。世界的黄金交易可以在 24 小时内不停地进行。

拓展阅读 13-2

黄金市场——天然的货币，最舒服的避风港

黄金是人类最早发现并利用的贵金属之一。

黄金投资是一种永久、及时的投资。几千年来黄金永远散发着它美丽的光芒，并以其独有的不变质、易流通的特性以及保值、投资、储值的功能，成为人们资产保值的首选。无论人类历史如何变迁，国家权利如何更替，抑或是货币的更换，而黄金的价值永存。

由于黄金具有特殊的自然属性，所以被人类赋予了社会属性，也就是流通货币功能。黄金成为人类的物质财富，成为人类储藏财富的重要手段，故而马克思在《资本论》中写道："金银天然不是货币，但货币天然是金银。"

投资黄金是一种与股票相类似的投资行为，但是相对于股票而言，黄金的历史更加悠久。国际上所通行的黄金交易市场也要比股票市场更加规范，收益也相对更高。

黄金市场，是集中进行黄金买卖的交易场所。黄金交易与证券交易一样，都有一个固定的交易场所，世界各地的黄金市场就是由存在于各地的黄金交易所构成的。黄金交易所一般都在各个国际金融中心，是国际金融市场的重要组成部分。在黄金市场上买卖的黄金形式多种多样，主要有各种成色和重量的金条、金币、金丝和金叶等，其中最重要的是金条。金价按纯金的重量计算，即以金条的重量乘以金条的成色。目前，国内黄金投资主要分为实物黄金交易和纸黄金交易两类。实物黄金交易是指可以提取实物黄金的交易方式，纸黄金交易指的是只能通过账面反映买卖状况，不能提取实物黄金的交易方式。

两种交易方式各有所长，如果出于个人收藏或者馈赠亲友的目的，投资者可以选择实物黄金交易，如果期望通过黄金投资获得交易盈利，那么纸黄金无疑是最佳选择。与实物黄金交易相比，纸黄金交易不存在仓储费、运输费和鉴定费等额外的交易费用，投资成本较低，同时也不会遇到实物黄金交易通常存在的"买易卖难"的窘境。

此外黄金投资还有黄金管理账户、黄金凭证、黄金期货、黄金期权、黄金股票、黄金基金和国际现货黄金等种类。

(5)金融合约市场。金融合约市场是指以特殊的金融合约为交易对象的市场，主要包括期货合约、期权合约、互换合约等。保险市场也应属于金融合约市场，因为保险市场是以保险单和年金的发行与转让为交易对象的场所，而保险单(即保险合同)实际上是一种特殊的金融合同。

拓展阅读 13－3

期权市场——有权不用，过期作废

在亚里士多德《政治学》的第一卷中记载有最古老的一个关于期权的故事。

哲学家泰利斯因为贫穷而遭人耻笑，并且人们以此为理由认为哲学是毫无用处的，但结果却是擅长占星术的泰利斯笑到了最后。

有一年冬天，泰利斯通过观测星象预测到第二年秋天本地橄榄将会遇到百年一遇的大丰收。于是，他拿出了自己仅有的一点积蓄，秘密拜访了当地所有的橄榄油压榨机的主人，他付给每人一小笔订金来买下一份"期权"，该期权的内容就是到了秋天时，他能优先以正常的租金租用他们的压榨机。

第二年，橄榄大丰收果然来临了，压榨机的需求骤然增加，这一下泰利斯得到了向求租者漫天要价的机会，结果大发横财。泰利斯以此昭告天下：哲学家要想致富，简直易如反掌。

除此之外，金融市场按照融资方式可以分为直接融资市场和间接融资市场；按照金融交易的程序可以分为发行市场和流通市场；按照金融交割的时间可以划分为现货市场和期货市场；按照地域范围可以划分为国内金融市场和国际金融市场。

四、金融市场的功能

金融体系最基本的功能是在不确定性环境下，便利资源进行跨时(Inter－temporal)和跨地(Cross－sectional)的配置。与金融中介机构一样，金融市场最基本的功能是充当联结储蓄者与投资者的桥梁，对资本进行时间和空间上的合理配置，即通俗意义上的融资功能。

(一)融通资金功能

融通资金是指储蓄转化为投资，是金融市场最基本的功能，通过这个功能可以有效地筹集和调剂资金。金融市场是一种多渠道、多形式、自由灵活地筹资与融资的场所。金融市场通过各种金融商品的买卖，为融资双方提供了各种可供选择的机会，以适应广大公众不同的金融投资和融资需求。在金融市场上，金融工具多种多样，能适应不同资金供应者在利率、期限、方式等方面的要求，具有高度的选择性。

(二)资源配置功能

在金融市场上，随着金融工具的流动，相应地发生了价值和财富的再分配。金融是物资的先导，随着金融资产的流动，带动了社会物质资源的流动和再分配，将社会资源由低效部门向高效部门转移。金融市场中的供求双方通过竞争决定了金融资产的价格，或者说确定了金融资产要求的收益率。金融市场能够将资源从低效率利用的部门转移到高效率利用的部门，从而实现稀缺资源的合理配置和有效利用。

(三)流动性提供功能

金融市场为投资者出售金融资产提供了便利。由于这个特点，它对被迫或主动出售金融资产的投资者有很大的吸引力。如果缺乏流动性便利，投资者将被迫持有债务工具直至其到期或者权益工具直至公司自愿或破产清算，那么损失可能非常大。

(四)风险分散功能

在市场经济中，经济主体面临各种各样的风险，无论是投资于实业还是投资于金融资产，都可能面临价格风险、通货膨胀风险、利率风险、汇率风险、经营风险等。风险是客观存在的现象，人们无法消灭风险，但可以利用金融市场分散风险、回避风险。金融市场为它的参与者提供了分散、降低风险的机会，利用组合投资，可以分散投资于单一金融资产所面临的非系统性风险，如金融衍生工具已成为各类经济主体进行风险管理的重要工具。

(五)信息反映功能

金融市场之所以有信息反映功能，是因为金融市场产生与高度发达的市场经济是一国整个市场体系的枢纽。首先，金融市场是反映微观经济运行状况的指示器。其次，金融市场交易直接和间接反映国家货币供应量的变动。再次，金融市场有大量专门人才长期从事商情研究和分析，他们与各类工商企业保持着不间断的直接接触，能及时、充分了解企业的发展动态。

(六)公司控制功能

资金的转移和有效配置通常面临许多风险。其中，如何确保资金使用者能够有效运用资金并到期偿还或给予当初允诺的投资回报，是投资者决策时要考虑的重要问题之一。因此，需要有一套监控和激励机制来确保资金的高效使用。金融市场的信息生产功能主要解决投资决策做出前的非对称信息问题，即逆向选择(Adverse Selection)；而监控与激励机制则主要解决投资决策做出后的非对称信息问题，即道德风险(Moral Hazard)。金融市场的监控机制主要包括两类。一类是作为投资者的股东通过“用手投票”和“用脚投票”等方式对公司进行直接干预。另一类监控机制则是金融市场提供了激励公司管理层的有效机制，即对经理人的报酬采取股票期权制度，从而使职业经理人自身的效用最大化行为与公司的利润最大化重合起来。

(七)宏观调控功能

宏观调控功能是指金融市场作为政府宏观调节机制的重要组成部分，具有宏观控制经济的作用。国家对国民经济运行的计划调控，转换成一系列金融政策，通过中央银行传导到金融市场，引起货币流量和流向的变动。货币流量和流向变动产生的一系列金融信号又通过金融市场传导到国民经济的各个部门，引起国民经济的局部变动或整体变动。中央银行正是利用金融市场宏观调控功能，通过公开市场业务，在金融市场上买卖有价证券，回笼货币，收缩货币供应量；当流通中货币量过少时，中央银行在金融市场上购买有价证券，增加货币供应量，从而使货币供给与需求相适应。中央银行货币政策对各个金融市场的影响如表13－1所示。

表13－1　中央银行货币政策对各个金融市场的影响

金融市场类型	受货币政策影响的相关因素	主要的机构参与者
货币市场	目前货币市场工具在二级市场的价值； 货币市场新发行证券的收益率	商业银行、储蓄机构、货币市场基金、信用社、保险公司、金融公司、养老基金
债券市场	债券二级市场价值； 正在发行债券的收益率	商业银行、储蓄机构、信用社、金融公司、货币市场基金、保险公司、养老基金
股票市场	股票预期收益率进而影响其市场价值； 公司的收入预期进而影响其价值	股票共同基金、保险公司、养老基金

续表

金融市场类型	受货币政策影响的相关因素	主要的机构参与者
抵押贷款市场	住房需求进而影响住房抵押贷款需求； 住房抵押贷款在二级市场的价值； 新的住房抵押贷款利率； 住房抵押贷款的溢价	商业银行、储蓄机构、信用社、保险公司、养老基金
外汇市场	货币需求影响货币价值，进而影响货币衍生产品价格	受到汇率风险影响的金融机构

中央银行的货币政策、利率政策和信贷政策，都是国家宏观调控经济发展通常采用的手段，它首先引起金融市场的货币波动，然后再传递到商品市场和其他要素市场，最后达到调节整个国民经济运行的目的。

五、金融市场组织方式

有了交易主体、交易工具及交易对象的媒介，只是有了形成市场的可能，要使金融市场成为现实的市场并正常运转，还需要一定的制度安排——组织形式。金融市场的组织方式就是把交易双方和交易对象通过金融机构这个媒介联系起来，共同确定交易价格，最终实现转让交易对象目的的形式。金融市场的组织方式主要有拍卖方式和柜台方式两种。

（一）拍卖方式

金融市场上的拍卖方式(Auction)是指所有的金融交易都采取拍卖的方式成交，买卖双方通过公开竞价来确定买卖的成交价格。目前，公开竞价有两种方式：一种是人工拍卖，即由金融工具的出售方呼喊加手势报出要价，购买方之间激烈竞争报出买价，出价最高的购买方将最终获得所售金融工具；另一种方式是计算机自动撮合，即买卖双方不必直接见面，而是分别将欲买和欲售金融工具的价格输入计算机，由计算机按照时间优先、价格优先的原则自动配对，实现成交。时间优先是指同样的价格先提出优先成交，价格优先是指对购买方而言，同一时间价格高的优先成交；对出售方而言，同一时间价格低的优先成交。金融市场工具的拍卖在交易所内进行。但交易所内除了真正要买卖金融工具的市场参与者之外，还有受人委托代理买卖的经纪人和股票交易商。他们由作为交易所会员的经纪人公司和证券公司派出，这些公司受实际投资人、筹资人、保值人或者投机人的委托，按照委托人的要求以尽可能有利的价格进行交易。这是拍卖方式的一大特点。

拍卖方式可以分为单向拍卖(One-Way Auction)和双向拍卖(Two-Way Auction)。①单向拍卖方式的交易双方中一方是一个交易群体(Trading Crowd)，例如一批要购买或要出售的同一金融工具，而另一方是一个交易单位。后者报出买卖金融工具的出价或要价，前者中的各个交易单位围绕报价展开竞争，竞相抬价以求买进或者竞相压价以求售出。最后，后者将要出售的金融工具卖给出价最高的交易方，或以最低的价格购得要购买的金融工具。②双向拍卖方式的交易双方都是交易群体，交易双方在买卖某种交易工具时，以该种工具上次成交的价格为基础，分别提出各自的出价和要价。买方希望以较低价格买入，卖方希望以较高价格卖出。买方群体中不断有人为买进而提高出价，卖方群体中不断有人为卖出而降低要价，这样双方的报出价格逐渐接近，到双方群体中最高出价和最低要价相等时便可以成交。

(二)柜台方式

柜台方式(Over-the-Counter)是指通过作为交易中介的证券公司来买卖金融工具,而不是通过交易所竞价方式确定交易价格。这种方式中金融工具的买卖双方都分别同证券公司进行交易,或者将出售的金融工具卖给证券公司,或者从证券公司买进欲购买的金融工具。

在柜台方式组织的金融交易中,买卖价格不通过交易双方直接竞争来确定,而是由证券公司根据市场行情和供求关系自行确定。对于同意交易的某种金融工具,证券公司以双价制(Ask and Bid System)的方式进行挂牌,即同时报出该工具的买入价格(Bid Price)和卖出价格(Asked Price),表示愿意以所报出价格买入或者卖出金融工具。证券公司一旦对某种金融工具报出双价,则在报出新的价格之前,不得拒绝以已经报出的买入或者卖出的价格来买卖该种工具。一般证券公司的报价中买入价格低于卖出价格,价差(Spread)就是证券公司的主要利润来源。

任务二　货币市场

一、货币市场的内涵和特点

货币市场是融资期限在一年以内的短期资金交易市场。在这个市场上用于交易的工具形形色色,交易的内容十分广泛。相对于资本市场来说,货币市场有以下几个突出特点。

首先,它是短期的,而且是高流动性和低风险性的市场。在货币市场上交易的金融工具具有高度的流动性。倘若你急需一笔现金,被迫要处理长期证券,那你就会遭受损失。但如果你有短期债券,那么你可以乘机卖掉它们,而不致遭受太大的损失。短期债券到期很快,如果你脱手一段时间,当它们到期时你可以按票面价值买回这些债券。

其次,货币市场是一种批发市场。由于交易额极大,周转速度快,一般投资者难以涉足,所以货币市场的主要参与者大多数是机构投资者。其深谙投资技巧,业务精通,因而能在巨额交易和瞬变的行情中获取利润。

最后,货币市场又是一个不断创新的市场。由于货币市场上的管制历来比其他市场要松,所以任何一种新的交易方式和方法,只要可行就可能被采用和发展。

二、货币市场的主要类型

(一)同业拆借市场

同业拆借市场又叫同业拆放市场,是指银行与银行之间、银行与其他金融机构之间进行短期(1 年以内)临时性资金拆出拆入的市场。

同业拆借市场有如下特点:对进入市场的主体有严格的限制,即必须是指定金融机构;融资期限较短,最初多为 1 日或几日的资金临时调剂,是为了解决头寸临时不足或头寸临时多余所进行的资金融通;交易手段比较先进,手续简便,成交时间短;交易额大,而且一般不需要担保或抵押;利率由双方议定,可以随行就市。

同业拆借市场最早出现于美国,其形成的根本原因在于法定存款准备金制度的实施。按照美国 1913 年通过的“联邦储备法”的规定,加入联邦储备银行的会员银行,必须按存款数额的一定比率向联邦储备银行缴纳法定存款准备金。而由于清算业务活动和日常收付数额的变化，总会出现有的银行存款准备金多余，有的银行存款准备金不足的情况。存款准备金多余的银行需要把多余部分运用，以获得利息收入，而存款准备金不足的银行又必须设法借入资金以弥补准备金缺口，否则就会因延缴或少缴准备金而受到央行的经济处罚。在这种情况下，存款准备金多余和不足的银行，在客观上需要互相调剂。于是，1921 年在美国纽约形成了以调剂联邦储备银行会员银行的准备金头寸为内容的联邦基金市场。

在经历了 20 世纪 30 年代的第一次资本主义经济危机之后，西方各国普遍强化了中央银行的作用，相继引入法定存款准备金制度作为控制商业银行信用规模的手段，与此相适应，同业拆借市场也得到了较快发展。在经历了长时间的运行与发展过程之后，当今西方国家的同业拆借市场，较之形成之时，无论在交易内容开放程度方面，还是在融资规模等方面，都发生了深刻变化。拆借交易不仅仅发生在银行之间，还扩展到银行与其他金融机构之间。从拆借目的看，已不仅仅限于补足存款准备和轧平票据交换头寸，金融机构如在经营过程中出现暂时的、临时性的资金短缺，也可进行拆借。更重要的是同业拆借已成为银行实施资产负债管理的有效工具。由于同业拆借的期限较短，风险较小，许多银行都把短期闲置资金投放于该市场，以利于及时调整资产负债结构，保持资产的流动性。特别是那些市场份额有限、承受经营风险能力脆弱的中小银行，更是把同业拆借市场作为短期资金经常性运用的场所，力图通过这种做法提高资产质量，降低经营风险，增加利息收入。

拓展阅读 13－4

我国的同业拆借市场

1986 年 1 月，国家体改委、中国人民银行在广州召开金融体制改革工作会议，会上正式提出开放和发展同业拆借市场。同年 3 月，国务院颁布的《中华人民共和国银行管理暂行条例》，也对专业银行之间的资金拆借做出了具体规定。此后，同业拆借在全国各地迅速发展起来。1986 年 5 月，武汉市率先建立了只有城市信用社参加的资金拆借小市场，武汉市工商银行、农业银行和人民银行的拆借市场随之相继建立。不久，上海、沈阳、南昌、开封等大中城市都形成了辐射本地区或本经济区的同业拆借市场。到 1987 年 6 月底，除西藏外，全国各省、市、自治区都建立了不同形式的拆借市场，初步形成了一个以大中城市为依托的、多层次的、纵横交错的同业拆借网络。1995 年，为了巩固整顿同业拆借市场的成果，中国人民银行进一步强化了对同业拆借市场的管理，要求跨地区、跨系统的同业拆借必须经过人民银行融资中心办理，不允许非金融机构和个人进入同业拆借市场，从而使同业拆借市场得到了进一步规范和发展。1995 年 11 月，中国人民银行发出通知，要求商业银行在 1996 年 4 月 1 日前撤销其所办的拆借市场。这一措施为建立全国统一的同业拆借市场奠定了坚实的基础。1996 年 1 月 3 日，经过中国人民银行长时间的筹备，全国统一的银行间同业拆借市场正式建立。目前，全国银行间同业拆借中心与中国外汇交易中心合用一个交易系统，并包括全国银行间拆借和债券(包括现券买卖、回购交易)两个交易子系统。

(二)银行承兑汇票市场

银行承兑汇票市场是以银行承兑汇票作为交易对象所形成的市场。国际与国内贸易的发展是产生银行承兑汇票的重要条件，同时，银行承兑汇票的产生大大便利了国际与国内的贸易。目前，银行承兑汇票市场已成为世界各国货币市场体系中的重要组成部分。

(三)短期国债市场

短期国债又称国库券，是由中央政府发行的，期限在1年以内的政府债券。期限通常为3个月、6个月或12个月。最早发行短期国债的国家是英国。现在西方各国都普遍发行大量短期国债，把它作为弥补财政赤字的重要手段。同时，一定规模的短期国债也是中央银行开展公开市场业务、调节货币供给的物质基础。我国自1981年恢复国债发行以来，所发国债期限多在两年以上，1994年首次发行了期限为半年的短期国债，丰富了我国的国债品种。

短期国债的最大特点是安全性。由于它是凭中央政府的信用发行的，所以几乎不存在违约风险；它在二级市场上的交易也极为活跃，变现非常方便。此外与其他货币市场工具相比，短期国债的起购点比较低，面额种类齐全，适合一般投资者购买。短期国债的这些特点使它成为一种普及率很高的货币市场工具。

(四)可转让定期存单市场

可转让定期存单银行发行给存款人按一定期限和利率计息，到期前可以转让流通的证券化的存款凭证。它与一般存款的不同之处在于可以在二级市场进行流通，从而解决了定期存款缺乏流动性的问题，所以很受投资者的欢迎。其面额一般比较大(美国的可转让定期存单最小面额为10万美元)，期限则多在1年以内。它最早是由美国花旗银行于1961年推出的，并且很快为别的银行所效仿，目前已成为商业银行的重要资金来源。在美国，其规模甚至超过了短期国债。我国于1986年下半年开始发行大额可转让定期存单，最初只有交通银行和中国银行发行，1989年起其他银行也陆续开办了此项业务。在我国面向个人发行的存单面额一般为500元、1 000元和5 000元，面向单位发行的存单面额则一般为5万元和10万元。然而，由于没有给大额存单提供一个统一的交易市场，同时由于大额存单出现了很多问题，特别是盗开和伪造银行存单进行诈骗等犯罪活动十分猖獗，中央银行于1997年暂停审批银行的大额存单发行申请，大额存单业务因而实际上被完全停止。其后，大额可转让定期存单逐渐淡出人们的视野。

(五)商业票据市场

商业票据是由一些大银行、财务公司或企业发行的一种无担保的短期本票。所谓本票，是由债务人向债权人发出的支付承诺书，承诺在约定期限内支付一定款项给债权人。商业票据是一种传统的融资工具，但是它的迅速发展却是从20世纪60年代后期开始的。由于Q条例规定了存款利率的上限，美国的商业银行开始寻求新的获取资金的渠道。其中之一便是通过银行控股公司(持有数家银行股份的公司)发行商业票据。与此同时，越来越多的大企业也开始更多地依赖于发行商业票据来获得流动资金。到20世纪90年代，商业票据已经成为美国数额最大的货币市场金融工具。

拓展阅读13－5

美国的“Q条例”

Q条例是指美国联邦储备委员会按字母顺序排列的一系列金融条例中的第Q项规定。1929年之后，美国经历了一场经济大萧条，金融市场随之也开始了一个管制时期，与此同时，美国联邦储备委员会颁布了一系列金融管理条例，并且按照字母顺序为这一系列条例进行排序，如第一项为A项条例，其中对存款利率进行管制的规则正好是Q项，因此该项规定被称为Q条例。后来，Q条例成为对存款利率进行管制的代名词。Q条例的内容是：银行对于活期存款不得公开支付利息，并对储蓄存款和定期存款的利率设定最高限度，即禁止联邦储备委员会的会员银行对它所吸收的活期存款(30天以下)支付利息，并对上述银行所吸收的储蓄存款和定期存款规定了利率上限。当时，这一上限规定为2.5%，此利率一直维持至1957年都不曾调整，而此后却频繁进行调整，它对银行资金的来源去向都产生了显著影响。美国金融市场上也产生了许多为规避Q条例而创新的金融工具。

(六)回购协议市场

回购协议是产生于20世纪60年代末的短期资金融通方式。它实际上是一种以证券为抵押的短期贷款。其操作过程如下：借款者向贷款者暂时出售一笔证券，同时约定在一定时间内以稍高的价格重新购回；或者借款者以原价购回原先所出售的证券，但是向证券购买者支付一笔利息。这样证券出售者暂时获得了一笔可支配的资金，证券的购买者则从证券的买卖差价或利息支付中获得一笔收入。回购协议主要以政府债券交易为主。回购协议中的出售方大多为银行或证券商，购买方则主要是一些大企业，后者往往以这种方式来使自己在银行账户上出现的暂时闲置余额得到有效的利用。回购协议的期限大多很短，可以是1天到1年中的任意天数。由于数额巨大，购买者的收入也很可观。

债券回购交易一般在证券交易所进行，目前我国不仅在上海、深圳两个交易所开展了回购交易，全国银行间同业拆借市场也开展该项业务。

(七)共同基金市场

货币市场共同基金是美国20世纪70年代以来出现的一种新型投资理财工具。共同基金是将众多的小额投资者的资金集合起来，由专门的经理人进行市场运作，赚取收益后按一定的期限及持有的份额进行分配的一种金融组织形式。而对于主要在货币市场上进行运作的共同基金，则称为货币市场共同基金。

货币市场共同基金最早出现在1972年。当时，由于美国政府出台了限制银行存款利率的Q项条例，银行存款对许多投资者的吸引力下降，他们急于为自己的资金寻找到新的能够获得货币市场现行利率水平的收益途径。货币市场共同基金正是在这种情况下应运而生。它能将许多投资者的小额资金集合起来，由专家操作。货币市场共同基金出现后，其发展速度是很快的。目前，在发达的市场经济国家，货币市场共同基金在全部基金中所占比重最大。

我国货币市场共同基金正式创立于2003年。2003年12月10日，华安现金富利基金、招商现金增值基金、博时现金收益基金经历了艰难险阻最终获批，其中华安现金富利基金于2003年12月30日正式成立，另两只基金则于2004年1月成立，标志着我国货币市场共同基金的正式启动，基金公司可以通过设立货币基金而在货币市场为闲置资金寻找一个安全的“避风港”。

任务三　资本市场

一、资本市场的内涵及特点

资本市场是融资期限在一年以上的长期资金交易市场。与货币市场相比，资本市场的特点主要有如下几点。

(1)融资期限长。融资期限至少在1年以上，也可以长达几十年，甚至无到期日。

(2)流动性较差。在资本市场上筹集到的资金多用于解决中长期融资需求，因此流动性和变现性相对较弱。

(3)风险大而收益较高。由于融资期限较长，发生重大变故的可能性较大，市场价格容易波动，投资者需要承受较大的风险。同时，作为对风险的回报，其收益也较高。

二、资本市场的内容

在资本市场上，资金供应者主要是银行、保险公司、信托投资公司、各种基金公司和个人投资者，资金需求方主要是社会团体、政府机构、企业等。资本市场主要包括证券市场和长期借贷市场。证券市场包括发行市场和流通市场两部分，其各自的交易方式均不相同。在证券市场上，交易对象主要是股票、债券、投资基金，它们的交易及运行机制各不相同。本小节以证券市场为主介绍资本市场的有关内容。

(一)股票市场

股票是股份公司发给投资人、证明其投入本公司资本并据此取得股息和红利的凭证，是证明股东权利和义务，并能转让的有价证券。

迄今为止，资本市场的最大组成部分是股票市场。

1. 股票的发行市场

股票的发行市场又称一级市场，它是指股份公司向社会增发新股的市场，包括公司初创期发行的股票和增资扩股所发行的股票。一级市场的整个运作过程通常由咨询与准备、股票销售两个阶段构成。

(1)咨询与准备

咨询与准备是股票发行的前期准备阶段，发行人(公司)须听取投资银行的咨询意见并对一些主要问题做出决策，主要包括发行方式的选择、选定作为承销商的投资银行或证券公司、准备招股说明书、确定发行价格四个方面。发行公司着手完成准备工作之后，即可按照预定的方案发售股票。

①发行方式的选择。股票发行的方式一般可分为公募发行和私募发行两类。公募发行指面向市场上大量的非特定的投资者公开发行股票。其优点是：可以扩大股票的发行量，筹资潜力大；无须提供特殊优厚的条件，发行者具有较大的经营管理独立性；股票可在二级市场上流通，从而提高发行者的知名度和股票的流通性。其缺点则表现为工作量大，难度也大，通常需要承销者的协助，发行者必须向证券管理机关办理注册手续，必须在招股说明书中如实公布有关情况以供投资者作出正确决策。

私募发行是指只向少数特定的投资者发行股票，其对象主要有个人投资者和机构投资者两类，前者如使用发行公司产品的用户或本公司的职工，后者如大的金融机构或与发行者本人有密切业务往来关系的公司。私募发行具有节省发行费用、通常不必向证券管理机关办理注册手续、有确定的投资者从而不必担心发行失败等优点。但也有需要向投资者提供高于市场平均条件的特殊优厚条件、发行者的经营管理容易受干预、股票难以转让等缺点。

②选定作为承销商的投资银行。公开发行股票一般都通过投资银行来进行，投资银行的这一角色称为承销商。许多公司都与某一特定承销商建立起牢固的关系，承销商为这些公司发行股票而且提供其他必要的金融服务。在我国，承销商的职能由证券公司来承担。

③准备招股说明书。招股说明书是公司公开发行股票的书面说明，是投资者了解和准备

购买股票的依据。招股说明书必须包括财务信息、公司经营历史的陈述、高级管理人员的状况等。

④发行定价。发行公司和承销商可以将路演时投资者的关注度作为一个参考,并结合多种因素来考虑发行定价。发行定价是一级市场的关键环节。如果定价过高,会使股票的发行数量减少,进而使发行公司不能筹到所需资金,股票承销商也会遭受损失;如果定价过低,则承销商的工作会更容易,但发行公司却会蒙受损失。发行定价有平价、溢价和折价三种方式。平价发行是以股票票面所标明的价格发行;溢价就是按超过票面金额的价格发行;折价发行就是按低于票面金额的价格发行。

⑤路演。路演的本意译自英文 road show,是国际上广泛采用的证券发行推广方式,指证券发行商发行证券前针对机构投资者的推介活动,是在投融资双方充分交流的条件下促进股票成功发行的重要推介、宣传手段。路演的主要形式是举行推介会,在推介会上,公司向投资者就公司的业绩、产品、发展方向等作详细介绍,充分阐述上市公司的投资价值,让准投资者们深入了解具体情况,并回答机构投资者关心的问题。随着网络技术的发展,这种传统的路演同时搬到了互联网上,出现了网上路演,即借助互联网的力量来推广。网上路演现已成为上市公司展示自我的重要平台及推广股票的重要方式。

(2)股票销售

发行公司着手完成准备工作之后,即可按照预定的方案发售股票。对于承销商来说,其销售股票的方式有以下几种。

①全额包销。承销商买下全部股票,再按发行价推销;这种方式手续费高,承销机构风险最大。

②余额包销。承销商将在规定期间内未销售出去的股票买下。

③代销。在发行期间,承销商尽力销售,未销售出去的股票由发行人自行处理。此种方式承销商承担的风险最小,因此收取的佣金最低。

2. 股票的流通市场

股票的流通市场也称交易市场、二级市场,是不同的投资者之间买卖已发行的股票所形成的市场。二级市场可以分为有组织的证券交易所和场外交易市场。

(1)证券交易所。证券交易所是由证券管理部门批准的、为证券的集中交易提供固定场所和有关设施并制定各项规则以形成公正合理的价格和有条不紊的秩序的正式组织。交易所是一个有组织、有固定地点、严格交易制度、集中进行竞价成交的场所。股份公司符合一定条件,其公开发行的股票可以在证券交易所挂牌交易,也叫作"上市"。

拓展阅读 13-6

证券交易所与"牛市和熊市"的渊源

证券市场有牛市和熊市的说法,牛市(bull market)代表上涨行情。在西方古代文明中,牛代表着力量、财富和希望。古罗马人对牛有无限的崇拜,人们用"牛市"表示股市上升之势,代表了一种对财富的期盼。熊市(bear market)代表下跌行情。熊也是古代西方人崇拜的对象,美洲和欧洲的许多人认为熊具有强效的治病功能。熊每逢冬季要冬眠5个月。在冬眠期内熊可以随时清醒。当春天来临,熊重返地面。人们用"熊"表示跌市,其深远意义在于:股市的调整是不为人们的意志所左右的(就像熊一样不能驯化),熊是投资者的医生,教人们控制自己无止境的欲望，教人们怎样像熊一样，在必要的时候从喧嚣中归隐起来，耐心等待，冷静地思索并保持高度警惕，直到重生机会的来临。

但是人们的欲望是无止境的，人们总是盼望着牛市，而不管股票的价格是否已经形成泡沫；同时对熊市的到来感到恐惧。

现在我们看到很多国家的证券交易所门前都有牛和熊的雕像，其实最初采取这种做法的是德国的法兰克福证券交易所，后来各个证券交易所也纷纷效仿。世界知名的证券交易所每年也会吸引很多游客的光临，比如美国纽约证券交易所、英国伦敦证券交易所以及德国法兰克福证券交易所。游客们常常在交易所门前牌照留影，可是大家都愿意和牛像合影，谁也不愿意与熊像合影，因为大家都期盼着牛市的到来。

交易所本身并不参与证券的买卖，也不决定证券的交易价格，只是提供一个有组织的集中交易场所，并制定交易制度。我国目前有两家证券交易所，分别是上海证券交易所和深圳证券交易所。世界知名的证券交易所有：纽约证券交易所、伦敦证券交易所、阿姆斯特丹证券交易所、法兰克福证券交易所等。

拓展阅读 13－7

纽约证券交易所

在华尔街有一座显著的建筑——纽约证券交易所，这座古希腊风格建筑的正面，有一组浮雕。浮雕上有从事工业、农业、贸易的人们，他们代表着经济领域的各个方面，6 根圆柱托起的这些浮雕象征着资本市场对经济的支撑作用。来自世界各地 3 000 多家公司在这里上市，其中有近 50 家中国上市公司。无论是上市公司发行股票筹集资金的数额，还是上市交易股票的总价值，纽约证券交易所都是当今世界上规模最大的证券交易市场，这里所传递出的信息直接对美国和全球经济产生重大影响。

在美国证券发行之初，尚无集中交易的证券交易所，证券交易大都在咖啡馆和拍卖行里进行。纽约证券交易所的起源可以追溯到 1792 年 5 月 17 日。当时 24 个证券经纪人在纽约华尔街 68 号外一棵梧桐树下签署了梧桐树协议，协议规定了经纪人的“联盟与合作”规则，通过华尔街现代老板俱乐部会员制度交易股票和高级商品，这也是纽约交易所的诞生日。1817 年 3 月 8 日这个组织起草了一项章程，并把名字更改为“纽约证券交易委员会”，1863 年改为现名：纽约证券交易所。从 1868 年起，只有从当时老成员中买得席位方可取得成员资格。

资料来源：根据央视大型纪录片《华尔街》《资本市场》解说词整理而成。

(2)场外交易市场。场外交易是相对于证券交易所交易而言的，凡是在证券交易所之外的股票交易活动都可以称作场外交易。场外交易与交易所交易相比，没有固定的、集中的场所，无法实行公开竞价，其价格是通过协商达成的。场外交易受到的管制少，灵活方便，因而能够为中小型及具有潜质的公司股票提供交易渠道。

拓展阅读 13－8

美国 NASDAQ 市场

纳斯达克，即 NASDAQ(National Association of Securities Dealers Automated Quotation，全美证券交易商协会自动报价系统)，是全球第一个电子化的场外交易报价市场，也是全球最成功的创业板市场，主要扶植处于成长期的高科技企业，其上市标准低于主板市场。纳斯达克指数是反映纳斯达克市场行情变化的股票价格平均指数。纳斯达克的上市公司涵盖所有新技术行业，包括软件和计算机、电信、生物技术、零售和批发贸易等。举世瞩目的微软公司就是通过纳斯达克上市并获得成功的。

(二)债券市场

债券是投资者向政府、公司或金融机构提供资金的债权债务合同，该合同载明发行者在指定日期支付利息并在到期日偿还本金的承诺，其要素包括期限、面值与利息、税前支付利息、求偿等级、限制性条款、抵押与担保及选择权(如赎回与转换条款)。

债券市场是一种直接融资的市场，即不通过银行等金融机构的信用中介作用，资金的需求者与资金的供给者，或者说资金短缺者与资金盈余者直接进行融资的市场。

拓展阅读 13－9

我国债券市场历史

我国首次发行的债券，是1894年清政府为支付甲午战争军费的需要，由户部向官商巨贾发行的，当时称作“息借商款”，发行总额为白银1 100多万两。甲午战争后，清政府为交付赔款，又发行了公债，总额为白银1亿多两。

自清政府开始发行公债后，旧中国历届政府为维持财政平衡，都发行过大量公债，从北洋政府到蒋介石政府先后发行了数十种债券。

新中国成立后，我国中央人民政府曾于1950年1月发行了人民胜利折实公债，实际发行额折合人民币2.6亿元，该债券于1956年11月30日全部还清本息。1954年，中央政府又发行了国家经济建设公债，共发行了5次，累计发行了39.35亿元，至1968年全部偿清。此后10余年时间，我国未再发行任何债券，到80年代初才又开始发行各种类型债券。

资料来源：南方财富网，www.southmoney.com。

1. 债券的发行

债券的发行按其发行方式和认购对象，可分为私募发行与公募发行；按其有无中介机构协助发行，可分为直接发行与间接发行；按定价方式，又可分为平价发行、溢价发行和折价发行。

债券的私募发行，是指面向少数特定投资者的发行。一般来讲，私募发行的对象主要有两类：一类是有所限定的个人投资者，另一类是指定的机构投资者。

公募发行是指公开向社会非特定投资者的发行，充分体现公开、公正的原则。

直接发行是指债券发行人直接向投资人推销债券，而不需要中介机构进行承销。间接发行是指发行人不直接向投资者推销，而是委托中介机构进行承购推销。

平价发行即债券的发行价格与票面金额相一致。溢价发行即债券的发行价格高于票面金额。折价发行即债券的发行价格低于票面金额。

在债券发行过程中，除了要确定发行方式、承销方式外，还必须确定发行利率及发行价格，这也是债券发行市场的重要环节。

2. 债券的流通

债券在二级市场上的交易，主要有三种形式，即现货交易、期货交易和回购协议交易。

债券的现货交易是指买卖双方根据商定的付款方式，在较短的时间内进行交割清算，即卖者交出债券，买者支付现金。现货交易按交割时间的安排可以分为三种：即时交割，即于债券买卖成交时立即办理交割；次日交割，即成交后的第二天办理交割；限期交割，即于成交后限定几日内完成交割。

债券的期货交易，是指买卖成交后，买卖双方按契约规定的价格在将来的指定日期（如3个月、6个月以后）进行交割清算。进行债券的期货交易，既是为了回避风险，转嫁风险，实现债券的套期保值，同时也是一种投机交易，要承担较大的风险。

债券的回购协议交易是指债券买卖双方按预先签订的协议，约定在卖出一笔债券后一段时期再以特定的价格买回这笔债券，并按商定的利率付息。这种有条件的债券交易形式实质上是一种短期的资金借贷融通。这种交易对卖方来讲，实际上是卖现货买期货，对买方来讲，是买现货卖期货。

（三）证券投资基金市场

证券投资基金是指通过发行基金股份（或收益凭证），将投资者分散的资金集中起来，由专业管理人员分散投资于股票、债券或其他资产，并将投资收益分配给基金持有者的一种利益共享、风险共担的集合投资方式。

投资基金在美国称为"共同基金"或"互助基金"，在英国和我国香港特别行政区称为"单位信托基金"，在日本、韩国和我国台湾地区称为"证券投资信托基金"。

证券投资基金同样可以分为发行市场和流通市场两个层次。

1. 基金的发行市场

基金的发行市场主要从事基金的发行和认购，二者是同时进行的。无论是封闭型基金还是开放型基金，初次发行总额都要分成若干等额份数（即股份化），每份就是一个基金单位（或称1股）。如果某投资基金初次发行总额1亿元分为1亿份，那么每个基金单位（或每股）面值就为1元。不过其价格不一定是1元，发行价往往是面值加2%左右的手续费，以后价格依赖其每份净资产或市场供求状况变化。在基金的发行市场上，从投资者角度上来说就是认购基金券，认购方式有两种：①认购开放型基金。开放型基金虽然总额变动，但初次发行时也要设定基金发行总额和发行期限，只有在3个月以后才可能允许赎回和续售。②认购封闭型基金。对于封闭型基金，除规定了发行价、发行对象、申请认购方法、认购手续费、最低认购额外，还规定了基金的发行总额和发行期限。发行总额一经售完，不管是否到期，基金都要进行封闭，不再接受认购申请。

2. 基金的流通市场

基金的流通原则上与股票流通相似，但开放型基金的二级市场与股市有较大区别。在基金初次发行完毕后，持有基金券的投资者希望卖出基金变现，持有现金的投资者希望买进基金投资，这些都要在证券二级市场实现。但是，对开放型基金而言，基金券的流通乃是基金经理公司赎回或再次发行的行为。它的二级市场一般就是指定的柜台或交易网点，交易的价格等于基金单位净值加上或减去申购赎回费用。对封闭型基金而言，基金成立3个月后基金公司就会申请基金上市（在证交所挂牌交易），此后基金券的买卖都像股票买卖一样在二级市场委托证券公司代理，其价格由市场供求决定，大家竞价买卖。

项目十四　国际金融

学习目标

能力目标

1. 能够按照不同的汇率标价方法对外汇汇率进行换算；
2. 能够合理的运用和选择国际结算支付工具和基本方式；
3. 能够对一国的国际收支平衡表进行简单分析。

知识目标

理解：外汇的内涵和种类、汇率的内涵、国际结算的内涵及分类。

熟知：汇率的种类、国际结算的内涵及分类、国际结算业务分类、国际收支的内涵。

掌握：汇率的标价方法、国际结算支付工具和基本方式、国际收支平衡表。

素质目标

1. 具备收集资料、分析资料的能力；
2. 具备独立思考、团结协作的能力，注重团队的成绩与荣誉；
3. 培养与人沟通、言行举止得体等综合素质能力。

项目引例

巴西银行案

原告是巴西国家银行，被告“以色列农产品公司”是美国特拉华州一家公司的分支机构。被告同巴西咖啡出口商人恶意串通逃避巴西外汇管制法。根据该法，出口商应该把收取美元贷款的权利交给巴西银行，然后由该银行按照官方汇率(1 美元兑换 90 个巴西卢布)将美元兑换成巴西卢布。但是，出口商伪造证件骗取了巴西政府当局的出口许可证，进口商将货款直接在纽约以美元支付，从而使出口商得以在自由市场上以 1 美元兑换 220 卢布的汇率将美元换成了卢布。这种逃汇行为已触犯巴西的外汇管制法令。由于当事人的逃汇行为，造成巴西国家银行遭受 200 万美元的外汇损失。纽约上诉法院确认了下级法院驳回起诉的裁决，认为上诉人(巴西银行)的诉讼请求不能成立(没有能够提出诉因)，所以法院无法给予其救济。法院的理由有两点：一是法院认为原告为起诉要求实施其本国法的外国政府机构(违反该规定导致损害其政治利益)，所以诉讼不在基金协定的适用范围之内并且诉讼为税收或惩罚法规所禁止。二是法院认为会员国承担的义务是不得强制执行，而不是对已经完全履行合同的个人判决其承担侵权责任。

思考与讨论：国际货币基金成员国如何对待其他国家的外汇管制法令的效力？

资料来源：《国际金融法案例和阅读材料》，豆丁网。

任务一 外汇和汇率

一、外汇

(一)外汇的内涵

外汇是指外币以及用外币表示的用于国际结算的支付手段，也是“国际汇兑”的简称。一切存在国外银行的外币存款，在国外能得到偿付的外币、外币票据、外币支付凭证、股票和债券，以及可以用于清偿国际债务的其他外币资产，统称为外汇。国际债权债务的结算通常不采取现金输送方式，而是借助于支付凭证和信用凭证的传递来实现。例如使用商业汇票、银行汇票、银行存款、银行支票、外国政府库券、到期息票等，这类信用工具都属于外汇。按照国际货币基金组织的解释：“外汇是货币行政当局(中央银行、货币机构、外汇平准基金组织及财政部)以银行存款、财政部库券、长短期政府证券等形式所持有的，在国际收支出现逆差时可以使用的债权。”根据中国《外汇管理暂行条例》第二条规定，外汇是指：①外国货币，包括钞票、铸币等；②外币有价证券，包括政府公债、国库券、公司债券、股票、息票等；③外币支付凭证，包括票据、银行存款凭证、邮政储蓄凭证等；④其他外汇资金。从这些解释可看出，外币必须是：以外币表示的国外资产，在国外能得到偿付的货币债权(空头支票、拒付的汇票不包括在内)，可以兑换成其他支付手段的外币资金。不能兑换成其他国家货币的外国钞票也不能视为外汇。

(二)外汇的种类

外汇按不同的标准可以分为许多不同的类别。这里我们按可否自由兑换来区分，将外汇分为自由外汇和非自由外汇。

1. 自由外汇

自由外汇是指在市场上不受任何限制就可兑换成任何一种货币的外汇。它具有完全的可兑换性和可接受性。通常在国际贸易、国际信贷中使用的大多是自由外汇。自由外汇一般都是发达国家的货币，如美元、欧元、英镑、瑞士法郎、日元等。

2. 非自由外汇

非自由外汇是指不能在市场上自由兑换成其他国家货币的外汇，这种外汇是有条件可兑换的外汇。记账外汇是非自由外汇中的一个特例，它是指两国政府支付协定项下只能用于双边结算的外汇，故又称协定外汇或清算外汇。例如，我国对某些发展中国家和苏联等国家的进出口贸易，双方为了节省自由外汇，签订双方国家银行开立的专门账户记载，年度终了，发生的顺差或逆差按支付协定的规定处理，即可结转下一年度使用或用相应的商品支付，也可按规定兑换成第三国货币。这种在双方银行账户上记载的外汇，不能转给第三者使用，也不能在市场上兑换成自由外汇。

外汇作为国际结算计价手段和支付工具，是国际政治、经济、文化交流必不可少的工具，对于促进国际贸易的发展、扩大各国经济的交往与合作、调节国际资金供求的不平衡发挥着积极作用。

二、汇率

(一)汇率的内涵

汇率又称外汇行市。两种不同货币间的兑换比率或外汇的买卖价格,是以一种货币表示的另一种货币的价格。汇率有直接标价和间接标价两种标价方法。

(二)汇率的标价方法

汇率的标价方法即汇率的表示方法。因为汇率是两国货币之间的交换比率,在具体表示时就牵涉到以哪种货币作为标准的问题,由于所选择的标准不同,便产生了三种不同的汇率标价方法。

1. 直接标价法

直接标价法(Direct Quotation)是以一定(1 个外币单位或 100 等)的外国货币为标准,折算为一定数额的本国货币来表示汇率,或者说,以一定单位的外币为基准计算应付多少本币,所以又称应付标价法(Giving Quotation)。

在直接标价法下,外国货币数额固定不变,总是为一定单位,汇率涨跌都以相对的本国货币数额的变化来表示。一定单位外币折算的本国货币越多,说明外币汇率上涨,即外汇升值;反之,一定单位外币折算的本国货币越少,说明外汇贬值,本币升值。也就是说,在直接标价法下,汇率数值的变化与外汇价值的变化是同方向的,因此以直接标价法来表示汇率有利于本国投资者直接明了地了解外汇行情变化,它成为目前国际上绝大多数国家采用的标价方法。我国也采用。

2. 间接标价法

间接标价法(Indirect Quotation) 是以一定(1 个外币单位或 100 等)单位的本国货币为标准,折算为一定数额的外国货币来表示其汇率。或者说,以本国货币为标准来计算应收多少外国货币,所以,它又称应收标价法(Receiving Quotation)。

在间接标价法下,本币金额总是为一定单位而不变,汇率的涨跌都是以相对的外国货币数额的变化来表示,一定单位本币折算的外国货币越多,说明本币升值,外汇贬值;反之,一定单位本币折算的外币越少,说明本币贬值,外汇升值。与直接标价法相反,在间接标价法下,汇率数值的变化与外汇价值的变化呈反方向。目前在世界各国中主要是英国和美国采用间接标价法。

3. 美元标价法

美元标价法是以一定单位的美元为标准来计算应兑换多少其他各国货币的汇率表示法。其特点是:美元的单位始终不变,汇率的变化通过其他国家货币量的变化来表现出来。这种标价方法主要是随着国际金融市场之间外汇交易量的猛增,为了便于国际间进行交易,而在银行之间报价时通常采用的一种汇率表示方法。目前已普遍使用于世界各大国际金融中心,这种现象某种程度反映了在当前的国际经济中美元仍然是最重要的国际货币。美元标价法仅仅表现世界其他各国货币对美元的比价,非美元货币之间的汇率则通过各自对美元的汇率进行套算。

(三)汇率的种类

1. 买入汇率、卖出汇率与中间汇率、现钞汇率

买入汇率又称买价,卖出汇率又称卖价,是买卖外汇的价格,它们都是站在银行的角度来

说的。买价与卖价之间的差额，是银行买卖现汇的收益。

中间汇率是指买卖外币现钞所使用的汇率，也有买入价和卖出价之分。一般来说，外币现钞买入价比现汇买入价要低一些，由于银行买入外币现钞不能在本国流通使用，需要把它们运送到货币发行国才能作为支付手段，在此期间，银行要承受一定的利息损失、支付运费等，所以，银行要进行相应的扣除。外币现钞的卖出汇率则与外汇卖出汇率相同。

2. 基本汇率与套算汇率

基本汇率是本国货币与某一关键货币的比价。这是从汇率制度的角度来考虑的。由于外国货币种类繁多，要制定本国货币与每一种外国货币之间的汇率，既没有必要，成本也太高。因而一般就选定某一种在本国对外经济交往中最常使用的外国货币，制定出本国货币与其之间的汇率，作为基本汇率。大多数国家一般选用本国货币与美元之间的汇率作为基本汇率。至于其他外国货币与本国货币之间的汇率，则可以根据基本汇率套算出来。

根据基本汇率套算出来的汇率就是套算汇率，也叫交叉汇率。套算汇率的具体套算方法可分为三种情况，简述如下：

(1)两种汇率的中心货币相同时，采用交叉相除法

【实例 14—1】 即期汇率行市 1 USD= 7.7972/7.8012HKD，

1 USD=109.5100/109.9100 JPY

港元对日元的套算买入价为：

$$1\ \text{HKD}=\frac{109.5100}{7.8012}\text{JPY}=14.0376\ \text{JPY}$$

港元对日元的套算卖出价为：

$$1\ \text{HKD}=\frac{109.9100}{7.7972}\text{JPY}=14.0961\ \text{JPY}$$

(2)两种汇率的中心货币不同时，采用同边相乘法

【实例 14—2】 即期汇率行市 1 USD=7.7972/7.8012HKD

1 GBP=1.7678/1.7724 USD

英镑对港币的套算买入汇率为

1GBP=7.7972×1.7678 HKD =13.7839 HKD

英镑对港币的套算卖出汇率为

1GBP=7.8012×1.7724 HKD =13.8268 HKD

(3)按中间汇率求套算汇率

【实例 14—3】 某日电讯行市：1 GBP=1.7701 USD，1 USD=109.71 JPY

则英镑对日元的套算汇率为：1 GBP=1.7701×109.71 JPY=194.1976 JPY

3. 电汇汇率、信汇汇率、票汇汇率

这是按外汇交易的支付工具来划分的。电汇汇率是以电报、电传等方式买卖外汇时所使用的汇率。在使用电汇汇率进行交易时，买卖成交后，银行立即用电报通知国外分支行或代理行将款项支付给收款人。由于电汇方式具有快速高效的特点，因而在国际结算中被广泛采用，并使用其汇率为外汇市场的基本汇率。

信汇汇率是以信函解付方式买卖外汇时所使用的汇率。信汇是由经营外汇业务的银行开具付款委托书，用信函方式寄给国外分支机构或代理行付款给指定收款人的汇款方式。由于

使用信函解付外汇，银行可以占用在途资金，所以，信汇汇率比较低。

票汇汇率是指银行以票汇方式卖出外汇时所使用的汇率。票汇是汇出行应汇款人的申请，开立以汇入行为付款人的汇票，交由汇款人自行寄送给收款人或亲自携带出国，凭票取款的一种汇款方式。票汇期间，银行业可以占用客户资金，所以，票汇汇率也比较低。

4. 即期汇率与远期汇率

这是从外汇买卖交割期限角度考虑的。即期汇率又称现汇汇率，是指外汇买卖成交后在两个营业日内完成交割时使用的汇率。远期汇率又称期汇汇率，是外汇买卖双方事先约定的，在未来某一特定日期进行交割的汇率。

对于即期汇率，银行一般都直接报出。但对于远期汇票报价，各国银行的做法有所不同：一是直接报出价格，二是报出远期差价。远期汇率则是在即期汇率的基础上加上或减去一定的远期差价而算出的。

此外，汇率还有其他不同的分类标准。按汇率制度分，可分为固定汇率和浮动汇率；按外汇管制的宽严程度分，可分为官方汇率和市场汇率；按营业时间分，可分为开盘汇率和收盘汇率；按汇率的内涵分，可分为名义汇率、实际汇率和有效汇率等。

任务二　国际结算

一、国际结算的内涵及分类

(一)国际结算的内涵

国际结算是指通过银行办理的两国间的货币收付业务。其包含的三个要点是：通过银行办理、两国间和货币收付。未能同时满足以上三个条件者，均不能称为国际结算，也不在本书研究范围内。如通过地下钱庄汇款、个人携带出入境以及国际洗钱(某些国际洗钱活动也是以“合法的”银行业务办理方式进行的)等方式实现资金的跨国转移，就不是国际结算研究的内容，从管理角度讲，这些都属于金融管理或外汇管理范畴。

上述含义中的“国”是国际货币基金组织在其《国际收支手册》(第五版)中所提出的“经济体”的内涵。该手册指出，“这一内涵不是基于国籍或法律标准”，“政治上所承认的国家边界不一定适合经济学的目的”，“一个国家和经济领土包括一个政府所管辖的地理领土，在这个领土内，人员、物资和资本可以自由流动”。按照这种理解，我国大陆与香港、澳门和台湾地区之间符合上述三个条件的资金流动应纳入国际结算范畴处理。这如同我国大陆与港、澳、台地区之间贸易列入对外贸易范畴管理，港、澳、台商到大陆直接投资被列入我国吸引外资的统计范畴一样，与上述四地都是中国的组成部分的基本原则并不矛盾，只是在具体管理措施上可能有某些变通。当然，在一个经济体内部的资金流动或收付，即使通过银行办理，也不能算是国际结算。

虽然交易发生在两个经济体之间，但是如易货贸易、补偿贸易中的直接或间接地以物资补偿或者物资捐赠等单纯物资流动，由于不是货币收付，因此也不是国际结算的内容。

(二)国际结算的分类

1. 贸易结算

贸易结算是指办理因国际贸易而产生的国际债权债务关系结清业务。国际商品贸易是国际结算的主要成因之一,传统商占国际结算业务的大部分,也被称为有形贸易结算。近年来,因国际外汇交易和投资等的增加,其所占比重有所降低,但仍有重要意义,也是本书研究的重点。有形贸易结算办理的是国际债权债务的清算,在具体操作中,存在有关商品和贷款的双向交流和交接,手续相对复杂。在实务中,银行或者只是应客户要求办理资金转移和单据传递,而不为任何一方做担保,也不审查所传递的单据;或者根据客户要求等具体情况为客户做出某种担保或承诺,有的甚至还要审查有关的单据,并以此为履行承诺的条件。

2. 非贸易结算

因国际有形商品贸易之外的原因而产生的国际结算业务也被称为非贸易结算。非贸易结算所要解决的既有旅游、运输、保险、金融、咨询、电讯等服务贸易或商品贸易的从属费用的收付和借用外债及偿还外债,也有国际直接投资及其收益的汇回、侨汇、国际资金捐赠等国际资金收付。前者中,借用外债是国际债权债务的清算;后者不是债权债务清算。非贸易结算不涉及货物交接问题,只办理有关资金的转移,手续相对简单。

二、国际结算业务分类

国际结算业务是中国银行为广大客户提供的日常理财服务项目。长期以来,中国银行作为传统的外汇外贸专业银行,在国际结算业务中有着独特的优势:与全球170多个国家和地区的3 800多家外国银行建立了代理业务关系,国际结算网络完善;拥有一批高素质的专业人才,国际结算业务经验丰富,信誉卓著,能为客户提供优质的国际结算服务。

国际结算业务按照使用工具和支付手段的不同,大体可分三类:①现金/货币结算;②票据结算;③凭单结算。

1. 现金/货币结算

现金/货币结算是指收款人和付款人之间使用现实的货币,即现钞来进行的货币收付行为。和转账结算相比,现金结算具有如下特点:①直接和便利。在现金结算方式下,买卖双方一手交钱,一手交货,当面钱货两清,无须通过中介,因而对买卖双方来说是最为直接和便利的。同样在劳务供应、信贷存放和资金调拨方面,现金结算也是最为直接和便利的,因而广泛地被社会大众所接受。②不安全性。由于现金使用极为广泛和便利,因而便成为不法分子觊觎的最主要目标,很容易被偷盗、贪污、挪用。在现实经济生活中,绝大多数的经济犯罪活动都和现金有关。此外,现金还容易因火灾、虫蛀、鼠咬等发生损失。③不易宏观控制和管理。由于现金结算大部分不通过银行进行,因而使国家很难对其进行控制。过多的现金结算会使流通中的现钞过多,从而容易造成通货膨胀,增大对物价的压力。④费用较高。使用现金结算,各单位虽然可以减少银行的手续费用,但其清点、运送、保管的费用很大。对于整个国家来说,过多的现金结算会增大整个国家印制、保管、运送现金和回收废旧现钞等工作的费用和损失,浪费人力、物力和财力。因此国家实行现金管理,限制现金结算的范围。

2. 票据结算是指支付结算的重要内容

票据是指《票据法》所规定由出票人依法签发的、约定自己或者委托付款人在见票时或指定的日期向收款人或持票人无条件支付一定金额并可转让的有价证券。在我国,票据包括银行汇票、商业汇票、银行本票和支票。一般来讲,票据具有信用、支付、汇兑和结算等职能。

3. 凭单结算

凭单结算又称交货付现、交单付现、付现交单,就是说,买方付款后,卖方交单。是国际结算中的一种结算方式。买方付款是卖方交单的前提条件,属交货时付款的销售条件。此种付款方式为卖方买卖契约的约定,在出口地完成出口装运后,备妥后运单据(Shipping Documents)在出口地、进口地或第三国向买方指定银行或代理人提示单据并收取货款,在卖方对买方资信不了解的情况下采用此种支付方式,对卖方具有保护作用。

三、国际结算支付工具

国际结算使用的支付工具主要有票据。票据是出票人签发的无条件约定自己或要求其他人支付一定金额,经背书可以转让的书面支付凭证。票据一般包括汇票,本票和支票。

1. 汇票

汇票是国际结算的主要支付工具,是一个人向另一个人签发的要求对方于见票时或将来某一时间,对某人或持票人无条件支付一定金额的书面支付命令。汇票本质是债权人提供信用时开出的债权凭证。其流通使用要经过出票、背书、提示、承兑、付款等法定程序,若遭拒付,可依法行使追索权。

汇票可分为 4 类:

(1)按出票人不同可分为银行汇票和商业汇票。

银行汇票的出票人和付款人都是银行,商业汇票的签发者为企业或个人。

(2)按付款时间不同可分为即期汇票和远期汇票。

即期汇票在提示时或见票即付。远期汇票是特定期限或特定日期付款的汇票。

(3)按有无附单据分为光票和跟单汇票。

光票不附单据,而跟单汇票附货运单据。

(4)按承兑人不同分为银行承兑汇票和商业承兑汇票。

前者是由银行承兑远期的汇票,后者是由企业或个人承兑的远期汇票。

2. 本票

本票指一个人向另一个人签发的保证于见票时或于一定时间向收款人或持票人无条件支付一定金额的书面凭证。当事人只有出票人和收款人。

3. 支票

支票是银行存款户对银行签发的、授权其见票对某人或指定人或持票人即期无条件支付一定金额的书面支付命令。

另外,国际结算中的单据,有基本单据和附属单据。

基本单据指出口方向进口方提供的单据,有商业发票、运输单据、保险单据。附属单据是出口方为符合进口方政府法规或其他远期而提供的特殊单据。

四、国际结算基本方式

国际结算的基本方式有国际汇兑结算、信用证结算和托收结算。

(一)国际汇兑结算

国际汇兑结算是一种通行的结算方式,付款方通过银行将款项转交给收款方。共有 4 个当事人:汇款人、收款人、汇出行、汇入行。一般分为电汇、信汇和票汇。

1. 电汇

电汇是汇出行应汇款人的要求,用电报或电传、电子划拨系统通知汇入行解付一定金额给收款人的汇款方式。采用电汇方式，收款人收到款项较快，但费用也较高，汇款人必须负担电报费用，所以通常只有金额较大或急用汇款时，才会采用电汇方式。

2. 信汇

信汇是汇出行应汇款人的申请，将信汇委托书寄给汇入行，授权解付一定金额给收款人的一种汇款方式。信汇费用低廉，但因邮递关系，收款时间较长，信汇业务程序同电汇大致相同。

3. 票汇

票汇是汇款人委托汇出行开出以汇入行为付款人的银行汇票，由汇款人自行寄给收款人或亲自携带出国交给收款人取款的一种汇款方式。

(二)信用证结算

信用证是进口国银行应进口商要求向出口商开出的，在一定条件保证付款的一种书面文件，即有条件的银行付款保证。其业务程序为：

(1)进口商向进口国银行申请开立信用证。

(2)进口国银行开立信用证。

(3)出口国银行通知转递或保兑信用证。

(4)出口国银行议付及索汇。

(5)进口商赎单提货。

(三)托收结算

托收是出口方向国外进口方收取款项或劳务价款的一种国际贸易结算方式。

托收方式按照汇票是否附有货运单据，分为跟单托收和光票托收。跟单托收是出口商在货物装船后，将提单等货运单据和汇票交给托收银行，而托收银行在进口商付款后，将货运单据交进口方。光票托收是委托人在交给托收银行一张或数张汇票向国外债务人付款的支付凭证或有价证券。

任务三　国际收支

一、国际收支的内涵

国际货币基金组织对国际收支的内涵是：国际收支以统计报表方式，系统总结特定时期内一国的经济主体与他国的经济主体之间的各项经济交易。它包括货物、服务和收益、对世界其他地区的金融债权和债务的转移以及单项转移。概括地说，国际收支是一个国家在一定时期所有对外经济贸易往来以及对外债权债务的结算而引起的对外货币收支。

国际收支所涉及的内容相当广泛，几乎包含一国对外经济、金融的全部内容，它不仅反映该国的对外经济、贸易、金融活动水平和国际融资能力，而且反映该国的经济发展水平、经济实力和竞争能力。

二、国际收支平衡表

国际货币基金组织的《国际收支手册》中提供了一套有关国际收支平衡表的项目分类建议，称为标准组成部分，供各国参考。在实务中，一些国家目前仍沿用《国际收支手册》第四版的规定，一些理论研究也经常采用第四版的规定，所以在介绍国际收支平衡表的标准构成时将

《国际收支手册》第五版与第四版的编制规定进行比较(见表 14—1),以便更好地理解国际收支平衡表。

表 14—1 **IMF 国际收支平衡表的标准构成**

《国际收支手册》第五版中的规定	《国际收支手册》第四版中的规定
一、经常账户	一、经常账户
1. 货物	1. 货物
2. 服务	2. 无形贸易(含服务、收入)
3. 收入	3. 单方面转移(含经常转移与资本转移)
4. 经常转移	
二、资本与金融账户	二、资本账户
1. 资本账户	1. 长期资本流动(含直接投资、证券投资及其他投资中偿还期限在 1 年以上的部分)
资本转移,非生产、非金融资产的收购与出售	
2. 金融账户	2. 短期资本流动(含证券投资、其他投资中偿还期限在 1 年以下的部分)
直接投资	
证券投资	
其他投资	
官方储备	三、错误与遗漏账户
三、储备账户(即官方储备)	
	四、错误与遗漏账户

资料来源:李贺,冯晓玲,赵昂. 国际金融:理论・实务・案例・实训[M]. 上海:上海财经大学出版社,2015.

由于各国的经济发展情况不一,其国际收支平衡表的具体内容也有所不同,但大体上是一致的,一般包括如下方面。

(一)经常项目

经常项目是一国与另一国交往而经常发生的项目,在国际收支中是最基本、最重要的项目。它包括三部分。

1. 商品交易,也称为有形贸易

该项目系统记录商品进出口情况。一国商品进出口情况直接反映了该国商品的国际竞争能力,所以该项目在一定程度上表现了该国的经济实力。

2. 劳务贸易,也称为无形贸易

该项目包括三方面内容:服务性行业的收益,如旅游业、通信业等;投资收益,如证券投资产生的股息和利润;杂费收支等。

3. 单方转移

单方转移指不须偿还的实物资产和金融资产所有权在国家间的转移,可分为私人单方面转移和官方单方面转移两方面,包括个人捐赠、战争赔款等。

(二)资本项目

资本项目主要是指资本输出和输入,一般分为长期资本和短期资本两大类。

1. 长期资本

长期资本是指期限在一年以上或未规定期限的资本。它又分为政府长期资本和私人长期资本。政府长期资本有政府投资、直接投资、证券投资、对外“援助”等。私人长期资本有私营企业、跨国公司的国际信贷、直接投资、债券投资等。

2. 短期资本

短期资本是指融资期限为一年或一年以内的资本。近年来短期资本在国际范围的流动有迅猛增长的趋势。其原因主要有:国际经济的发展引起的结算需要;银行间的套汇、套利和外汇头寸的调拨;投机行为的增加;为了逃避外汇管制、货币贬值风险和寻求安全处所所进行的资本逃避。

(三)平衡项目

1. 官方储备项目

该项目记录了为平衡国际收支的实际差额所进行的官方储备资产交易。官方储备资产主要由以下几项构成:一国货币当局为维持对外支付而集中掌握的黄金和外汇资产;在基金组织的储备头寸;分配的特别提款权(国际货币基金组织创设的一种账面资产,无偿分配给会员国作为储备资产使用,主要用于调节国际收支逆差,也可用于偿还基金组织的贷款)。

2. 错误与遗漏项目

这是一个人为设置的平衡项目。该项目的设置是由于国际收支统计中经常会出现错误遗漏。

国际收支的各个项目按复式记账原理进行编制,每个项目收入和支出的数据应相等,但国际收支平衡表中所列各个项目的数据,涉及的范围十分广泛而复杂,来源于各个方面,有海关的统计,有各个行政部门和各个机构、企业的报表,还有银行的报表等。统计数据和资料的不全面、不完整、不准确,是难以避免的。这样,就需要有一个“错误与遗漏”项目,设在国际收支平衡表中,使借方与贷方达到平衡。

国际收支平衡表是按照复式记账原则编制的。按照复式记账的原理,每一笔国际经济交易都要分别记录在国际收支平衡表的借方和贷方,分别反映一定时期内各项对外经济活动的发生额。

拓展阅读 14－1

中国国际收支平衡表的编制

从1949年新中国成立到1979年这30年间,我国实行的是高度集中的计划经济体制,市场机制的调节作用被完全摒弃。当时,国民经济运行受“四大平衡”的制约,即财政信贷、物资平衡和外汇的综合平衡,为了实现对外贸易和非贸易的收支平衡,并反映侨汇的收入情况,我国的有关部门一直在编制外汇收支计划表,但从未单独编制过国际收支平衡表。

20世纪70年代末期,我国开始实行改革开放的基本国策,对外经济交往的范围逐渐扩大,内容也越来越丰富,特别是旅游、保险、金融及信息服务等服务贸易项目以及外商投资活动及其产生的股利与利润的汇寄不断增多。在这种情况下,单纯依赖外汇收支的统计已无法全面、综合地反映我国对外经济交往的实际面貌。

1980年,我国正式恢复了在国际货币基金组织和世界银行的合法席位。按照IMF的要求,各会员国必须定期向其报送国际收支平衡表。在这样的背景下,我国开始逐步建立规范的国际收支统计制度。从2001年起,按照新的国际标准,我国对外债统计口径进行了调整,增强了外债数据的透明度和可比性。同时,开始每半年公布一次国际收支平衡表。这说明我国的外汇管理正在创造一个更加透明,更加公开的操作环境。

目前,我国的国际收支平衡是按照国际货币基金组织《国际收支手册》(第五版)规定的各项原则编制的,但在项目的设置、格式的编排以及内容的分类等方面结合了中国的特点,使之更趋合理。另外,香港特区和澳门特区实行"一国两制",鉴于这个政法现实,所有发生在我国大陆居民与非大陆居民的交易都被认作是国际经济交易,并采用复式簿记原理来记录。

项目十五　通货膨胀和通货紧缩

学习目标

能力目标

1. 具备对通货膨胀和通货紧缩现象作出解决对策的能力；
2. 能够对通货膨胀和通货紧缩效应作出分析。

知识目标

理解：通货膨胀的内涵、特点和衡量指标；通货紧缩的内涵、类型。

熟知：通货膨胀和通货紧缩的成因。

掌握：通货膨胀和通货紧缩的效应及治理对策。

素质目标

1. 具备收集资料、分析资料的能力；
2. 具备独立思考、团结协作的能力，注重团队的成绩与荣誉；
3. 培养与人沟通、言行举止得体等综合素质能力。

项目引例

中国将面临长期结构性通货膨胀

由于过剩劳动力的消失等7个结构性因素的存在，未来几年中国的通货膨胀将一直维持高位运行。

预期2011～2015年期间的平均消费者物价指数（CPI）通货膨胀率在5%上下，远高于2001～2010年的2%。

过去一年的总体通货膨胀乍看与过去10年的通货膨胀趋势似乎没有什么区别。然而对通货膨胀的进一步研究揭示出中国的通货膨胀已发生了一些根本性变化。

首先，在GDP增速低于历史平均水平的情况下非食品通货膨胀却高位运行，这暗示通货膨胀和经济增长之间的取舍关系可能正在发生改变。

其次，通货膨胀范围变得更加广泛，因为非食品通货膨胀迅速上扬，攀升至10年来的最高水平。

我们认为过剩劳动力的消失、决策者愿意容忍通货膨胀上扬、农业产出面临下行风险、全球流动性宽松、环境税和更高的能源价格、城镇化和工业化挤出农业生产、潜在产出增长降低而需求增加七个结构性因素导致了中国的通货膨胀将在未来几年一直居高不下。具体体现在过剩劳动力的消失、决策者愿意容忍通胀上扬、农业产出面临下行风险、全球流动性宽松。

思考与讨论：什么是通货膨胀？发生通货膨胀如何治理？

资料来源：野村，《首席财务官》，http://www.sina.com.cn，2011－10－18。

任务一　通货膨胀概述及治理

一、通货膨胀的内涵和特点

通货膨胀是指在纸币流通条件下，货币流通量过多地超过货币必要量而引起的货币贬值、物价上涨的经济现象。它具有以下几方面特点。

1. 通货膨胀是纸币流通情况下特有的经济范畴。在金属货币流通条件下，不可能出现通货过多的现象。因为金属货币本身具有价值，可以贮藏，过多的金属货币会自动退出流通界而成为贮藏货币，能自发调节货币流通量。在金属货币流通条件下，过多的银行券、信用币等能通过与金属货币的兑换来保持币值稳定，发行量也不会过多。在纸币流通条件下，纸币没有金属货币的优势，且能够在制度、技术上超发。当纸币流通量超过金属货币必要量时，过多的货币既无法像金属货币那样退出流通而形成储蓄，也不会与金属货币兑换而流回银行，只能继续在流通中，以纸币贬值和物价上涨方式强制地使货币供求达到平衡。

纸币发行并不必然导致通货膨胀，是否通胀取决于纸币的数量、发行的渠道及管理水平的高低。

2. 通货膨胀表现为纸币贬值、物价全面持续上涨。货币的币值是商品的购买力，而不是指购买某种、某类具体的商品。通货膨胀与物价总水平相联系，广泛包括所有商品和劳务的价格在内。因国家物价政策、某类商品的供求关系和劳动生产率增长的差异等非货币因素引起的个别商品价格上涨，不是通货膨胀。

3. 通货膨胀既可以是开放性的，也可以是隐蔽性的。开放性通货膨胀直接表现为一般物价水平的上涨，主要发生在物价不受管制的完全市场经济中。隐蔽性通货膨胀，也称为抑制性通货膨胀。它不直接表现为物价的上涨，而表现为商品短缺、限量供应、票证货币化、储蓄快速下降、黑市买卖、投机倒把等现象。这些现象实质是变相的物价上涨，主要发生在物价受到管制的经济中。一旦政府撤销物价管制，物价上涨就会公开暴露。

4. 物价上涨的速度与货币增加的速度不一致。在通货膨胀初期，物价上涨速度慢于货币增长速度。在通货膨胀中期，物价上涨速度逐步加快，随着通货膨胀的加剧，物价上涨的速度就会超过货币增加的速度。

这种变化主要与通货膨胀预期及其引起的人们的经济选择行为有关。通货膨胀初期，人们对通胀的持续时间还未有估计，还可以接受纸币并储存。但随着通货膨胀的不断加剧，人们开始将手中的纸币尽快地转为实物，使货币流通速度加快，并且人们认为物价还会上涨，就会进一步不愿意持有纸币，这样造成物价上涨的速度越来越快。通货膨胀引起通货膨胀预期，通货膨胀预期则加剧通货膨胀。

5. 通货膨胀具有非均衡性。不同商品物价上涨的速度是不均衡的。一般来说，需求价格弹性小的商品（如生活必需品）价格上涨得较快。同一国家不同地区，物价上涨也是不均衡的，这是因为纸币在各地区投放的不均衡及商品的流转。纸币投放集中的地区，物价上涨较快。

物价上涨加速的地区吸引其他地区的商品流入，又使该地区物价上涨速度减慢，其他地区却因为商品流出而减慢物价上涨进程。

二、通货膨胀的衡量指标

衡量通货膨胀的指标有很多，下面简要介绍几个主要的指标。

(一)消费物价指数

消费物价指数是由各国政府或民间机构根据本国若干种主要商品，如食品、服装和其他日用消费品的零售价格以及水、电、住房、交通、医疗、文娱等费用支出编制而成的一种综合价格指数，用以测定一定时期居民生活费用水平变化趋势和程度。

此种指标的优点是：资料搜集方便、可以经常向社会公布物价变动情况(通常每月一次)，因此能迅速反映与人民生活直接相关的商品和劳务的价格变化。

此种指标的缺点是：反映的范围有一定局限性，且难以表述消费品与劳务的质量改善。

CPI 是居民消费价格指数的简称。居民消费价格指数，是反映居民家庭一般所购买的消费商品和服务价格水平变动情况的一个宏观经济指标。它是度量一组代表性消费商品及服务项目的价格水平随时间而变动的相对数，是用来反映居民家庭购买消费商品及服务的价格水平的变动情况。

CPI＝(一组固定商品按当期价格计算的价值/一组固定商品按基期价格计算的价值)×100％

此处采用的是固定权数按加权算术平均指数公式计算，即 $K=\sum KW/\sum W$，固定权数为 W，其中公式中分子的 K 为各种销售量的个体指数。

CPI 表示对普通家庭的支出来说，购买具有代表性的一组商品，在今天要比过去某一时间多花费多少。例如，若 2005 年某国普通家庭每个月购买一组商品的费用为 800 元，而 2010 年购买这一组商品的费用为1 000元，那么该国 2010 年的消费价格指数为(以 2005 年为基期)CPI＝ 1 000/800×100％＝125％，也就是说上涨了(125％－100％)＝25％。

(二)批发物价指数

批发物价指数是指根据若干种商品批发价格编制而成的，用以反映商品批发价格的变化速度和趋势的一种价格指数。

此种指标的优点是可以反映大宗商品(包括原材料和中间产品及最终产品等)第一次进入流通时价格的变动。

其缺点在于反映不了社会劳务价格的变化，因而应用面较窄。

(三)国民生产总值物价平均指数

国民生产总值物价平均指数是按当年价格计算的国民生产总值与按不变价格计算的国民生产总值的比率。

此种指标的优点是：包括商品和劳务，消费资料和生产资料，范围广，能较全面准确地反映一般物价水平的变化趋势。

其缺点在于：资料难以搜集，编制较费时，缺乏及时性，很难迅速表达通货膨胀的程度和变化趋势。

一般来说，消费物价指数运用较普遍，但各国在衡量通货膨胀时，可结合本国实际，选用合适的物价指数作为通货膨胀的衡量标准。

三、通货膨胀的成因

(一)需求拉动

需求拉动的通货膨胀,即需求过旺,超过了供给很多,引起价格过快上涨,引发通货膨胀。

从政府角度来看,引起需求过旺的原因有以下几点。

1. 财政赤字过多

财政支出的规模超过了财政收入,形成了财政赤字,而财政赤字的弥补如果是通过货币超发和向银行透支的方式进行,就会引发通货膨胀。

2. 信用膨胀

信用通胀是银行贷款的规模超过了国民经济发展的实际需要,从而导致贷款的货币投入没有相应的产出。这意味着在既定的供给条件下,货币的供应增加,从而导致需求过旺,物价上涨。

(二)成本推动

成本推动是从供给方来看的,商品价格受供给方成本影响而上涨引发的通货膨胀。

1. 工资的上涨

由于人口结构的变化,新的劳动力数量在减少,劳动者尤其体力劳动者越来越相对稀缺,议价能力在提高,工资不断上涨。另外随着国民经济的发展和生活条件的改善,各行业的工资都在调整和上涨,工资的上涨带动了成本的上升和物价的上涨,引发通货膨胀。

2. 原材料上涨

由于资源是有限的,有的原材料越来越稀缺,价格不断上涨;有的原材料随着市场上其他商品价格的调整而上涨。原材料的涨价,又反过来带动商品价格的上涨,引发新一轮通货膨胀或加剧通货膨胀。

(三)结构性因素

结构性因素体现在以下几个方面。

1. 供求关系变化

供求关系变化导致部门结构失衡。短缺部门产品先涨价,过剩部门产品价格跟随,导致生产能力过剩和物价上涨。

2. 封闭部门的跟随

开放部门价格随着世界市场的涨价而涨价,工资上涨,非开放部门产品也随着涨价,引起总体物价上涨。

3. 劳动生产率慢的部门的跟随

劳动生产率快的部门由于效益好而涨工资,劳动生产率慢的部门员工也要求涨工资,引起总体的价格上涨过快。

4. 产业结构失衡

基础工业与加工工业,农业和工业发展失衡,产业结构不合理,引起结构性通货膨胀。

(四)综合因素

1. 体制性因素

体制性因素是从现在的经济体制上来分析通货膨胀的成因,包括银行信贷管理体制、企业制度、价格体系等因素。这也是中国通货膨胀的重要原因。

2. 政策性因素

政策性因素是指宏观经济政策运用不当对社会总供求带来的不利影响或政策的时滞带来的不利影响。这些因素包括财政预算规模的大小、赤字的高低、信贷规模的大小、银根松紧和一定时期的货币政策因素、国家产业政策等。

3. 一般性因素

一般性因素是指单纯由于经济成长或经济发展等过程中存在足以引发物价总水平持续上涨的中性原因。比如中国农产品价格波动引起的消费品价格上涨就是由中国的国情决定的。

四、通货膨胀的效应

通货膨胀对经济的影响有积极和消极两方面,下面分别进行分析。

通货膨胀初期,在通胀还不严重的时候,适度温和的通货膨胀对经济有正效应。

(一)对经济的正效应

1. 有利于动员闲置资源

通货膨胀表现为流通中货币过多,商品价格普遍上涨,从供给需求的角度来看,短期有利于供给方,促进商品销售加快,企业利润增加。企业有动力扩大生产规模,增加就业,社会闲置资源得到利用,促进社会再生产的发展。

2. 有利于扩大投资

通货膨胀有利于刺激投资,表现在:第一,政府可以利用通货膨胀的新增货币额直接进行投资;第二,通过发行货币改变各阶层的收入分配结构。通货膨胀对高收入阶层有利,对低收入阶层不利,高收入阶层的投资率高,使边际投资率增加;第三,通过从发行货币到物价上涨的时间差来扩大企业利润,企业利润的扩大促使企业投资的增加。

3. 有利于优化产业结构

通货膨胀时期,畅销商品的价格上升幅度较大,滞销商品的上升幅度小或不变,社会资金流向改变,社会资源得以重新配置,产业结构和产品结构得到优化和调整。

随着通货膨胀的持续和加剧,其对经济的影响由正效应变成负效应,由促进转为破坏。

(二)对经济的负效应

1. 影响生产的正常进行

第一,通货膨胀对扩大就业和增加生产只能暂时产生刺激作用,但这种作用不可持续,也无法自发形成健康的经济运行机制。利用通货膨胀来扩大就业和增加生产,只能出现一种表面的、暂时的繁荣。从长期来看,暂时的需求过旺之后,虚假的购买力消失,导致生产萎缩、失业增加。

第二,通货膨胀引起生产结构失衡并造成生产下降。通货膨胀期间,各地区和部门价格涨跌幅度和时间不同,使一些涨价幅度大的部门过度发展,另一些部门则相对萎缩,社会再生产的比例关系受到破坏,生产结构进一步失调。

第三,生产资金日趋短缺。生产领域因生产周期长,随着物价上涨,风险大,不易获利;流通领域则资金周转快,易获利,致使资金逃到流通领域,投机和短期资金市场,生产部门资金不足,从而使生产进一步衰退。

第四,通货膨胀造成技术进步缓慢。通货膨胀表现为经济过热和需求过旺,在市场供求矛盾的卖方市场中,企业短期就可获得很大的利润,不需要技术创新和提高质量。另外也会加大技术创新的成本，不利于技术进步和社会发展及整体经济增长率的提高。

2. 对财富再分配的影响

通货膨胀引起了收入分配的变化，使社会阶层结构发生了变化。

(1) 对于固定收入者

固定收入者是通货膨胀的受害者，通货膨胀使单位货币的购买力下降。如果各个社会成员的收入水平增长速度都一样，并且都与物价上涨幅度相等，那么通货膨胀不会改变收入分配结构。但现实情况是，社会成员之间收入增长速度和幅度都有差异，这就使社会成员的实际相对收入发生了变化，改变了原有的收入分配结构。如果物价的上涨一倍先于工资的上涨，那些依靠固定工资生活的人实际收入减少而成为通货膨胀的受害者。

(2)对于低收入者

由于生活必需品需求价格弹性小，其价格上涨幅度要高于一般商品价格上涨。低收入家庭必需品支出占总支出比重大，是通货膨胀的直接受害者，高收入家庭的损失程度要相对轻些。

(3)通货膨胀影响财富分配

财产分为按固定金额计算的财产和按可变价格计算的财产，前者包括银行储蓄存款、公司债券、国债、现金以及以其他货币形式存在的资产；后者包括诸如房屋及其设备等物质资产及股票等。以货币形式存在、并以固定金额计算的财产，由于货币购买力的下降，必然遭受损失；而以可变价格计算的财产，其价值则可随物价上涨而上涨或保存原来价值。

通货膨胀的财富再分配，不仅表现为家庭之间的分配，而且还表现为家庭、企业和政府之间的分配。家庭持有的是按固定金额计算的净资产，因而容易遭受损失。企业和政府多数情况下是按固定金额计算的净负债部门，其债务实际价值随通货膨胀而下降，因而是通货膨胀的受益者。

3. 对流通的扰乱效应

首先，通货膨胀打乱了正常的流通渠道。正常的流通渠道应是从产地向销地运动，但在通货膨胀时期，由于地区间物价上涨的非均衡性，商品会改变原有的正常流向，从涨价幅度小、时间迟的地区流向涨价幅度高、时间早的地区，甚至流向产地。商品的这种盲目逐利流转，扰乱了正常的商路，加剧了通货膨胀。

其次，在通货膨胀持续时期，由于人们对通货膨胀的预期，普遍存在物价“看涨”心理。人们为了保值，会抢购惜售、重物轻币、囤积居奇、哄抬物价，从而促使商品供求关系扭曲变态，并进一步加剧商品流通混乱。

最后，如果一国通货膨胀高于国际通货膨胀率，就会使原出口产品转为内销，并增加进口，导致国际贸易出现逆差。

4. 对消费的负效应

首先，由于通货膨胀，削弱了消费者的实际购买力，导致生活水平普遍下降。

其次，消费者对通货膨胀的预期，往往促使其提前消费或加速消费行为，从而加剧社会供求矛盾。

5. 对财政金融的效应

通货膨胀初期，国家财政和金融部门可获暂时的利益。因为通过发行债券或吸收存款增加的负债，在将来偿还时可获得减轻实际债务的好处。但随着通货膨胀的发展，对财政金融最终会有不利影响。

首先，财政金融影响财政收支平衡。持续的通货膨胀，一方面使税源减少，举债困难，最终减少财政收入；另一方面，财政支出则因物价上涨必须相应增加，因而财政收支难以平衡。

其次，通货膨胀造成货币流通混乱。不断贬值的货币，极难执行价值尺度和流通手段的职能。当通货膨胀达到一定程度时，人们为避免损失，更愿意持有实物而不愿接受纸币，甚至出现排斥纸币、恢复物物交换的现象。纸币流通范围越来越窄，最终导致纸币流通制度的崩溃。

最后，通货膨胀破坏了正常的信用关系。因为通货膨胀对债权人不利，为了避免损失，商品交易中的现金交易增加，商品信誉衰落。同时银行信用也因来源减少而日趋萎缩。

五、治理通货膨胀的对策

（一）控制需求

通过控制需求，可达到治理通货膨胀的目的，而控制需求，可利用以下几种政策和方案进行。

1. 紧缩性货币政策

为把过度的需求压下去，各国货币当局采取的手段主要有：①通过公开市场业务出售政府债券，以相应减少货币存量；②提高法定准备金率，以缩小货币乘数；③提高利率。中央银行既可以通过减少货币供给而间接地使利率上升，也可以通过提高贴现贷款的利率而直接提高金融结构的各项存、贷款利率，利率的上升会促使人们减少消费需求而把更多的收入用于储蓄；同时，伴随着利率的提高，投资的成本也不断上升，这会对投资需求起到抑制作用；④控制政府向银行的借款额度，适当减少或控制国际收支净收入，以控制基础货币的投放等。以上手段可以保证货币供应量增长率与经济增长率相适应。

2. 紧缩性财政政策

紧缩性财政政策的基本内容是增加税收和减少政府支出。增加税收的通常做法是提高税率和增加税种，压缩企业和个人可支配的货币收入，增加财政收入，减少财政赤字或财政向中央银行的借款量。压缩财政支出的办法是削减财政投资的公共工程项目，减少政府转移支出，减少各种社会救济和补贴，使财政收支平衡。

3. 紧缩性收入政策

紧缩性收入政策是应对成本推进型通货膨胀的有效方法。既然成本推进型的通货膨胀是由于工资、物价的提高导致的总供给曲线的上移，那么采取工资一价格政策（即收入政策）来干预、阻止工会和垄断企业这两大团体互相抬价所引起的工资、物价轮番上涨的趋势也是理所当然的。这样做的目的在于既控制通货膨胀而又不致引起失业增加。

4. 指数化方案

指数化方案是指将收入水平、利率水平同物价水平的变动直接挂钩，以抵消通货膨胀的影响。指数化的范围包括工资、政府债券和其他货币性收入。其实施办法是把各种收入同物价指数挂钩，使各种收入随物价指数而调整。这样会有两个功效：一是借此剥夺政府从通货膨胀中新获得的收入，打消其制造通货膨胀的动机；二是可以借此抵消或缓解物价波动对个人收入水平的影响，克服分配不公，避免出现抢购商品、贮物保值等加剧通货膨胀的行为。

（二）改善供给

发展生产，增加供给，稳定币值，是消除通货膨胀的根本出路。可以借鉴供给学派的观点，刺激生产以增加有效供给，从而遏制通货膨胀。

改善供给的一般措施有以下几点。

(1)实行有松有紧、区别对待的信贷政策。在压缩总需求的同时，货币当局实行产业倾斜政策，对国民经济中的“瓶颈”部门、事关国计民生的主要产业和产品，实行比较优惠的信贷政策；而对那些产品积压、投入多产出少的产业或产品，则紧缩信用。通过这些政策的实施，达到优化产业结构的目标，社会资源得到合理配置，货币流通状况才能根本好转。

(2)发展对外贸易，改善供给状况。通过对外贸易，不但可以调节供给总量，而且可以改善供给结构。当国内供求矛盾比较集中时，可动用黄金外汇储备进口商品、增加供给总量。当国内市场某种商品供给过多，而另一些商品供不应求时，通过进出口贸易，可以调节供给结构。

总之，面对复杂的通货膨胀成因，要相应地采取适合的治理办法。

拓展阅读 15－1

巴西央行上调今明两年通货膨胀预期

新华网圣保罗3月27日电(记者王正润)巴西央行27日将今明两年通胀预期分别提高至6.1%和5.5%，这表明困扰巴西3年多的通货膨胀还将继续。

与此同时，巴西央行还将今年经济增长预期从原先的2.5%下调至2%，低于2013年的2.3%。

巴西央行表示，几十年不遇的干旱导致食品价格高涨是其提高通货膨胀预期的主要原因。央行经济政策研究中心主任阿劳若向媒体表示，目前看不到通货膨胀向管理目标中值4.5%靠近的任何迹象。

市场认为，此次央行提高通货膨胀预期表明，尽管巴西经济增长已经趋缓，但央行将会继续加息。

巴西自去年4月份以来连续加息，目前基准利率已高达10.75%。

由于经济增长放缓和通货膨胀高企，标准普尔评级公司24日把巴西长期主权债务信用等级由BBB降为BBB－，同时把评级展望从负面调整为稳定。

资料来源：《巴西央行上调今明两年通货膨胀预期》，新华网，http://news.163.com/14/0328/10/9ODU3OUE00014JB5.html，2014－03－28。

同步案例 15－1　　金融危机中的欧洲人的消费习惯改变了

2008年爆发的金融危机中，不断上涨的油价导致其他商品价格上涨，在世界范围内引发新一轮通货膨胀。即使在较为发达的欧洲，普通民众也感到了物价上涨带来的压力，纷纷改变原有的消费习惯。在英国，许多人不再去超市购物。而是转向价格比较便宜的折扣连锁店。在2008年，一家名为阿尔迪的折扣连锁超市在英国的销售额增加了20%。欧洲其他国家的情况也与英国类似。在德国，2009年5月份商品批发价格上涨了8%，消费者普遍表示，现在花钱比以前谨慎多了。意大利2009年6月份的通货膨胀率接近4%，创几年来的新高。

思考与讨论：

通货膨胀是如何产生的？它有哪些影响？

任务二　通货紧缩概述及治理

一、通货紧缩的内涵

关于通货紧缩的内涵，经济学家有不同的解释。国内外目前对通货紧缩的内涵主要有以下观点。

第一种观点认为，通货紧缩是指物价普遍持续下降的现象。

第二种观点认为，通货紧缩是指物价总水平持续下跌、货币供给量持续下降，与此相伴随的是经济衰退的现象。

第三种观点认为，通货紧缩是经济衰退的货币表现，其有三个特征：一是物价持续下降，货币供给量持续下降；二是有效需求不足，失业率高；三是经济全面衰退。

大部分人倾向第一种观点，认为通货紧缩是与通货膨胀是相反的经济现象。通货膨胀是商品与劳务价格的普遍持续上升，而通货紧缩是商品和劳务价格的普遍持续下降。物价普遍持续的物价下跌才是通货紧缩，由于某些商品或劳务供应大于需求或技术进步、市场开放、成本降低、生产效率提高等导致的暂时的物价下跌，不是通货紧缩；由于消费者偏好变化、季节性因素等以及某些货币因素影响而引起的商品和劳务价格的暂时或偶然下跌与货币本身没有必然联系，也不是通货紧缩。

在经济实践中，判断某个时期的物价下跌是否为通货紧缩，既要看通货膨胀率是否由正转负，也要看下跌的持续时间是否超过了一定时限。有的国家以一年为标准，有的国家以半年为标准。一般对通货紧缩压力较大的国家来说，时间可以适当长一点，而对于紧缩膨胀压力小的国家来说，时间可以适当短一点。

二、通货紧缩的成因

(一)财政与货币政策原因

从财政政策来看，政府为了预防通货膨胀或为了降低财政赤字，而采取紧缩性的财政政策，大量削减公共开支，减少转移支付，从而减少了社会总需求，加剧了商品和劳务市场的供求失衡，就可能促进通货紧缩的形成。从货币政策来看，长期以来，经济学界一度认为通货紧缩对经济的威胁小于通货膨胀，持此观点的如美国著名经济学家米尔顿·弗里德曼。但各国中央银行采取紧缩的货币政策，使大量商品流向货币，可能产生物价的持续下降，导致通货紧缩。

(二)技术进步的影响

技术进步与创新提高了生产力，降低了企业成本，造成了产能过剩。在供给大于需求的情况下，物价下跌不可避免。

如果供给大于需求的情况不能及时调整而持续存在，则物价下跌的趋势也会相应持续下去，这样就会出现通货紧缩。

(三)汇率制度的原因

如果一国采取钉住强货币的汇率制度，货币币值高估，就会导致出口下降，加剧国内企业经营困难，促使消费需求趋减，出现物价的持续下跌。同时其他国家货币的大幅贬值，也会造成货币贬值，国家的商品的大量流入，进一步扩大国内物价的持续下跌态势。

(四)金融体系低效率的原因

如果金融机构不能对贷款项目进行风险识别,那么就可能滥发贷款,造成不良贷款比重增加,可能不愿意贷款或片面提高贷款利率以作为承担风险的补偿,从而形成信贷萎缩,最终导致物价下跌,形成通货紧缩。

三、通货紧缩的类型

(一)按严重程度分类

按其严重程度分类,通货紧缩可分为相对通货紧缩和绝对通货紧缩。

1. 相对通货紧缩

相对通货紧缩是指物价水平在零值以上,在适合一国经济发展和充分就业的物价区间以下。如果把物价水平年增长3%～9%看成是适应于一个国家发展的物价水平,那么0～3%的物价水平所对应的通货状态,就是相对通货紧缩的状态。在这种状态下,物价水平虽然还有一些正增长,但它已经低于适合一国经济发展和充分就业的物价水平,因而已经使一国经济失去正常发展所必需的动态平衡,通货处于相对不足的状态。这种情况对经济发展会构成一定的损害,但这种损害可能是轻微的。

2. 绝对通货紧缩

绝对通货紧缩是指物价水平在零值以下,即物价负增长。这种状态说明一国通货处于绝对不足的状态。在这种状态下,极易造成一国经济衰退乃至萧条,因而绝对通货紧缩又可细分为两个子状态,即衰退式通货紧缩和萧条式通货紧缩。

(1)衰退式通货紧缩

物价持续较长时间的负增长,但负增长的幅度不大,已经或足以对一国经济造成了一定的影响,使之处于衰退状态(或是与经济衰退相伴随,因为可能有其他经济的或非经济的因素致使经济衰退),这种绝对通货紧缩状态,就称为衰退式通货紧缩。

(2)萧条式通货紧缩

物价持续较长时间的负增长,负增长的幅度较大,已经或足以给一国经济造成了较大的损害,使之步入萧条,这种绝对通货紧缩的状态,就称为萧条式通货紧缩。

(二)按产生机理分类

按其产生机理分类,通货紧缩可分为需求不足型通货紧缩和供给过剩型通货紧缩。

1. 需求不足型通货紧缩

总需求不足,供给相对过剩,从而引发通货紧缩。一国需求不足可能是多种原因引起的,包括消费和投资的抑制及国外需求的抑制等。

(1)消费抑制型

这是指由于即期收入的减少或预期支出的增多,以及对未来的不确定性而采取的减少当期消费的预防行为。如失业增加、社会保障不健全等引发的需求不足而导致的消费抑制。这种消费抑制使供给相对过剩,产品卖不出去,企业利润减少,规模缩减,收入减少,物价下跌等连锁反应。

(2) 投资抑制型

这是指由于种种原因投资被抑制,新建项目减少,生产和生活资料的需求减少,劳动力就业困难,供给相对需求过剩。

(3)国外需求不足型

这是指国外需求不足,出口减少,减少了对国内商品的需求总量,企业产品积压,如果加上国内需求不足,通货紧缩。

2. 供给过剩型通货紧缩

由于技术进步和生产效率提高,造成产品绝对过剩。这在某种程度上是社会进步的表现。各国都希望通过技术进步来生产相对价格更低的商品向他国销售来增加出口,同时引进廉价的商品来进口。但如果供给过剩引发的通货紧缩过于严重和持续时间过长,反而会阻碍经济发展和社会进步。

四、通货紧缩的效应

(一)对经济的影响

通货紧缩状态下,由于物价下降,人们能购买的商品数量增加,货币购买力增加。同时因预期物价还会进一步下降,人们倾向于储蓄和推迟购买,等待更低价格的出现。通货紧缩抑制了个人消费,进而企业商品卖不出去,失业增加,经济萧条。同时投资成本增加,经济缺乏活力。

(二)对银行金融业的影响

通货紧缩可能会导致银行的危机。通货紧缩加重了贷款者的实际负担,收益率下降,贷款者偿还银行能力下降,银行贷款收不回来的风险增加;降低了资产抵押和担保价值,银行要求客户提前还款,会加速很多贷款者的资产流失或破产,银行收不回来的资产增多。

如果人们存在继续通货紧缩预期,就不愿意借款,银行也更加惜贷。信贷供求萎缩,金融市场萧条。

五、治理通货紧缩的对策

(一)实行积极的财政政策

实行积极的财政政策不仅意味着扩大财政支出,而且还意味着要优化财政支出结构,以增大财政支出的“乘数效应”。扩大财政支出,可以发挥财政支出在社会总支出中的调节作用,弥补个人消费需求不足造成的需求减缓,起到“稳定器”的作用。优化财政支出结构,可以使财政支出最大化地带动企业或私人部门的投资,以增加社会总需求。例如,可以适当缩小国家财政对公共基础设施的直接投资规模,抽出部分财政投资资金,通过财政贴息、财政参股、财政担保等多种途径,吸纳、带动社会资金参与公共基础设施建设,可以放大财政政策的“乘数效应”。财政还可以通过调整投资方向,达到优化财政支出结构的目的。

(二)实行积极的货币政策

实行积极的货币政策就要求中央银行及时做好货币政策的微调,适时增加货币供应量,降低实际利率,密切关注金融结构的信贷行为,通过灵活的货币政策促使金融结构增加有效贷款投放量,以增加货币供给,如实行积极进取的相机抉择的货币政策。中央银行的作用和目标是稳定货币,包括两方面,既要防止高通货膨胀又要防止通货紧缩,使通货膨胀既不加速也不减速,维持在较低的水平上,最好在2%~3%之间,至少应控制在5%以下,前者是一个理想目标,后者是一个可控目标。此外,中央银行还可以放松利率管制,加快利率市场化改革,即根据银行贷款利率的风险大小自行确定贷款利率。

项目十六　保险业务

学习目标

能力目标

1. 能够通过保险的相关知识分析案例；
2. 具备订立保险合同的能力。

知识目标

理解：保险合同的基本内容。
熟知：保险的含义与构成要素。
掌握：保险合同的特征、我国开办的主要保险险种。

素质目标

1. 具备收集资料、分析资料的能力；
2. 具备独立思考、团结协作的能力，注重团队的成绩与荣誉；
3. 培养与人沟通、言行举止得体等综合素质能力。

项目引例

一元钱的保险作用

乘客在购票时往往会买上一张1元钱的人身意外伤害保险，这1元钱的保险究竟能起多大作用？

湖北消费者彭某就因为这1元钱的保险与保险公司较起了真。21日，经法院判决和消费者协会调解，彭某胜诉并得到了2 000元的赔偿。

2010年9月20日，彭某乘坐从荣成始发的客车出差，途中车辆倾翻，彭某等6名乘客受伤。经交警部门认定，事故原因是司机违规驾驶，司机应负全部责任。彭某在海阳住院10余天，花费3 000元，运输公司为他承担了全额医药费。

回到湖北后，彭某想起自己在买票时曾买了一份“乘客人身意外伤害保险”，遂找到投保的保险公司要求赔偿。该公司负责人认为，保险公司只有在车主无力承担医药费的情况下，才能履行职责，由于车主已经全额承担了医药费，这1元钱的保险就不发生效力。

无奈之下，彭某于2011年3月来到威海市消费者协会投诉。经过调查，消费者协会工作人员认为运输公司承担医药费依据的是侵权法律关系，客车所属运输公司理应承担彭某的医药费；而保险公司赔偿依据的是合同法律关系，二者并不矛盾。消费者受到意外伤害后，不论运输公司是否承担医药费，保险公司都应该按合同约定给予消费者赔偿。

5 月 21 日，威海市消费者协会收到转来的法院判决，一审判决彭某胜诉。参照该判决，经消费者协会调解，保险公司最终同意给予彭某2 000元医疗保险费赔偿。

思考与讨论：什么是保险？保险的构成要素有哪些？

任务一 保险概述

一、保险的内涵

保险是集合社会多数单位和个人，以保险合同方式建立经济关系，通过收取保险费集中建立保险基金，对被保险人因自然灾害或意外事故所造成的经济损失或人身伤亡给予资金补偿，对其丧失工作能力给予物质保险的一种经济活动。

保险作为分散风险、消化损失的一种经济补偿制度，可以从不同的角度来理解其含义：

(1)从经济角度看，保险是分摊意外损失、提供经济保障的一种财务安排。投保人交纳保险费购买保险，实际上是将其面临的不确定的大额损失转变为确定性的小额支出，将未来大额的或持续的支出转变成目前的固定性的支出。通过保险，提高了投保人的资金效益，因而被认为是一种有效的财务安排。人寿保险中，保险作为一种财务安排的特性表现得尤为明显，因为人寿保险还具有储蓄和投资的作用，具有理财的特征。正是从这个意义上说，保险公司属于金融中介机构，保险业是金融业的一个重要组成部分。

(2)从法律角度看，保险是一种合同行为。保险合同当事人双方在法律地位平等的基础上，签订合同，承担各自的义务，享受各自的权利。《中华人民共和国保险法》规定："保险，是指投保人根据合同约定，向保险人支付保险费，保险人对于合同约定的可能发生的事故因其发生所造成的财产损失承担赔偿保险金责任，或者当被保险人死亡、伤残、疾病或者达到合同约定的年龄、期限时承担给付保险金责任的商业保险行为。"

(3)从风险管理角度看，保险是风险管理的一种方法，或风险转移的一种机制。通过保险，将众多的单位和个人结合起来，变个体应对风险为大家共同应对风险，从而提高对风险损失的承受能力。保险的作用在于集散风险、分摊损失。

二、保险的要素

保险的要素是指进行保险经济活动所应具备的基本条件。现代商业保险的要素包括以下五点内容。

(一)可保风险的存在

可保风险是指符合保险人承保条件的特定风险，也称可保危险或保险危险。理想的可保风险应具备以下六个条件。

1. 风险应当是纯粹风险。纯粹风险是一种只有损失机会，没有获利可能的风险。具体地说，风险事故发生以后，保险关系双方当事人面临的只有损失的机会，没有获利的可能。纯粹风险引起的事故构成保险危险的基础。

2. 风险应当具有不确定性。风险的不确定性包含三层含义，即风险是否发生是不确定的，风险发生的时间是不确定的，风险发生的原因和结果是不确定的。

3. 风险应该使大量标的均有遭受损失的可能。这一条件要求大量的性质相近、价值相近的风险单位面临同样的风险。

4. 风险应该有导致重大损失的可能。这一条件的含义是:可保风险应是一种发生重大损失的可能性较大、遭受重大损失的机会较小的风险。风险一旦发生,由其导致的损失是被保险人无力承担的。如果采用自保等方式自行承担,也是一种不经济的选择。

5. 风险不能使大多数的保险对象同时遭受损失。这一条件要求损失的发生具有分散性。保险的实质在于,以多数人支付的小额保费,赔付少数人遭遇的大额损失。如果大多数保险标的同时遭受重大损失,则保险人通过收取保险费建立的保险基金就无法补偿所有损失。

6. 风险应当具有现实的可测性。保险的经营要求制定准确的费率,费率的计算依据是风险发生的概率及其所导致标的损失的概率,因此,风险必须具有可测性。

(二)大量同质风险的集合与分散

保险的经济补偿活动的过程,既是风险的集合过程,又是风险的分散过程。保险人通过保险将众多投保人所面临的分散性风险集合起来,当发生保险责任范围内的损失时,又将少数人遭受的风险损失分摊给全体投保人,即通过保险的补偿或给付行为分摊损失或保证经营稳定。保险风险的集合与分散应具备两个前提条件。

1. 大量风险的集合体。互助性是保险的特征之一,保险实现互助的方法在于集合多数人的保费,补偿少数人的损失。大量风险的集合,一方面是基于风险分散的技术要求,另一方面是概率论和大数法则原理在保险经营中得以运用的前提。

2. 同质风险的集合体。所谓同质风险,是指风险单位在种类、品质、性能、价值等方面大体相近。如果风险为不同质风险,那么风险损失发生的概率就不相同,风险也就无法进行统一集合与分散。此外,由于不同质的风险,损失发生的频率与幅度是有差异的,若对不同质的风险进行集合与分散,则会导致保险经营财务的不稳定。

(三)保险费率的厘定

保险是一种经济保障活动,而从经济角度看则是一种特殊商品交换行为。因此,厘定保险商品的价格,即厘定保险费率,便构成了保险的基本要素。需要指出,保险费率厘定的含义与保险人在保险市场上的产品定价不同。保险费率厘定主要是根据保险标的的风险状况确定某一保险标的的费率,确定保险人应收取的风险保费。而保险产品定价,除要考虑风险状况外,还要考虑其他的因素,影响保险人定价的其他因素包括:市场竞争对手的行为、市场供求的变化、保险监管的要求和再保险人承保条件的变化等。当然,保险费率的厘定是保险产品定价的基础。

由于保险商品交换行为是一种特殊的经济行为,为保证保险双方当事人的利益,保险费率的厘定要遵循一定的原则和采取科学的方法。

(四)保险基金的建立

保险的分摊损失与补偿功能是建立在具有一定规模的保险基金基础之上的。保险基金是用以补偿或给付因自然灾害、意外事故和人体自然规律所致的经济损失、人身损害及收入损失,并由保险公司筹集、建立起来的专项货币基金。它主要来源于保险公司开业资金和向投保人收取的保险费,其中保险费是形成保险基金的主要来源。由于保险性质和经营上的特殊性,与其他行业的基金相比,保险基金具有来源的分散性和广泛性、总体上的返还性、使用上的专项性、赔付责任的长期性和运用上的增值性等特点。

保险基金是保险业存在的现实的经济基础，也是保证保险人收支平衡和保证保险企业财务稳定的经济基础，但同时保险基金也制约着保险企业的业务经营规模。从保险公司财务管理的角度看，除资本金外，从保险收入中提取的部分保险费所形成的保险基金是以各种准备金的形式存在的。就财产保险与责任保险而言，表现为未到期责任准备金、赔款准备金、总准备金和其他准备金几种形式；就人身保险准备金而言，主要以未到期责任准备金形式存在。此外，从为保障被保险人利益的角度看，按照集中管理、统筹使用原则建立的保险保障基金也属于保险基金的范畴。

需要指出的是，保险基金也是保险公司进行投资活动的经济基础，投资收益对保险公司经营效益具有重要的意义。

（五）保险合同的订立

保险关系作为一种经济关系，主要体现投保人与保险人之间的商品交换关系，这种经济关系需要有关法律关系对其进行保护和约束，即通过一定的法律形式固定下来，这种法律形式就是保险合同。风险最基本的特征是不确定性，这就要求保险人与投保人应在确定的法律或契约关系约束下履行各自的权利与义务。倘若不具备在法律上或契约上规定的各自的权利与义务，那么，保险经济关系则难以成立，保险保障活动也难以实施。

三、保险的特征

保险的特征是指保险活动与其他经济活动相比所表现出的基本特点。一般地说，现代商业保险的特征主要包括以下几个方面。

（一）经济性

保险是一种经济保障活动。保险的经济性主要体现在保险活动的性质、保障对象、保障手段、保障目的等方面。保险经济保障活动是整个国民经济活动的一个有机组成部分，其保障对象即财产和人身直接或间接属于社会生产中的生产资料和劳动力两大经济要素；其实现保障手段，最终都必须采取支付货币的形式进行补偿或给付；其保障的根本目的，无论从宏观角度还是从企业微观的角度，都是为了有利于经济发展。此外，保险的经济性，还表现为在市场经济条件下，保险是一种特殊的劳务商品，体现了一种特殊的等价交换的经济关系。这种经济关系直接表现为个别保险人与个别投保人之间的交换关系，间接表现为在一定时期内全部保险人与全部投保人之间的交换关系。此外，从经营的角度看，经营商业保险业务的保险公司属商业性机构，经营的主要目标之一则是提高经济效益，追求利润最大化。但是，商业保险公司追求利润最大化，必须是建立在保险经济效益与提高社会效益相一致的基础上。

（二）互助性

保险具有“一人为众，众为一人”的互助特性。没有互助性，也就失去了保险的意义。保险是在一定条件下，分担了个别单位或个人所不能承担的风险，从而形成了一种经济互助关系。这种经济互助关系通过保险人用多数投保人缴纳的保险费建立的保险基金对少数遭受损失的被保险人提供补偿或给付而得以体现。当然，在现代商业保险条件下，由于保险公司的出现，并作为一种中间性的机构来组织风险分散和经济补偿，从而使互助性的关系演变成一种保险人与投保人直接的经济关系，但这种变化并不改变保险的互助性这一基本特征。

（三）法律性

从法律角度看，保险具有明显的法律性质。由于保险是一种合同行为，所以保险的法律性主要体现在保险合同上。保险合同的法律特征主要有:保险行为是双方的法律行为,保险行为必须是合法的,保险合同双方当事人必须有行为能力,保险合同双方当事人在合同关系中的地位是平等的。保险的法律性,不仅体现在保险本身是一种合同行为,法律是保险行为的规范和实现的条件,而且法律也是保险组织和某些保险业务活动(如法定保险、责任保险等)产生的前提条件。此外,对保险的监督管理也是以法律为依据的。

(四)科学性

保险是以科学的方法处理风险的一种有效措施。现代保险经营以概率论和大数法则等科学的数理理论为基础,保险费率的厘定、保险准备金的提存等都是以科学的数理计算为依据的。

任务二 保险合同

一、保险合同的内涵

合同(又称契约)是平等主体的当事人为了实现一定的目的,以双方或多方意思表示一致设立、变更和终止权利义务关系的协议。

《中华人民共和国保险法》规定:"保险合同是投保人与保险人约定权利义务关系的协议。"

保险合同的当事人是投保人和保险人;保险合同的内容是保险双方的权利义务关系。根据保险合同的约定,收取保险费是保险人的基本权利,赔偿或给付保险金是保险人的基本义务。与此相对应,交付保险费是投保人的基本义务,请求赔偿或给付保险金是被保险人的基本权利。

保险合同属于民商合同的一种,其设立、变更或终止是具有保险内容的民事法律关系。因此,保险合同不仅适用于保险法,也适用于合同法和民法通则等。

二、保险合同的特征

保险合同作为一种特殊的民商合同,除具有一般合同的法律特征外,还具有一些特有的法律特征。

1. 保险合同是有偿合同。有偿合同是指因为享有一定的权利而必须偿付一定对价的合同。保险合同以投保人支付保险费作为对价换取保险人对风险的保障。投保人与保险人的对价是相互的,投保人的对价是向保险人支付保险费,保险人的对价是承担投保人转移的风险。

2. 保险合同是双务合同。双务合同是指合同双方当事人相互享有权利、承担义务的合同。保险合同的被保险人在保险事故发生时,依据保险合同享有请求保险人支付保险金或补偿损失的权利,投保人则具有支付保险费的义务;保险人应享有收取保险费的权利,具有承担约定事故发生时给付保险金或补偿被保险人损失的义务。

3. 保险合同是最大诚信合同。任何合同的订立和履行都应当遵守诚实信用的原则。但是,由于保险双方信息的不对称性,保险合同对诚信的要求远远高于其他合同。因为,保险标的在投保前或投保后均在投保方的控制之下,而保险人通常只是根据投保人的告知来决定是否承保以及承保的条件。此外,投保方对保险标的过去情况、未来的事项也要向保险人做出保证。所以,投保人的道德因素和信用状况对保险经营来说关系极大。保险经营的复杂性和技术性使得保险人在保险关系中处于有利地位，而投保人处于不利地位。这就要求保险人在订立保险合同时，应向投保人说明保险合同的内容；在约定的保险事故发生时，履行赔偿或给付保险金的义务等。所以，保险合同较一般合同对当事人的诚实信用的要求更为严格，故称为最大诚信合同。

4. 保险合同是射幸合同。射幸合同是合同的效果在订约时不能确定的合同，即合同当事人一方并不必然履行给付义务，而只有当合同中约定的条件具备或合同约定的事件发生时才履行。保险合同是一种典型的射幸合同。投保人根据保险合同支付保险费的义务是确定的，而保险人仅在保险事故发生时，承担赔偿或给付义务，即保险人的义务是否履行在保险合同订立时尚不确定，而是取决于偶然的、不确定的保险事故是否发生。但是，保险合同的射幸性是就单个保险合同而言的，而且也是仅就有形保障而言的。

5. 保险合同是附合合同。附合合同是指其内容不是由当事人双方共同协商拟订，而是由一方当事人事先拟就，另一方当事人只是做出是否同意的意思表示的一种合同。保险合同可以采用保险协议书、保险单或保险凭证的形式订立。在采用保险单和保险凭证形式时，保险条款已由保险人事先拟订，当事人双方的权利义务已规定在保险条款中，投保人一般只是做出是否同意的意思表示。投保人可以与保险人协商，增加特别约定条款，或对保险责任进行限制或扩展，但一般不能改变保险条款的基本结构和内容。

三、保险合同的主体

保险合同的主体包括保险合同的当事人、保险合同的关系人和保险合同的辅助人。保险合同的当事人是指订立并履行合同的自然人、法人或其他组织，他们在合同关系中享有权利并承担相应的义务。当投保人与被保险人为同一人时，保险人、投保人(被保险人)是保险合同的当事人；受益人是保险合同的关系人。当投保人与被保险人不是同一人时，投保人是保险合同的当事人，而被保险人是保险合同的关系人。

(一)保险合同的当事人

1. 保险人

保险人是指与投保人订立保险合同，并承担赔偿或给付保险金责任的保险公司。按照我国《保险法》的规定，它必须符合如下条件：

(1)保险人要具备法定资格。具体内容包括：①保险人必须是依照法定条件和程序设立的保险公司，要接受保险监督管理机构的监管；②保险公司的组织形式应是国有独资公司和股份有限公司两种形式；③保险公司要分业经营，在保险监督管理机构批准的范围内开展保险业务。

(2)保险人须以自己的名义订立保险合同。保险公司只有以自己的名义与投保人订立保险合同后，它才能成为保险合同的保险人。

(3)保险人须依照保险合同承担保险责任。订立保险合同的目的在于使保险人在合同约定的保险期间内，对于发生的保险事故或事件，承担赔偿或给付保险金的责任。按照保险合同的约定承担保险责任，是保险人最主要、最基本的合同义务。

2. 投保人

投保人是指与保险人订立保险合同，并按照保险合同负有支付保险费义务的人。投保人并不以自然人为限，法人和其他组织也可以成为投保人。投保人需具备的条件如下。

(1)投保人须具有民事权利能力和民事行为能力。民事权利能力是指由法律赋予的享有民事权利、承担民事义务的资格,它是自然人、法人、其他组织参加民事法律关系,取得民事权利、承担民事义务的法律依据,也是自然人、法人、其他组织享有民事主体资格的标志。民事行为能力是指能够以自己的行为行使民事权利和设定民事义务,并且能够对自己的违法行为承担民事责任,从而使民事法律关系发生、变更或消灭的一种资格。

(2)投保人须对保险标的具有保险利益。我国《保险法》规定:"投保人对保险标的应当具有保险利益。投保人对保险标的不具有保险利益的,保险合同无效。"这样规定的目的在于:一是为了防范投保人利用保险合同进行投机、赌博等违法活动,以减少道德危险的发生概率;二是为了限制赔偿额度,保证保险业健康发展;三是为了维护国家利益、社会公共道德和保险人合法权益,达到保护被保险人合法权益的目的。

(3)投保人须与保险人订立保险合同并按约定交付保险费。

(二)保险合同的关系人

1. 被保险人

被保险人是指其财产或者人身受保险合同保障,享有保险金请求权的人。投保人可以为被保险人。当投保人为自己利益投保时,投保人、被保险人为同一人。当投保人为他人利益投保时,须遵守以下规定:被保险人应是投保人在保险合同中指定的人,投保人要征得被保险人同意,投保人不得为无民事行为能力人投保以死亡为给付保险金条件的人身保险。但父母为未成年子女投保的人身保险不受此限制,只是死亡给付保险金额总和不得超过保险监督管理机构规定的限额。被保险人的成立应具备的条件如下。

(1)被保险人须是财产或人身受保险合同保障的人。在财产保险合同中,当发生保险事故致使被保财产遭受损失后,被保险人可依照保险合同获得补偿;在人身保险合同中,当被保险人死亡、伤残、疾病或达到约定年龄期限时,保险人要根据保险合同赔偿或给付保险金。

(2)被保险人须享有保险金请求权。保险金请求权的享有以保险合同的订立为前提,其行使则以保险事故或事件的发生为条件。①在财产保险合同中,保险事故发生后,未造成被保险人死亡的,保险金请求权由被保险人本人行使;造成被保险人死亡的,保险金请求权由其继承人依继承法继承。②在人身保险合同中,保险事故或事件发生后,被保险人仍然生存的,保险金请求权由被保险人本人行使;被保险人死亡的,保险金请求权由被保险人或者投保人指定的受益人行使;未指定受益人的,保险金请求权由被保险人的继承人行使。

2. 受益人

受益人是保险合同的重要关系人之一。我国《保险法》规定:"受益人是指人身保险合同中由被保险人或者投保人指定的享有保险金请求权的人,投保人、被保险人可以为受益人。"受益人的成立应具备的条件如下。

(1)受益人须经被保险人或投保人指定。受益人可以是自然人,也可以是法人。受益人如果不是被保险人、投保人,则多为与其有利害关系的自然人。胎儿也可以为受益人,但须以出生时存活为必要条件。

人身保险合同中因投保人订立合同的目的不同,合同约定的受益人也有所不同:投保人以自己的生命、身体为他人利益订立保险合同的,投保人是被保险人,受益人是其指定的人;投保人以自己的生命、身体为自己利益而订立保险合同的,投保人既是被保险人,也是受益人;投保人以他人的生命、身体为他人利益而订立保险合同的,受益人经被保险人同意后,可以是第三人;投保人以他人的生命、身体为自己利益而订立保险合同的,经被保险人同意后,投保人是受益人。投保人指定或变更受益人时,须经被保险人同意。受益人可以是被保险人或投保人指定的一人或数人。被保险人为无民事行为能力人或者限制民事行为能力人的,可以由其监护人指定受益人。

(2)受益人必须是具有保险金请求权的人。保险金请求权是受益人依照保险合同享有的基本权利。当被保险人与受益人不是同一人时,保险事故或事件发生后,如果被保险人死亡,则受益人能够从保险人处获得保险金。人身保险合同中被指定的受益人是一人时,保险金请求权由该人行使,并获得全部保险金。受益人是数人的,保险金请求权由该数人行使,其受益顺序和受益份额由被保险人或投保人确定;未确定的,受益人按照相等份额享有受益权。

受益人的保险金请求权来自人身保险合同的规定,故受益人获得的保险金不属于被保险人的遗产,既不纳入遗产分配,也不用于清偿被保险人生前债务。但是,《保险法》规定:"被保险人死亡后,遇有下列情形之一的,保险金作为被保险人的遗产,由保险人向被保险人的继承人履行给付保险金的义务:①没有指定受益人;②受益人先于被保险人死亡,没有其他受益人的;③受益人依法丧失受益权或者放弃受益权,没有其他受益人的。"此时,保险金应按继承法规定分配。

(三)保险合同的辅助人

保险合同的辅助人因国而异,不同的国家有不同的保险辅助人标准。一般说来,保险合同的辅助人包括保险代理人、保险经纪人和保险公估人等。

拓展阅读 16-1

马航飞机失事 受益人与被保人同时身故怎么赔

马来西亚总理宣布,失联 17 天的马航 MH370 客机被证实已在南印度洋坠毁。如果这是事实真相,不知道飞机上有多少人买了保险,这里说一说理赔的事。

飞机上也有几对是度蜜月的夫妻,大家有没有考虑这个问题,如果被保险人与受益人在同一个事件中身故,那么这笔保险金,应该赔给被保险人的家人,还是受益人的家人呢?

假设有对夫妻,丈夫给自己投保,受益人是妻子。(大家就想是普通的夫妻吧,不要代入马航上的人了,逝者安息。)如果是受益人先身亡,那么这笔保险金就没有其他的受益人了(没有小孩的话),应该赔给男方的家人,即男方父母。如果被保险人先身亡,那么这笔保险金受益人是老婆,老婆再身故,这笔保险金就变成妻子的遗产,应该是给妻子的父母,而不是丈夫的父母。

如果这对夫妻在同起车祸中身亡,具体是谁先身亡的,无从考究。那从保险角度,应该推定谁先身亡呢?推定的人不一样,这笔保险金给的人就不一样。保险法有规定,如果不能确定谁先身亡,那么就推定受益人先身亡。这笔保险金给男方的父母。这个是从买保险的初衷考虑的,不管是谁买的这份保险,被保险人是男方,那么就是要保护男方的家人,如果推定男方先身亡,那么这笔钱就给了女方父母,不是给自己的父母,违背了他当初买保险的意愿。

所以如果被保险人跟受益人在同个事故中身故无法确定谁先身亡的,推定受益人先身亡。

资料来源:理财网,http://finance.sina.com.cn/money/lczx/20140326/070918614873.shtml,2014-03-26。

四、保险合同的客体

客体是指在民事法律关系中主体履行权利和义务时共同的指向。客体在一般合同中称为标的,即物、行为、智力成果等。保险合同虽属民事法律关系范畴,但它的客体不是保险标的本身,而是投保人对保险标的所具有的法律上承认的利益,即保险利益。

首先,根据我国《保险法》规定:"投保人对保险标的应当具有保险利益。投保人对保险标的不具有保险利益的,保险合同无效。"因此,投保人必须凭借保险利益投保,而保险人必须凭借投保人对保险标的的保险利益才可以接受投保人的投保申请,并以保险利益作为保险金额的确定依据和赔偿依据。其次,保险合同不能保障保险标的不受损失,而只能是保障投保人的利益不变。再次,保险合同成立后,因某种原因保险利益消失,保险合同也随之失效。所以,保险利益是保险合同的客体,是保险合同成立的要素之一,如果缺少了这一要素,保险合同就不能成立。

保险标的是保险利益的载体。保险标的是投保人申请投保的财产及其有关利益或者人的寿命和身体,是确定保险合同关系和保险责任的依据。在不同的保险合同中,保险人对保险标的的范围都有明确规定,即哪些可以承保,哪些不予承保,哪些一定条件下可以特约承保等。因为不同的保险标的能体现不同的保险利益,而且保险合同双方当事人订约的目的是为了实现保险保障,合同双方当事人共同关心的也是基于保险标的上的保险利益。所以,在保险合同中,客体是保险利益,而保险标的则是保险利益的载体。

五、保险合同的内容

(一)保险合同内容的构成

狭义保险合同的内容仅指保险合同当事人依法约定的权利和义务。广义保险合同的内容则是指以双方权利义务为核心的保险合同的全部记载事项。这里介绍的是广义的保险合同内容。

从保险法律关系的要素上看,保险合同由以下几部分构成。

1. 主体部分,包括保险人、投保人、被保险人、受益人及其住所。

2. 权利义务部分,包括保险责任和责任免除、保险费及其支付办法、保险金赔偿或者给付办法、保险期间和保险责任的开始、违约责任等。

3. 客体部分,保险合同的客体是保险利益,财产保险合同表现为保险价值和保险金额;人身保险合同表现为保险金额。保险标的是保险利益的载体。

4. 其他声明事项部分,包括其他法定应记载事项和当事人约定事项,前者指除上述事项外的法定应记载事项,如争议处理、订约日期等;后者指投保人和保险人在法定事项之外,约定的其他事项。

从条款的拟定上看,保险合同的内容由基本条款和特约条款构成。基本条款由保险法以列举方式直接规定,是保险合同必不可少的法定条款,由保险人拟定;特约条款是保险法所列举条款以外的条款,特约条款由双方共同拟定。两种条款都具有法律效力,其区别仅在于:前者是根据保险法必须约定的条款;后者则是当事人双方根据实际需要,可约定可不约定的条款。

(二)保险合同的基本条款

1. 保险人的名称和住所。保险人专指保险公司，其名称须与保险监督管理机构和工商行政管理机关批准和登记的名称一致。保险人的住所即保险公司或分支机构的主营业场所所在地。

2. 投保人、被保险人、受益人的名称和住所。将保险人、投保人、被保险人和受益人的名称和住所作为保险合同基本条款的法律意义是：明确保险合同的当事人、关系人，确定合同权利义务的享有者和承担者；明确保险合同的履行地点，确定合同纠纷诉讼管辖。

3. 保险标的。保险标的是指作为保险对象的财产及其有关利益或者人的生命和身体，它是保险利益的载体。保险标的如为财产及其有关利益，应包括该标的的具体坐落地点，有的还包括利益关系；保险标的如为人的生命和身体，还应包括被保险人的性别、年龄，有的还包括被保险人的职业、健康状况，视具体险种而定。将保险标的作为保险合同的基本条款的法律意义是：确定保险合同的种类，明确保险人承担责任的范围及保险法规定的适用；判断投保人是否具有保险利益及是否存在道德危险；确定保险价值及赔偿数额；确定诉讼管辖等。

4. 保险责任和责任免除。保险责任是指保险合同约定的保险事故或事件发生后，保险人所应承担的保险金赔偿或给付责任。其法律意义在于确定保险人承担风险责任的范围。责任免除是指保险人依照法律规定或合同约定，不承担保险责任的范围，是对保险责任的限制。责任免除条款的内容应以列举方式规定。其法律意义在于进一步明确保险责任的范围，避免保险人过度承担责任，以维护公平和最大诚信原则。

5. 保险期间和保险责任开始时间。保险期间是指保险人为被保险人提供保险保障的起止日期，即保险合同的有效期间。保险期间可以按年、月、日计算，也可按一个运程期、一个工程期或一个生长期计算。保险责任开始时间即保险人开始承担保险责任的时间，通常以年、月、日、时表示。《保险法》规定："保险合同成立后，投保人按照约定交付保险费；保险人按照约定的时间承担保险责任。"根据此条规定，保险责任开始的时间应由双方在保险合同中约定。我国保险实务中以约定起保日的零点为保险责任开始时间，以合同期满日的 24 点为保险责任终止时间。

6. 保险价值。保险价值是指保险标的的实际价值，即投保人对保险标的所享有的保险利益的货币估价额。保险价值的确定主要有三种方法：①由当事人双方在保险合同中约定，当保险事故发生后，无须再对保险标的估价，就可直接根据合同约定的保险标的价值额计算损失。②按事故发生后保险标的市场价格确定，即保险标的的价值额随市场价格变动，保险人的赔偿金额不超过保险标的在保险事故发生时的市场价格。③依据法律具体规定确定保险价值。例如，我国《海商法》第二百一十九条，就对船舶、货物、运费等保险标的的保险价值的确定做出了具体规定。

7. 保险金额。保险金额是指保险人承担赔偿或者给付保险金的最高限额。在定值保险中，保险金额为双方约定的保险标的的价值。在不定值保险中，保险金额可以按下述方法确定：①由投保人按保险标的的实际价值确定；②根据投保人投保时保险标的的账面价值确定。无论在定值保险中还是在不定值保险中，保险金额都不得超过保险价值，超过的部分无效。保险金额在财产保险合同中根据保险价值计算，以保险标的的实际价值为限，可以小于保险价值。在人身保险中，保险金额由双方当事人自行约定。

8. 保险费及其支付办法。保险费是指投保人为取得保险保障，按合同约定向保险人支付的费用。保险费是保险基金的来源。缴纳保险费是投保人应履行的基本义务,其多少取决于保险金额的大小、保险期限的长短和保险费率的高低等。在我国,根据保险法规定,关系社会公众利益的保险险种、依法实行强制保险的险种和新开发的人寿保险险种等的保险条款和保险费率,应当报保险监督管理机构审批。保险监督管理机构审批时,遵循保护社会公众利益和防止不正当竞争的原则。审批的范围和具体办法,由保险监督管理机构制定。其他保险险种的保险条款和费率,应当报保险监督管理机构备案。

9. 保险金赔偿或给付办法。保险金赔偿或给付办法是指保险人承担保险责任的具体方法,由保险合同当事人在合同中依法约定。投保人订立保险合同的目的在于保险事故或事件发生后,保险人能按合同约定的方式、数额或标准,通过赔偿或给付保险金来承担保险责任,因此,保险金的赔偿或给付办法是保险人在保险合同中承担的一项基本义务。保险金的赔偿或给付办法在财产保险合同中按规定的方式计算赔偿金额,在人身保险合同中保险金额按规定定额给付。

10. 违约责任和争议处理。违约责任指保险合同当事人因其过错不履行或不完全履行合同约定的义务所应承担的法律后果。保险合同关系到当事人的利益,任何一方的违约均可能给对方造成损失,因此,在保险合同中必须明确违约责任,以便防范违约行为的发生。承担违约责任的方式应在保险合同中明确,主要是支付违约金或支付赔偿金。

争议处理是指保险合同发生争议后的解决方式,包括协商、仲裁和诉讼。具体使用何种方式可由当事人双方在合同中事先约定或在争议发生后协商确定;如事先无任何约定,一方当事人也可在争议发生后直接向法院提起诉讼。

六、保险合同的形式

对保险合同应采取何种形式这一问题,我国保险法并未做出直接规定,既没有明确规定必须采取书面形式,也没有禁止口头形式。在保险实务中,为了便于当事人双方履行合同,特别是在保险事故或事件发生后,能够为被保险人、受益人索赔和为保险人承担保险责任提供法律依据,避免日后发生纠纷,也为了便于举证,如无特殊情况,保险合同通常采用书面形式。书面形式的保险合同包括投保单、保险单、保险凭证、暂保单和批单等。

(一)投保单

投保单又称要保单,是投保人向保险人申请订立保险合同的书面要约。投保单由保险人事先根据险种的需要设计内容格式印就,通常格式统一。投保人按照投保单项目逐一如实填写,保险人据此为依据,决定是否承保。投保单是保险合同的重要组成部分。虽然投保人不能以投保单在法律上有所主张,但是投保人在投保单中填写的内容会影响合同的效力。投保单上如有记载,保险单上即使有遗漏,其效力也与记载在保险单上是等同的。

(二)保险单

保险单又称保单,是指保险合同成立后,保险人向投保人(被保险人)签发的正式书面凭证。保险单由保险人制作,经签章后交付给投保人。根据《保险法》第十三条的规定,保险合同成立后,保险人应当及时向投保人签发保险单或其他保险凭证,保险单或其他保险凭证应载明合同内容。保险单包括以下四个部分。

1. 声明事项。即投保人应向保险人说明的具体事项,如被保险人名称(姓名)及住所、保险标的及其所在地、保险价值及金额、保险期限、危险说明及承诺的义务。

2. 保险事项。即保险人责任范围，指保险人所承担的保障风险项目，包括损失赔偿、责任赔偿、费用负担（施救、救助、诉讼费用等），以及保险金给付的一些规定。

3. 除外责任。即免除保险人责任的事项，包括道德风险、特殊风险以及保险标的物的原有品质不良和缺陷等。

4. 条件事项。即保险合同当事人双方享受权利时所应承担的义务。例如，保险单的变更、转让、注销、索赔期限、索赔手续、代位追偿、争议的处理等，在保险单上都有明确的规定，保险当事人双方必须遵守，不得违反。

保险单具有下述法律意义：①证明保险合同的成立；②确立保险合同内容；③是明确当事人双方履行保险合同的依据；④具有证券作用。

（三）保险凭证

保险凭证也称“小保单”，是保险人向投保人签发的证明保险合同已经成立的书面凭证，是一种简化了的保险单。保险凭证的法律效力与保险单相同，只是内容较为简单，实践中只在少数几种保险业务，如货物运输保险、汽车险及第三者责任保险中使用。另外，在团体保险中也使用保险凭证，即在主保险单之外，对参加团体保险的个人再分别签发保险凭证。

（四）暂保单

暂保单也称临时保险单，是指由保险人在签发正式保险单之前，出立的临时保险凭证。暂保单的内容比较简单，一般只载明被保险人、保险标的、保险金额、保险险种等重要事项，以及保险单以外的特别保险条件。有关保险双方当事人的权利和义务，都以保险单的规定为准。

出立暂保单并不是订立保险合同的必经程序，通常是在以下四种情况下才会存在：

1. 保险代理人在招揽到保险业务，但还未向保险人办妥正式保险单时，可先出立暂保单，作为保险合同成立的证明。

2. 保险公司的分支机构在接受投保人的要约后，尚需要获得上级保险公司或者保险总公司的批准，在获得批准前，可先出立暂保单，证明保险合同的成立。

3. 保险人和投保人在洽谈或续订保险合同时，订约双方当事人已就主要条款达成协议，但还有些内容需要进一步商讨，在没有完全谈妥之前，先出立暂保单，作为合同成立的证明。

4. 出口贸易结汇时，保险单是必备的文件之一，在保险人尚未出具保险单或保险凭证之前，先出立暂保单，以兹证明出口货物已经办理保险，作为结汇凭证之一。暂保单的有效期一般为 30 天。

（五）批单

批单是保险双方当事人协商修改和变更保险单内容的一种单证，也是保险合同变更时最常用的书面单证。批单实际上是对已签订的保险合同进行修改、补充或增减内容的批注，一般由保险人出具。批单列明变更条款内容事项，须由保险人签章，一般附贴在原保险单或保险凭证上。批单的法律效力优于原保险单的同类款目。凡经批单改过的内容均以批单为准；多次批改，应以最后批改为准。批单也是保险合同的重要组成部分。

七、保险合同的履行

保险合同的履行是指保险合同当事人双方依法全面完成合同约定义务的行为。

（一）投保人义务的履行

1. 如实告知

如实告知是指投保人在订立保险合同时将保险标的重要事实，以口头或书面形式向保险人作真实陈述。所谓保险标的重要事实，是指对保险人决定是否承保及保险费率有影响的事实。如实告知是投保人必须履行的基本义务，也是保险人实现其权利的必要条件。我国《保险法》实行“询问告知”的原则，即投保人对保险人询问的问题必须如实告知，而对询问以外的问题，投保人没有义务告知；保险人没有询问到的问题，投保人不告知不构成对告知义务的违反。

2. 交付保险费

交付保险费是投保人的最基本的义务，通常也是保险合同生效的必要条件。我国《保险法》要求投保人在保险合同成立后，按照约定一次性或分期交付保险费。

3. 维护保险标的安全

保险合同订立后，财产保险合同的投保人、被保险人应当遵守国家有关消防、安全、生产操作、劳动保护等方面的规定，维护保险标的安全。保险人有权对保险标的安全工作进行检查，经被保险人同意，可以对保险标的采取安全防范措施。投保人、被保险人未按约定维护保险标的安全的，保险人有权要求增加保险费或解除保险合同。

4. 危险增加通知

按照权利义务对等和公平原则，被保险人在保险标的危险程度增加时，应及时通知保险人，保险人则可以根据保险标的危险增加的程度决定是否提高保险费和是否继续承保。被保险人未履行危险增加通知义务的，保险标的因危险程度增加而发生的保险事故，保险人不负赔偿责任。

5. 保险事故发生通知

《保险法》规定：“投保人、被保险人或者受益人知道保险事故发生后，应当及时通知保险人。”规定此义务的目的在于：①使保险人得以迅速调查事实真相，不致因拖延时日而使证据灭失，影响责任的确定；②便于保险人及时采取措施，协助被保险人抢救被保险财产，处理保险事故，使损失不致扩大；③使保险人有准备赔偿或给付保险金的必要时间。同时，履行保险事故发生通知义务，是被保险人或受益人获得保险赔偿或给付的必要程序。保险事故发生后的通知可以采取书面或口头形式，法律要求采取书面形式的应当采取书面形式。

6. 财产保险的出险施救

《保险法》规定：“保险事故发生时，被保险人有责任尽力采取必要的措施，防止或者减少损失。”为鼓励投保人、被保险人积极履行施救义务，保险法还规定，被保险人为防止或者减少保险标的的损失所支付的必要的、合理的费用，由保险人承担，但其数额按保险合同约定为准。

7. 提供索赔单证

《保险法》规定，保险事故发生后，向保险人提供索赔单证是投保人、被保险人或受益人的一项法定义务。向保险人索赔应当提供的单证，是指与确认保险事故的性质、原因、损失程度等有关的证明和资料，包括保险单、批单、检验报告、证明材料等。财产保险合同、人身保险合同的保险金请求均应履行该项义务。

8. 协助追偿

在财产保险中，因第三人行为造成保险事故的，保险人在向被保险人履行赔偿保险金后，享有代位求偿权，即保险人有权以被保险人名义向有责任的第三人索赔。《保险法》规定：“在保险人向第三者行使代位请求赔偿权力时，被保险人应当向保险人提供必要的文件和其所知道的有关情况。”《保险法》还规定：“由于被保险人的过错致使保险人不能行使代位请求赔偿的权利的,保险人可以相应扣减保险赔偿金。"

(二)保险人义务的履行

1. 条款说明

《保险法》规定:"订立保险合同,保险人应当向投保人说明保险合同的条款内容,并可以就保险标的或者被保险人的有关情况提出询问,投保人应当如实告知。"保险人承担条款说明义务的原因是:保险人因其从事保险业经营而熟悉保险业务,精通保险合同条款;保险合同条款大都由保险人制定,而投保人则常常受到专业知识的限制,对保险业务和保险合同条款多不甚熟悉,加之对合同条款内容的理解亦可能存在偏差、误解,均可能导致被保险人、受益人的担心,在保险事故或事件发生后,得不到预期的保险保障。

《保险法》规定:"保险合同中规定有关于保险人责任免除条款的,保险人在订立保险合同时应当向投保人明确说明,未明确说明的,该条款不产生效力。"由于免责条款是当事人双方约定的免除保险人责任的条款,直接影响投保人、被保险人或者受益人的利益,被保险人、受益人可能因免责条款而在保险事故或事件发生后得不到预期的保险保障。因此,为避免被保险人、受益人在保险合同生效后,因免责条款而与保险人引起不必要的冲突,保险人在订立保险合同时,必须就免责条款向投保人作明确说明。否则,该免责条款不发生法律效力。

2. 承担保险赔偿(给付)的义务

承担保险赔偿(给付)的义务是保险人依照法律规定和合同约定所应承担的最重要、最基本的义务。

(1)保险人承担保险赔偿(给付)的义务的范围:①保险金。财产保险合同中,根据保险标的的实际损失确定,但最高不得超过合同约定的保险标的的保险价值。人身保险合同中,保险金即为合同约定的保险金额。②施救费用。《保险法》规定:"保险事故发生后,被保险人为防止或者减少保险标的的损失所支付的必要的、合理的费用,由保险人承担;保险人所承担的数额在保险标的损失赔偿金额以外另行计算,最高不超过保险金额的数额。"③争议处理费用。争议处理费用是指被保险人因给第三人造成损害的保险事故而被提起仲裁或诉讼的应由被保险人支付的费用,例如,责任保险中应由被保险人支付的仲裁费、鉴定费等,依照《保险法》规定,除合同另有约定外,由被保险人支付的上述费用,由保险人承担。④检验费用。在财产保险中,依照《保险法》规定,必要的合理的检验费,由保险人承担。

(2)承担保险赔偿(给付)义务的时限:①保险人在收到被保险人或者受益人的赔偿或者给付保险金的请求后,应当及时做出核定,对于属于保险责任的,在与被保险人或者受益人达成有关赔偿或者给付保险金额的协议后10日内,履行赔偿或者给付保险金义务。②保险合同对保险金额及赔付期限有约定的,保险人应依照合同的约定,履行赔偿或者给付保险金义务。③保险人对其赔偿或者给付赔偿金的数额不能确定的,保险人自收到赔偿或者给付保险金的请求和有关证明、资料之日起60日内,确定最低数额先予支付;待赔偿或者给付保险金的最终数额确定后,支付相应差额。

(3)遵守索赔时效。保险法对索赔时效作了明确规定。人寿保险的索赔时效:被保险人或受益人对保险人请求给付保险金的权利,自其知道保险事故发生之日起5年不行使而自动消灭。人寿保险以外的其他保险的索赔时效:被保险人或者受益人对保险人请求保险金赔偿或给付的权利,自其知道保险事故发生之日起两年不行使而消灭。

3. 及时签发保险单证

《保险法》规定,保险合同成立后,“保险人应当及时向投保人签发保险单或者其他保险凭证,并在保险单或者其他保险凭证中载明当事人双方约定的合同内容。”保险合同成立后,及时签发保险单证是保险人的法定义务。保险单证即保险单或者其他保险凭证是保险合同成立的证明,也是履行保险合同的依据。

4. 为投保人、被保险人或再保险分出人保密

依照《保险法》规定,保险人或者再保险接受人在办理保险业务或再保险业务中,对投保人、被保险人、受益人或者再保险分出人的业务和财产情况及个人隐私,负有保密的义务。因此,为投保人、被保险人或者再保险分出人保密是保险人或者再保险接受人的一项法定义务。

任务三　我国开办的主要险种

一、财产保险

(一)企业财产保险

企业财产保险以企业的固定资产和流动资产为保险标的,以企业存放在固定地点的财产为对象,对因火灾及保险单中列明的各种自然灾害和意外事故引起的保险标的的直接损失、从属或后果损失和与之相关联的费用损失提供经济补偿的财产保险。国家机关、事业单位、各界团体也可以以其财产投保企业财产保险。

(二)家庭财产保险

家庭财产保险简称家财险,是以城乡居民的有形财产为保险标的的一种保险,是个人和家庭投保的最主要险种之一。被保险人所有、使用或保管的、坐落于保险单列明的地址的房屋内的财产,可以约定范围向保险人投保家庭财产保险。家庭财产保险为居民或家庭遭受的财产损失提供及时的经济补偿,有利于居民生活安定,保障社会稳定。

(三)运输工具保险

运输工具保险是以各种运输工具本身(如汽车、飞机、船舶、火车等)和运输工具所引起对第三者依法应负的赔偿责任为保险标的的保险,主要承保各类运输工具遭受自然灾害和意外事故而造成的损失,以及对第三者造成的财产直接损失和人身伤害依法应负的赔偿责任。一般按运输工具不同分为机动车辆保险、飞机保险、船舶保险等。

(四)货物运输保险

货物运输保险(简称货运险)是针对流通中的商品而提供的一种保险保障。开办这种保险,是为了使运输中的货物在水路、铁路、公路和联合运输过程中,因遭受保险责任范围内的自然灾害或意外事故所造成的损失能够得到经济补偿,并加强货物运输的安全防损工作,以利于商品的生产和商品的流通。

(五)工程保险

工程保险是指以各种工程项目为主要承保对象的一种财产保险。一般而言,传统的工程保险仅指建筑工程保险和安装工程保险,但进入 20 世纪后,各种科技工程发展迅速,亦成为工程保险市场日益重要的业务来源。

(六)责任保险

责任保险是指以保险客户的法律赔偿风险为承保对象的一类保险。按业务内容,可分为

公众责任保险、产品责任保险、雇主责任保险、职业责任保险和第三者责任保险五类业务。

(七)农业保险

农业保险是专为农业生产者在从事种植业、林业、畜牧业和渔业生产过程中，对遭受自然灾害、意外事故疫病、疾病等保险事故所造成的经济损失提供保障的一种保险。按照农业种类不同，农业保险可分为种植业保险和养殖业保险。

二、人身保险

(一)人寿保险

人寿保险是以被保险人的寿命作为保险标的，以被保险人的生存或死亡为给付保险金条件的一种人身保险。其主要业务种类有：定期寿险、终身寿险、两全寿险、年金保险、投资连结保险、分红寿险和万能寿险等。

(二)健康保险

健康保险是以被保险人的身体为保险标的，使被保险人在疾病或意外事故所致伤害时发生的费用或损失获得补偿的一种人身保险业务。其主要业务种类有：医疗保险、疾病保险和收入补偿保险等。

(三)意外伤害保险

意外伤害保险是指以被保险人的身体为保险标的，以意外伤害而致被保险人身故或残疾为给付保险金条件的一种人身保险。其主要业务种类有：普通意外伤害保险、特定意外伤害保险等。

项目十七　货币政策

学习目标

能力目标

1. 能够区别各类货币政策工具及货币政策工具的运用；
2. 能运用货币政策理论解决现实金融问题，并能够进行一定的分析。

知识目标

理解：货币政策的内涵和特点、货币政策的目标。

熟知：货币政策诸目标间的关系、中国货币政策目标的选择。

掌握：货币政策工具的内容及选用；货币政策的操作指标、中介指标、传导机制。

素质目标

1. 具备收集资料、分析资料的能力；
2. 具备独立思考、团结协作的能力，注重团队的成绩与荣誉；
3. 培养与人沟通、言行举止得体等综合素质能力。

项目引例

货币政策与宏观调控应主动适应新常态

今年是“十三五”规划编制的关键之年。“十三五”时期，我国经济面临哪些挑战和变化？宏观调控和货币政策又该如何作为？

“未来5年，我国都将在新常态下。新常态下，我国宏观经济运行将越来越依赖改革红利，如何通过宏观调控将改革红利释放出来，主动适应和引领经济发展新常态，将是今后调控的重点。”本报专家委员会委员、中行国际金融研究所副所长宗良表示。

有关专家认为，从目前至2017年以“三期叠加”为核心特征，称之为“新常态第一阶段”。产能过剩、房地产泡沫、地方政府债务是这一阶段最为突出的影响因素。“三期叠加”后的2017年至2020年，继续全面深化改革，可以称之为“新常态第二阶段”。

那么，“十三五”时期，中国宏观调控如何适应经济新常态？“保持定力、稳定政策”；“主动作为、预调微调”；“预调微调要远近结合”；“改革创新完善调控方式，使财政政策、货币政策更加有效地发挥作用”；“更加注重市场化调控手段”……采访中，多位专家和学者纷纷表达了对未来5年宏观调控的预计。

宗良表示，为实现“十三五”时期经济社会的主要发展目标，首先要继续坚持稳增长，实现对新的发展驱动力的培育。要思考面对国际新一轮科技和产业革命的大趋势，如何抓住这一历史机遇，推动国家创新驱动战略实现；针对“十三五”时期可能面临的最重要制约因素，做好政策应对，着力化解产能过剩压力，加强逆周期宏观审慎监管，防范系统性金融风险，进一步释放改革动力，推进资金资源配置更优化，更好地发挥市场的作用。

接受采访的专家认为，“十三五”时期，宏观调控首先要继续坚持多目标制的货币政策。一方面，保持经济运行在合理区间内，政策上保持定力；另一方面，要主动作为、预调微调，适度、有序、有针对性地根据经济的变化采取适度措施。在保持政策连续性的同时，加强政策的前瞻性。

其次，宏观调控要不断改革创新，完善方式，寓改革于宏观调控之中。进入新的发展阶段以后，既有的政策可用空间在进一步缩小，要不断通过改革创新，配合经济发展新阶段的要求。具体看，要通过深化财税体制改革来增强财政政策的作用，释放市场活力。货币政策要继续推进利率市场化，放宽市场准入，建立存款保险制度并使其充分发挥作用。通过改革创新完善调控方式，使财政政策、货币政策更加有效地发挥作用。

再次，宏观调控要更好体现灵活性，做到远近结合，既要着眼于当下矛盾，实施定向调控；也要着力构建有利于长远发展的金融体系，从根基入手。

“尽管目前我们对"十三五"规划中金融改革和货币政策方面将会有哪些具体表述尚不清楚，但建立健全中央银行的利率调控框架，加强对市场预期的引导，强化价格型调控和传导机制，进一步完善人民币汇率形成机制，加快发展外汇市场，支持人民币在跨境贸易和投资中的使用，加强对国内外风险的有效监控，继续深化金融改革等内容，都是可预期的，相信这些都会成为未来金融改革和发展的重要内容。”宗良称。

资料来源：和讯新闻网，http://news.hexun.com/。

思考与讨论：什么是货币政策？货币政策工具有哪些？

任务一　货币政策概述

一、货币政策的内涵和特点

（一）货币政策的内涵

货币政策是指中央银行为实现特定的经济目标，运用各种政策工具调控货币供给量和利率所采取的方针和措施的总称。中央银行通常为一国货币政策的制定者和执行者。中央银行在国家法律授权的范围内制定货币政策，并运用其拥有的货币发行特权和各种政策工具组织货币政策的实施。

货币政策主要包括四个方面的内容，即政策目标、政策工具、操作指标与中介指标、政策传导机制。图17—1显示了货币政策四个内容之间的关系：中央银行运用货币政策工具，作用于货币政策的操作指标与中介指标，进而通过中介指标的变化实现货币政策的最终目标。这个过程实际上也是货币政策的传导过程。

（二）货币政策的特点

1. 货币政策是宏观经济政策

货币政策是通过调节和控制全社会的货币供给来影响宏观经济运行，进而达到某一特定

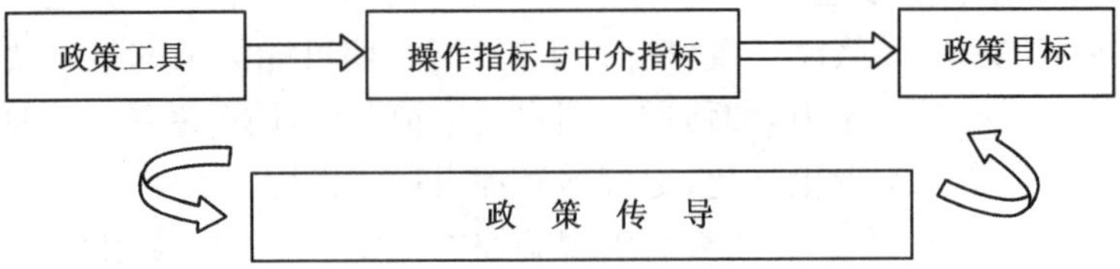

图 17－1　中央银行货币政策的基本内容

的宏观经济目标的经济政策，因而，货币政策一般涉及的是整个国民经济运行中的经济增长、物价稳定、充分就业、国际收支等宏观总量以及与此相关的货币供给量、信用量、利率、汇率等变量，而不是银行或企业金融行为中的资产、负债、销售收入、利润等微观个量问题。

2. 货币政策是调节社会总需求的政策

任何现实的社会总需求，都是指有货币支付能力的总需求。货币政策正是通过货币的供给来调节社会总需求中的投资需求、消费需求等，并间接地影响社会总供给的变动，从而促进社会总需求与总供给的平衡。

二、货币政策的目标

制定和实施货币政策，首先必须明确货币政策最终要达到的目的，即货币政策的最终目标。作为一国的宏观经济政策，货币政策的最终目标与一国的宏观经济目标相一致，一般包括稳定物价、经济增长、充分就业和国际收支平衡四大目标。

(一)稳定物价

稳定物价是指一般物价水平在短期内相对稳定，不发生显著的或剧烈的波动。需要指出的是，这里所说的物价水平是指物价总水平，而不是个别或部分商品价格的波动，因为在市场经济条件下，个别或部分商品价格的变动是相对价格体系的变动，属正常现象。此外，稳定物价并不意味着中央银行要将物价保持静止不变，而是指将物价控制在一个合理的水平上，既不能过高，防止出现通货膨胀，也不能持续过低，防止出现通货紧缩现象。

(二)充分就业

充分就业是指凡有工作能力的且愿意工作的人都可以在较为合理的条件下找到工作，通常以失业人数与愿意就业的劳动力之比——失业率的高低，作为考察是否实现充分就业的衡量指标。但充分就业并不是指失业率为零。经济理论认为，失业主要有三种存在形式：一种是摩擦性失业，即由于劳动力流动、劳动力供给结构与需求结构不对称所造成的失业；一种是周期性失业，即由于整个社会的总需求不足所造成的失业；一种是自愿性失业，即劳动者不愿意接受现有的工资水平而自愿放弃工作所造成的失业。一般认为，如果不存在周期性失业，则可认为实现了充分就业。中央银行可以通过增加货币供给量，增加社会总需求，提供工作岗位和就业机会以增大就业量。

(三)经济增长

经济增长是指在一定时期内一国所生产的商品和劳务总量的增加，通常用国内生产总值(GDP)的变化，或人均 GDP 的增长率来衡量一国经济增长的情况。促进经济增长的要素一般归结为劳动力、投资的增加和技术的进步等，其中增加投资是促进经济增长简单而又见效快的方法。但过高的投资会引起通货膨胀预期，所以货币政策要调节货币供给，保持适度的货币供给量,适度的投资增长,以促进经济增长。

(四)国际收支平衡

国际收支是一国对外经济活动的综合反映。基于此,国际收支平衡就是指在一定时期内(通常指1年)一国对其他国家和地区,由于政治、经济、文化往来所引起的全部货币收支大体平衡。在开放型经济中,保持国际收支平衡是保证国民经济持续稳定增长和经济安全的重要条件。货币政策在调节国际收支方面具有重要作用:利率的变动会影响国际资本的流入或流出,进而影响资本和金融账户的变动;汇率的变动则会对经常账户产生重要影响。中央银行可以通过调节利率、汇率等政策操作实现一国的国际收支平衡。

三、货币政策诸目标间的关系

(一)稳定物价和充分就业

稳定物价与充分就业两个目标之间经常发生冲突。英国经济学家菲利普斯的实证研究证明了这一点。1958年,菲利普斯通过考察1861年至1975年间英国的失业率与工资物价变动率之间的关系后,得出基本结论说:失业率和物价上涨率之间存在着此消彼长的替代关系。

菲利普斯曲线如图17—2显示:失业率高,物价上涨率低;失业率低,物价上涨率高。其基本原理在于:货币政策要实现充分就业的目标(即B点左移至A点),只能通过扩张信用和增加货币供给量来刺激投资需求和消费需求,以此扩大生产规模,增加就业人数,但社会总需求的增加,必然在一定程度上引起一般物价水平的上涨。因此,中央银行只能以牺牲稳定物价的政策目标为代价来实现充分就业的目标;反则反之。

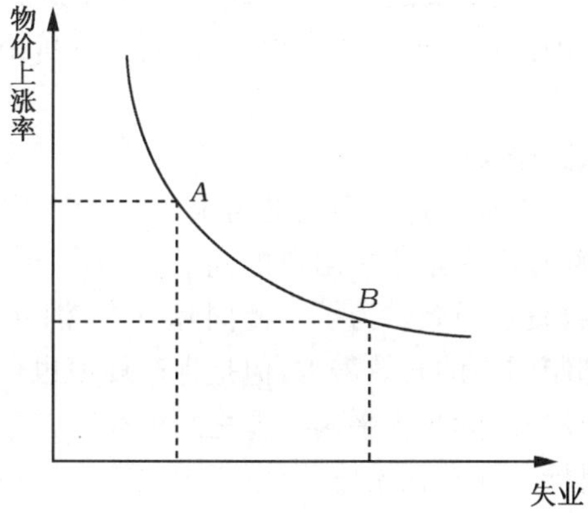

图17—2 菲利普斯曲线

面对物价稳定与充分就业之间的矛盾,中央银行可有三种选择:一是失业率较高的物价稳定;二是通货膨胀率较高的充分就业;三是在失业率和物价上涨率之间相机抉择。在具体操作中,中央银行只能根据具体的社会经济条件相机抉择,寻求物价上涨率和失业率之间某一适当的组合点。

(二)经济增长与充分就业

经济增长与充分就业两个目标间具有一致性,奥肯定律论证了这种一致性。美国经济学家奥肯于1962年提出了关于经济增长率与失业率关系的"奥肯定律":失业率与经济增长率具有反向的变动关系。那么,作为失业率的对立面,充分就业就与经济增长具有同向的变动关系。也就是说，经济增长有助于增加就业，降低失业率。其基本原理是：中央银行通过增加货币供给量使利率水平降低，刺激企业增加投资，扩张生产规模，生产规模的扩大伴随就业的增加，进而带来产出的增加和经济的增长。

（三）稳定物价和经济增长

稳定物价与经济增长两个目标间具有矛盾性。由菲利普斯曲线和“奥肯定律”推导可知，物价上涨率与经济增长率之间呈同向变动关系，则稳定物价与经济增长两个目标反向变动，存在矛盾性。现代市场经济条件下各国的经济运行实践也显示，经济的增长一般都伴随着物价水平一定程度的上涨，这是因为经济的增长必然要求投资需求和消费需求的增长，进而要求增加货币供给量，而货币供给量的增加将导致物价水平一定程度的上涨。

对这两个目标的矛盾性，理论界也存在不同的看法，有人认为，物价稳定是经济增长的前提，经济增长则是物价稳定的物质基础，从这个角度看二者存在统一性。还有人认为，适度的物价上涨能够刺激投资和产出的增加，从而促进经济增长；经济增长又取决于新生产要素的投入和劳动生产率的提高，当劳动生产率提高时，产出的增加会伴随着单位产品生产成本的降低，因此，内涵性的经济增长可使价格趋于下降或稳定。

（四）稳定物价和国际收支平衡

稳定物价有利于实现国际收支平衡。通常来说，在各国贸易结构不变的条件下，如果各国都保持本国的物价稳定，则物价稳定与国际收支平衡目标能够同时实现。但如果一国保持物价稳定，而其他国家出现了通货膨胀，则会使本国出口商品价格相对较低，出口增加，进口减少，国际收支发生顺差。反则反之。同样的道理，如果本国国际收支出现逆差，为了平衡国际收支采取本币对外贬值的措施，则在促进出口增加的同时，可能会导致国内通货膨胀加剧，因为商品出口的增加减少了对国内市场商品的供给，进口商品的价格因本币对外贬值而提高，两方面因素共同推高本国的物价水平。

（五）经济增长和国际收支平衡

一般来说经济增长通常会增加对进口商品的需求，同时由于国民收入的增加带来货币支付能力的增加，会导致对一部分本来是用于出口的商品转向内销。两方面作用的结果是进口的增长高于出口的增长，导致贸易逆差。为了平衡国际收支，消除贸易逆差，中央银行需要紧缩信用，减少货币供给，以抑制国内的有效需求，但是生产规模也会相应缩减，从而导致经济增长速度放慢。因此，经济增长与国际收支平衡二者之间也存在矛盾，难以同时兼得。

正是由于货币政策诸目标之间存在矛盾，所以货币政策几乎不可能同时实现这些目标，于是就出现了货币政策目标的选择问题。在货币政策实践中，不同的国家在不同的时期，总是根据具体的经济情况来选择货币政策的最终目标或侧重于某一方面。如德国一直把稳定货币作为货币政策的唯一目标，奉行“单一目标论”；而美国则奉行“多目标论”，将稳定物价、充分就业、经济增长和国际收支平衡都作为货币政策的最终目标，只是在不同的经济背景下，货币政策的最终目标有所侧重。如在经济萧条时期，保持经济增长和充分就业是货币政策目标的相对重点；而在经济高涨时期，物价稳定则会成为货币政策的首要目标。

四、中国货币政策目标的选择

在 1984 年中国人民银行单独行使中央银行职能之前，我国没有严格意义上的货币政策目标。1995 年 3 月颁布实施的《中华人民共和国中国人民银行法》对“双重目标”进行了修正，确定货币政策的最终目标是“保持货币币值的稳定，并以此促进经济增长”。

确定该项货币政策目标的意义在于：

（一）它克服了“稳定货币”单一目标的片面性和局限性

我国货币政策目标既规定了“稳定货币”的第一属性，又明确了“稳定货币”的最终目的是“经济增长”。单一论者强调“稳定货币”的单一性和第一性，而忽略“经济增长”，导致“稳定货币”的目的不明确。为了稳定而稳定，甚至于不惜牺牲经济发展来稳定货币只是一种消极、片面、僵化的做法，况且从较长时期来看，经济的停滞不前是不能做到真正意义上的货币稳定的，这在中外历史上都曾有过沉痛的教训。

（二）它防止了“发展经济、稳定货币”双重目标的相互冲突

虽然在理论上讲“发展经济、稳定货币”的双重目标论具有可行性，但在实践中却存在较为严重的冲突和对抗，很难两全。在我国实施“发展经济、稳定货币”双重目标的近10年中，由于强调了发展经济的第一性，再加上政府自觉或不自觉地干预，在这双重目标中常常是牺牲稳定货币来求得经济发展，最终结果是货币难以实现稳定，经济也没有得到高质量的发展。在“保持货币币值的稳定，并以此促进经济增长”的政策目标中，既充分肯定了“稳定货币”是第一性的，又明确了最终目的是“经济增长”，这样就可以在具体执行过程中有效避免畸轻畸重，以破坏货币稳定来求得经济增长的现象。

（三）它适应了我国现阶段的经济状况

现阶段，我国经济正处于经济起飞时期，必须大力发展社会主义市场经济，缩小差距，使我国早日进入发达国家行列，这是我国政府的长期目标，也是我国货币政策最终目标的落脚点。而要保持经济持续、稳定、健康的发展，必须有保持货币币值稳定这一前提条件，只有在稳定货币币值的基础上，才可能使我国经济的发展进入良性循环，达到高质量的增长。

任务二　货币政策工具及其运用

货币政策工具是中央银行为实现货币政策目标而使用的各种手段和方法。货币政策目标确定以后，还需要一整套行之有效的货币政策工具来保证其实现。中央银行可采用的货币政策工具通常有一般性货币政策工具、选择性货币政策工具和其他货币政策工具等。

一、一般性货币政策工具

一般性货币政策工具是指中央银行经常使用的且能对社会的货币信用总量进行调节的工具，主要包括法定存款准备金率、再贴现政策和公开市场业务三大政策工具，俗称中央银行的“三大法宝”。

（一）法定存款准备金率

目前，凡是实行中央银行制度的国家，基本上都实行了法定存款准备金制度，即规定金融机构只要经营存款业务，就必须缴存法定存款准备金。金融机构按规定向中央银行缴存的存款准备金占其存款总额的比例就是法定存款准备金率。建立法定存款准备金制度的最初目的是为了防止商业银行盲目发放贷款，保证客户存款的安全，维护金融体系的正常运转。20世纪30年代世界性经济大危机后，人们开始认识到法定存款准备金率是中央银行调节和控制货币供给量的一个重要工具。

1. 法定存款准备金率的作用机理

法定存款准备金率的作用机理是:中央银行通过调高或调低法定存款准备金率,影响商业银行的存款派生能力,从而达到调节市场货币供给量的目的。具体来说,当中央银行调低法定存款准备金率时,商业银行需要上缴中央银行的法定准备金数量减少,可自主运用的超额准备金增加,商业银行可用资金增加,在其他情况不变的条件下,商业银行增加贷款或投资,引起存款的数倍扩张,市场中货币供给量增加。相反,当中央银行提高法定存款准备金率时,商业银行需要上缴中央银行的法定准备金数量增加,可自主运用的超额准备金减少,商业银行可用资金减少,在其他情况不变的条件下,商业银行减少贷款或投资,引起存款的数倍紧缩,市场中货币供给量减少。

2. 法定存款准备金率的优点和局限性

法定存款准备金率的优点主要有:第一,中央银行是法定存款准备金率的制定者和施行者,中央银行掌握着主动权。第二,法定存款准备金率通过影响货币乘数作用于货币供给,作用迅速、有力,见效快。

法定存款准备金率也具有局限性:第一,缺乏弹性,有固定化倾向。由于作用于货币乘数,即使准备金率较小幅度的调整,可能也会引起货币供给量的巨大波动,因此法定存款准备金率通常被认为是中央银行最猛烈的货币政策工具之一,调控效果较为强烈,不宜作为中央银行调控货币供给的日常性工具,这致使它有了固定化的倾向。第二,为了体现公平性,各国的法定存款准备金率对各类存款机构基本都一样,"一刀切"式的法定存款准备金率提高,可能使超额存款准备金率较低的银行立即陷入流动性困境,难以把握货币政策的操作力度与效果。第三,调整法定准备金率对商业银行的经营管理干扰较大,增加了银行流动性风险和管理的难度,当对法定准备金存款不付息时,还会降低银行的盈利,削弱其在金融领域的竞争力。

(二)再贴现政策

再贴现是指商业银行等金融机构为了取得资金,将已贴现的未到期票据再以贴现方式向中央银行进行转让的票据行为。中央银行的再贴现政策主要包括两方面的内容:一是再贴现利率的确定与调整;二是再贴现资格的规定与调整。

1. 再贴现政策的作用机理

(1)调整再贴现利率的作用机理。

中央银行调整再贴现利率主要着眼于短期的供求均衡。中央银行通常会根据市场的资金供求状况,随时调整再贴现利率,用以影响商业银行借入资金的成本,进而影响商业银行向社会提供的信用量,以达到调节货币供给量的目的。具体来说,如果中央银行提高再贴现利率,会使商业银行从中央银行融资的成本上升,这会产生两方面的效果:第一,降低商业银行向中央银行的借款意愿,减少中央银行基础货币的投放。第二,反映中央银行的紧缩政策意向,产生一种告示效果,商业银行会相应提高对客户的贴现利率和放款利率,减少企业的资金需求。两方面的共同作用是使市场上的货币供给量减少,利率提高,达到紧缩效果。中央银行降低再贴现利率的作用过程与上述相反。

(2)规定与调整再贴现资格的作用机理。

中央银行规定与调整再贴现的资格是指中央银行规定或调整何种票据及哪些金融机构具有向中央银行申请再贴现的资格。中央银行对此进行规定与调整,能够改变或引导资金流向,可以发挥抑制或扶持作用,主要着眼于长期的结构调整。如中央银行为调整信贷结构、贯彻产业政策,可以对不同的票据品种、不同的申请机构采取不同的政策。

2. 再贴现政策的优缺点

作为一般性的政策工具,再贴现政策的最大优点是中央银行能够利用它来履行“最后贷款人”的职责,并在一定程度上体现中央银行的政策意图,既可以调节货币总量,又可以调节信贷结构。然而,再贴现政策也存在明显的缺陷:第一,中央银行处于被动地位。商业银行是否愿意到中央银行申请再贴现,再贴现多少,均由商业银行自身决定。如果商业银行不依赖再贴现,而通过其他渠道筹措资金,中央银行就不能有效调控货币供给量及信贷结构。第二,影响力有限。在商业银行过度依赖再贴现融资的情况下,中央银行对再贴现利率的调整会受到制约,削弱中央银行控制货币供给量的能力。当商业银行对再贴现融资依赖度有限时,再贴现政策将如“空中楼阁”,难以发挥作用。

(三)公开市场业务

公开市场业务是指中央银行在金融市场上卖出或买进有价证券,吞吐基础货币,用以改变商业银行等金融机构的可用资金,进而影响货币供给量和利率,实现货币政策目标的一种政策工具。

1. 公开市场业务的作用机理

中央银行公开市场业务买卖的证券主要是政府公债和国库券。根据对经济形势的判断,当中央银行认为应该放松银根,增加货币供给时,其就在金融市场上买进有价证券,扩大基础货币供应,直接增加金融机构可用资金的数量,增强其贷放能力;相反,当中央银行认为需要收紧银根,减少货币供给时,它会在金融市场上卖出有价证券,回笼一部分基础货币,减少金融机构可用资金的数量,降低其贷放能力。

2. 公开市场业务发挥作用的前提条件

中央银行的公开市场操作要想正常发挥作用,需要具备一定的前提条件:第一,中央银行必须拥有一定数量、不同品种的有价证券,拥有调控整个金融市场的资金实力。第二,必须建有一个统一、规范、交易品种齐全的全国性的金融市场。第三,必须具有一个规范、发达的信用制度,流通领域广泛使用票据,存款准备金政策准确、适度。

3. 公开市场业务的优点和局限性

与法定存款准备金率、再贴现政策相比,公开市场业务具有主动性强、灵活机动、调控效果缓和等优点。第一,主动性强。公开市场业务的主动权在中央银行,中央银行可以根据具体情况随时操作,且因其操作的目的不是为了盈利,而是为了调节货币供给量,因此,可以不计证券交易的价格,自主性很强,不像再贴现政策那样较为被动。第二,灵活机动,准确性强。中央银行可根据需要进行经常性、连续性的操作,并且买卖数量可多可少,如发现前面操作方向有误,还可立即进行相反的操作,如发现力度不够,可随时加大买卖的数量。在调控基础货币、货币供给量方面较存款准备金政策、再贴现政策灵活、准确。第三,调控效果和缓,震动性小。由于公开市场业务以交易行为出现,不是强制性的,加之中央银行可以灵活操作,所以其对经济社会和金融机构的影响比较平缓,不像调整法定存款准备金率那样震动较大。

公开市场业务的局限性表现在:第一,各种干扰因素较多,如资本外流、国际收支逆差、社会公众大量提款等,这些干扰因素的存在对中央银行在公开市场买进债券均具有一定的抵消作用。第二,政策效果较为滞缓,从中央银行运用公开市场业务开始,到货币政策效果的显现,需要经过一系列的变化过程。第三,因操作较为细微,公开市场业务对公众预期的影响和对商业银行的强制影响较弱。第四,公开市场操作的随时发生和持续不断,使其告示性效果较弱。

二、选择性货币政策工具

选择性货币政策工具是中央银行采取的旨在影响银行资金运用方向和信贷资金利率结构的各种措施。主要包括消费者信用控制、不动产信用控制、证券市场信用控制、优惠利率、预缴进口保证金等。

(一)消费者信用控制

消费者信用控制是指中央银行对不动产以外的各种耐用消费品的销售融资予以控制,用以影响消费者有支付能力的货币需求。如规定消费者分期付款的首次最低付款额;规定消费信贷的最长期限;规定可以用消费信贷购买耐用消费品的种类,并对不同耐用消费品规定相应的信贷条件等。

(二)证券市场信用控制

证券市场信用控制是指中央银行对有关证券交易的各种贷款和信用交易的保证金比率进行限制,并随时根据证券市场的状况加以调整,目的在于控制金融市场的交易总量,抑制过度的投机。

(三)不动产信用控制

不动产信用控制是指中央银行对金融机构在房地产方面放款的限制措施。如规定商业银行不动产贷款单笔最大额度;规定商业银行不动产贷款的最长期限;规定首期付款的最低限额;规定分摊还款的最低限额等。不动产信用控制可以在经济高涨时期抑制房地产过度投机行为。

(四)优惠利率

优惠利率是指中央银行对国家重点发展的产业和部门,如出口工业、农业等,所采取的鼓励措施,借以优化经济结构、合理配置资源。

(五)预缴进口保证金

预缴进口保证金是指中央银行要求进口商预缴相当于进口商品价值总额一定比例的存款,以抑制过快的进口增长。预缴进口保证金多为国际收支经常出现逆差的国家所采用。

三、其他货币政策工具

中央银行除了使用一般性政策工具和选择性的政策工具以外,还可以选择使用如直接信用控制、间接信用指导等政策工具来对货币供给和利率进行调节,从而实现预定的货币政策目标。

(一)直接信用控制

直接信用控制是指中央银行以行政命令或其他方式,直接对金融机构尤其是商业银行的信用活动所进行的控制。其手段包括信用配额、直接干预、流动性比率、利率最高限等。

1. 信用配额

信用配额是指中央银行根据金融市场状况及客观经济需要,权衡轻重缓急,分别对商业银行的信用规模加以合理分配、限制其最高数量。

2. 直接干预

直接干预也被称为直接行动,是指中央银行直接对商业银行的信贷范围施以干预。中央银行直接干预的方式有:直接限制放款的额度;对业务经营不当的商业银行可拒绝再贴现,或采取高于一般利率的惩罚性利率;明确规定各家银行的放款或投资的范围、放款的方针,等等。

3. 流动性比率

流动性比率是中央银行为了限制商业银行扩张信用,规定流动资产对存款的比重。一般说来,流动性比率与收益率呈反比。为保持中央银行规定的流动性比率,商业银行必须采取缩减长期放款、扩大短期放款和增加易于变现的资产的持有量等措施。

4. 利率最高限额

利率最高限额是指规定商业银行的定期及储蓄存款所能支付的最高利率。

(二)间接信用指导

间接信用指导是指中央银行采用各种间接的措施对商业银行的信用创造施以影响。其主要措施有道义劝告、窗口指导等。

1. 道义劝告

道义劝告是指中央银行利用其在金融体系中的特殊地位和威望,通过对商业银行及其他金融机构发出通告、指示或与各金融机构的负责人举行面谈的方式,以影响其放款的数量和投资的方向,从而达到控制和调节信用的目的。

2. 窗口指导

窗口指导是指中央银行根据产业行情、物价趋势和金融市场的动向,规定商业银行每季度贷款的增减额,并要求其执行,虽然窗口指导没有法律约束力,但是其作用有时候也很大。

四、中国货币政策工具的选用

中国人民银行使用的货币政策工具主要有:法定存款准备金率、公开市场业务、再贴现和再贷款政策、利率政策、信贷政策和汇率政策等。

(一)法定存款准备金率

1984年中国人民银行专门行使中央银行职能后,即建立起我国的存款准备金制度。在1998年存款准备金制度改革之前,中央银行对法定存款准备金率的调整次数较少。1998年中国人民银行对存款准备金制度进行改革,将原各金融机构在中国人民银行的"准备金存款"和"备付金存款"两个账户合并,并将法定存款准备金率从13%下调到8%。此后,存款准备金率不断调整,特别是2007年以后,法定存款准备金率调整频繁,成为我国中央银行经常使用的货币政策工具之一。

(二)公开市场业务

我国的公开市场业务包括人民币公开市场业务和外汇公开市场业务两部分。外汇公开市场业务1994年3月启动,人民币公开市场业务1998年5月26日恢复交易,规模逐步扩大。1999年以来,公开市场业务已成为中国人民银行货币政策日常操作的重要工具,对于调控货币供给量、调节商业银行流动性水平、引导货币市场利率走势发挥了积极的作用。

中国人民银行从1998年开始建立公开市场业务一级交易商制度,选择了一批能够承担大额债券交易的商业银行作为公开市场业务的交易对象,目前公开市场业务一级交易商包括40余家商业银行。这些交易商可以运用国债、政策性金融债券等作为交易工具与中国人民银行开展公开市场业务。从交易品种看,中国人民银行公开市场业务债券交易主要包括回购交易、现券交易和发行中央银行票据。

回购交易分为正回购和逆回购两种，正回购为中国人民银行向一级交易商卖出有价证券，并约定在未来特定日期买回有价证券的交易行为，正回购为人民银行从市场收回流动性的操作，正回购到期则为人民银行向市场投放流动性的操作；逆回购为中国人民银行向一级交易商购买有价证券，并约定在未来特定日期将有价证券卖给一级交易商的交易行为，逆回购为人民银行向市场上投放流动性的操作，逆回购到期则为人民银行从市场收回流动性的操作。

现券交易分为现券买断和现券卖断两种，前者为人民银行直接从二级市场买入债券，一次性地投放基础货币；后者为人民银行直接卖出持有的债券，一次性地回笼基础货币。

中央银行票据即中国人民银行发行的短期债券，人民银行通过发行央行票据可以回笼基础货币，央行票据到期则体现为人民银行投放基础货币。

(三)再贴现与再贷款政策

自 1984 年中国人民银行专门行使中央银行职能以来，再贷款作为一项重要的货币政策工具，在我国的宏观调控中发挥了重要作用。中国人民银行于 1986 年正式开展对商业银行贴现票据的再贴现业务。但由于我国商业信用不发达，票据市场发展滞后，在一个较长时期内致使票据贴现和再贴现的总量很小，加上再贴现利率与其他贷款利率一样由国家统一规定，其政策效果小到可以忽略不计。1994 年以后，中国人民银行加大了开展再贴现业务的力度，出台了相应的法规，全国再贴现业务发展较快，再贴现政策的效果比较明显。但 2002 年以来，由于再贴现利率的确定存在一定的问题，再贴现业务日益萎缩，难以发挥货币政策工具的作用。

(四)利率政策

利率政策是中央银行为实现货币政策目标，对利率所采取的方针、政策和措施的总称。在我国，利率政策一直是我国货币政策的重要组成部分，也是我国货币政策实施的主要手段之一。

目前，中国人民银行采用的利率工具主要有：一是调整中央银行基准利率，包括再贷款利率、再贴现利率、存款准备金利率和超额存款准备金利率；二是调整金融机构法定存贷款利率；三是制定金融机构存贷款利率的浮动范围；四是制定相关政策对各类利率结构和档次进行调整等。

随着利率市场化改革的逐步推进，作为货币政策主要手段之一的利率政策将逐步从对利率的直接调控向间接调控转化。利率作为重要的经济杠杆，在国家宏观调控体系中将发挥更加重要的作用。

(五)信贷政策

我国目前的信贷政策大致包含四方面内容：一是与货币信贷总量扩张有关的政策措施，能够影响货币乘数；二是配合国家产业政策，通过贷款贴息等多种手段，引导信贷资金向国家政策需要鼓励和扶持的地区及行业流动，以扶持这些地区和行业的经济发展；三是限制性的信贷政策，通过“窗口指导”或引导商业银行通过调整授信额度、调整信贷风险评级和风险溢价等方式，限制信贷资金向某些产业、行业及地区过度投放，体现“扶优限劣”原则；四是制定信贷法律法规，引导、规范和促进金融创新，防范信贷风险。

近几年来，中国人民银行按照宏观调控的需要，不断加强和改进对商业银行的“窗口指导”和信贷政策引导，引导金融机构优化信贷投向。具体体现在：第一，引导金融机构合理配置信贷资金在产业部门之间的分布，适当增加对第一产业、第三产业的信贷投入。第二，引导金融机构合理配置信贷资金在生产领域和消费领域的分布，适当增加对消费领域的贷款投入。第三,引导金融机构合理配置信贷资金在大、中、小企业间的分布,增加中小企业贷款。第四,引导金融机构合理配置信贷资金在东、西部地区的分布,适当增加中、西部地区的贷款投入。

(六)汇率政策

汇率政策已经成为中国人民银行调节宏观经济的一项重要手段。

目前,我国汇率政策主要包括三方面内容:一是继续保持人民币汇率基本稳定。中国是一个发展中的大国,需要一个相对稳定的国际国内金融环境,中国经济的稳定发展对亚洲和世界具有积极意义。二是探索和完善人民币汇率形成机制。由于人民币还不是完全可兑换货币,中国目前的外汇交易还受到一定的限制,外汇市场的状况还不能完全反映真实的供求关系,汇率在资源配置中的积极作用有待进一步增强。因此,中国将继续按照改革开放的整体部署,完全从中国的实际出发,积极培育外汇市场,稳步推进人民币可兑换进程,进一步理顺供求关系,不断提高汇率形成的市场化程度。三是采取多种措施促进国际收支平衡。中国长期坚持的方针是充分利用国际国内两个市场、两种资源,实现国际收支基本平衡、略有节余。中国将在继续扩大内需、加快结构调整的同时,积极采取措施,努力改善国际收支平衡状况,促进经济内外协调发展。

任务三 货币政策的操作指标、中介指标和传导机制

一、操作指标和中介指标的作用与选择标准

(一)操作指标和中介指标的作用

中央银行要想实现诸如物价稳定、充分就业等货币政策最终目标,中央银行在货币政策工具与最终目标之间设置中间性指标。中间性指标包括操作指标和中介指标两个层次。

操作指标是中央银行通过货币政策工具操作能够有效准确实现的政策变量,如准备金、基础货币等指标。对货币政策工具反应灵敏,处于货币政策工具的控制范围之中,是货币政策操作指标的主要特征。

中介指标处于最终目标和操作指标之间,是中央银行通过货币政策操作和传导后能够以一定的精确度达到的政策变量,主要有市场利率、货币供给量等指标。中介指标离政策工具较远,但离最终目标较近,与货币政策的最终目标具有紧密的相关关系。

中央银行的货币政策操作就是通过政策工具直接作用于操作指标,进而引起中介指标的调整,最终实现期望的货币政策最终目标。

(二)操作指标和中介指标的选择标准

要充分发挥操作指标和中介指标的作用,通常认为它们的选取要符合以下几项标准:

1. 可测性

指作为货币政策操作目标和中介目标的金融变量必须具有明确的内涵和外延,使中央银行能够迅速而准确地收集到有关指标的数据资料,以便进行观察、分析和监测。

2. 可控性

指中央银行通过货币政策工具的运用,能对其所选择的金融变量进行有效调控,能够准确地控制金融变量的变动状况及其变动趋势。

3. 相关性

指作为货币政策操作指标的金融变量必须与中介指标密切相关，作为中介指标的金融变量必须与货币政策的最终目标密切相关，中央银行通过对操作指标和中介指标的调控，能够促使货币政策最终目标的实现。

4. 抗干扰性

货币政策在实施过程中经常会受到许多外来因素或非政策因素的干扰，所以只有选择那些抗干扰能力比较强的操作指标和中介指标，才能确保货币政策达到预期的效果。

二、可作为操作指标的金融变量

各国中央银行使用的操作指标主要有存款准备金和基础货币。

(一)存款准备金

存款准备金由商业银行的库存现金和在中央银行的准备金存款组成。在存款准备金总额中，由于法定存款准备金是商业银行必须保有的准备金，不能随意动用，因此，对商业银行的资产业务规模起直接决定作用的是商业银行可自主动用的超额准备金，也正因为此，许多国家将超额准备金选做货币政策的操作指标。超额准备金的高低，反映了商业银行的资金紧缺程度，与货币供给量紧密相关，具有很好的相关性。例如，如果商业银行持有的超额准备金过高，说明商业银行资金宽松，已提供的货币供给量偏多，中央银行便应采取紧缩措施，通过提高法定准备金率、公开市场卖出证券、收紧再贴现和再贷款等工具，使商业银行的超额准备金保持在理想的水平上；反之亦然。尽管中央银行可以运用各种政策工具对商业银行的超额准备金进行调节，但商业银行持有多少超额准备金最终取决于商业银行的意愿和财务状况，受经济运行周期和信贷风险的影响，难以完全为中央银行所掌握。

(二)基础货币

基础货币是流通中的通货和商业银行等金融机构在中央银行的存款准备金之和。基础货币作为操作指标的主要优点有：一是可测性强。基础货币直接表现在中央银行资产负债表的负债方，中央银行可随时准确地获得基础货币的数额；二是可控性强、抗干扰性强。中央银行对基础货币具有很强的控制能力，通过再贴现、再贷款以及公开市场业务操作等，中央银行可以直接调控基础货币的数量；三是相关性强。作为货币供给量的两个决定因素之一，中央银行基础货币投放的增减，可以直接扩张或紧缩整个社会的货币供给量，进而影响总需求。正是基于基础货币的这些优点，很多国家的中央银行把基础货币作为较为理想的操作指标。

三、可作为中介指标的金融变量

市场经济国家通常选用的货币政策中介指标主要是利率和货币供给量，也有一些国家选择汇率指标。利率、货币供给量等金融变量作为货币政策中介指标，各有其优缺点。

(一)利率

20 世纪 70 年代以前，西方各国的中央银行大多以利率作为中介指标。利率作为中介指标的优点有：一是可测性强。中央银行在任何时候都能观察到市场利率水平及结构，可随时对收集的资料进行分析判断。二是可控性强。中央银行作为“最后贷款人”可直接控制对金融机构融资的利率。中央银行还可通过公开市场业务和再贴现率政策，调节市场利率的走向。三是相关性强。中央银行通过利率变动引导投资和储蓄，从而调节社会总供给和总需求。但利率作为中介指标也有不足之处，其抗干扰性较差，主要表现在：利率本身是一个内生变量，利率变动是与经济循环相一致的。经济繁荣时，利率因资金需求增加而上升；经济萧条时，利率因资金需求减少而下降。而利率作为政策变量时，其变动也与经济循环相一致。经济过热时为抑制需求而提高利率，经济疲软时为刺激需求而降低利率。于是，当市场利率发生变动时，中央银行很难确定是内生变量发生作用，还是政策变量发生作用，因而也便难以确定货币政策是否达到了应有的效果。

（二）货币供给量

20世纪70年代以后，西方各国的中央银行大多以货币供给量作为中介指标。货币供给量作为中介指标的优点有：一是可测性强。货币供给量中的M_0、M_1、M_2都反映在中央银行或商业银行及其他金融机构的资产负债表上，便于测算和分析。二是可控性强。通货由中央银行发行并注入流通，通过控制基础货币，中央银行也能有效地控制M_1和M_2。三是抗干扰性强。货币供给量作为内生变量是顺循环的，即经济繁荣时，货币供给量会相应的增加以满足经济发展对货币的需求；而货币供给量作为外生变量是逆循环的，即经济过热时，应该实行紧缩的货币政策，减少货币供给量，防止由于经济过热而引发通货膨胀。然而理论界对于货币供给量指标应该选择哪一层次的货币看法不一。争论的焦点在于M_1、M_2哪个指标和最终政策目标之间的相关性更强。

20世纪90年代以来，一些发达国家又先后放弃货币供给量指标而采用利率指标，这是因为80年代末以来的金融创新、金融放松管制和全球金融市场一体化的发展，使得各层次货币供给量的界限更加不易确定，从而导致基础货币的扩张系数失去了以往的稳定性，货币总量同最终目标的关系更加难以把握，结果使得中央银行失去了对货币供给量的强有力的控制。

（三）其他指标

有些经济、金融开放程度比较高的国家和地区，还选择汇率作为货币政策的中介指标。这些国家的货币当局确定其本币同另一个经济实力较强国家货币的汇率水平，通过货币政策操作，盯住这一汇率水平，以此实现最终目标。

四、我国货币政策的中介指标与操作指标

从1994年10月起，中国人民银行开始定期向社会公布货币供给量统计，把货币供给量作为货币政策最主要的中介指标。经过两次修订后，现阶段我国的货币供给量分为M_0、M_1和M_2三个层次：M_0为流通中现金；M_1为M_0加上企事业单位活期存款，称为狭义货币供给量；M_2为M_1加上企事业单位定期存款、居民储蓄存款和证券公司客户保证金，称为广义货币供给量。在这三个层次的货币供给量中，M_0与消费物价变动密切相关，是最活跃的货币；M_1反映居民和企业资金松紧变化，是经济周期波动的先行指标，流动性仅次于M_0；M_2流动性偏弱，但反映的是社会总需求的变化和未来通货膨胀的压力状况。通常所说的货币供给量，主要指M_2。除了货币供给量之外，中国人民银行还关注贷款规模变量，一是因为贷款规模与货币供给量紧密相关，二是因为在国际收支双顺差的背景下，中国人民银行为了稳定人民币汇率水平，通过国外资产渠道被动投放了大量的基础货币，有可能引起商业银行资金过于宽裕，信贷规模过度增长，进而引起货币供给量的过度增加，影响货币政策最终目标的实现。

目前，我国的利率还没有完全市场化，在这种情况下，利率还不适宜充当货币政策的中介指标。随着我国金融改革的不断推进，利率市场化的逐渐完成，利率有可能成为未来我国的货币政策中介指标。

与货币供给量作为中介指标相对应，目前我国货币政策的操作指标主要是基础货币。中国人民银行资产负债表中负债栏中的储备货币即为我国的基础货币，中国人民银行可通过公开市场业务、再贴现与再贷款政策对基础货币进行调控，依据基础货币与货币供给量之间的相关关系，对货币供给量进行相应调节，以实现政策目标。

2007年，我国培育的上海银行间同业拆放利率（Shibor）正式运行，当市场利率纳入我国货币政策的中介指标体系后，上海银行间同业拆放利率也将会成为我国货币政策的操作指标之一。

五、我国货币政策传导机制

我国货币政策传导过程一般经过三个阶段：第一个阶段是从中央银行至金融机构和金融市场。第二个阶段是从各金融机构和金融市场至企业和个人的投资与消费。第三个阶段是影响企业、个人的投资消费乃至产量、物价和就业的变动。总之，货币政策的运用到产生政策效果，经过三个过程，这三个阶段总括为货币政策的传导过程（见图17－3）。

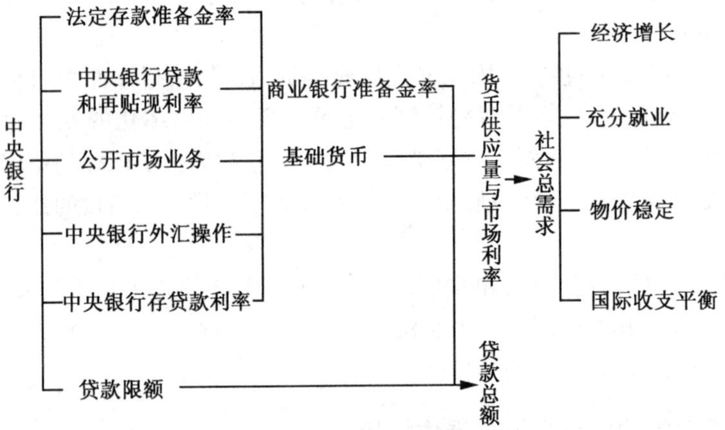

图17—3 我国货币政策传导过程

图17－3说明，我国货币政策传导过程与西方国家大体类似，也存在着时滞问题。但是，由于我国实行的是社会主义市场经济体制，又处于由原计划体制向市场经济体制转轨的时期。因此，货币政策工具的实施、政策机制作用的发挥在过程和时滞上又有其特点。

第一，我国货币政策调控的力度强、时滞短、见效快。

第二，重视政策实施的总体配套效益，货币政策手段的操作影响经济运行的主过程或再生产的各个环节，最终作用于终极目标；而终极目标的实现不能单靠货币政策操作，而必须与其他经济政策，特别是投资政策、财政政策的实施同步进行。

第三，货币政策传导过程直接，缺乏弹性

借鉴各国的经验和教训，并结合我国的国情，适合我国的货币政策，并非是单纯的扩张性、紧缩性或均衡性货币政策，而是紧中有松、松中有紧、紧松结合的适度从紧与适度从松的有弹性的货币政策。

拓展阅读 17－1

央行:继续实施稳健货币政策 注重松紧适度

证券时报网 2015 年 09 月 25 日讯,中国人民银行货币政策委员会 2015 年第三季度例会日前在北京召开。

会议分析了当前国内外经济金融形势。会议认为,当前我国经济金融运行总体平稳,但形势的错综复杂不可低估。世界经济仍处于国际金融危机后的深度调整期。主要经济体经济走势进一步分化,美国积极迹象继续增多,欧元区复苏基础尚待巩固,日本经济温和复苏但仍面临通缩风险,部分新兴经济体实体经济面临较多困难。国际金融市场和大宗商品价格波动性上升,跨市场、跨地区相互影响,风险隐患增多。

会议强调,要认真贯彻落实党的十八大、十八届三中、四中全会和中央经济工作会议精神。密切关注国际国内经济金融最新动向和国际资本流动的变化,坚持稳中求进、改革创新,继续实施稳健的货币政策,更加注重松紧适度,灵活运用多种货币政策工具,保持适度流动性,实现货币信贷及社会融资规模合理增长。改善和优化融资结构和信贷结构。提高直接融资比重,降低社会融资成本。继续深化金融体制改革,增强金融运行效率和服务实体经济能力,加强和完善风险管理。进一步推进利率市场化和人民币汇率形成机制改革,保持人民币汇率在合理均衡水平上的基本稳定。

模块三

宏观政策

项目十八　宏观调控

学习目标

能力目标

1. 能准确判断一国实施现行宏观经济政策的缘由；
2. 能准确判断一国现行宏观经济政策的内容、预期目标；
3. 能客观分析判断一国现行宏观经济政策的实际效果。

知识目标

理解：宏观调控的内涵、起源及原因、宏观调控的目标及意义。

熟知：财政政策与货币政策的结合、中国的宏观调控。

掌握：宏观调控的手段、宏观调控的政策工具。

素质目标

1. 具备收集资料、分析资料的能力；
2. 具备独立思考、团结协作的能力，注重团队的成绩与荣誉；
3. 培养与人沟通、言行举止得体等综合素质能力。

项目引例

宏观调控的意义不可低估

据新华社国家发展和改革委员会主任马凯在中国人民大学做关于当前经济形势的报告时，就这次宏观调控以来一些有争议的问题进行了阐释。马凯说，这次宏观调控是必要的、及时的。无论从当前还是长远看，搞好这次宏观调控的意义都不可低估。它有利于防止局部性问题演变为全局性问题，避免经济的大起大落，保持经济平稳较快增长。

马凯说，搞好宏观调控有利于实实在在地推进结构调整，深化经济体制改革，加快经济增长方式转变，真正走出一条新型工业化道路；有利于在实践中不断加深对科学发展观的认识，积极调整发展思路，充分利用重要战略机遇期，实现既快又好的发展。

他指出：宏观调控没有“走老路”、宏观调控没有“一刀切”、宏观调控没有抑制中西部发展、宏观调控没有打压民营经济。

资料来源：人民网—人民日报海外版，http://finance.sina.com.cn/g/20041110/07531143957.shtml，2004－11－10。

思考与讨论：

宏观调控的意义及手段有哪些?

任务一　宏观调控政策概述

一、宏观调控的内涵、起源及原因

宏观调控是国家对国民经济总量进行的调节与控制。

在市场经济中,商品和服务的供应及需求是受价格规律及自由市场机制影响的。市场经济会带来经济增长,但也会引发通货膨胀,并且高潮后所跟随的衰退也会使经济停滞甚至倒退,这种周期波动对社会资源及生产力都将构成严重影响。

宏观调控的运用主要开始于各国对经济危机和市场自发调节盲目性的思考和认识。政府开始认识到市场失灵的危害很大,自由放任对经济有不利的一面,经济生活需要政府的参与和指导,因而宏观调控的思想和理论开始流行和运用。

宏观调控由经济学家约翰·梅纳德·凯恩斯创立,是国家综合运用各种手段对国民经济进行的一种调节与控制。它是保证社会再生产协调发展的必要条件,也是社会主义国家管理经济的重要职能。

经济市场自有的规律——“看不见的手”出自英国经济学家亚当·斯密的《国富论》这部著作,指的是市场机制对经济发展的作用;政府“看得见的手”出自英国经济学家凯恩斯的《就业、利息和货币通论》一书,指的是国家对经济生活的干预。他主张国家采用扩张性的经济政策,通过增加需求促进经济增长。即扩大政府开支,实行财政赤字。现在各国都不同程度地对本国经济进行干预和指导,宏观调控的使用范围很广。

宏观调控主要是运用价格、税收、信贷、汇率等经济手段和法律手段及行政手段,对经济运行状态和经济关系进行干预和调整,把微观经济活动纳入国民经济宏观发展轨道,及时纠正经济运行中的偏离宏观目标的倾向,以保证国民经济的持续、快速、协调、健康发展。在中国,宏观调控的主要任务是:保持经济总量平衡,抑制通货膨胀,促进重大经济结构优化,实现经济稳定增长。

需要宏观调控的原因主要包括:

(1)市场调节不是万能的。有些领域不能让市场来调节,有些领域不能完全依靠市场来调节。

(2)即使在市场调节可以广泛发挥作用的领域,市场也存在着其固有的弱点和缺陷,包括自发性、盲目性、滞后性。

(3)宏观调控有利于帮助人们认识市场的弱点和缺陷,保证市场经济健康有序地发展。

宏观调控的主要领域有以下几个方面。

(1)有关国家整体经济布局及国计民生的重大领域。凡是涉及国家整体经济布局的,就是宏观经济调控要干预的问题。另外,有关国计民生的重大产业,或者涉及社会稳定的重大问题,也是宏观经济调控所要干预的领域。

(2)容易产生“市场失灵”的经济领域。将宏观经济调控界定在容易产生“市场失灵”的经济领域,体现宏观经济调控的重要作用。

(3)私人的力量不愿意进入的领域。对私人的力量不愿意进入的或者单凭私人的力量难以办好的方面,政府需要直接进入或者以适当的方式促成私人进入。

二、宏观调控的目标及意义

宏观调控的主要目标是增加就业、促进物价稳定、促进经济增长、维持国际收支平衡。

(一)增加就业

失业会影响经济发展和人民生活水平的提高,给社会和家庭带来损失。就业是民生之本,是人民改善生活的基本前提和基本途径。

以中国为例,就业的情况如何,关系到人民群众的切身利益,关系到改革发展稳定的大局,关系到全面建设小康社会的宏伟目标,关系到实现全体人民的共同富裕。促进充分就业是中国政府的责任。中国面临严峻的就业形势,一方面劳动供给数量庞大,另一方面劳动力需求显得有限。因此必须坚持实行促进就业的长期战略和政策,长期将增加就业的宏观调控目标落到实处,并严格控制人口和劳动力增长。为了提高就业弹性,要积极发展劳动密集型产业、第三产业、中小企业、非公有制企业,要大力推进城镇化,加快小城镇建设。

(二)促进物价稳定

在市场经济中,价格自发调节引导市场走向,但价格的大幅度波动对经济生活是不利的。如果物价大幅上升和通货膨胀,会刺激盲目投资,重复建设,片面追求数量扩张,经济效益下降;如果物价下降和通货紧缩,则会抑制投资,生产下降,失业增加。对中国的情况进行分析,在当前社会主义市场经济条件下,绝大多数商品和服务的价格由市场决定,但政府可以运用货币等经济手段对价格进行调节,必要时也可以采用某些行政手段(如制止乱涨价、打击价格欺诈),以保持价格的基本稳定,避免价格的大起大落。控制通货膨胀对经济的不良影响。

(三)促进经济增长

经济增长是经济和社会发展的基础。持续快速的经济增长是实现国家长远战略目标的首要条件,也是提高人民生活水平的首要条件。因此,促进经济增长是宏观调控的最重要的目标。促进经济增长是在调节社会总供给与社会总需求的关系中实现的。因此,为了促进经济增长,政府必须调节社会总供给与社会总需求的关系,使之达到基本平衡。

(四)维持国际收支平衡

国际收支是指一个国家或地区与其他国家或地区之间由于各种交易所引起的货币收付或以货币表示的财产的转移。

一般来说,国家收支失衡对一国经济发展是不利的。尽管各国都比较倾向于国家收支顺差,即出口大于进口,通过资金净流入来促进经济增长,但国家收支顺差和逆差过大对一国经济发展来说都是有不利的一面的。以中国和美国为例来说,国家收支平衡才是理想状态。当前,美国长期收支逆差严重,债务较高,既包括国内的债务也包括向其他国政府发行的国债,且美国财政赤字较高,面临着债务的增长和经济发展迟缓的危机。中国长期国际收支顺差,不但面临美国等国家的投诉和压力,而且自身经济也存在着问题,内需不足,缺乏长期经济增长的动力。

三、宏观调控的手段

国家宏观调控的手段分为经济手段、法律手段、行政手段和计划指导。经济手段包括财政政策和计划,经济手段有时是政府制定的经济政策;法律手段有时是政府制定的经济法规;行政手段则是政府发布的经济命令。

(一)经济手段

经济手段是指政府在自觉依据和运用价值规律的基础上借助于经济杠杆的调节作用，对国民经济进行宏观调控。经济杠杆是对社会经济活动进行宏观调控的价值形式和价值工具，主要包括价格、税收、金融信贷、工资、财政补贴等。

经济手段中的政策包括：税收政策、信贷政策、利率政策、汇率政策、产品购销政策、价格政策、扶贫政策、产业政策等。例如，国家恢复对储蓄存款利息所得征收个人所得税。

(二)法律手段

法律手段是指政府依靠法制力量，通过经济立法和司法，运用经济法规来调节经济关系和经济活动，以达到宏观调控目标的一种手段。通过法律手段可以有效地保护公有财产、个人财产，维护各种所有制经济、各个经济组织和社会成员个人的合法权益；调整各种经济组织之间横向和纵向的关系，以保证经济运行的正常秩序。

法律手段的内容包括经济立法和经济司法两个方面。经济立法主要是由立法机关制定各种经济法规，保护市场主体权益；经济司法主要是由司法机关按照法律规定的制度、程序，对经济案件进行检察和审理的活动，维护市场秩序，惩罚和制裁经济犯罪。

(三)行政手段

行政手段是指依靠行政机构，采取强制性的命令、指示、规定等行政方式来调节经济活动，以达到宏观调控目标的一种手段。如利用工商、商检、卫生检疫、海关等部门禁止或限制某些商品的生产与流通。

行政手段具有权威性、纵向性、无偿性及速效性等特点。社会主义宏观经济调控还不能放弃必要的行政手段。因为计划手段、经济手段的调节功能都有一定的局限性，如计划手段有相对稳定性，不能灵活地调节经济活动；经济手段具有短期性、滞后性和调节后果的不确定性。当计划、经济手段的调节都无效时，就只能采取必要的行政手段。尤其当国民经济重大比例关系失调或社会经济某一领域失控时，运用行政手段调节将能更迅速地扭转失控，更快地恢复正常的经济秩序。当然行政手段是短期的非常规的手段，不可滥用，必须在尊重客观经济规律的基础上，从实际出发加以运用。如政府下令关闭污染严重的小煤窑、小油田等。

(四)计划指导

计划指导是指国家的一些大型投资规划，或在某些行业和领域实行配额制度。

国家宏观调控，应该以经济手段和法律手段为主，辅之以必要的行政手段，形成有利于科学发展观的宏观调控体系，充分发挥宏观调控手段的总体功能。

四、宏观调控的政策工具

宏观调控的政策工具多样，各有其独有的效果，可以从需求管理和供给管理两方面来考虑。

需求管理是通过调节总需求达到宏观经济目标的工具，最初由凯恩斯提出。其基本思想是：当总需求小于总供给，即经济萧条时期，经济中会存在大量失业，应刺激总需求，实行扩张的经济政策；当总需求大于总供给时，经济由于需求过度处于通货膨胀时期，应该抑制总需求，实行紧缩性的经济政策。其政策工具主要是财政政策和货币政策。

供给管理政策包括：①收入政策，是以控制货币工资增长率为重点的政策，包括工资一物价冻结、工资一物价指导线，税收刺激计划。②指数化政策，是按指数进行调节的政策，包括工资指数化(按价格指数自动调节收入的制度)和税收指数化(按物价上涨指数调整税收征收额的方法)。③劳动力政策，是对劳动力供给起作用的政策，包括人力资源投资、完善劳动力市场、协助劳动力流动。其政策工具包括税收、价格、工资政策等。

任务二 财政政策和货币政策的结合

我们在前面的项目已分别对财政政策和货币政策进行了分析，那么本任务就来分析财政与货币政策的结合。

一、财政政策与货币政策配合的必要性

财政政策和货币政策是国家宏观调控经济的两个政策工具，因其在对宏观经济的调控中所具有的不同特点决定了两者配合的必要性。

1. 财政政策与货币政策具有不同的作用机制

财政政策主要是通过财政收支的增减变化，作用于分配领域。市场经济是一种竞争经济、效率经济，竞争的结果往往会造成市场竞争者之间的收益差距。合理的收益差距是提高经济效益的动力，而收益差距悬殊却会抑制人们劳动的积极性，成为引发社会不稳定的重要因素。财政政策是影响和制约国民收入分配格局的主要手段。通过运用税收、转移支付等财政政策工具，限制收入分配的过分集中，缩小不同阶层、不同地区、不同行业、不同个人之间的收入差距，是实现收入公平分配的重要方式。

货币政策则主要是通过调节和控制货币供给量，作用于流通领域。市场经济条件下，市场机制在资源配置中发挥基础性调节作用。货币政策根据市场供求的变化，调节和控制货币供给量，影响信贷结构和利率水平，从而引导资金流向效益好的领域。因此，货币政策是优化资源配置、提高经济运行效率的重要工具。

2. 财政政策与货币政策具有不同的功能

财政政策通过税收、财政贴息和政府投资等财政收支安排来改变货币流向，把社会上的一部分资金导向国民经济中的新兴产业、瓶颈产业和支柱产业，通过调节国民经济结构作用于社会需求。

货币政策主要是通过中央银行货币投放和再贷款等政策手段控制基础货币量，通过存款准备金和再贴现等手段控制基础货币乘数，从而有效地控制社会需求。因而，货币政策对经济总量的调节是直接的，但对经济结构的调节作用则因资金运行规律的制约而十分有限。

3. 财政政策与货币政策具有不同的政策时滞

任何一项政策的实施都会存在时滞。但不同的政策又具有长短不同的时滞。时滞通常体现为内部时滞和外部时滞。所谓内部时滞，是指经济现象发生变化，决策者认识到必须采取措施，并且相应的政策措施被付诸实施的过程。在这个过程中，又具体包括认识时滞和决策时滞。所谓外部时滞，是指政策措施开始实施到政策对经济体产生明显影响的过程，也称为效果时滞。内部时滞与决策部门有直接关系，而外部时滞则受经济结构和经济主体的行为反应程度影响。

财政政策与货币政策具有不同的时滞。一般而言，认识时滞是决策者对经济现象的发现与认识过程，这对财政政策与货币政策来说大体一致。

对于决策时滞，财政政策往往较货币政策要长。这是因为，无论是税收相关要素的修正，还是支出或预算的调整都要通过立法结构，经过立法程序严格进行，比较费时；而货币政策是由中央银行控制的，中央银行可以通过公开市场操作业务直接在证券市场上买进或卖出债券，影响货币供给量，因而程序较为简单。

对于外部时滞，则货币政策通常较财政政策要长。这是因为，无论是税收的调整，还是公共支出、转移支付的调整，都会直接作用于经济实体或经济主体的利益分配，进而影响到经济运行和人们行为的调整，影响到社会总需求；而货币政策在调节货币供给量的基础上，要通过影响利率的变化，进而影响人们的行为选择，而且人们对利率变化的敏感程度也会影响其行为调整的程度。因此，货币政策并不会直接影响社会总需求。

时滞的存在使财政政策和货币政策的功效降低或变得捉摸不定。在实际运用时，要根据当时所处的不同经济阶段和客观经济环境，在不同的政策之间进行比较，选择更为可行和有效的政策措施。

二、财政政策与货币政策配合的可能性

财政政策和货币政策在宏观调控中存在必然的内在联系，这些联系使二者的协调配合成为可能。

1. 财政政策与货币政策调控的总体目标具有一致性

财政政策与货币政策在对国民经济进行调控的过程中，首先要确定自己的政策目标。但无论是财政政策，还是货币政策，其政策目标必须依据国家既定的经济发展战略和客观经济环境，必须着眼于解决经济发展和社会稳定的关键性问题。

目标确定依据的同一性，使二者在调控的总体目标上也具有某种共性，即通过调节社会总需求和社会总供给，实现经济发展和社会稳定。这种目标的一致性，使得中央政府可以积聚财政政策和货币政策的合力，达到预期调控目标。相反，如果两大政策目标不统一、不协调，必然造成政策效应的相悖，从而造成宏观经济运行的失控。

2. 财政政策和货币政策调控作用的表现形式都属于货币调控

货币政策通过调节和控制货币供给量作用于经济，自然属于货币调控。财政政策在本质上是通过货币来发挥调控作用的。这是因为，财政收入本质上是一种货币的集中，而财政支出本质上是一种货币的运用，二者都是借助于货币的运动进行的，都是货币运动的效应，只不过财政政策与货币政策调节货币的主题和方法不同而已。这样，财政政策和货币政策可以形成一种互补，通过共同对货币的调节和控制，两者的调控力度得到加强。

三、财政政策与货币政策协调配合的模式

财政政策与货币政策在当今世界采用市场经济为主体经济组织形式的社会中，是政府调节社会经济、促进社会全面进步的两大经济调控手段，是自 20 世纪 30 年代世界经济大萧条以来，国家干预经济最有效的两种方式。下面我们从一般理论意义上对财政政策与货币政策的合理搭配作一简单分析。一般而言，二者的协调方式可以分为 3 种模式。

(一)"同向"配合模式

同向配合模式是指财政政策与货币政策调节的方向相同，同时采用扩张性政策或同时采用紧缩性政策。下面分别进行介绍。

1."双松"配合模式

"双松"模式是指同时采用扩张性的财政政策和扩张性的货币政策，也称为扩张性的配合模式。在经济出现通货紧缩，供给过剩，有效需求严重不足时，可以采用"双松"的政策搭配，以此刺激投资和消费，扩大总需求，从而达到促进经济增长的目的。

扩张性财政政策主要通过减免税收或增加出口退税，刺激民间投资和消费或出口；或者直接扩大政府的投资和消费需求，甚至可以采用赤字政策，达到扩大需求、拉动经济的目的。扩张性货币政策主要是通过放松银根，增加货币供给量；或降低贷款利率和法定准备金率，扩大信贷规模，以刺激社会的总需求，推动经济快速发展。

采用"双松"的配合模式，可以起到对经济及时、有效的刺激作用，政策效果较为明显。但采用扩张性的货币政策，必须防止通货膨胀的发生，如果引起物价上升，导致严重的通货膨胀将不利于经济的稳定和人民生活水平的提高。过度扩张的财政政策也容易引发债务危机和赤字风险。

2."双紧"配合模式

"双紧"配合模式是指同时采用紧缩性的财政政策和紧缩性的货币政策，也称紧缩性的配合模式。在经济出现恶性通货膨胀，供给严重不足，有效需求过热时，可以采用"双紧"的政策配合，以此抑制投资和消费需求，从而达到稳定经济的目的。紧缩性财政政策主要是通过增加税收，压缩政府支出，以此抑制民间投资和消费需求及出口需求，达到抑制总需求、稳定经济的目的。紧缩性货币政策主要是通过收缩银根，减少货币供应量；或提高贷款利率和法定准备金率，控制信贷规模等方式实现。

采用"双紧"的配合模式，对过热经济的降温是非常及时、有效的，政策效果明显。但是，过紧的财政政策所形成的财政盈余和过紧的货币政策所形成的资金闲置都可能导致经济萎缩。

"双松"模式和"双紧"模式都是财政政策和货币政策按同一方向操作，政策效果显著，但作用力度很大，容易造成经济的大起大落和社会资源的大量浪费，所以在实施中一定要把握好"度"，要适度而行。

(二)"逆向"配合模式

1."松财政紧货币"配合模式

"松财政紧货币"配合模式是指实行扩张性的财政政策与紧缩性的货币政策相配合的模式。这种模式是在银行严格控制货币供给量的同时，适当扩大财政支出。中央银行采取从紧的政策，严格控制货币供给；同时，财政政策则采取减税或增支等较为宽松的措施，充分发挥财政支出定向供给货币的功能，将资金投向国民经济发展的薄弱环节，促进经济结构的优化。因此，这种政策组合可以在控制货币供给量的同时着重解决经济结构的失衡问题。

2."紧财政松货币"配合模式

"紧财政松货币"配合模式是指实行紧缩性的财政政策与扩张性的货币政策相配合的模式。这种模式是在严格控制财政支出，保持财政收支基本平衡的同时，中央银行则根据经济发展的需求，采取适当松动的货币政策，扩大信贷规模，增加货币供给量，并适当控制货币的流向，以提高资金的使用效率。这种模式主要用于存在一定财政赤字，而经济中投资不足，生产能力过剩，资源利用率较低的情况，通过适度扩张的货币政策，提高经济运行效率。

(三)中性配合模式

中性配合模式主要体现为中性财政政策与中性货币政策协调配合。当社会总供求大体平衡，经济中没有运行效率低下或结构严重失衡的突出问题时，采用中性财政政策，努力保持财政收支平衡并略有节余；采用中性货币政策，使货币供给量的增长与经济增长相适应，以此实现经济的稳定协调发展。

四、中国的宏观调控

中国政府的宏观调控在不同时期采用了不同的政策手段，财政政策和货币政策的运用在前面项目中已经介绍过了。最近几年中国宏观调控的目标都是既要保增长又要防通货膨胀，继续实施积极的财政政策和稳健的货币政策。一方面，由于外部环境还没发生大的变化，因此要保持政策的连续性、稳定性，避免出现宏观政策的急速转向和过激调整，导致宏观经济运行出现大起大落；另一方面要密切跟踪分析国际国内经济环境各方面变化，加强预测，增强调控的针对性、灵活性、前瞻性，及时采取必要应对措施进行微调。要坚持以市场调节为主，政府调节为辅，政府调节紧跟经济形势变化和经济发展中出现的问题。

拓展阅读 18－1

2014 年中央经济工作会议定下 2015 年宏观经济政策基调

2014 年 12 月 9 日至 11 日，中央经济工作会议在北京举行。会议指出，2014 年全年主要目标和任务可望较好完成，我国经济运行仍面临不少困难和挑战。会议从九方面全面阐释如何准确把握经济发展新常态，同时部署了明年经济工作五大任务。会议提出 2015 年将继续实施积极财政政策和稳健货币政策。

会议要求从九个方面准确把握经济发展新常态。第一，模仿型排浪式消费阶段基本结束，个性化、多样化消费渐成主流；第二，基础设施互联互通和一些新技术、新产品、新业态、新商业模式的投资机会大量涌现；第三，我国低成本比较优势发生了转化，高水平引进来、大规模走出去正在同步发生；第四，新兴产业、服务业、小微企业作用更加凸显，生产小型化、智能化、专业化将成产业组织新特征；第五，人口老龄化日趋发展，农业富余人口减少，要素规模驱动力减弱，经济增长将更多依靠人力资本质量和技术进步；第六，市场竞争逐步转向质量型、差异化为主要竞争；第七，环境承载能力已达到或接近上限，必须推动形成绿色低碳循环发展新方式；第八，经济风险总体可控，但化解以高杠杆和泡沫化为主要特征的各类风险将持续一段时间；第九，既要全面化解产能过剩，也要通过发挥市场机制作用探索未来产业发展方向。

会议提出了 2015 年经济工作的五大任务。第一，努力保持经济稳定增长；第二，积极发现培育新增长点；第三，加快转变农业发展方式；第四，优化经济发展空间格局；第五，加强保障和改善民生工作。会议指出，2015 年要保持宏观政策连续性和稳定性，继续实施积极的财政政策和稳健的货币政策。积极的财政政策要有力度，货币政策要更加注重松紧适度。要促进“三驾马车”更均衡地拉动增长。

资料来源：根据公开媒体资料整理。

同步案例 18－1　　美国量化宽松政策的利与弊

为刺激疲弱的美国经济，美联储推出了第三轮量化宽松政策(简称 QE3)。与 QE1 和 QE2 不同，QE3 没有时间和数量限制，既可以购买抵押债支持券(MBS)，又可以购买国债。QE3 主要内容包括：(1)美联储每月投放 400 亿美元无止境购买 MBS。(2)“扭曲操作”(Operation Twist)，美联储每月投入 450 亿美元购买国债。前两项相加，美联储每月投入 850 亿美元购买 MBS 和国债。(3)QE3 将使美联储负债从 2.3 万亿美元上升到 2.8 万亿美元。(4)零利率政策将延长到 2015 年。

量化宽松政策对美国经济的好处显而易见。第一，QE1＋QE2 提高了美国 3％的 GDP。第二，减了利息支出，减少了赤字。2011 财政年度，政府的净利息支出相当于全年 GDP 的 1.5％，远远低于过去 30 年的平均水平。美联储的政策也帮助缩减了美国政府的年度经营赤字。第三，压低长期利率(尤其是抵押贷款利率)。第四，有利于大型银行。QE3 不会遇到 QE1 和 QE2 的绊脚石，因为银行状况好转。银行扩大放贷规模意愿有所升温。第五，推高了股市，纽约道琼斯工业平均指数从6 000点回升到近14 000点。第六，减少家庭债务，扩大消费。美国家庭的负债水平已经低于四年前金融危机爆发时。今年第一季度美国家庭总负债 13.4 万亿美元，低于 2008 年第三季度创下的 14.4 万亿美元的高点。第七，美元贬值，扩大美国商品出口，以实现美国出口翻一番的目标。

但是，美国量化宽松政策是以牺牲世界经济长期发展为代价的。第一，美国加快印钞的速度，美联储的负债规模已经从本轮金融危机前的不到 1 万亿美元扩大至近 3 万亿美元。美元超发导致美元贬值。第二，量化宽松政策将导致国债货币化风险和全球通货膨胀风险，全球大宗商品价格上涨，引发输入性通货膨胀以及资产价格上涨。第三，美元贬值倒逼其他国家本币升值。为防止 QE3 对本国经济的伤害，世界各国都效仿美国“放水”搞五花八门的 QE，从而引发各国汇率自戕式的竞争性贬值。欧洲央行推出债券购买计划；英国央行实施美联储式的“非冲销”债券购买计划；日本央行推出 80 亿日元的 QE；第四，全球“货币战”可能引发全球“贸易战”，使疲弱的世界经济复苏雪上加霜。第五，对中国的外储、外贸、货币政策构成严重挑战。当下，中国正在激烈辩论是否推行 4 万亿元投资刺激计划“2.0 版”，就是应对这种挑战的本能反应。

资料来源：肖炼，《国际专论：美国量化宽松政策损人利己》，http://world.gmw.cn/2012－10/10/content_5311215.htm。

思考与讨论：

你能对量化宽松进行简要的分析吗？试一试。

参考文献

[1]艳华,任丽萍. 财政与金融[M]. 北京:清华大学出版社,2010.
[2]蒙丽珍,李星华. 财政与金融[M]. 大连:东北财经大学出版社,2011.
[3]六邦驰,王国清. 财政与金融[M]. 2 版. 成都:西南财经大学出版社,2013.
[4]金淑彬,崔炳玮. 新编财政与金融[M]. 成都:西南财经大学出版社,2012.
[5]贾玉革. 金融理论与实务[M]. 北京:中国财政经济出版社,2010.
[6]张晓华. 金融基础[M]. 北京:机械工业出版社,2012.
[7]李小丽. 金融理论与实务[M]. 北京:北京理工大学出版社,2010.
[8]张淑华,孙晓芳. 经济学基础[M]. 北京:清华大学出版社,2013.
[9]李贺,冯晓玲,赵昂. 国际金融[M]. 上海:上海财经大学出版社,2015.
[10]蒋先玲. 货币银行学[M]. 北京:对外经济贸易大学出版社,2012.
[11]陈雨露. 货币银行学[M]. 北京:中国财政经济出版社,2013.
[12]黄达. 金融学[M]. 北京:中国人民大学出版社,2012.
[13]钱婷婷. 货币银行学[M]. 北京:人民邮电出版社,2013.
[14]李亚丽. 货币银行学[M]. 上海:上海财经大学出版社,2013.
[15]秦梓华,安春梅. 金融概论[M]. 北京:北京出版社,2014.
[16]钱水土. 货币银行学[M]. 北京:机械工业出版社,2013.
[17]李贺,赵昂 . 国际汇兑与结算[M]。成都:西南财经大学出版社,2015.
[18]寇铁军. 财政学教程[M]. 第 4 版 大连:东北财经出版社,2015.
[19]李贺,郭志达,邵文娟,马越. 财政学基础[M]. 上海:上海财经大学出版社,2016.
[20]李贺,纪晓丽,奚伟东. 货币银行学基础[M]. 上海:上海财经大学出版社,2016.
[21]李贺. 国际结算[M]. 上海:上海财经大学出版社,2016.

应用型高等教育“十三五”经管类规划教材

知行

财政与金融习题集

李 贺 马 越 王 丹 编著

Fiscal And Financial

- 项目引导
- 任务驱动
- 知识精讲
- 技能实操
- 案例跟进
- 资源配套
- 理念新颖
- 贴近实际

上海财经大学出版社

目录

模块一　财政基础

模块二　金融基础

模块三　宏观政策

模块一

财政基础

项目一　财政导论

关键术语

财政　市场失灵　帕累托效率　排他性　竞争性　外部效应　公共产品　准公共产品　公共财政　资源配置职能　收入　分配职能

应知考核

一、单项选择题

1.(　　)有效率的供给通常需要政府行动,而私人物品则可以通过市场有效率地加以分配。

A. 公共物品　　B. 私人物品　　C. 消费品　　D. 固定资产

2. 公共物品与私人物品是社会产品中典型的两极。但也有些物品兼备公共物品与私人物品的特征,因而可称之为(　　)。

A. 混合物品　　B. 公共物品　　C. 私人物品　　D. 准私人物品

3. 教育需求属于一种(　　)。

A. 私人需求　　B. 集体需求　　C. 公共需求　　D. 俱乐部需求

4. 下列属于纯公共产品的是(　　)。

A. 国防　　B. 花园　　C. 教育　　D. 桥梁

5. 下列属于利益外溢的准公共产品的是(　　)。

A. 拥挤的桥梁　　B. 教育　　C. 公共草地　　D. 公共湖泊

二、多项选择题

1. 市场失灵的原因有(　　)。

A. 市场处于不完全竞争状态　　B. 公共物品

C. 外部效应　　D. 信息的不对称性

2. 资本主义国家财政的收入主要有(　　)。

A. 税收　　B. 债务收入

C. 国有企业收入　　D. 专卖收入

3. 政府干预主要手段有(　　)。

A. 行政法律手段　　B. 组织公共生产

C. 运用财政手段　　D. 提供公共物品

4. 财政职能包括(　　)。

A. 资源配置职能　　B. 收入分配职能

C. 经济稳定与发展职能　　D. 公平与效率

5. 以下属于公共产品的是(　　)。

A. 国防　　B. 衣服　　C. 教育　　D. 道路

三、判断题

1. 国防作为公共产品主要体现在它的非竞争性上。(　　)

2. 公共需要是相对于私人需要的,因而公共需要和私人需要相矛盾。(　　)

3. 非竞争性是指一些人享用公共产品带来的利益的同时不能排除其他人同时从公共产品中获益。(　　)

4. 准公共产品在市场机制下也会出现供给不足,需要政府的介入。(　　)

5. 为了实现经济效率,政府可以直接提供准公共产品,制定较低的价格,从而达到有效率的消费量。(　　)

四、简述题

1. 简述财政的基本内涵。

2. 简述社会主义国家财政的特点。

3. 简述公共产品的内涵及特征。

4. 简述公共财政的特征和形式。

5. 简述财政职能。

应会考核

■ 观念应用

【背景资料】　　新常态下公共产品投资

我国经济进入"新常态"。2015年政府工作报告将经济增长目标下调至7%,提出在"协调推动经济稳定增长和结构优化"时,"要增加公共产品有效投资"。

2014年10月～2015年2月,国家发改委密集批复了多个交通基础设施建设项目,到2020年,我国的高速铁路里程将翻一番,届时城市之间的往来会更加便捷,如从上海到长三角城市只要1小时左右,到东中部省会城市只要6小时左右;轨道交通也将成为城市居民出行的主要方式,如上海轨道交通运营里程将从目前的577公里增至804公里,车站数量将从现在337座增至506座。

【考核要求】

结合材料,运用经济常识阐述经济新常态下,增加交通基础设施投资对我国经济发展的重要意义。

■ 技能应用

认识财政学的研究对象

温家宝总理说："当前摆在我们面前的主要问题是：第一，农业发展滞后，农民收入增长缓慢，已经成为制约扩大内需的一个重要因素。第二，一部分企业经营困难，建立现代企业制度将是一个长期的任务。第三，下岗和失业人口不断增加，社会保障的压力非常之大。第四，城乡发展不平衡，东西部发展不平衡，还有相当一部分地区、相当一部分人口处于贫困状态。第五，财政负担沉重，金融不良资产比例较高。"

【技能要求】

请分析温总理提出的上述五个问题中可以从哪些方面来认识财政学的研究对象？

■ 案例分析

【情景与背景】　　**公共产品认识财政**

据我国农业部披露，从 2008 年 1 月 10 日开始，我国西北东部和南方大部分地区出现大范围低温雨雪冰冻天气，给农业生产和人民生活造成了重大损失和严重影响。截至 2 月 18 日，湖南、江西、贵州、湖北、广西等 20 个省份蔬菜受灾面积达4 427万亩，占全国秋冬蔬菜播种面积的 34%；另外，成灾2 172万亩，绝收 740 万亩。为此，农业部会同财政部向 17 个重灾省份紧急下拨了农业生产救灾资金 1.4 亿元，并积极协调有关部门落实国务院有关种子种苗、大棚修复、育苗基地建设等补助资金。

2008 年 1 月的冰雪灾害及 5 月的抗震救灾斗争生动地诠释了什么是公共产品、谁提供公共产品、中央与地方政府在提供公共产品上如何分工。这既是一场人与自然的抗争，也是一场国家物质力量与自然灾害的较量。由于我国能够迅速动员全国各方力量，而且有改革开放以来强大的经济实力作为基础，所以打赢了抗灾斗争。它是一个国家综合实力的展示，也是人定胜天的精神力量的胜利。

另据相关媒体报道，近几年的冬天，东北一些城市在雪后都要求中小学组织学生上街扫雪，否则就要收取代除雪费。那么，公共路面的扫雪工作是不是公共产品呢？应由谁负责？如果临时聘请除雪公司扫雪，那么应由谁出钱？这样看来，这已不是仅仅涉及学生的安全问题，而是这个事情究竟属于谁的责任范围的问题，只有搞清这一点，才能真正弄清这一问题。

【分析要求】

1. 结合上述案例，谈谈你对公共产品的理解，为什么说抗击冰雪灾害是全社会的事情。

2. 靠市场的力量能否有效解决这些事情，公共服务能不能按受益者交费原则由市场提供？

项目实训

【实训内容】

查询当地的财政局网站或中华人民共和国财政部网站，针对有关的财政新闻，分析国家在财政方面的一些举措。

【实训目标】

加深学生对财政学的认识和理解,学会运用本项目的知识解决财政学的基本问题,从而提高学生的综合素质。

【实训组织】

将学生分成若干组,每组 7 人,每组设组长 1 名,组长负责组织本组成员进行实训,由组长将调查结果书面写成报告,并总结(教师要提出活动前的准备和注意事项)。

【实训成果】

1. 考核和评价采用报告资料展示和学生讨论相结合的方式;

2. 评分采用学生和老师共同评价的方式。

项目二　财政支出

关键术语

财政支出　购买性支出　转移性支出　经营性支出　资本性支出　补偿性支出　财政支出结构　购买性支出　行政管理支出　国防支出　社会文教支出　政府基本建设投资　转移性支出　社会保障支出　社会保险支出　社会救济支出　社会抚恤支出　社会福利支出　财政补贴

应知考核

一、单项选择题

1. 下列属于转移性支出的是(　　)。

A. 财政投资性支出　　B. 补助支出

C. 社会消费性支出　　D. 教育经费支出

2. 下列属于购买性支出的是(　　)。

A. 国防支出　　B. 捐赠支出

C. 债务利息支出　　D. 补助支出

3. 文教科卫支出属于(　　)。

A. 社会消费性支出　　B. 积累性支出

C. 转移性支出　　D. 生产性支出

4. 社会消费性支出不包括(　　)。

A. 行政管理费　　B. 国防费

C. 文教、科学、卫生事业费　　D. 基础设施投资

5. 计划免疫是一种(　　)。

A. 纯公共产品　　B. 准公共产品

C. 私人产品　　D. 劣值品

二、多项选择题

1. 下列支出中属于政府转移性支出的项目有(　　)。

A. 社会保险支出　　B. 社会救济支出

C. 行政管理支出　　D. 财政补贴支出

2. 下列属于财政转移性支出的有(　　)。

A. 教育支出　　B. 社会保障支出

C. 财政补贴支出　　D. 债务利息支出

3. 行政管理支出包括(　　)。

A. 行政管理费　　B. 公检法经费

C. 武装警察部队经费　　D. 外交支出

4. 社会保障支出包括(　　)。

A. 养老保险　　B. 医疗保险

C. 社会保险　　D. 社会救济

5. 目前我国的财政补贴主要有(　　)。

A. 物价补贴　　B. 企业亏损补贴

C. 专项补贴　　D. 财政贴息

三、判断题

1. 国防支出会对一国经济产生特殊的“外部效应”。(　　)
2. 文教科卫支出是一种单纯的非生产性支出。(　　)
3. 社会保险的资金来源完全来自于财政拨款。(　　)
4. 财政补贴的性质属于购买性财政支出。(　　)
5. 我国的财政补贴统计数字时,将税式支出也统计在财政补贴的范畴内。(　　)

四、简述题

1. 简述财政支出的形式和原则。
2. 简述财政支出对社会经济发展的影响。
3. 简述政府基本建设投资的特点。
4. 简述政府财政对农业投资的必要性,如何完善财政对农业的投资政策?
5. 简述财政补贴制度如何改革。

应会考核

■ 观念应用

【背景资料】　　**财政介入“三农”**

“三农”支出是指财政对农业、农村、农民投入的总和。2011 年,全国财政“三农”支出 29 727.2亿元,占总支出的 27.2%,比 2010 年增加5 513.7亿元,增长 22.8%。其中,中央财政用于“三农”的支出合计10 497.7亿元,增长 22.4%(见图 1)。包括:支持农业生产支出 4 089.7亿元,对农民的粮食直补、农资综合补贴、良种补贴、农机购置补贴支出1 406亿元,促进农村教育、卫生等社会事业发展支出4 381.6亿元,农产品储备费用和利息等支出 620.5 亿元。加上中央对地方转移支付中用于“三农”的支出，2011 年地方财政共实现“三农”支出 28 772.9亿元，比 2010 年增长 23.1%。

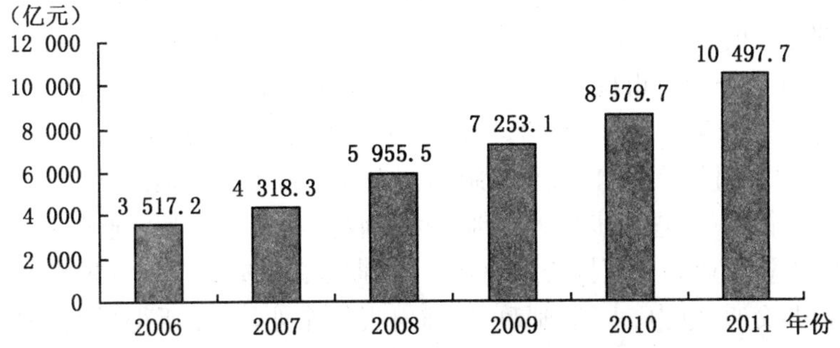

图 1　2006～2011 年中央财政支持“三农”投入情况

【考核要求】

1. 分析财政必须介入“三农”的理由；
2. 简述我国财政支持“三农”基本政策和财政采取的主要措施。

■ 技能应用

财政支出与 GDP

N	1978	1980	1985	1995	2000	2005	2006	2007	2008	2009	2010
ΔF	33	−4.1	17.8	17.8	20.5	18.5	19.1	23.2	25.7	21.2	17.4
Δ/GDP	30	27	22.2	11.2	16	18.3	19.1	19.9	19.9	22.3	22.3

N:年份；ΔF:财政支出增长率；Δ/GDP:财政支出占 GDP 比重。

改革开放后，我国财政支出除 1980 年、1981 年两年负增长外，其余年份都是增长的，而且增长速度不算很慢，如年均增长速度“六五”时期为 10.3%，“七五”时期为 9.0%，“八五”时期为 17.2%，“九五”时期为 18.4%，“十五”时期为 16.2%，所以，财政支出增长率基本上是一条波折上升的曲线，而且有的年份波折度较大。但是，财政支出占 GDP 比重的运行则是另外一种情形。1995 年以前这段时间内，由于财政支出增长速度慢于 GDP 增长速度，导致财政支出占 GDP 的比重一路下滑，1986 年才停止下滑，1997 年开始回升，而且回升速度较快。

【技能要求】

根据以上数据，试分析我国改革前后财政支出占 GDP 比重变化的原因。

■ 案例分析

【情景与背景】　　政府资源配置分析财政职能

我国 1999 年 6 月拉开了西部大开发的序幕。首先实施鼓励外商投资政策。鼓励东部地区的外商投资企业到中西部地区再投资；允许沿海地区外商投资企业到中西部地区承包经营管理外资企业和内资企业；外商投资企业到中西部地区再投资项目，凡外资比例超过 25%的，均可享受外商投资企业相应待遇。1999 年年底，国家计委专门下发了《关于加强基础设施资产权益转让管理的通知》(以下简称《通知》),《通知》规定,国家鼓励外商参与中西部地区国有企业的股权、经营权转让项目,以盘活存量资产,促进国有经济的战略性重组。

其次,实施向中西部地区投资的税收优惠政策。从2000年1月1日起,国家税务总局对设在中国中西部地区的国家鼓励类外商投资企业,在现行税收优惠政策执行期满后的3年内,按减15%的税率征收企业所得税。在本项税收优惠期间,企业同时被确认为产品出口企业且当年出口产值达到总产值70%以上的,可减半征收企业所得税,但减半后的税率不得低于10%。2000年10月,国务院发出《关于实施西部大开发若干政策措施的通知》,出台了实施西部大开发的若干政策措施,进一步扩大西部地区税收优惠政策范围。通知规定,对设在西部地区鼓励类产业的内资企业和外商投资企业,在一定期限内,减按15%的税率征收企业所得税。对在西部地区新办交通、电力、水利、邮政、广播电视等企业,企业所得税实行“两年免征、三年减半”征收。

……

第五,价格政策。2000年8月,国家计委出台新政策,运用价格杠杆促进西部开发。其主要内容有:(1)整顿价格秩序,规范价格行为,清理国家机关及其所属事业单位的收费,取消不合理的收费项目,降低过高的收费标准,取缔非法收费,降低进入西部市场成本,提高西部地区的竞争力。(2)进一步下放主要涉及西部地方的多项价格管理权限,其中包括部分铁路运价、部分航空支线浮动票价、部分轿车定价、部分药品价格及十个国家级旅游参观点门票定价。

【分析要求】

请结合上述情况,分析:

1. 我国政府在实现资源配置职能过程中所采取的具体政策。
2. 西部地区税收优惠政策的作用机理。

项目实训

【实训内容】

进入中华人民共和国财政部网站 http://www.mof.gov.cn/index.htm,检索你所在的某省或某市的上一年度的财政支出结构。

【实训目标】

培养资料查询能力、分析问题能力和语言表达能力;深刻体会财政支出的各种分类目录和分析方法。

【实训组织】

以学习小组为单位,对财政支出结构进行分析,各小组分别写出分析报告,做成PPT并在课堂上讲说。

【实训成果】

1. 考核和评价采用报告资料展示和学生讨论相结合的方式;
2. 评分采用学生和老师共同评价的方式。

项目三　财政收入

关键术语

财政收入　税收收入　债务收入　非税收入　财政收入规模　财政收入结构

应知考核

一、单项选择题

1. 世界各国财政收入主要形式是(　　)。

A. 企业收入　B. 债务收入　C. 收费　D. 税收

2. 制约财政收入规模的根本性因素是(　　)。

A. 税率标准　B. 纳税人数量

C. 经济发展水平　D. 居民收入水平

3. 国家机关为居民或单位提供服务所收取的手续费和工本费等属于(　　)。

A. 事业收入　B. 专项收入　C. 公产收入　D. 规费收入

4. 财政收入中,凭借资产所有权获得的收入是(　　)。

A. 税收收入　B. 国有资产收益

C. 债务收入　D. 其他收入

5. 在财政收入中,通过信用方式取得的收入是(　　)。

A. 税收收入　B. 国有资产收益

C. 债务收入　D. 专项收入

二、多项选择题

1. 按财政收入的形式分类,我国的财政收入分为(　　)。

A. 税收　B. 中央财政收入

C. 其他收入　D. 地方财政收入

2. 罚没收入有(　　)。

A. 罚款　B. 没收品收入

C. 赃款　D. 赃物等变价收入

3. 影响财政收入规模变动的经济因素有(　　)。

A. 经济发展水平　　B. 经济体制

C. 价格水平　　D. 分配政策

4. 下列属于我国财政收入形式的有(　　)。

A. 税收收入　　B. 国有资产收益

C. 债务收入　　D. 企业利润

5. 关于财政收入表述正确的有(　　)。

A. 财政分配的对象是社会产品

B. 我国现阶段财政收入形式主要是税收

C. 使用费是指为交换公共部门所提供的特殊商品和服务而进行的支付

D. 可以近似地用税收收入的分析来观察整个财政收入的状况

三、判断题

1. 农业是国民经济的基础,也是财政收入的基础,所以我国的财政收入主要来自于农业。(　　)

2. 在生产力发展水平和生产技术水平为一定的条件下,影响财政收入规模的关键因素是财政分配政策和制度。(　　)

3. 由于财政收入主要来自剩余产品的价值,因此,在其他条件不变情况下,随着剩余产品价值率的提高,财政收入的相对规模一定会提高。(　　)

4. 作为财政收入核心依据的是公共资产所有权。(　　)

5. 财政收入分析中最为常用的一种分类方式是按照财政收入的形式分类。(　　)

四、简述题

1. 简述财政收入的依据。
2. 简述财政收入规模的衡量指标。
3. 简述财政收入的分类。
4. 简述影响财政收入规模的因素。
5. 谈谈我国财政收入规模的变化。

应会考核

■ 观念应用

【背景资料】　　中石化每天上缴税款8.8亿元是财政幻觉

《中国经营报》2013年4月1日刊登文章说,中石化董事长傅成玉在两会上说,2012年中石化每天给国家上缴税款8.8亿元,国家支出的每100元钱里就有中石化的3.3元。傅成玉认为纳税够多,红利就该免了。中石化确实上缴了巨额税金,但这些巨额税金中,绝大多数并非企业所得税等直接税。数据显示,2012年中石化净利润为635亿元。按照目前企业所得税25%的税率计算,应纳企业所得税大致为158亿元。而按照傅成玉每天8.8亿元计算,则去年中石化总纳税为 3 212 亿元。那这相差的 3 000 亿元税金应该就是经营中缴纳的间接税，即增值税、营业税、消费税等。数据显示，2012 年中石化经营收入为 27 860 亿元，3 000亿元的各项间接税，占此经营总收入的 11%多一些，正好符合中国间接税税负的实际情况。众所周知，企业所得税等直接税与商品税等间接税是截然不同的。直接税是将企业利润的一部分拿出来上缴给国家，这减少了企业的财富。而间接税则不然，企业将此税收完全包含在价格之中，由消费者承担。企业所起的作用仅仅是将千家万户消费者缴纳的税金，转缴税务部门而已。目前，中国实行间接税为主的税制，其所制造的财政幻觉迷惑作用非常强烈。人们弄不清自己的纳税实情，只知道国家有不少纳税大户，是国家财政的支柱。而纳税大户则以他们缴纳的税（实际上来自广大消费者提供的税金）为筹码，讨价还价，谋取更多特权。

【考核要求】

1. 企业缴纳直接税与间接税的负担区别是什么？
2. 国企缴纳所得税后应不应该再上缴红利？
3. 国企上缴红利的性质与用途是什么？

■ 技能应用

从水的定价看政府收费的标准

在设计供水系统时需要做出的第一个决定是，是否对消费者进行用水的计量。必须对水供应和水处理成本的降低进行测量并和装水表计量的成本进行对比。装水表计量对消费大户，特别是工业用水大户来说，总是有效率的。但对用水小户，特别是城市中贫困地区的家庭来说，装水表进行用水计量通常没有效率。

对装水表的用户来说，一种三级收费体系是有效率的。

第一级，与用水有关的收费价格应定在和增量的水生产和运送的平均增量成本相等的水平上。但这种收费将对最初的 20 ～ 40 升的日人均消费量实行生命线收费标准。如果城市中各个地区或各个季节中成本差别特别大，可以允许在各个地区或在各个不同季节中实行有所不同的收费标准。这种收费标准也将随时间有所变化，以便反映出供水系统从生产能力过剩到生产能力短缺以及和它的投资周期相符又回到生产能力过剩时平均增量成本的变化。

第二级，居民用水户应缴纳一笔与用水量无关的定期费用。低收入消费者缴纳的这笔费用应等于或低于和连接有关的边际经常性成本（水表维修、读表、填写等费用）和实行连接的年成本之和。给低收入家庭的补贴程度取决于再分配目标的强度和实行内部交叉补贴的可能性。它同样也取决于对资金来源的各种需求，特别是对公共供水处来说，为了筹措资金提供交叉补贴（比如给公共供水处），中等和高收入消费者的定期连接费应定在等于或高于连接的边际经营成本。这样将会允许交叉补贴以及当水费随平均增量成本变化而变化时维持供水营业的全部资金的自给自足。对高收入阶层收取的安装成本应以一次性付清为基础，按市场利率在较短时期内筹措起来。

第三级，应设计出一种一次性开发费，并按照细分的私人财产的宅前标准来补偿整个供水系统的投资费（如果私人开发者被要求自己来安装该系统，这笔费用可以省略）。在低收入财产所有者的主要居住区，降低开发费于开发成本之下，并向高收入的财产所有者收取高额连接费是符合公平的。这样就得找出一种根据收入来区别所有者的办法。如果财产估价体系是精确的，对与供水系统相连接的居住地征收比例财产税将是一种行之有效的方法。这种税收将随时间而变化以反映使用费的变化。如果财产估价是不精确的，在城市的不同地区就会收取不同的连接费。除了最低限额的收费，累进的收取结构将不起作用，因为每个连接口的消费量和消费者的人均收入之间的关系不明显，另外，使用费可能是无效率的。

对没有安装水表的居民用户，征收比例财产税或土地税是公平的。收费标准也可按把住房和供水分配网络相连接的水管的大小来制定。这笔费用将定在能保证供水经营、在资金上实行自给自足、并顾及到来自开发费的收入。

从公共水龙头处取水消费应该实际免费。但也应该对水龙头实行管理以避免水的浪费。经营水龙头的资金应首先来自于个人家庭中装有连接口的用水户。只有在出于政治理由而排除用水户之间的交叉补贴时才使用一般税收收入。因此实际上对那些从高收入用户中收取的用于交叉补贴的资金的使用有一个等级制度。这些补贴首先应用于安装公共水龙头并免费提供从公共水龙头处消费的水。一旦对公共水龙头的需要已完全满足，交叉补贴将用于装有连接口的个人家庭。这样一种顺序的理由是连公用水龙头都享受不到的家庭是最穷的家庭，而公用水龙头的用户是最穷的消费者。对公用水龙头和用水的补贴是公平的，中收入和高收入者很少能从上述补贴中获益。而且，对公共水龙头实行补贴而引起的消费增加给公共健康带来的利益要超过对屋内连接口实行补贴而带来的利益。

工业和商业消费者支付和平均增量成本相等的用水价格。对高收入的居民消费者可以收取连接费和开发费，只要高于成本的收费不会转嫁，特别是不会转嫁到低收入消费者或工资所有者身上。啤酒和其他大众饮料业在这方面需要引起特别注意。

上述提出的收费结构应当在考虑到再分配目标的同时，以最小的效率损失实现供水经营在资金上的自给自足。独立于其他服务机构的垂直一体化经营机构最容易实现资金的自给自足。地方和全国性的当局机构将仅仅检查是否大体上符合前面提出的基本定价和投资原则。自主性垂直一体化并不是实现这一收费结构的必要条件，但是如果没有自主性和垂直的一体化机构，为了保证供水经营的资金自筹和在制定收费标准时把全部有关成本都考虑在内，需要做出特殊的努力。

【技能要求】

为什么对水的收费要设计如此复杂的收费方法？

■ 案例分析

【情景与背景】 **财政收入规模**

近年来，随着国民经济的快速发展，我国财政收入持续较快增长，占国内生产总值（以下简称 GDP）的比重逐步提高，国家财政实力不断壮大，政府宏观调控和公共保障能力进一步增强。2010 年、2011 年，我国公共财政收入分别为83 101.51亿元和103 874.43亿元，占当年 GDP 比重分别为 20.7%和 22%。其中，税收收入分别为73 210.79亿元和89 738.39亿元，占 GDP 比重分别为 18.2%和 19%。

按照国际货币基金组织（以下简称 IMF）颁布的《政府财政统计手册 2001》的口径，政府财政收入包括税收、社会保障缴款、赠与和其他收入（其他收入主要指财产收入、出售商品和服务收入、罚金罚款和罚没收入以及其他杂项收入）。按此国际可比口径，我国政府财政收入，除公共财政收入之外，还应包括政府性基金收入（不含国有土地使用权出让收入）、国有资本经营预算收入、社会保险基金收入。不包括国有土地使用权出让收入，是因为根据 IMF《政府财政统计手册 2001》的定义，国有土地出让行为是一种非生产性资产的交易，结果只是政府土地资产的减少和货币资金的增加，并不带来政府净资产的变化，不增加政府的权益，因而不计作财政收入。按此口径计算，2010 年、2011 年我国与国际可比的政府财政收入分别为105 742亿元和132 987亿元，占当年 GDP 比重分别为 26.3%和 28.2%。其中，公共财政收入是主体；政府性基金收入（不包括国有土地使用权出让收入）分别为 7370 亿元和7 886亿元，占 GDP 比重分别为 1.8%和 1.7%；国有资本经营收入分别为 559 亿元和 765 亿元，占 GDP 比重分别为 0.1%和 0.2%；社会保险基金收入分别为17 071亿元和25 758亿元，占 GDP 比重分别为 4.3%和 5.5%。

按照国际可比口径计算，2011 年我国人均政府财政收入按当年平均汇率折算为1 528美元，而美国、日本、德国、法国、意大利和英国的人均财政收入水平均在14 000美元以上，我国人均财政收入则不足上述 6 个国家人均财政收入的 11%（见下表）。

2008～2011 年我国人均财政收入的国际比较情况

单位：美元

国　家	2008 年	2009 年	2010 年	2011 年
美国	15 245	14 032	14 844	15 404
日本	12 039	11 695	12 775	14 067
德国	19 502	18 134	17 524	19 499
法国	22 804	20 653	20 233	22 436
意大利	17 862	16 399	15 714	16 685
英国	16 512	13 016	13 266	14 303
中国	844	960	1 167	1 528

注：人口数据来源于国际货币基金组织《世界经济展望》（2012 年 4 月）数据库，其中 2011 年为预测数。

【分析要求】

根据上述资料评价我国近几年财政收入规模实际状况。

项目实训

【实训内容】

材料一

2008～2010 年我国国内生产总值与财政收入情况

单位：万亿元

年　份	2008	2009	2010
财政收入	6.1	6.8	8.3
GDP	30.07	33.53	39.79

注：国家财政收入的增加有力地支持了扩大内需，促进了经济发展。

材料二

2011 年以来，中央财政和各地财政部门切实加强预算支出执行管理，努力保障“三农”、教育、医疗卫生、社保和就业、保障性住房、抗震救灾等重点支出需要，各项社会事业发展取得新进展。截至 7 月底，已累计下达中央政府公共投资预算 7478 亿元，重点用于保障和改善民生。由于财政支出合理，避免了经济大起大落现象的出现。

【实训目标】

培养学生分析问题能力、解决问题的能力。

【实训组织】

以学习小组为单位，共同根据以上材料分析：

(1)依据材料一，描述表格反映的经济信息。

(2)结合材料二，分析国家财政在经济社会发展中所发挥的巨大作用。

【实训成果】

1. 考核和评价采用报告资料展示和学生讨论相结合的方式；
2. 评分采用学生和老师共同评价的方式。

项目四　税　收

关键术语

税收　税收中性　税收制度　税收负担　税负转嫁　前转　后转　辗转转嫁　混合转嫁　消转　商品税　增值税　消费税　营业税

应知考核

一、单项选择题

1. 下列不属于流转税类的是(　　)。

A. 营业税　B. 增值税　C. 消费税　D. 房地产税

2. 在下列税种中税负不易转嫁的税种是(　　)。

A. 增值税　B. 个人所得税　C. 消费税　D. 营业税

3. 税收的主体是(　　)。

A. 税务机关　B. 国家　C. 海关　D. 工商机关

4. 一种税区别于另一种税的主要标志是(　　)。

A. 纳税人　B. 课税对象　C. 课税依据　D. 税率结构

5. 税制构成的核心要素是(　　)。

A. 纳税人　B. 税率　C. 课税对象　D. 纳税期限

二、多项选择题

1. 税收作为一种财政收入在形式上具有的特征有(　　)。

A. 自愿性　B. 强制性　C. 无偿性　D. 固定性

2. 以税收计税依据为标准,税收可以分为(　　)。

A. 从价税　B. 价内税　C. 价外税　D. 从量税

3. 以税负能否转嫁为标准,税收可分为(　　)。

A. 实物税　B. 直接税　C. 间接税　D. 货币税

4. 下列属于税收要素的有(　　)。

A. 纳税人　B. 征税对象　C. 税率　D. 税收能力

5. 税负转嫁的形式主要有(　　)。
A. 前转　　B. 后转　　C. 转让资产收益　　D. 税收资本化

三、判断题

1. 税负转嫁只会导致税收归宿的变化,引起纳税人与负税人的不一致,不会使税收减少。(　　)
2. 税收中性是指政府课税不给纳税人带来超出税款之外的额外负担,因而保持税收的中性与发挥税收的调节作用是完全矛盾的。(　　)
3. 商品课税难以转嫁。(　　)
4. 从价税是以课税对象的价格为依据按一定比例征收的税种。(　　)
5. 累进税率主要适用于流转税。(　　)

四、简述题

1. 简述税收的内涵、形式、本质、特征、职能。
2. 简述如何理解税收中性问题。
3. 简述税收制度的内涵、作用和内容。
4. 简述影响宏观税负的因素。
5. 简述影响税负转嫁和归宿的因素。

应会考核

■ 观念应用

【背景资料】　　**财政收入——税收**

某品牌电视机生产企业为配合税法宣传,同时也为了扩大电视机的销售量,提高市场占有率,策划出这样一个营销方案:在产品宣传单的醒目位置上标有"亲爱的顾客,当您购买我厂的产品后,您将很荣幸地成为了我国的纳税人。"

【考核要求】

根据上述资料,请问电视机生产企业的营销方案是否可行?

■ 技能应用

通过税收理解财政

20 世纪 80 年代,我国税法将个人所得税免征额定为 800 元,此后在很长一段时期,我国个人所得税的纳税人主要是在华工作的外籍人士。随着中国经济的飞速发展,居民收入的增加,已有越来越多居民的收入已经超过了该征税起点。近年来,我国个人所得税征税起点不断提高,2006 年 1 月 1 日提高为1 600元,2008 年 3 月 1 日又提高为2 000元,2011 年 9 月 1 日再次提高,为3 500元。

【技能要求】

根据上述资料，请从公平角度评析我国提高个人所得税免征额的必要性。

■ 案例分析

【情景与背景】　　　　**国有资产管理体制与财政**

1998年8月，国务院决定成立国家国有资产管理局，以行使对中华人民共和国境内外全部国有资产的管理职能。

1993年11月，中共中央十四届三中全会作出《中共中央关于建立社会主义市场经济体制若干问题的决定》，明确对国有资产实行国家统一所有、政府分级监督、企业自主经营的体制。这意味着在政企分开之外，首次提出了政资分开的概念。

1993年以后，深圳、上海等地开始进行国有资产管理体制的探索。

1998年，在国务院机构改革过程中，国家国有资产管理局被撤销后并入财政部。在同一次机构改革中，机械、化工、内贸、煤炭等15个以主管行业内企业为主要职能的专业经济部门被改组为隶属于国家经贸委的"局"，并明确不再直接管理企业。

2001年2月，国家经贸委下属九个国家局被撤销。

2002年11月，十六大报告指出，"在坚持国家所有的前提下，充分发挥中央和地方两个积极性。国家要制定法律法规，建立中央政府和地方政府分别代表国家履行出资人职责，享有所有者权益，权利、义务和责任相统一，管资产和管人、管事相结合的国有资产管理体制"。

十六大报告关于国有资产管理体制的论述，意味着新中国成立以来一直实行的国有资产"国家统一所有，地方分级管理"的模式将被"国家所有，分级行使产权"的模式取代。这样，地方政府在坚持"国家所有"的前提下，将享有完整的出资人权益，将有可能自行决定这部分资产的拍卖、转让等事宜，事实上也就相当于拥有了属于自己的那部分产权。由于地方政府对自己管辖下的企业有更深刻的了解，利益关系也更为紧密，国有企业改制的推进也就减少了阻力。不过，国有资产究竟如何在中央与地方政府之间划清出资人权限，将是一项复杂的工作。

【分析要求】

根据上述资料，请分析国有资产管理体制的方向。

项目实训

【实训内容】

税收是国家治理的基础和重要支柱，在社会经济生活中发挥着巨大的作用。

材料一

党的十八届三中全会通过的《中共中央关于全面深化改革若干重大问题的决定》强调落实"税收法定原则"，2015年3月，十二届全国人大三次会议表决通过新修订的《中华人民共和国立法法》，明确"税种的设立，税率的确定和税收征收管理等税收基本制度"只能由法律规定。

材料二

2014年10月《国务院关于扶持小型微型企业健康发展的意见》提出要"认真落实已经出台的支持小型微型企业税收优惠政策"，2015年3月，国家税务总局出台十大措施确保小微企业税收优惠政策落实。

数据显示，2015 年第一季度，全国享受企业所得税减半征收的小微企业有 216 万户，受惠面在 90%以上，减税 51 亿元；享受暂免征收增值税和营业税政策的小微企业和个体工商户共有2 700万户，减税 189 亿元。

【实训目标】

培养学生分析问题能力、解决问题的能力。

【实训组织】

以学习小组为单位，共同根据以上材料分析：

(1)依据材料一，结合材料和所学税收知识，说明我国为什么要坚持税收法定原则。

(2)结合材料二，结合材料和所学经济知识，分析当前对小微企业实施税收优惠的理由。

【实训成果】

1. 考核和评价采用报告资料展示和学生讨论相结合的方式；

2. 评分采用学生和老师共同评价的方式。

项目五　公　债

关键术语

公债　公债的规模　平价发行　溢价发行　折价发行　公开招标　公开拍卖　承购包销　公债市场

应知考核

一、单项选择题

1. 公债是指(　　)。

A. 中央政府与地方政府的债务总额　B. 一国政府债务

C. 国债　D. 所有公共部门的债务

2. 中期公债是指(　　)。

A. 3～5 年的公债　B. 2 年以上,5 年以下的公债

C. 1 年以上、10 年以下的公债　D. 以上都不对

3. 公债依存度是指(　　)。

A. 当年公债发行额占当年财政收入的比重

B. 当年公债累计余额占当年财政支出的比重

C. 当年公债发行额占当年财政支出的比重

D. 当年公债累计余额占当年 GDP 的比重

4. 公债的偿债率是指(　　)。

A. 累计还本付息额占国民收入的比重

B. 当年还本付息额占当年国民收入的比重

C. 当年还本付息额占当年财政收入的比重

D. 当年还本付息额占偿债资金的比重

5. 公债的首要作用是(　　)。

A. 弥补财政赤字　B. 还可以筹集建设资金

C. 调节经济运行　D. 调节货币流通量

二、多项选择题

1. 公债的特点是（　　）。

A. 有偿性　　B. 固定性　　C. 自愿性　　D. 期限性

2. 公债按不同的债务契约形式，可以分为（　　）。

A. 公债券　　B. 记账式债券

C. 记名式债券　　D. 合同型借款

3. 公债的发行价格有（　　）。

A. 平价发行　　B. 溢价发行　　C. 折价发行　　D. 贴现价发行

4. 偿付公债的资金来源主要有（　　）。

A. 预算结余　　B. 政府行政性收费

C. 税收　　D. 政府投资收益

5. 古典学派有关公债的观点是（　　）。

A. 公债侵蚀资本　　B. 公债可用于公共工程的建设

C. 建立偿债资金　　D. 公债是社会的负担

三、判断题

1. 公债是指一国发行的国债总额。（　　）

2. 中期公债通常是指 1 年以上、10 年以下的公债。（　　）

3. 当一国没有财政赤字时，公债就无用武之地了。（　　）

4. 公债负担率是指当年公债发行额占当年财政支出的比重。（　　）

5. 社会公众购买公债一般没有货币效应。（　　）

四、简述题

1. 简述公债与国债的区别。

2. 简述公债与财政收入、公债与财政支出、公债与财政赤字的关系。

3. 简述公债发行方式。

4. 简述公债市场的功能。

5. 简述公债对财政收支的影响、公债对货币供给的影响。

应会考核

■ 观念应用

【背景资料】　　　　**国　债**

国家发行国债可以用于弥补财政赤字，也可以用于固定资产投资等专项用途，还可以用于偿还到期的国债。国债是国家进行宏观调控的重要工具之一，我国自 1998 年以来通过发行长期建设国债筹集了大量建设资金，扩大了市场投资规模，拉动了国内需求，克服了亚洲金融风暴带来的困难，保持了国民经济的稳步发展。截至 2007 年年末，我国国债余额53 365.53亿元，比当年财政收入的总额还多。虽然国债需要还本付息，会加重以后年度的财政负担，但运用得当则可以推动经济快速、稳定、协调地发展。用明天的钱办今天的事，经济发展了，税收自然会增加，对于以后的财政平衡也是非常有利的。

【考核要求】

1. 如何理解我国 1998 年以来国债规模的扩大？
2. 国债规模以多少为宜？有哪些判断指标？

■ 技能应用

波多黎各的财政

人民网北京 2015 年 6 月 30 日讯 据 BBC 报道，波多黎各总督杭德罗·贾西亚·帕迪拉(Alejandro Garcia Padilla)29 日表示，这个美国在海外的自治领地政府无力偿还高达 720 亿美元的公债，并可能在与议会就寻求解决方案举行紧急磋商前“违约”。贾西亚在全国电视讲话中表示，他将寻求颁令暂停还款，并组成小组对债务进行重组。

波多黎各自 2006 年起就陷入经济衰退。波多黎各议会星期二(6 月 30 日)将就 98 亿美元的预算案进行投票。该预算案将削减 6.74 亿美元开支，并节支 15 亿美元用于偿还债务。

贾西亚总督在讲话中呼吁美国国会准许负债累累的波多黎各政府申请破产，并将偿付欠债的时间推迟数年。贾西亚在电视讲话中警告说，即使我们增加收入并削减开支，由于债务沉重，而且问题较大，有关作法不会解决任何问题。

根据美国破产法案，波多黎各目前无法重组债务。据路透社报道，美国白宫 29 日表示，将敦促国会修改法案，允许波多黎各宣布破产。

作为美国海外的自治领地，波多黎各居民都是美国公民，但却没有与其他美国州或市一样的地位。这意味着波多黎各不能像 2013 年密歇根州的底特律一样，透过申请破产保护来进行债务重整。波多黎各的债务状况令人联想起了希腊的债务危机。希腊总理齐普拉斯 28 日亦发表电视讲话，宣布希腊银行将停止对外营业，并实行资本管制。(人民网)

【技能要求】

根据上述资料，请分析是什么原因造成波多黎各无力偿还 720 亿美元公债。

■ 案例分析

【情景与背景】 **公债的现实作用**

朱小姐目前在美国读书，她计划在美国继续读研究生，并且未来在美国发展。朱小姐的父亲也希望女儿能留在美国生活，为了其能享受美国优质的福利待遇。所以，她父亲计划为朱小姐申请美国绿卡。

朱小姐在读，并无稳定的收入来源，而美国投资移民需要 50 万美元作为投入，并解释其来源，在服贸移民顾问的建议下，其父亲将名下多套房产中的一套转至女儿名下，然后由朱小姐申请房屋抵押贷款，用于办理移民。而服贸移民为其推荐的是有固定收益，并且相当稳健的美国政府公债项目。

【分析要求】

根据上述资料，请分析公债在现实社会中具有哪些作用。

项目实训

【实训内容】

学生自愿组成小组，模拟公债购买和偿还情况。

【实训目标】

培养学生分析问题能力、解决问题的能力。体验公债购买和偿还过程。

【实训组织】

学生自愿组成小组，成员为 7 个人，每个人扮演不同的角色，体验不同的购买和偿还过程。

【实训成果】

1. 考核和评价采用报告资料展示和学生讨论相结合的方式；
2. 评分采用学生和老师共同评价的方式。

项目六　财政预算

关键术语

政府预算　单式预算　复式预算　总预算　单位预算　中央预算　地方预算　年度预算　中长期预算　项目预算　绩效预算　零基预算　增量预算

应知考核

一、单项选择题

1. 我国预算年度的起始期限为(　　)。
A. 当年的 1 月 1 日至 12 月 31 日
B. 当年的 4 月 1 日至次年的 3 月 31 日
C. 当年的 10 月 1 日至次年的 9 月 30 日
D. 当年的 7 月 1 日至次年的 6 月 30 日

2. 我国的国家金库由(　　)代理。
A. 中国人民银行　　B. 中国人民建设银行
C. 财政局　　D. 税务局

3. 政府预算是政府的(　　)财政收支计划。
A. 多年度　　B. 年度　　C. 季度　　D. 月度

4. 从财政收支的内容上看,(　　)是国家财政的核心。
A. 政府预算　　B. 政府债务　　C. 国家主权　　D. 政府补贴

5. 我国政府预算的最终审批权归于(　　)。
A. 中国人民银行　　B. 国务院
C. 全国人民代表大会　　D. 全国人民代表大会常务委员会

二、多项选择题

1. 预算收入包括(　　)。
A. 税收收入　　B. 国有资产收益
C. 专项收入　　D. 其他收入

2. 预算支出包括(　　)。
A. 经济建设支出
B. 教育、科学、文化、卫生、体育等事业发展支出
C. 国家管理费用支出
D. 国防支出
3. 政府采购需要的条件包括(　　)。
A. 专门的机构及人员　　B. 明确规范的采购原则
C. 法定的采购程序　　D. 权威的仲裁机构
4. 政府采购程序一般包括(　　)阶段。
A. 谈判　　B. 确定采购要求
C. 签订采购合同　　D. 执行采购合同。
5. 中央预算具体包括(　　)。
A. 行政管理费　　B. 国防费
C. 外交和援助支出　　D. 价格补贴

三、判断题

1. 目前,世界上大多数国家实行多级预算。(　　)
2. 复式预算是把全部财政收支按经济性质分别列入两个或两个以上的表格中。(　　)
3. 中国的政府预算体系由四级预算组成。(　　)
4. 中国的预算年度采用跨年制。(　　)
5. 预算草案最终要由国务院审查批准才具有法律效力。(　　)

四、简述题

1. 简述财政预算的组成。
2. 简述财政预算的形式和原则。
3. 简述财政预算程序。
4. 简述预算外资金"收支两条线"改革。
5. 简述分税制改革及完善对策。

应会考核

■ 观念应用

【背景资料】　　**政府预算**

财政预算是国家机关、团体和事业单位等对于未来一定时期内的收入和支出的计划。每年"两会",财政部部长所作的预算报告,都是代表们锁定的"焦点"。政府预算是一本政府公开的"财务大账":过去的一年收了多少钱?钱投到哪里去了?今年的钱该怎么用?这些钱是不是"取之于民,用之于民",每年都要接受人大代表的监督和审查。

然而,长期以来,由于财政预算编制较粗,"外行看不懂,内行看不清",预算的透明度不高,

造成了很多部门预算游离在人大监督范围之外。同样，在预算执行方面也不尽如人意，缺乏有效的监督制约办法。对每年人代会批准的财政预算，执行随意性大。由于预算资金没有落实到具体的项目上，造成了执行难的问题。往往部门申请多、找领导批条子多、临时性支出多，变成“一年预算，预算一年”，然后再报人大常委会做出调整预算的决议。

为此，在近年各地的人代会上，代表对财政预算的监督力度明显加大。如广东省十届人大二次会议上，代表们对预算中“拨2 000万元给机关幼儿园”“事业单位的行政编制外人员每人每年补贴3.2万元”等提出了质疑。浙江、四川等省的预算报告也明显加厚，列支项目也更加详尽，以利于人大代表的监督。

【考核要求】

1. 政府预算的本质什么？

2. 为保证政府预算的科学性应坚持什么原则？

■ 技能应用

如何推动政府预算管理体制

中央部门和地方政府“三公”经费公开步伐正在加快。近几年来，部委与地方政府在“三公”经费公开方面，不断有所作为。本报今天对此作了相关报道。

有人将规范、真实地公开“三公”经费，视为政府机构往自己头上“套箍”。“三公”经费公开的质量越高，即表明透明政府建设越有成效。不过，正如接受本报采访的学者所谈及的，在很多预算外的“三公”经费并未纳入的条件下，单单公开“三公”经费，意义有限。关键还在于，要推动包括“三公”经费在内的政府整体预算的公开。

社会各界对于政府预算公开，可谓相当关注。政府预算公开，是建设透明政府的必需，也是政府依法必须履行的义务。政府代表的是公众利益，财政预算理当依法向公众公开。很遗憾，预算公开在这几年里虽然有所进步，但仍处于低水平。

围绕政府的财政透明度，许多研究机构都给出过并不乐观的评价。中央此前的表态亦很坦诚：“财政预算公开工作进展不平衡，公开还不够细化，与人民群众的期望仍存在一定差距。”这番表态背后的现实，确实是存在各种各样的乱象。

就态度而言，部委也好，地方政府也罢，无一例外是高调支持的，但语言与行动之间却有不小的距离。预算公开方面的粗糙，表现在很多地方。比如，预算内容较为含糊，一般公众看不太懂；不少公开内容还太笼统，细化不够，且往往缺乏要点；公开的内容有选择性，且公开渠道太分散，不便于公众查看和监督；功能分类太粗放，没有分类到项目，如此等等。

某些研究也表明，尽管一些地方官员口头上支持预算公开，但在实际工作中，地方政府财政信息主动公开的意识并不强，外界通过公开出版物或网站能够获得的财政预算信息非常少。财政预算不透明，公共财政体制必定是跛脚的，又谈何民主财政？

财政预算公开一直不尽如人意，说到底，是这项工作触及利益分配的规范和利益格局的调整。对于要公开预算信息的部门来说，属于自己给自己找茬的事，其中有阻力可想而知。任何“革自己命”的改革都会阻力重重，任何要让人给自己头上“套箍”的事，也必定困难多多。没有人喜欢跟自己的利益过不去，特别是当政府预算公开方面存在一定的弹性空间时，有些部门选择性地、不痛不痒地进行公开，也就不奇怪了。

诚然，推动政府预算公开，不可能一蹴而就，但诸多部委和地方政府徘徊在低水平的状态，也非改变不可。地方人大在推动政府预算和"三公"经费公开方面，应当发挥更大作用。促使政府依法公开预算信息，依法监督政府预算公开的质量，人大天然负有责任。有些地方人大已经开始在这方面进行探索，这是很有必要的。

同时，要在制度建设层面推动《预算法》的完善，借助法制的进步促使政府预算公开。对于财政预算信息公开的内容、范围、程序和时间，理应有更清楚的要求。在制度更完善的基础上，推动财政的透明。该公开的财政信息，就须公开，而不是犹抱琵琶半遮面，也不能糊弄公众、干扰视听。

另外，政府的问责制度，也要对在预算公开方面失责的官员，有所惩戒。如果缺少有痛有痒的惩罚，光是舆论的批评指责和呼吁，效果可能未必好。有责不问，或问责无力，则许多美好愿望落空，也在意料之中。

因此，中央部门和地方政府"三公"经费公开步伐正在加快，确是好事。但对这种进步估价不宜太高，对它产生的作用也要有清醒认识。未来该如何作为，则是需要深思的。

【技能要求】

根据上述资料，请分析：

1. 政府预算公开的障碍有哪些?
2. 对于推动政府预算公开，政府需要做什么?

■ 案例分析

【情景与背景】 **税款对财政的影响**

阳光酒店已办理了营业执照和税务登记，在某市朝阳区地税局管征，税款征收方式为查账征收，2017 年 4 月 5 日，区地税局在日常检查时发现 2017 年 2 月份的纳税申报表申报的应纳营业税比会计账簿上计提的营业税额少9 000元，经检查人员核实，系因近期该公司资金紧张，少申报了营业税。4 月 10 日，区地税局认定该公司这种行为是偷税，作出追缴税款，加收滞纳金，对所偷税款处 1 倍罚款的决定，并履行了告知、文书送达等程序。该酒店不服，认为会计账簿上已计提，只是资金紧缺未申报而已，没有故意偷税。

【分析要求】

根据上述资料，请分析朝阳区地税局的上述处理是否合法，并说明其依据。

项目实训

【实训内容】

阅读材料，完成下列要求：

财政对社会经济发展具有巨大作用，财政预算的编制和管理受到社会各界的关注。

材料一

2014 年重新修订的《中华人民共和国预算法》规定，"经人民代表大会批准的预算，非经法定程序，不得调整，各级政府、各部门、各单位的支出必须以经批准的预算为依据，未列入预算的不得支出"。

为贯彻落实依法治国精神，按照新修订的预算法，国务院出台了《关于深化预算管理制度改革的决定》,财政部发布了《关于进一步加强财政支出预算执行管理的通知》,地方各级政府为预算法的落实进行了积极探索。

材料二

2013 年我国 GDP 增速为 7.7%,2014 年为 7.4%。2015 年我国 GDP 增长目标调低为 7%。面对经济下行的压力,2015 年政府工作报告对积极的财政政策做了加力增效的部署,其中,2015 年财政预算拟安排财政赤字 1.62 万亿元,比去年增加2 700亿元,赤字率从去年的 2.1%提高到 2.3%(财政赤字率指财政赤字与 GDP 之比,国际上财政赤字率安全警戒线为 3%。)。

【实训目标】

培养学生分析问题能力、解决问题的能力。

【实训组织】

以学习小组为单位,共同根据以上材料分析:

(1)结合材料一和所学财政知识,说明政府应该如何强化预算管理。

(2)结合材料二和所学经济知识,分析现阶段我国增加财政赤字的合理性,并说明应该如何用好财政资金。

【实训成果】

1. 考核和评价采用报告资料展示和学生讨论相结合的方式;

2. 评分采用学生和老师共同评价的方式。

项目七　财政政策

关键术语

财政政策　扩张性财政政策　紧缩性财政政策　中性财政政策　自动稳定的财政政策　相机抉择的财政政策　国家预算

应知考核

一、单项选择题

1.(　　)不属于财政政策目标。

A. 充分就业　　B. 国际收支平衡

C. 物价稳定　　D. 币值稳定

2.“滞涨”是指经济增长停滞和通货膨胀同时存在的现象,在经济出现“滞涨”时,(　　)政策组合更合适。

A.“双松”的财政和货币政策　　B.“双紧”的财政和货币政策

C. 松财政紧货币的政策　　D. 紧财政松货币的政策

3. 政府实行扩张性财政政策通常需要安排更多的支出,政府增加支出的资金主要来自(　　)。

A. 增加税收　　B. 压缩其他支出

C. 向中央银行借款　　D. 发行国债

4. 当总需求极度膨胀,总供给严重不足,物价大幅度攀升时,应采用(　　)政策。

A. 双松组合　　B. 双紧组合

C. 松财政紧货币　　D. 紧财政松货币

5.(　　)不属于扩张性财政政策。

A. 扩大公共投资　　B. 结构性减税

C. 增加农机消费的财政补贴　　D. 降低利率

二、多项选择题

1. 根据财政政策对调节经济周期的作用,可分为(　　)。

A. 扩张性财政政策　　B. 紧缩性财政政策
C. 自动稳定的财政政策　　D. 相机抉择的财政政策

2. 积极的财政政策主要体现在(　　)方面。
A. 进一步完善结构性减税政策,减轻企业和居民的负担
B. 进一步增加城乡居民的收入,努力提高消费能力
C. 进一步优化财政支出的结构,保障和改善民生
D. 进一步促进经济结构调整与区域协调发展,推动经济发展方式加快转变

3. 财政政策的工具有(　　)。
A. 国家预算　　B. 税收
C. 国债　　D. 财政投融资

4. 财政政策的目标主要有(　　)。
A. 物价相对稳定　　B. 收入的合理分配
C. 经济适度增长　　D. 社会生活质量提高

5. 紧缩性财政政策手段是(　　)。
A. 增加税收　　B. 减少税收
C. 增加支出　　D. 减少支出

三、判断题

1. 扩张性财政政策是通过减少税收或增加支出来增加社会总需求,从而刺激经济的增长。(　　)

2. 我国 1998～2002 年实施的积极财政政策的主要手段是减税。(　　)

3. 刺激经济增长的财政手段可采用减税、减少财政支出。(　　)

4. 紧缩性财政政策的唯一措施是减税。(　　)

5. 实行扩张性的赤字财政政策通常会扩大货币供应量。(　　)

四、简述题

1. 简述财政政策的类型。
2. 简述财政政策的目标。
3. 简述财政政策工具及其作用途径。
4. 简述财政政策工具的运用及意义。
5. 结合我国的实际分析不同阶段的财政政策。

应会考核

■ 观念应用

【背景资料】　　财政政策的合理运用

1998 年亚洲许多国家发生金融危机,经济遭到重创。由泰铢贬值开始,不少亚洲国家货币纷纷贬值,我国政府从维持亚洲地区经济稳定的大局出发,坚持人民币不贬值。这就必然影

响我国出口，因为周边国家货币贬值而我国货币不贬值，必然会影响我国出口商品在国际市场上的竞争力。

再从当时国内经济形势看，几年来为治理通货膨胀而实行的财政政策和货币政策都适度从紧的效应已强烈地显现出来，那就是市场低迷，物价下跌，内需严重不足。

内需和外需都不足，怎么办？中共中央和国务院敏锐地把握了国际国内经济形势的变化，针对国际经济环境严峻和国内有效需求不足的困难局面，果断地把宏观调控的重点，从实行适度从紧的财政政策和货币政策，治理通货膨胀，转为实施积极的财政政策和稳健的货币政策。

积极的财政政策，在国际上更通行的说法是扩张性财政政策，按当时财政部长项怀诚的解释，国人可能不太适应扩张性说法，故换以积极的财政政策的提法。

这种积极的财政政策主要内容就是通过发行国债，支持国家的重大基础设施建设，以此来拉动经济增长。我国始终坚持经常性预算不打赤字，建设性预算不突破年初确定的规模。在银行存款增加较多，物资供给充裕，物价持续负增长，利率水平较低条件下，发行国债搞建设既可以利用闲置生产能力，拉动经济增长，又可以减轻银行利息负担，也不会引发通货膨胀，可谓一举多得。1998 年实施积极财政政策当年就增发了国债1 000亿元，国债投资带动了万亿元的基础设施建设，由此拉动 GDP 增长 2.5 个百分点。这为克服亚洲金融危机影响，推动经济增长立下了汗马功劳，中国也成为当年亚洲地区唯一保持经济较高增长速度的国家。

为了继续保持经济增长，从 1999 年到 2001 年，我国每年增发国债都在 500 亿元以上。南水北调，西电东送、西气东输、西部大开发等跨世纪工程也得以启动，这对增强中国经济增长后劲有十分重大的意义。不仅如此，中国积极财政政策在过去 6 年间，平均每年增加就业岗位 120 万～160 万个，6 年共增加就业 700 万～1 000万人，为促进社会稳定也做出了重大贡献。

当然，积极财政政策也带来一些负面影响。自从实施积极财政政策以来，我国预算赤字也就一直处于较快上升之中，从 1997 年底的1 131亿元，2003 年底已增至3 198亿元，增长近 2 倍。财政赤字占 GDP 的比重即赤字率已由 1998 年的 1.20％上升到 2002 年的 3％，达到了国际普遍认同的债券警戒线水平。

2003 年下半年起，我国经济形势开始发生显著变化：如果说原来地方政府、企业投资积极性不高，从而需要中央政府以积极推行财政政策的话，那么，到 2002 年下半年开始，我国许多地区已显现出一股投资过猛的热浪，而且结构很不合理，其中钢铁、水泥、电解铝和高档房地产投资增长特别快，这些行业的投资中，中央政府所占的比例已很小，主要是地方政府和企业进行的投资。例如投资于钢铁的资金有 76.1％是企业自筹，财政资金仅占很小比例。这一方面表明，前几年所实施的积极财政政策不仅已使整个国民经济走出了通货紧缩，而且对整个社会的投资环境和投资氛围已产生明显的催化作用；另一方面也表明，积极财政政策在我国这一特定历史阶段该完成的历史任务已经完成。不仅如此，从 1998～2002 年底和 2003 年初这些年间，我国民营资本已有长足发展，全社会的固定资产投资应当逐步由企业特别是民营企业自己去进行。如果继续实施积极财政政策，扩大中央投资，大规模发行国债，则势必对民间投资产生“挤出”和抑制作用，因为财政投资一般不赢利，或者回收期限很长，因此，只能靠增加税收来偿还国债。在这样一些背景下，财政部审时度势，做出了要将积极财政政策向中性财政政策的及时转变。中性财政政策意味着财政投资扩张力度将减弱，适度紧缩财政资金所支持的项目，同时，对国债使用的结构和方向进行调整，由拉动投资需求转变为刺激消费需求，由拉动第二产业（制造业）转向拉动第一产业，尤其是农林和环境生态等方面。当然，为保证在建工程完工，积极财政政策淡出也需要一个过程。

【考核要求】

1. 什么是积极的财政政策？

2. 如何合理的运用积极的财政政策？

■ 技能应用

克林顿的财政政策

20 世纪 60 年代，肯尼迪总统采用凯恩斯主义经济学的观点，使财政政策成为美国对付衰退和通货膨胀的主要武器之一。肯尼迪总统提出削减税收来帮助经济走出低谷。这些措施实施以后，美国经济开始迅速增长。但是，减税再加上 1965～1966 年在越战中财政扩张的影响，又使得产出增长过快，超过了潜在水平，于是通货膨胀开始升温。为了对付不断上升的通货膨胀，并抵消越战所增开支的影响，1968 年国会批准开征了一项临时性收入附加税。不过，在许多经济学家看来，这项税收增加的政策力度太小、也太迟了一些。

80 年代的美国是另一个典型例子。1981 年国会通过了里根总统提出的一揽子财政政策计划，包括大幅度降低税收，大力扩张军费开支而同时并不削减民用项目。这些措施将美国经济从 1981～1982 年的严重衰退中拯救出来，并进入 1983～1985 年的高速扩张。

克林顿总统一上台，就面临着一个两难困境：一方面高赤字依然顽固地存在着；另一方面经济不景气且失业率高得难以接受。总统必须决定财政政策应从何处着手，是应该先处理赤字，通过增加税收、降低支出来增加公共储蓄，进而靠储蓄水平提高来带动国民投资的增长呢？还是应该关注财政紧缩会减少并排挤投资，而税收增加和的减少又会降低产出？最后，总统还是决定优先考虑削减财政赤字。1993 年预算法案决定，在其后 5 年中落实减少赤字1 500亿美元的财政举措。

【技能要求】

根据上述资料，结合财政政策分析克林顿是如何运用财政政策的？你学到了什么，谈谈你的感想。

■ 案例分析

【情景与背景】 **财政政策如何推动企业创新**

安徽广播网 2013 年 2 月 14 日讯(记者:徐军) 去年以来，我省财政部门通过资金扶持、税收减免、融资服务等多种手段，加快企业自主创新和产业升级步伐。芜湖三花自控元器件有限公司生产的空调截止阀，是用于空调制冷剂充注的关键部件，目前公司每天有 8 万件空调截止阀下线，被美的、格力、松下、富士通等国内外大企业争先采用，国内、国际市场的占有率已经分别达到了 40%和 30%。公司总经理蔡荣生表示，这个销售业绩的取得与芜湖市财政部门出台的资金扶持与税收减免政策密切相关：“政府给企业的优惠政策应该说是非常大的，比方说给我们企业所得税率是 15%等等，让我们企业对芜湖三花的发展非常有信心。”

为帮助企业更好地进行自主创新和产业升级，省财政部门开辟了支持企业发展的资金拨付“绿色通道”，2012 年累计拨付支持企业和园区建设资金 248.2 亿元，并通过融资担保、贷款贴息等政策措施进一步为企业发展助力。如合肥市包河区就通过认购一定比例的企业债券，为辖区内企业提供了数亿多元的融资服务。合肥市包河区财政局局长岳华:"政府承担的债券是不收任何利息的,主要是为了支持企业,降低企业的融资成本,同时我们要求担保公司要降低担保的相关费用。"

2012年,省财政还安排了7亿元专项资金推进合芜蚌综合试验区(合肥、芜湖、蚌埠三市)和国家技术创新工程试点省建设,并安排5亿元专项资金支持战略性新兴产业、省主导产业和各市首位产业发展。省财政厅厅长罗建国说:"创新发展、创新驱动一直作为安徽科学发展的一个主引擎,所以我们财政在这方面按照省委省政府要求,设置了专项资金,从项目上进行支持,给企业以贴息,同时按照国家要求,通过结构性减税给企业,特别是给创新性企业、科技性的研发,提供支撑和帮助,推动转型发展、产业升级、结构调整。"

【分析要求】

根据上述资料,请回答下列问题:

1. 安徽省运用了哪些财政政策手段推动企业创新发展?
2. 你所在的省运用了哪些财政政策手段推动企业创新发展?

项目实训

【实训内容】

分析某项财政政策的出台。

【实训目标】

培养学生分析问题能力、解决问题的能力;培养学生资料查询、整理的能力。

【实训组织】

以学习小组为单位,查询我国最近出台的财政政策,分析这些财政政策对现实影响。

【实训成果】

1. 考核和评价采用报告资料展示和学生讨论相结合的方式;
2. 评分采用学生和老师共同评价的方式。

模块二

金融基础

项目八　货币和货币制度

关键术语

货币　实物货币　金属货币　代用货币　信用货币　存款货币　电子货币　货币制度　劣币驱逐良币

应知考核

一、单项选择题

1. 流通中的主币(　　)。

A. 是 1 个货币单位以下的小面额货币　　B. 是有限法偿货币

C. 主要用于小额零星交易　　D. 是一个国家的基本通货

2. 货币形态演变的历程是(　　)。

A. 金属货币→实物货币→信用货币→电子货币

B. 实物货币→金属货币→信用货币→电子货币

C. 实物货币→信用货币→金属货币→电子货币

D. 金属货币→信用货币→实物货币→电子货币

3. 货币在商品交换中起媒介作用时执行(　　)职能。

A. 价值尺度　　B. 流通手段

C. 贮藏手段　　D. 支付手段

4. 银行券属于(　　)。

A. 实物货币　　B. 商品货币　　C. 金属货币　　D. 信用货币

5. 出现“劣币驱逐良币”现象的货币制度是(　　)。

A. 金本位制　　B. 银本位制

C. 金银复本位制　　D. 金块本位制

二、多项选择题

1. 货币制度的构成要素主要有(　　)。

A. 规定货币材料　　B. 规定货币单位

C. 规定流通中货币的种类　　D. 规定货币的法定支付能力

2. 我国流通的货币是人民币，人民币是(　　)。

A. 不兑现的信用货币　　B. 可兑现的信用货币

C. 中国人民银行发行的法定货币　　D. 通过非信用程序发行的

3. 金币本位制的特点是(　　)。

A. 金币自由铸造　　B. 金币自由熔化

C. 黄金自由输入　　D. 黄金自由输出

4. 货币执行支付职能时的具体形式有(　　)。

A. 发放工资　　B. 交纳税款　　C. 转移财富　　D. 银行借贷

5. 港币的发行银行有(　　)。

A. 汇丰银行　　B. 花旗银行　　C. 渣打银行　　D. 中国银行

三、判断题

1. 关于货币起源的学说大致有三种：一是创造发明说、二是便于交换说、三是财富保存说。(　　)

2. 货币是特殊商品，因此，不具有特殊的使用价值。(　　)

3. 存款货币的出现，打破了实体货币的观念，将货币由有形货币引向了无形货币。(　　)

4. 电子货币是虚拟货币，是一种没有货币实体的货币。(　　)

5. 我国货币层次 M_0：M_1＋可开支票的活期存款。(　　)

四、简述题

1. 简述货币的本质与内涵。
2. 简述货币层次划分的标准。
3. 简述货币的作用。
4. 简述不兑现信用货币制度具有哪些特点。
5. 简述货币制度的构成要素。

应会考核

■ 观念应用

【背景资料】　　**理解货币职能**

有人会问，为什么在商店里，说明商品价值的大小只要摆放一个小小的价目表、写出它的单价即可，而不用摆放该商品所值的货币？

【考核要求】

根据上述资料，结合本项目的内容，简要说明其主要原因。

■ 技能应用

古代的“劣币驱逐良币”

早在16世纪的英国伊丽莎白时代，英国财政学家汤姆斯·格雷欣(Thomas Gresham)发现了一个秘密。消费者喜欢用成色较低的金属货币在市场交易、流通，把成色较高的金属货币储藏起来，久而久之，流通领域中就到处可见贵金属含量低的“劣币”，贵金属含量高的“良币”则因被人们收藏起来而越来越少。于是他在给英国女王的一份铸币改革建议中首次提出“劣币驱逐良币”的现象。约三百年后，英国经济学家麦克劳德(MacLeod)在其著作《经济学纲要》中称之为“格雷欣法则”。实际上，自从人类给金钱以一定的币值时起，格雷欣法则就起作用了。

例如，在古罗马时代，人们就习惯从金银钱币上切下一角，这就意味着货币在充当交易媒介时，价值含量减小了。古罗马人并不是傻瓜，他们很快就觉察到货币变得越来越轻。当他们知道货币减轻的真相时，就把足值的金银货币收藏起来，专门去使用那些不足值的货币进行交易。这个例子说明，坏钱把好钱从流通领域中排挤出去了。为了控制这一现象的蔓延，政府发行了带锯齿的货币，足值货币的边缘都有细小的沟槽。如果货币边缘的沟槽被挫平，就知道这枚货币被动过手脚了。

再比如在中国古代，西汉的贾谊曾指出“奸钱日繁，正钱日亡”的事实，这里的“奸钱”指的就是劣币，“正钱”指的就是良币。

【技能要求】

根据上述资料，什么是劣币驱逐良币？能否简要的说明在金银复本位制下“劣币驱逐良币”这种现象。

■ 案例分析

【情景与背景】　　**虚拟货币是不是货币**

Q币是网络上流行的一种“虚拟货币”，可以用来支付QQ的游戏、会员服务等。通常它的兑换价格是1Q币=1元人民币，用腾讯拍拍网交易一般都是9折。虚拟货币是指非真实的货币，在虚拟跟现实有连接的情况下，虚拟的货币有其现实价值。知名的虚拟货币如百度公司的百度币、腾讯公司的Q币、盛大公司的点卷、新浪推出的U币，还有2009年诞生的比特币。

2002年以来，我国每年都会出现大量因游戏账号被停用、虚拟财产丢失而引发的法律纠纷，并且有越来越多的专家开始对虚拟货币提出质疑。因为人民币是我国法定的货币，人民币在现实中的数量有限制。虚拟货币代替人民币成为网上交易的一般等价物，会冲击我国的金融秩序，其泛滥后果不堪设想。

【分析要求】

根据上述资料，你认为虚拟货币算不算货币？它会不会对人民币产生冲击？监管机构是否应该将虚拟货币纳入监管对象？

项目实训

【实训内容】

不同面值的人民币。

【实训目标】

认识中国人民银行统一发行的人民币，能够尝试辨别伪币。培养学生分析问题能力、解决问题的能力；培养学生资料查询、整理的能力。

【实训组织】

以学习小组为单位，：收集第五套人民币（主币和辅币）；查看人民币的真伪；收集或发现可能遇到的假币，进行辨别。

【实训成果】

1. 考核和评价采用报告资料展示和学生讨论相结合的方式；

2. 评分采用学生和老师共同评价的方式。

项目九 信用和利息

关键术语

信用 商业信用 银行信用 国家信用 消费信用 国际信用 民间信用 信用工具 商业票据 利息 利率 大额可转让定期存单 回购协议 长期信用工具 利息 利率 固定利率 浮动利率 官方利率 市场利率 基准利率 单利 复利 现值 终值

应知考核

一、单项选择题

1. 企业之间相互提供的与商品交易直接相联系的信用形式是(　　)。

A. 商业信用　　B. 消费信用　　C. 银行信用　　D. 民间信用

2. 债权人和债务人都是企业的信用形式是(　　)。

A. 商业信用　　B. 银行信用　　C. 国家信用　　D. 消费信用

3. 银行信用属于(　　)。

A. 间接信用　　B. 直接信用　　C. 民间信用　　D. 商业信用

4. 如果名义利率为3%,通货膨胀率为5%,则实际利率为(　　)。

A. 13%　　B. 8%　　C. 2%　　D. −2%

5. 利息率是指(　　)。

A. 利息额与利润的比率

B. 利息额与货币供应量的比率

C. 借贷期内所形成的利息额与所贷金额的比率

D. 利息额与金融资产的比率

二、多项选择题

1. 国家信用的工具主要有(　　)。

A. 中央政府债券　　B. 地方政府债券

C. 金融债券　　D. 公司债券

2. 银行信用与商业信用的关系表现为(　　)。

A. 商业信用的广泛发展是银行信用产生的基础
B. 银行信用的发展是商业信用产生的基础
C. 银行信用与商业信用是替代关系
D. 银行信用克服了商业信用的局限性
3. 商业信用的主要表现形式有(　　)。
A. 商品赊销　　B. 预付定金或货款
C. 货币借贷　　D. 分期付款
4. 关于利息理解正确的有(　　)。
A. 从债权人的角度看,是债权人贷出资金而从债务人处获得的报酬
B. 从债务人的角度看,利息是债务人为获得货币资金的使用权所花费的代价
C. 利息是债务人使用资金的"价格"
D. 利息来源于货币资金的自行增值
5. 根据名义利率与实际利率的比较,(　　)。
A. 名义利率高于通货膨胀率时,实际利率为正利率
B. 名义利率高于通货膨胀率时,实际利率为负利率
C. 名义利率等于通货膨胀率时,实际利率为零
D. 名义利率低于通货膨胀率时,实际利率为正利率

三、判断题

1. 信用产生于商品流通,又不局限于商品流通。(　　)
2. 信用是一种借贷行为,信用关系即债权债务关系。(　　)
3. 赊销和预收货款是商业信用的两种基本形式。(　　)
4. 国债是特殊的财政范畴,是一种财政支出。(　　)
5. CDS 是一种双边金融契约,对某种特定的标的物的面值或本金提供保险。(　　)

四、简述题

1. 简述信用的内涵和特征;信用的构成要素和形式。
2. 简述商业信用和银行信用的关系。
3. 简述信用工具的内涵及特征。
4. 简述短期信用工具和长期信用工具的内涵和种类。
5. 简述决定和影响利率的因素;利率的作用。

应会考核

■ 观念应用

【背景资料】　央行再次降息,货币政策再度出击

中国人民银行决定,自 2015 年 8 月 26 日起,下调金融机构人民币贷款和存款基准利率,以进一步降低企业融资成本。其中,金融机构一年期贷款基准利率下调 0.25 个百分点至

4.6%;一年期存款基准利率下调0.25个百分点至1.75%;其他各档次贷款及存款基准利率、个人住房公积金存贷款利率相应调整。同时,放开一年期以上(不含一年期)定期存款的利率浮动上限,活期存款以及一年期以下定期存款的利率浮动上限不变。

自2015年9月6日起,下调金融机构人民币存款准备金率0.5个百分点,以保持银行体系流动性合理充裕,引导货币信贷平稳适度增长。同时,为进一步增强金融机构支持"三农"和小微企业的能力,额外降低县域农村商业银行、农村合作银行、农村信用社和村镇银行等农村金融机构准备金率0.5个百分点。额外下调金融租赁公司和汽车金融公司准备金率3个百分点,鼓励其发挥好扩大消费的作用。

【考核要求】

根据上述资料,分析为什么要进行利率调整?作用是什么。

■ 技能应用

小企业融资方式

"不敢想象工行这么大银行居然也有这么贴近中小企业的融资服务。"——小型高科技企业老板

● 企业描述:小型高科技企业,生产的通信电源技术含量高,专业性强,性能优良,产品主要销售给国内大型通信设备制造商。

● 融资需求:

由于该公司正处于起步阶段,研发资金投入较大,而公司规模小,自有资金有限,在扩大生产经营方面受到较大的阻碍。又由于该公司在行业中处于弱势,谈判和议价能力较弱,无法从其购货商和供应商处获得优惠的价格,经营成本居高不下,公司业务难以实现较大的突破——该公司面临资金瓶颈。

该公司管理者也意识到问题所在,但由于公司刚刚起步,规模小,效益尚未显现,且没有可供抵押的固定资产,因此,在融资方面频频碰壁。

● 转机:

经业内人士介绍,该公司老板得知工行有专门针对中小企业的融资产品,与工行进行了接触。

● 工行的解决方案:

工行了解了该公司的融资需求和经营特点后,向其推荐了应收账款融资业务,即公司可以将其对购货商的应收账款转让给工行,工行按照应收账款金额给予一定比例的融资。该项业务无须企业提供额外的抵押担保,并且在企业供货后就可以得到融资,在购货商到期支付货款后再归还融资,整个过程既快捷又方便,企业可以放心地使用融资资金进行原材料采购和扩大经营,而无后顾之忧。

● 融资收获:

今年3月份尝试着做了第一笔应收账款融资业务,金额200万元。之后,又陆续在工行办理应收账款融资业务,融资金额不断扩大,累计融资金额达3 000万元,融资余额超过1 000万元,成为工行首家应收账款融资余额超1 000万元的中小企业。

● 融资感受:

"我一开始将信将疑,几乎不敢想象工行这么大银行居然也有这么贴近中小企业的融资服

务。后来发现工行的服务完全超出我的预期，资金很快就到了公司的账户，而且工行也没有额外的条件和要求。”接受记者采访时，这家企业的老板对工行充满感激地说。

【技能要求】

以上融资属于什么信用形式？有什么特点？

■ 案例分析

【情景与背景】　　　　阿里巴巴首建小企业商业信用体系

本报讯 3 月 15 日，作为双方战略合作的具体内容之一，国家通讯社新华社与国内最大的电子商务平台、小企业代言人阿里巴巴公司联合启动“诚信中国年”系列活动，1 万家小企业在线予以响应，亮出小企业向往“诚信”的活动标志。

据介绍，“诚信中国年”行动，将由万家企业建言《小企业诚信公约》、“诚信中国年”发起企业亮出“诚信”标志表诚信宣言、“APEC 诚信与小企业发展论坛”、“中国诚信小企业”评选等系列活动组成。同时，阿里巴巴公开宣布，即日起建立国内首个“小企业商业信用体系”，并斥资 10 亿元设立先行赔付的企业诚信保障金。

“我每天都会关注阿里巴巴平台上的贸易纠纷和投诉，与小企业主沟通网上做生意时遇到的难处和困惑。当有客户被诈骗而无法追回损失，并为网络贸易担惊受怕时，我的内心就十分痛苦。”阿里巴巴公司 CEO 卫哲向记者坦言，“我有一个梦想，就是让所有小企业安全交易的梦想，一个重塑商业诚信的梦想。”

“阿里巴巴 3 月 8 日上线的 1688 平台就是普及中国诚信和电子商务的原点。电子商务已成为小企业建立商业诚信的必备工具。”卫哲语出惊人道，“1688. com 批发大市场将正式启用‘先行赔付’原则，在为小企业创造商机的同时，保障和解决安全交易问题。”据统计，1688. com 上线当天，批发客流量达到了 639 万，这也相当于全球最大小商品市场义乌小商品城 1 个月的人流量，并成交了 309 万件商品。

“小企业商业信用体系”的问世，令整个行业震惊不已。

“从今天开始，只要你敢到 1688. com 平台批发，阿里巴巴就敢承诺保障。”阿里巴巴诚信发展部资深总监贾炯豪语惊人，并对这个“小企业商业信用体系”信心十足。

据介绍，截至 2009 年 12 月底，阿里巴巴诚信通会员中，信用记录良好的小企业会员通过“阿里贷款”服务，利用网络贷款方式获得贷款超过 50 亿元人民币。仅 2009 年一季度，经过阿里巴巴信用体系筛选的4 500多家优质供应商，应邀参加了 15 个线上大型采购项目和 6 个线下大型采购会，获得了大量的订单。至 2009 年年底，超过3 000家小企业受益于这些贷款，帮助他们度过了经济危机。

卫哲表示，2010 年是阿里巴巴的服务年，为此阿里巴巴将推出一系列与 1688 相关的平台、产品和服务。小企业的生存和发展危机还没有完全过去，阿里巴巴将继续降低电子商务的门槛，在 4 月初推出一款 1688 元的入门级产品，普及和打造一片小企业诚信的天空。

【分析要求】

1. 阿里巴巴对建立企业商业信用采取了什么办法？
2. 本例中信用主体和客体是指什么？

项目实训

【实训内容】

利率调整

【实训目标】

通过对我国利率的调整分析，了解我国利率调整的现状，分析利率调整对我国经济的影响。培养学生分析问题能力、解决问题的能力；培养学生资料查询、整理的能力。

【实训组织】

以学习小组为单位，1. 查找最近三年我国利率调整的数据；2. 分组进行数据整理，分析我国利率调整的原因；3. 判断我国利率调整的趋势；4. 分析利率调整对我国经济的影响；5. 汇报分析结果

【实训成果】

1. 考核和评价采用报告资料展示和学生讨论相结合的方式；

2. 评分采用学生和老师共同评价的方式。

项目十　金融机构体系

关键术语

金融机构　管理性金融机构　商业性金融机构　政策性金融机构　银行类金融机构　非银行类金融机构　国际性金融机构　全国性金融机构　地方性金融机构

应知考核

一、单项选择题

1. 金融机构又被称为(　　)。

A. 金融中介　　B. 金融企业　　C. 金融单位　　D. 金融组织

2. 不属于商业性金融机构的是(　　)。

A. 商业银行　　B. 信托公司　　C. 租赁公司　　D. 开发银行

3. 不属于银行类金融机构的是(　　)。

A. 中央银行　　B. 证券公司　　C. 政策性银行　　D. 信用合作社

4. 中国农业发展银行是一家(　　)。

A. 商业银行　　B. 投资银行　　C. 中央银行　　D. 政策性很行

5. 专门对工商业办理投资和长期信贷业务的银行是(　　)。

A. 商业银行　　B. 中央银行　　C. 投资银行　　D. 储蓄银行

二、多项选择题

1. 按照业务性质和功能的不同,可将金融机构分为(　　)。

A. 经营性金融机构　　B. 管理性金融机构

C. 商业性金融机构　　D. 政治性金融机构

2. 按照业务活动的地理范围,可将金融机构分为(　　)。

A. 国际性金融机构　　B. 全国性金融机构

C. 地方性金融机构　　D. 涉外金融机构

3. 新中国金融机构体系中的四大主体是指(　　)。

A. 中国工商银行　　B. 中国农业银行

C. 中国交通银行　　D. 中国建设银行

4. 下列各项中，属于我国股份制商业银行的有（　　）。

A. 广东发展银行　　B. 华夏银行

C. 招商银行　　D. 民生银行

5. 全球性国际金融机构主要包括（　　）。

A. 世界交易组织　　B. 国际货币基金组织

C. 亚太经济交易组织　　D. 世界银行集团

三、判断题

1. 金融机构的经营内容主要是货币的收付、借贷及各种与货币资金运动有关的金融活动。（　　）

2. 目前我国大多数的城市商业银行都属于全国性金融机构。（　　）

3. 投资银行和商业银行不同，它们的资金来源，主要依靠发行自己的股票和债券来筹集。（　　）

4. 证券交易所的最高决策机构是理事会（或董事会），但决定业务经营方针的是会员大会。（　　）

5. 国际开发协会是专门向较贫穷的发展中国家发放条件较宽的长期贷款的国际金融机构，属世界银行集团。（　　）

四、简述题

1. 简述金融机构与一般经济组织的共性及特殊性。

2. 简述金融机构的功能。

3. 简述银行金融机构的体系与结构。

4. 简述非银行金融机构的体系与结构。

5. 简述我国的政策性金融机构。

应会考核

■ 观念应用

【背景资料】　　世界一流投资银行——美林证券

美林证券(Merrill Lynch)是一个领导性的国际金融管理及咨询公司，总体客户资产超过一万亿美元，在为个人与小型企业提供金融咨询与管理服务中处于领导地位。作为一个投资银行，八年以来它已成为国际上最大的股票和债券承销人。也是企业，政府，机关，个人的战略性咨询者。通过美林证券资产管理，公司运作着世界上最大的共同基金集团之一。

美林证券的经营原则是："我们作为领导、同事、雇员和居民的行为基础。我们承诺在经营原则的规范下进行我们个人及组织行为。这一承诺帮助我们成为世界上一流的公司。随着美林证券越来越多元化、全球化，经营原则帮助我们更加确定我们是什么样的公司，我们相信什么，我们期待我们能为自己、客户和股东提供哪些服务。"

美林证券在世界负债市场中占主导地位。在过去的7年中，公司在世界负债业务中排名第一。我们在国际市场中拥有的权利与所处的姿态主要是对世界区域时常的改革性研究：通过2 000多个销售与贸易的专业人员的努力，研究能迎合客户口味的产品，提供能满足客户需求的分析研究，以及分配与贸易中的国际力量。美林证券在美国的市政债务市场中有很长的领导历史了，在机构贸易，零售分销，研发，市政衍生品，以及债务保险领域中不断取得骄人的成绩。

自1980年以来，美林证券一直是免税证券的首席高级经理。1996年一年的时间，长期债券的保险额达2 200亿美元。通过美林证券发行证券的客户不但可与市政方面的工业领导保持联系，还可以与跨越债务种类的领导保持联系。1996年，13亿美元免税保险的突出成绩说明经验在一级、二级市场中占重要地位。几十年来美林证券一直将资产投入到二级市场中。在过去的几年中，美林证券的机构贸易处赢得机构投资者的最高票。

美林证券的主要业务：投资银行美林证券是为企业、机关、政府提供全球咨询与金融服务的市场主导者。强大的关系网管理，创新，产品开发，持久而不可逾越的道德标准已推动美林证券在投资银行产业中首屈一指。美林证券的国内与国际业务容量超过所有竞争对手。

并购(M&A)，通过并购集团，美林证券是并购交易中的领导性咨询公司，是在美国和全球完成并购的西方顶尖级顾问公司之一。自1995年以来，美林证券已为1 100桩交易提供咨询服务，交易值超过1.2万亿美元。美林证券为客户提供各种不同类型的战略性服务，其中包括预先反并购策略，销售，收购，剥离财产，使母公司收回子公司全部股本使之脱离，以及合资企业的服务。美林证券的并购专家可根据客户的战略性需要提供不同的专家建议。他们与美林证券的其他行业专家密切合作以满足客户的需求。

金融期货与选择权美林证券金融期货与选择权部通过运用利率，股票和金融衍生品帮助机关客户进行风险管理与投资决策。我们不断完善公司在世界范围的资本市场资源以便为我们的客户提供综合策略。

企业销售，美林证券通过850多种行业组成的国际化销售力量，提供给机构投资人广泛的产品与服务。机构客户部门负责美林证券与机构投资人的业务关系，其中包括最大的企业、养老基金、金融机构、政府机关以及在国际上持有主要投资资产的商人。

【考核要求】

查阅相关资料，找出我国投资银行在业务上的差距。

■ 技能应用

中国首家金融机构破产案
广东省国际信托投资公司破产案例分析

1999年1月10日，广东省国际信托投资公司由于严重资不抵债，向法院提出破产申请。当年1月16日，广东省高级人民法院认定，广东省国际信托投资公司及其全资4家子公司因不能清偿到期境内外债务，符合法定破产条件，裁定进入破产还债程序，由法院指定的清算组接管破产企业。与此前发生的广东发展银行收购“中银信托”、关闭海南发展银行等金融机构市场退出案例不同的是，广东省国际信托投资公司破产是中国首家金融机构破产案，是我国金融机构市场退出中首例通过人民法院宣布破产后进入退出程序的，它打破了我国金融机构不能破产的神话。.

广东省国际信托投资公司是 1980 年 7 月经广东省人民政府批准建立的企业，1983 年被中国人民银行批准为非银行金融机构并享有外汇经营权，接着在 1989 年又被国家主管机关确定为全国对外借款窗口，并被称为广东省人民政府的"窗口公司"。20 世纪 80 年代末期，广东省国际信托投资公司的经营规模不断扩大，逐渐从单一经营信托业务，发展成为以金融和实业投资为主的企业集团，在广东的投资曾有3 000多项，经营规模在中国信托业中居第二位，成为广东省最大的非银行金融机构。但是，长期以来广东省国际信托投资公司经营管理极其混乱，存在大量高息揽存、账外经营、乱拆借、乱投资等违规经营行为，致使不能支付巨额到期债务，严重资不抵债。1998 年 10 月 6 日，中国人民银行对广东省国际信托投资公司进行关闭处理，经过三个月的清算，初步查明广东省国际信托投资公司的资产总额为 214.71 亿元，负债 361.65 亿元，资产负债率高达 168.23%，资不抵债达 146.9 亿元。鉴于财务状况严重恶化，不能清偿到期债务呈连续状态，1999 年 1 月，广东省国际信托投资公司及其全资深圳公司、广东国际租赁公司和广信企业发展公司等 4 家公司分别向广东省高院、深圳市中院和广州市中院提出破产申请。

广东省高级人民法院指定省政府有关部门成立破产清算组，负责对广东省国际信托投资公司的破产清算工作。清算组聘请会计师事务所和律师事务所负责破产清算工作中的具体事务，包括对破产企业财产的接管、财务清理、对外债权追索、申报债权登记确认、破产财产的处理和分配方案的制定以及其他与保护债权人利益相关的事务。为了保证破产清算工作的顺利进行，法院与破产清算组、各中介机构经过研究、协商，明确了各自的分工和责任：法院负责依法裁判，保证程序合法，处理正确；清算组对清算工作负责，向法院报告工作，接受法院监督，并对所聘请的中介机构决定的各项事务享有充分的审查权、监督权和否决权：中介机构具体负责破产清算工作中的财会、法律、评估等专业事务。广东省国际信托投资公司开了我国运用破产方式处置问题金融机构的先例，也给中外债权人和社会公众上了"风险教育"这一课。

【技能要求】

金融机构市场退出的方式主要有哪些呢？请分析说明本案例。

■ 案例分析

【情景与背景】　　海南发展银行的关闭

1998 年 6 月 21 日，中国人民银行发表公告，关闭刚刚诞生 2 年 10 个月的海南发展银行。这是新中国金融史上第一次由于支付危机而关闭一家有省政府背景的商业银行。海南发展银行成立于 1995 年 8 月，是海南省唯一一家具有独立法人地位的股份制商业银行，其总行设在海南省海口市，并在其他省市设有少量分支机构。它是在先后合并原海南省 5 家信托投资公司和 28 家信用社的基础上建立和壮大的。成立时的总股本 16.77 亿元，海南省政府以出资 3.2 亿元成为其最大股东。关闭前有员工2 800余人，资产规模达 160 多亿元。

1997 年底按照省政府意图海南发展银行兼并 28 家有问题的信用社之后，公众逐渐意识到问题的严重性，开始出现挤兑行为。随后几个月的挤兑行为耗尽了海南发展银行的准备金，而其贷款又无法收回。为保护海南发展银行，国家曾紧急调了 34 亿元资金救助，但只是杯水车薪。为控制局面，防止风险蔓延，国务院和中国人民银行当机立断，宣布 1998 年 6 月 21 日关闭海南发展银行。同时宣布从关闭之日起至正式解散之日前，由中国工商银行托管海南发展银行的全部资产负债，其中包括接收并行使原海南发展银行的行政领导权、业务管理权及财务收支审批权；承接原海南发展银行的全部资产负债，停止海南发展银行新的经营活动；配合有关部门实施清理清偿计划。对于海南发展银行的存款，则采取自然人和法人分别对待的办法，自然人存款即居民储蓄一律由工行兑付，而法人债权进行登记，将海南发展银行全部资产负债清算完毕以后，按折扣率进行兑付。6 月 30 日，在原海南发展银行各网点开始了原海南发展银行存款的兑付业务，由于公众对中国工商银行的信用，兑付业务开始后并没有造成大量挤兑，大部分储户只是把存款转存工商银行，现金提取量不多，没有造成过大的社会震动。

海南发展银行从开业之日起就步履维艰，不良资产比例大，资本金不足，支付困难，信誉差。为保护海南发展银行，国家曾紧急调了 34 亿元资金救助，但只是杯水车薪。为控制局面，防止风险漫延，国务院和中国人民银行当机立断，宣布 1998 年 6 月 21 日关闭海南发展银行。海南发展银行倒闭的主要原因有如下两点：不良资产比例过大；违法违规经营。

【分析要求】

根据上述资料，说明如何加强金融机构的管理。

项目实训

【实训内容】

我国金融机构的职责划分

【实训目标】

认识我国现有的各种金融机构；培养学生分析问题能力、解决问题的能力；培养学生资料查询、整理的能力。

【实训组织】

以学习小组为单位，各组进行实地考察；各组选出两种以上与个人有关的金融业务并选择金融机构进行办理；分组讨论，加深对各种金融机构的认识。

【实训成果】

1. 考核和评价采用报告资料展示和学生讨论相结合的方式；
2. 评分采用学生和老师共同评价的方式。

项目十一　中央银行

关键术语

一元式　二元式　多元式　单一型中央银行制度　复合型中央银行制度　跨国型中央银行制度　准中央银行型制度

应知考核

一、单项选择题

1. 下列中央银行的业务和服务中，体现其“银行的银行”的职能的是(　　)。

A. 发行货币　　B. 对政府提供信贷
C. 代理国库　　D. 集中保管商业银行存款准备金

2. 中央银行证券买卖业务的主要对象是(　　)。

A. 国库券和国债　　B. 股票
C. 公司债券　　D. 金融债券

3. 证券买卖业务是中央银行的(　　)。

A. 负债业务　　B. 资产业务　　C. 中间业务　　D. 清算业务

4. 代理国库业务体现的中央银行职能是(　　)。

A. 发行的银行　　B. 银行的银行
C. 国家的银行　　D. 企业的银行

5. 我国的中央银行是(　　)。

A. 中国银行　　B. 中国人民银行
C. 中国工商银行　　D. 中国银行业监督管理委员会

二、多项选择题

1. 中央银行的资产业务主要有(　　)。

A. 发行货币　　B. 集中存款准备金
C. 再贴现和贷款　　D. 证券买卖

2. 中央银行的主要职能有(　　)。

A. 发行的银行　　B. 政策的银行
C. 盈利的银行　　D. 银行的银行

3. 中央银行作为国家的银行,其职能体现在(　　)。
A. 制订并监督执行有关金融管理法规
B. 对国家给予信贷支持
C. 代理国家债券的发行
D. 代理国库

4. 以下属于中央银行负债业务的是(　　)。
A. 货币发行业务　　B. 证券买卖业务
C. 集中存款准备金业务　　D. 再贴现业务

5. 中央银行的业务对象有(　　)。
A. 工商企业　　B. 城乡居民　　C. 政府　　D. 金融机构

三、判断题

1. 我国采用中央和地方两级相对独立的中央银行机构。(　　)
2. 目前,世界上几乎所有国家的现钞都由中央银行发行。(　　)
3. 银行券的发行是中央银行的重要资金来源,为中央银行调节金融活动提供了资金力量。(　　)
4. 代理国库业务是中央银行最重要的负债业务。(　　)
5. 国库存款、行政事业单位存款在其支出之前在中央银行存放,构成中央银行的负债业务,并成为中央银行重要的资金来源。(　　)

四、简述题

1. 简述中央银行的类型与组织结构。
2. 简述中央银行的资本组成类型。
3. 简述中央银行的性质及特征。
4. 简述中央银行与政府关系。
5. 简述中央银行的业务。

应会考核

■ 观念应用

【背景资料】　　**身负不良贷款申请难过关**

某客户向工商银行某分行申请期限 10 年、金额 11 万元的住房贷款 1 笔。该客户申请资料显示其拥有私家车 1 辆,具有一定经济实力。查询个人征信系统发现,该客户在其他银行办理的 1 笔汽车消费贷款已形成不良贷款,余额为 7 万元。

【考核要求】

请根据上述背景资料,分析银行应采取什么举措。

■ 技能应用

央行加息案

某年中国人民银行宣布，自22日起上调金融机构人民币存贷款基准利率，这是央行继3月18日、5月19日、7月21日三度加息后，今年以来第四次提高存贷款基准利率，“目的是为合理调控货币信贷投放，稳定通货膨胀预期”。

根据决定，金融机构一年期存款基准利率上调0.27个百分点，由现行的3.33%提高到3.60%；一年期贷款基准利率上调0.18个百分点，由现行的6.84%提高到7.02%；其他各档次存贷款基准利率也相应调整。个人住房公积金贷款利率相应上调0.09个百分点。

值得注意的是，央行这次采取的是非对称加息，即存款利率的提高幅度高于贷款利率的提高幅度。这种“非对称加息”有其深意。

首先，政府对于近期股票市场的再度大幅上涨有一定的担心。很明显，股票市场的快速上涨明显地分流了原来聚集在银行体系的存款。今年以来，企业和居民更加倾向于活期存款，这可能意味着，越来越多的存款资金准备择机而动，进入股票市场。央行在本周股票市场大涨之后选择非对称加息，并非时间上的巧合。

其次，由于今年以来以CPI为代表的物价指数不断上升，6月份和7月份的CPI分别达到了4.4%和5.6%，物价指数在第二季度后月度环比逐渐上升，再度超过了一年期存款利率，又出现了所谓“负利率”的现象，为了提高存款者的实际利率，采取非对称加息似乎是一个合理的选择。

第三，过去提高利率难以抑制银行信贷扩张的一个重要原因就在于，由于活期存款利率基本上保持不变，结果，每提高一次利率，按照存续期来计算，存贷利率就会有一次相应的增加，这反而刺激了银行扩张更多信贷资产的意愿，这也是为什么过去提高利率总会造成银行股随之大幅上涨并进而带动股票市场进一步上涨的重要原因。今年的两次非对称加息，逐步缩小存贷利差，某种意义上是对商业银行“不配合”货币紧缩的激进行为的一种“惩罚”，因存贷利差的缩小会减少银行体系的利润至少300亿元以上。如果这一效果加入到了投资者对银行股的估值预期中，那么，这一非对称性加息可能会起到惩罚无节制的银行信贷扩张和延缓股票市场上涨速度的一箭双雕的作用。

最后，美国的次级抵押贷款危机也会让中国在加息时提高警惕，因为美联储的连续17次加息极大地加重了一些次级抵押借款者的偿付负担，并最终爆发了偿付危机。或许正因为央行考虑到利率上升对房贷者负担的影响，所以在2006年8月份加息时就将住房抵押贷款利率向下浮动的区间扩大到了15%。然而，现在超过了7%的贷款利率，至少已与企业总体的资产利润率相当接近，这可能会加大那些产品价格上涨幅度较小、资产利润率较低的行业企业的偿还负担。随着央行多次提高贷款利率效果的逐步显现，金融机构的贷款违约率可能会逐步上升。这大概也是央行现在运用利率政策时所不得不顾虑的。

这次央行调整利率之前，国家外汇管理局先是调整了企业经常账户的政策，继而宣布在滨海新区试点个人直接投资于香港股票市场，而中国人民银行最近又宣布在银行间外汇市场推出了外汇货币掉期交易。所有这些政策的调整都不是孤立的事件，它既有利于推进我国的货币可兑换改革，为进一步完善汇率机制创造条件，同时也是我国央行原有的货币政策工具在应对流动性扩张方面不得已而为之的政策选择。因此，现在看来，政府不再单纯为了宏观调控而简单地改变利率或法定准备金比率，而将真正通过改革促进宏观调控。这对于央行的流动性管理、控制货币与信贷的增长显然是有积极意义的。

根据国家统计局日前数据显示，受食品价格快速攀升影响，从 7 月份宏观经济数据看，通胀预期还是很高。上一次加息以后，国内物价上涨速度并没有平抑下来，此次加息是预料之中的事。7 月份全国居民消费价格总水平同比上涨达到 5.6%，这是我国 CPI 连续 5 个月同比上涨达到 3%以上，也是近 10 年来 CPI 月度涨幅最高的一个月。近年来我国固定资产投资增长较快、银行信贷增长过猛、流动性过剩问题依然突出，因此，央行今年已第四次运用利率杠杆实施宏观调控。央行此次最新加息决定的时间有点出人意料，但表明央行急于修正实际利率为负值的局面，特别是考虑到 A 股市场重拾升势，同时也是为了稳定总体通货膨胀预期。而时间上的出其不意，正体现了国家宏观调控政策的成熟。

【技能要求】

1. 此次上调人民币存贷款基准利率的宏观经济背景是什么？为什么存款利率上调幅度大于贷款利率上调幅度？

2. 应该说前几次加息对抑制通货膨胀效果不大，那么，这一次会步前几次的后尘吗？

3. 商业性个人住房贷款利率有什么变化趋势？

■ 案例分析

【情景与背景】　　中国人民银行：希望各方支持人民币加入 SDR

中国人民银行有关负责人 14 日表示，人民银行欢迎国际货币基金组织总裁拉加德就特别提款权（SDR）审查发表的声明，中方希望各方支持人民币加入 SDR。

SDR 是 IMF 创设的一种国际储备资产，用以弥补成员国官方储备不足，其价值目前由美元、欧元、日元和英镑 4 种货币组成的一篮子储备货币决定。

拉加德在声明中表示，IMF 工作人员向执董会提交的 SDR 审议文件评估认为，人民币符合“可自由使用”货币要求，建议执董会认定人民币可自由使用，并将其作为除英镑、欧元、日元和美元之外的第五种货币纳入特别提款权篮子。最终决定将于 11 月 30 日召开的 IMF 执董会会议上作出。

人民银行有关负责人表示，对国际货币基金组织工作人员有关人民币加入 SDR 的分析和建议表示赞赏，这也是对中国经济发展和改革开放所取得成绩的肯定。中方认为，人民币加入 SDR 有助于增强 SDR 的代表性和吸引力，完善现行国际货币体系，对中国和世界是双赢的结果。中方希望各方支持人民币加入 SDR。中方期待并尊重 11 月 30 日国际货币基金组织执董会讨论的结果。

据环球银行金融电信协会（SWIFT）统计，人民币已成为全球第二大贸易融资货币、第四大支付货币、第七大国际储备货币。

“今后中方将继续坚定不移地推进全面深化改革的战略部署，稳步推动金融改革和对外开放。”人民银行有关负责人表示。

【分析要求】

根据上述资料，请分析中国人民银行为什么希望人民币加入到 SDR。

项目实训

【实训内容】

中央银行的资金清算业务

【实训目标】

通过中央银行资金清算过程的模拟，使同学对该业务有具体的感观认识，便于加强对该业务的理解。培养学生分析问题能力、解决问题的能力；培养学生资料查询、整理的能力。

【实训组织】

以学习小组为单位，将学生分组；确定中央银行组和商业银行的总行组、分行组；同城票据交换清算过程的设计及具体模拟；异地跨行清算过程的设计及具体模拟；各组总结同城、异地跨行清算的特点，分析其过程；教师总结中央银行资金清算的过程及作用。

【实训成果】

1. 考核和评价采用报告资料展示和学生讨论相结合的方式；
2. 评分采用学生和老师共同评价的方式。

项目十二　商业银行

关键术语

单一制商业银行　总分行制商业银行　控股公司制商业银行　连锁制商业银行　分离型商业银行　全能型商业银行　安全性　流动性　效益性　商业银行的负债业务　正常贷款　关注贷款　次级贷款　可疑贷款　损失贷款　商业银行的投资业务　表外业务　信托　交易类中间业务　远期合约　金融期货　互换　期权　基金托管业务　租赁

应知考核

一、单项选择题

1. 商业银行经营的“三性”原则是指(　　)。

A. 安全性、充足性和效益性　　B. 安全性、流动性和营利性

C. 公益性、安全性和合法性　　D. 充足性、流动性和趋利性

2. 我国商业银行的资金来源主要是(　　)。

A. 吸收存款　　B. 政府借款

C. 预算拨款　　D. 向国际金融机构借款

3. 商业银行处理转账结算业务体现了其执行(　　)。

A. 信用中介职能　　B. 支付中介职能

C. 信用创造职能　　D. 金融服务职能

4. 一般来说商业银行最主要的资产业务是(　　)。

A. 再贷款业务　　B. 贷款业务　　C. 存款业务　　D. 货币发行

5. 商业银行最基本的职能是(　　)。

A. 支付中介　　B. 信用中介　　C. 信用中介　　D. 金融服务

二、多项选择题

1. 贷款五级分类中属于不良贷款的有(　　)。

A. 正常　　B. 关注　　C. 次级　　D. 可疑

2. 关于商业银行的性质正确的有(　　)。

A. 商业银行是以获取利润为经营目标
B. 商业银行具备一般企业的基本特征
C. 商业银行是一般的企业
D. 商业银行的活动范围是货币信用领域

3. 商业银行作为特殊的金融企业，具有的职能有（ ）。
A. 信用中介 B. 支付中介 C. 信用创造 D. 金融服务

4. 商业银行的负债业务包括（ ）。
A. 自有资本 B. 存款 C. 借款 D. 购买国债

5. 属于商业银行中间业务的有（ ）。
A. 结算业务 B. 代理业务 C. 担保业务 D. 贷款业务

三、判断题

1. 金融机构的经营内容主要是货币的收付、借贷及各种与货币资金运动有关的金融活动。（ ）
2. 目前我国大多数的城市商业银行都属于全国性金融机构。（ ）
3. 投资银行和商业银行不同，它们的资金来源，主要依靠发行自己的股票和债券来筹集。（ ）
4. 证券交易所的最高决策机构是理事会（或董事会），但决定业务经营方针的是会员大会。（ ）
5. 国际开发协会是专门向较贫穷的发展中国家发放条件较宽的长期贷款的国际金融机构，属世界银行集团。（ ）

四、简述题

1. 简述商业银行的职能。
2. 简述商业银行的经营原则。
3. 简述商业银行的负债业务。
4. 简述商业银行的资产业务。
5. 简述中间业务与表外业务。

应会考核

■ 观念应用

【背景资料】 **商业银行的理财产品**

除了传统的吸收存款以外，近些年来，商业银行陆续推出了银行理财产品来吸收资金。理财产品由商业银行自行设计并独立发行。银行将募集到的资金根据产品合同约定投入相关金融市场及购买相关金融产品，获取收益以后，再根据合同中规定的分配方式分给投资人。简单地说，就是我拿钱给你投资，你负责让这些钱“再生钱”。

2011 年以来，银行理财产品发行量出现了快速增长，这主要与市场环境有关。主要是由于国家出台了一系列的政策，如“限购”、提高银行准备金及利率等，楼市和股市都相继出现“降温状况”，金融市场的资金需要找出自己的出路，而银行理财产品刚好适合这一时期的投资。

投资者购买理财产品有几大要点是必须了解的。首先是产品收益率，要明白广告中的收益率是年收益率还是积累收益率；是税前收益率还是实际收益率。其次是投资方向，要了解投资的金融产品是什么行业、什么收益，风险有多大。再次，如果是挂钩型产品，应分析所挂钩市场或产品的表现，挂钩方向与区间是否与目前市场预期相符，是否具有实现的可能。最后，要了解资金的流动性，了解终止合同或是转让产品是否收取手续费、质押金，金额是多少。

【考核要求】

商业银行的理财产品属于商业银行的什么业务？具有哪些特点？

■ 技能应用

互联网金融冲击传统金融业，银行亟待理念革新

微信 5.0 版本正式上线，增加快捷支付；支付宝未来一周将推信用支付服务，直接透支消费额度最高5 000元；京东商城、当当网等 33 家企业发起成立国内首家互联网金融行业组织；京东商城已成立金融集团，且已累计放款几十亿元……这是 2013 年 8 月中旬金融领域最热的几则新闻，只不过，相比过往，新闻主角已由银行、基金、券商等变成清一色的互联网企业。

你跟互联网金融打过哪些交道？用拉卡拉还了信用卡欠款、把多余的闲钱存进余额宝或用支付宝在网上买了一件新衣？不仅如此，很快，你可以在淘宝网上购置基金；如果想方便快捷获得贷款，有一个选择是“人人贷”……在人们日常工作生活中，以前由银行扮演的金融服务提供者正在被互联网公司取代，互联网金融“来势汹汹”。

迄今为止，互联网金融似乎还没有一个严格定义。从已出现在周遭的服务看，大体可以分为三类：一类是支付行业，如今持牌第三方支付机构已达 200 多家；第二类是 P2P 模式，有粗略统计称目前全国大体有 300 家 P2P 公司；第三类则是淘宝、京东、腾讯等互联网平台公司对接持牌的金融机构、类金融机构，针对其平台上的商户、个人所推出的金融服务。

这些互联网金融模式将会带来什么？有人认为，这将颠覆传统金融业的生存地位，一份颇具影响的报告指出，互联网金融模式会给信贷市场、证券市场带来巨大商机，也会促成竞争格局大变化：移动支付将替代传统支付业务，全球移动支付未来 5 年将以年均 40%以上的速度增长；P2P 贷款替代传统存贷款业务；通过互联网为投资项目募集股本金的众筹融资模式将替代传统证券业务。

事实上，我国互联网金融业务近年来快速发展，新型机构不断涌现，市场规模持续扩大。以第三方支付为例，2010 年至 2012 年，交易规模从 3.2 万亿元增长到超过 10 万亿元。目前央行已向 200 多家企业发放第三方支付牌照。

不过，在金融业界以及研究人士看来，“颠覆”说法过于夸大。央行有关负责人在接受媒体采访时说，目前和今后相当长时间，互联网金融三大板块的业务量还不会撼动传统金融业务。“目前，金融机构各项贷款余额超过 68 万亿元，P2P 就算做得再好，未来 5 年可能也很难达到这个规模的 1%。”

一位银行业人士也公开表示，80 后、90 后进入主流社会以后，消费付款平台更多选择互联网，对传统银行影响较大，但目前影响力被夸大了，因为银行很多业务功能互联网公司都不具备，比如创造货币的功能、发卡派生功能等。在传统银行业不做改变的情况下，互联网金融对

其产生冲击的地方还是会局限于渠道方面。

尽管如此，人们仍对互联网金融寄予更多希望：互联网与金融融合给传统金融业务发展带来新机遇。渠道的拓展、产品的创新、风险甄别与控制手段的创新等都是这两者融合后给传统金融业带来的改变。一位业内人士说："互联网金融是在互联网时代不可不重视的一个新的业态，也可以说是'新金融'，它的一个特点就是明天不可知。"

作为传统金融业代表的银行已充分感受到新金融的压力，并更加深入反思。一家国有银行人士坦言，现在互联网电商企业要做金融，银行也想做互联网和电商，但总体上还是前者做得好一些，原因是双方思维方式不同："互联网的精神是平等、开放、分享、合作、共赢，所以电商企业能更多地考虑消费者利益，而传统银行往往站在自己的角度考虑问题。"

事实上，当前，银行最缺乏的不是新技术，而是理念革新。有分析人士指出，银行管理者习惯了几十年来封闭、独享的市场，习惯居高临下的服务方式，面对互联网时代平等、开放、分享之类的理念，每一个都会触动原有的利益。银行应该清醒，不能自己革去旧疾，就只能等别人来革自己的命。

【技能要求】

1. 如何认识互联网金融这种新金融模式？
2. 互联网金融给传统的商业银行带来哪些冲击？
3. 你认为商业银行应如何应对互联网金融的挑战？

■ 案例分析

【情景与背景】　　巴克莱银行扮演财务顾问角色

在中国香港东部隧道工程建设初期，巴克莱银行对项目建设的内外部条件进行了深入的调查分析，认为该项目采取 BOT 方式建设是可行的。于是，该银行积极与项目的主发起人和承包商磋商，为该项目提出了全部融资方案。在此基础上，巴克莱银行被聘为该项目的财务顾问。在做财务顾问的同时，它承担起组织银团贷款主牵头行、和发债信用主承诺人的角色。

巴克莱银行在该项工程的财务顾问方面主要做了以下工作：

(1)由巴克莱银行提供咨询建议，政府批准成立了中国香港新立隧道公司(NHKTC)和中国香港东部海港隧道公司(EHCC)，其中 NHKTC 为总承包公司。

(2)参照巴克莱银行的咨询建议，中国香港政府分别给予这两家公司如下特许权；①批准 NHKTC 在 42 个月内设计和建设完毕项目中的铁路和公路隧道工程；工程交付后，该公司可继续经营公路隧道管理 26.5 年，继续经营铁路隧道管理 18.5 年。②NHKTC 作为总承包商将经营铁路隧道的特许权转让给 EHCC，而 EHCC 又将经营权转让给香港大众铁路公司，后一种转让只是经营权的转让，铁路的所有权仍属 EHCC 所有。

(3)该项目的产权投资人分别来自 NHKTC 公司和 EHCC 公司，它们分别投入的股本比例为 3∶1。巴克莱银行为两家公司安排的融资金额分别为：NHKTC 18 亿港元，偿还期为 18 年，EHCC9 亿港元，偿还期为 15 年。

(4)组织租赁集团为项目安排了部分租赁性融资，定向解决通信设备、列车设备的购置资金。为了解决这项资金来源，财务顾问承诺租赁费的偿还由银行贷款担保解决。

(5)为了解决不同时期提款的便利，做到项目资金的合理运用，对于某些时间不确定的用款融资，巴克莱银行为该项目组织了以下两项银团承诺：①循环贷款融资额度承诺；②备付信用证融资协议。这两项协议可以保证隧道公司在协议的有效期内随时向银行提款，以保证项目的应急用款需要。

巴克莱银行为中国香港东部海港隧道工程项目进行的融资安排具有以下特点：①为项目的总承包人提供了长期的融资承诺，这种高信誉的承诺有利于将总承包人引入资金市场，使投资者承认它的信誉，为承包人顺利地发行债券提供了保证。②融资安排中利用了多种融资手段，包括银团贷款、信用额度承诺、租赁融资、债券发行等；在融资的期限安排方面有长期固定利率信贷和债券融资，也有不定期信用承诺融资，从而使该项目融资的利率风险和汇率风险得以控制，同时使融资的结构、资金来源、市场的选择、资金使用的时效选择具有相当的灵活性和可调性。③融资安排和政府政策相吻合，即总承包人得到的经营特许权期限是在参考了财务顾问的建议后批准的，这样就使总承包人在项目的经营期内偿还各种债务具有科学的依据和信用保证。

【分析要求】

根据上述资料，巴克莱银行扮演的财务顾问角色有哪些？具有什么特点？

项目实训

【实训内容】

对我国商业银行开展的中间业务与表外业务进行评价分析。

【实训目标】

通过对商业银行开展中间业务与表外业务的调研，了解我国商业银行此类业务的开展情况及存在的问题；培养学生分析问题能力、解决问题的能力；培养学生资料查询、整理的能力。

【实训组织】

以学习小组为单位，选择两家以上的商业银行，搜集其相关中间业务及表外业务的资料；对商业银行中间业务及表外业务开展情况进行总结分析，说明拓展中间业务及表外业务的难点与对策。

【实训成果】

1. 考核和评价采用报告资料展示和学生讨论相结合的方式；
2. 评分采用学生和老师共同评价的方式。

项目十三　金融市场

关键术语

金融市场　货币市场　资本市场　外汇市场　黄金市场　金融合约市场　拍卖方式　柜台方式

应知考核

一、单项选择题

1. 狭义的金融市场是指(　　)。

A. 商品市场　B. 货币市场　C. 证券市场　D. 衍生产品市场

2. 下列不属于货币市场的是(　　)。

A. 同业拆借市场　B. 商业票据市场

C. 回购市场　D. 股票市场

3. 股票市场属于(　　)。

A. 货币市场　B. 资本市场　C. 期货市场　D. 期权市场

4. 在证券市场上,交易的工具主要是股票、债券和投资基金的是(　　)。

A. 货币市场　B. 资本市场　C. 外汇市场　D. 黄金市场

5.(　　)是金融市场最基本的功能。

A. 融通资金功能　B. 资源配置功能

C. 流动性提供功能　D. 风险分散功能

二、多项选择题

1. 金融市场业务活动的参加者主要有(　　)。

A. 企业　B. 金融机构

C. 政府、个人　D. 国外投资者和中央银行。

2. 按交易对象不同,金融市场可以分为(　　)。

A. 货币市场　B. 资本市场　C. 外汇市场　D. 黄金市场

3. 金融市场的组织方式主要有(　　)。

A. 拍卖方式　B. 柜台方式　C. 招标方式　D. 投标方式

4. 属于货币市场的主要类型有(　　)。

A. 同业拆借市场　B. 银行承兑汇票市场

C. 短期国债市场　D. 可转让定期存单市场

5. 在资本市场上,资金供应者主要是(　　)。

A. 银行　B. 保险公司　C. 社会团体　D. 政府机构

三、判断题

1. 金融市场包含金融资产交易过程中所产生的各种运行机制,其中最主要的是发行机制。(　　)

2. 货币资金是一种特殊的商品,作为特殊商品的货币资金是以金融工具的形式出现的。(　　)

3. 保险市场是以保险单和年金的发行与转让为交易对象的场所。(　　)

4. 银行承兑汇票市场是以银行承兑汇票作为交易对象所形成的市场。(　　)

5. 凡是在证券交易所之外的股票交易活动都可以称作场内交易。(　　)

四、简述题

1. 简述金融市场的构成要素。

2. 简述金融市场的功能。

3. 简述货币市场的内涵和特点。

4. 简述资本市场的内涵及特点。

5. 简述证券投资基金市场的内涵及分类。

应会考核

■ 观念应用

【背景资料】　建设银行海外发展概况

1991年建设银行设立了第一家海外机构——伦敦代表处,自此,海外业务正式起步。1995年,建行在海外的第一家经营性机构香港分行正式开业。2006年以前,建行海外业务一直属于探索起步期,与中资企业同处于“走出去”的初级阶段。股改上市后,建行于2006年年末出台《中国建设银行股份有限公司海外发展战略纲要》,正式确立了海外业务发展的中长期战略目标。近年来,建行稳步推进海外建设并取得积极进展。目前,建行已在香港、新加坡、法兰克福、约翰内斯堡、东京、首尔、纽约、胡志明市、悉尼及墨尔本设有分行,在台北、莫斯科设有代表处,在香港和伦敦拥有建行亚洲、建银国际和建行伦敦3家子公司,如将零售网点涵盖在内,海外机构总数65家,覆盖5大洲13个国家及地区。截至2012年末,建行海外资产总额已超过800亿美元,其中约翰内斯堡分行资产规模连续多年在南非中资银行中排名第一;全部海外经营性机构(包括各新设机构)均已实现盈利,在当地市场的影响力和竞争实力不断提升;2012年11月,建行伦敦成功发行人民币债券,这也是中资银行在欧洲发行的首笔离岸人民币债券。

“十二五”期间，建行根据全行新的业务发展要求，制定了《关于落实“2011～2015年海外发展规划”的工作方案》，进一步明确了未来一段时间内海外发展的目标、定位、策略和具体措施。未来几年，建行将进一步加快海外发展，不断提升海外机构的综合化服务能力。

【考核要求】

根据上述资料，分析当前金融市场的发展趋势。

■技能应用

一级市场和二级市场矛盾有望缓解

上海申银万国证券研究所市场研究总监桂浩明认为，在沪深股市中，有一个长期存在的问题，就是一、二级市场之间有着很大的价格落差，这样也就导致在一级市场发行的股票，到二级市场上市后，一般都会带来很丰厚的收益。由此，也就引发了一、二级市场之间的矛盾：作为二级市场的投资者，对一级市场发行股票有一种近乎天然的反感，感觉这是其资产被吞噬，这种意识的绝对化就是反对股市扩容。而反过来，由于两个市场之间存在价差，投资一级市场往往具有很高的无风险收益，这又使得每每有新股发行，就有巨额资金集聚在一级市场，以期抢夺这部分收益。这部分资金视二级市场为利润的兑现点，其在一、二级市场之间的“倒腾”行为，客观上成为股市资金外流的一个重要渠道，并且在一定程度上扭曲了资本市场的结构。

那么，为什么在一、二级市场之间会存在很大的价差呢？最根本的原因就在于发行没有实现真正的市场化，一级市场的发行价受到包括行政等多种因素的影响，通常定价会明显低于二级市场。这样，虽然确保了发行的成功，但是因此也吸引了大量资金参与事实上的套利操作，使之失去了风险投资的本意。而且当新股在二级市场上市时，还很容易导致爆炒行为的出现，结果是加大了新股上市后的风险。这个问题，在很多年前就被人们认识到了，也曾经尝试过网上竞价发行的做法，应该说这样一来市场化是做得非常彻底了，但由于当时的条件所致（譬如缺乏机构投资者），结果把二级市场的高投机行为转移到了一级市场，酿成了更大的风险。

进入2009年，新的IPO办法推出，其政策导向就是要提高、完善发行的市场化程度。现在看来，这个目的确实是在一定程度上得到了实现。像桂林三金，这次发行市盈率被定在与二级市场同类股票相似的水平上，这样一来，一、二级市场之间也就基本上没有什么大的合理差价存在了。虽然，由于在当前市场上，新股溢价的因素仍然存在，在一级市场申购新股仍然会有收益，但是不管怎么说新股上市时的差价收益是明显被压缩了。另外，再加上发行过程中对申购上限的限制，使得机构的大资金优势很难有效发挥，这样也就进一步降低了其申购收益。由此，一、二级市场的矛盾也就在某种程度上得到了缓和。至少，当在一级市场申购新股不再能够获取暴利时，一种风险与收益对称的市场机制也就有了形成的初步条件。资本市场上的一大结构性矛盾，也就得到了某种化解。

【技能要求】

1. 一级市场和二级市场存的矛盾是什么？

2. 如何解决二个市场的矛盾？请谈谈你的看法

■ 案例分析

【情景与背景】　　　　从历史看中国金融市场的发展

金融是现代经济的核心。任何一个国家或地区的崛起都离不开金融的助推和支撑。纵观500年世界近、现代史，不同时期具有代表性的世界经济强国在崛起的进程中，金融特别是金融市场对经济均发挥了很强的引领和加速作用。

工业革命不仅是技术创新的结果，更是金融革命的结果，因为工业革命早期使用的技术创新大多在工业革命之前已出现，而技术革命既没有引发经济持续增长，也未导致工业革命，一个重要原因是已存在的技术创新缺乏筹措大规模资金的金融市场，因此，工业革命不得不在金融革命开始之后才加速发生，这充分说明了金融是推动近、现代工业化发展的重要因素。西方发达国家较早重视金融业的发展，并将提升本国金融竞争力作为国家战略。如美国政治学会前会长、哈佛大学战略研究所所长萨谬尔·亨廷顿在《文明的冲突与世界秩序的重建》一书中，将控制国际银行系统、控制硬通货和掌握国际资本市场列为美国控制世界的14个战略要点中的第1、第2和第5项，而控制高科技军火工业和控制航天工业则分别退居倒数第1和倒数第3位；日本在1998年把金融列为综合安全保障七大要点的首位；欧盟则试图以1999年欧元的正式启动为契机，增强国际金融地位，并希望重建国际金融秩序。

从历史的发展来看，在17世纪，荷兰得益于国际贸易的飞速发展，最早建立了高效和健全的金融体系，并借此迅速崛起称霸世界。1609年，荷兰成立世界第一家银行——阿姆斯特丹银行，该银行使阿姆斯特丹迅速成长为欧洲储蓄和兑换中心，到1660年，阿姆斯特丹成了一个多边支付体系的核心角色，世界上第一家证券交易所也在阿姆斯特丹成立。17世纪中叶，阿姆斯特丹成长为欧洲的股票交易中心。银行和股票交易所的设立与发展，推动阿姆斯特丹迅速成为国际金融中心，加上其占主导的国际贸易地位，荷兰货币成为国际贸易结算货币。强大的金融体系进一步推动了荷兰贸易和经济的扩张，使17世纪成为“荷兰的世纪”。随着17世纪后半期英国“金融革命”取得巨大成功，英国同样凭借强有力的金融力量迅速崛起，并在18世纪后半期替代荷兰，成为新的世界大国。1689年，英国政府为英法战争筹集资金，开始了“金融革命”。1694年，英国政府发行公债建立英格兰银行，随后，重新组建联合东印度公司，并成立南海公司。由此，三者和政府公债创造了一个能为政府大规模筹集资金的资本市场。到18世纪后半期，伦敦超越阿姆斯特丹成为新的国际金融中心。伦敦金融市场的繁荣，扩大和深化了政府债务市场，降低了英国政府的融资成本，从而可以更好地建设军队和发展经济。1816年，英国制定“金本位制度法案”，在世界上首先实行了金本位制，英镑逐渐成为国际货币。英国凭借其经济、军事和金融优势，促成了国际金本位体系在19世纪70年代的最终形成，并从此确立了英国的世界大国地位。英国的世界大国地位随着两次世界大战的爆发以及美国金融业的崛起而被其所取代。1944年，美国凭借其经济实力和金融竞争力，在布雷顿森林举行的货币会议上，和与会国一起通过了《布雷顿森林协定》，从此建立了以美元为中心的国际货币体系，该体系的核心是各国货币与美元挂钩、美元与黄金挂钩，这种“双挂钩”体制使得世界进入固定汇率制时代，促进了国际贸易发展，推动了世界经济在战后尽快恢复。

【分析要求】

1. 从大国崛起的简要历史叙述中，可以归纳出金融市场发挥着什么功能和作用？
2. 中国金融市场未来将如何推进改革？

项目实训

【实训内容】

股票市场交易

【实训目标】

通过股票交易过程的模拟，深入理解股票市场交易的风险性和收益性，提高自己投资的分析判断能力；培养学生分析问题能力、解决问题的能力；培养学生资料查询、整理的能力。

【实训组织】

以学习小组为单位，根据自己熟悉的领域分析一到两个行业；从行业中独立选出几只股票，说明理由；在股票模拟操作中买入并观察行情；写出每日操作心得；总结股票模拟中遇到的问题并加以改善。

【实训成果】

1. 考核和评价采用报告资料展示和学生讨论相结合的方式；

2. 评分采用学生和老师共同评价的方式。

项目十四　国际金融

关键术语

外汇　自由外汇　非自由外汇　汇率　直接标价法　间接标价法　美元标价法　买入汇率　卖出汇率　中间汇率　现钞汇率　基本汇率　套算汇率　电汇汇率　信汇汇率　票汇汇率　即期汇率　远期汇率　国际结算　贸易结算　非贸易结算　现金/货币结算　票据　凭单结算　汇票　本票　支票　电汇　信汇　票汇　信用证　托收　国际收支

应知考核

一、单项选择题

1. 在国际贸易、国际信贷中通常使用的外汇是(　　)。

A. 自由外汇　　B. 非自由外汇　　C. 电汇　　D. 票汇

2. 以一定单位的外币为基准计算应付多少本币这种方法称为(　　)。

A. 直接标价法　　B. 间接标价法

C. 美元标价法　　D. 欧元标价法

3. 大多数国家一般选用本国货币与美元之间的汇率作为(　　)。

A. 买入汇率　　B. 卖出汇率　　C. 中间汇率　　D. 基本汇率

4. (　　)本质是债权人提供信用时开出的债权凭证。

A. 信用证　　B. 汇票　　C. 本票　　D. 支票

5. 国际收支平衡表按照(　　)原理进行统计记录。

A. 单式记账　　B. 复式记账　　C. 增减记账　　D. 收付记账

二、多项选择题

1. 外汇是指(　　)。

A. 外国货币,包括钞票、铸币等

B. 外币有价证券,包括政府公债、国库券、公司债券、股票、息票等

C. 外币支付凭证,包括票据、银行存款凭证、邮政储蓄凭证等

D. 其他外汇资金

2. 汇率的标价方法有（　　）。

A. 直接标价法　　B. 间接标价法　　C. 美元标价法　　D. 欧元标价法

3. 从外汇买卖交割期限角度，汇率分为（　　）。

A. 电汇汇率　　B. 信汇汇率　　C. 即期汇率　　D. 远期汇率

4. 国际结算业务按照使用工具和支付手段的不同，可分为（　　）。

A. 现金结算　　B. 货币结算　　C. 票据结算　　D. 凭单结算

5. 票据一般包括（　　）。

A. 提单　　B. 汇票　　C. 本票　　D. 支票

三、判断题

1. 凭单结算又称交货付现、交单付现、付现交单，就是说，买方付款后，卖方交单。（　　）
2. 跟单汇票不附单据，而光票附货运单据。（　　）
3. 国际汇兑结算共有 4 个当事人：汇款人、收款人、汇出行、汇入行。（　　）
4. 经常项目它包括商品交易、劳务贸易、单方转移、资本项目。（　　）
5. 官方储备项目这是一个人为设置的平衡项目。（　　）

四、简述题

1. 简述外汇的含义及分类。
2. 简述汇率的含义及分类。
3. 简述国际结算的基本方式有哪些？如何解释这几种方式？
4. 简述国际结算的业务种类有哪些？
5. 简述国际收支平衡表所包含的项目及其意义。

五、计算题

1. 已知外汇市场的即期汇率为 GBP1＝USD1.433 3/38，USD1＝HKD7.753 2/40，试求英镑兑港元的套算汇率。

2. 已知外汇市场的即期汇率为 GBP1＝USD1.505 0/60，AUD1＝USD1.381 0/20，试求英镑兑澳元的套算汇率。

应会考核

■ 观念应用

【背景资料】　　国际结算与国际贸易

老孙是山东半岛一家肉制品加工企业的老板，2017 年 3 月二连浩特一家贸易公司前来联系，想帮助老孙把产品打进蒙古市场。老孙从未做过出口生意，通过向别人咨询才知道做外贸有一套不同于国内贸易的规则。但有三个问题他不明白：一是企业做贸易为何必须与银行打交道；二是与蒙古国做贸易为何能用美元；三是出口货款是如何回到自己公司账上的。

【考核要求】

请为老孙讲解国际贸易结算涉及的问题。

■ 技能应用

国际收支及国际收支平衡

2014 年一季度，我国经常项目顺差 442 亿元人民币，其中，按照国际收支统计口径计算（下同），货物贸易顺差2 471亿元人民币，服务贸易逆差2 009亿元人民币，收益顺差 211 亿元人民币，经常转移逆差 232 亿元人民币。资本和金融项目（含净误差与遗漏，下同）顺差7 235亿元人民币，其中，直接投资净流入3 130亿元人民币。国际储备资产增加7 677亿元人民币，其中，外汇储备资产（不含汇率、价格等非交易价值变动影响，下同）增加7 698亿元人民币，特别提款权及在基金组织的储备头寸减少 21 亿元人民币。

按美元计价，2014 年一季度，我国经常项目顺差 72 亿美元，其中，货物贸易顺差 404 亿美元，服务贸易逆差 328 亿美元，收益顺差 35 亿美元，经常转移逆差 38 亿美元。资本和金融项目顺差1 183亿美元，其中，直接投资净流入 512 亿美元。国际储备资产增加1 255亿美元，其中，外汇储备资产增加1 258亿美元，特别提款权及在基金组织的储备头寸减少 3 亿美元。

【技能要求】

1. 顺差是否属于国际收支失衡？
2. 顺差越多越有利于一国国内经济的稳定与发展，这一说法对吗？为什么？

■ 案例分析

【情景与背景】 正确理解外汇

某进出口企业情况如下：该企业进口支付的货币主要有欧元和英镑，而该企业的外汇收入主要以美元为主。该企业在 2017 年 1 月签订了一批进口合同约合 500 万美元左右的非美元（欧元、英镑）业务，那时欧元兑美元汇价在 1.1 美元，英镑兑美元也在 1.5 美元。该企业大约还有 300 万美元的外汇收入，这样该企业存在收入外汇的币种、金额与支付外汇的币种、金额不匹配，收付时间也不一致，而且这种不匹配的情况在可预见的未来一段时期内依然存在，主要是支付的外汇金额大于收入的外汇金额，收入的货币主要是美元，而支付的货币主要是欧元、英镑等非美元，表明公司有必要采取积极的保值避险措施，对未来可测算的外汇支付（特别是非美元货币的对外支付）锁定汇率风险。

【分析要求】

该企业可以采取哪些措施？

项目实训

【实训内容】

编制国际收支平衡表。

【实训目标】

正确认识国际收支和国际收支平衡表；培养学生分析问题能力、解决问题的能力；培养学生资料查询、整理的能力。

【实训组织】

以学习小组为单位，对某国 2016 年对外经济活动的资料编制国际收支平衡表：

1. A 国从该国进口 180 万美元的纺织品。该国将此笔货款存入美联储银行；

2. 该国从 B 国购入价值 3600 万美元的机器设备，由该国驻 B 国的银行机构以美元支票付款；

3. 该国向 C 国提供 8 万美元的工业品援助；

4. 该国动用外汇储备 60 万美元，分别从 A 国和 D 国进口小麦；

5. E 国保险公司承保(2)、(4)项商品，该国支付保险费 2.5 万美元；

6. 该国租用 F 国的船只运送(2)、(4)两项商品，运费 12 万美元，付款方式同(2)；

7. 外国游客在该国旅游，收入为 15 万美元；

8. 该国在海外的侨胞汇回本国 25 万美元；

9. 该国对外承包建筑工程 30 万美元，分别存入所在国银行；

10. 外国在该国直接投资 1 500 万美元；

11. 该国向 G 国出口 25 万美元商品，以清偿对 G 国银行的贷款；

12. 该国在国外发行价值 100 万美元的 10 年期债券，该笔款项存入国外银行；

13. 该国向国际货币基金组织借入短期资金 30 万美元，以增加外汇储备；

14. 据年底核查，该国外汇储备实际增加了 75 万美元。

【实训成果】

针对上述几笔国际经济交易，作出会计分录，编制国际收支平衡表，并分析平衡关系，解释该年的国际收支状况。通过实训使学生能够运用所学知识和理论，结合我国的实际情况对国际收支的状况进行分析。

(一)编制草表

国际收支平衡表(草表)

单位:万美元

借　方		贷　方	
贸易进口		贸易出口	
非贸易输入		非贸易输出	
无偿转移支出		无偿转移收入	
资本项目		资本项目	
金融项目		金融项目	
储备资产的增加		储备资产的减少	

续表

借方		贷方	
误差与遗漏		误差与遗漏	
合计		合计	

（二）编制国际收支平衡表

	借方	贷方	差额
一、经常项目收支合计			
(1)贸易收支			
(2)非贸易收支			
(3)无偿转移收支			
二、资本与金融项目合计			
(1)资本项目			
(2)金融项目			
三、误差与遗漏			
四、储备资产的增加			

项目十五　通货膨胀和通货紧缩

关键术语

通货膨胀　消费物价指数　批发物价指数　国民生产总值物价平均指数　通货紧缩　相对通货紧缩　绝对通货紧缩

应知考核

一、单项选择题

1. 通货膨胀是指(　　)。

A. 物价的上升　　B. 物价的持续上升

C. 物价总水平的上升　　D. 物价总水平的持续上升

2. 通货紧缩表明社会总供求关系是(　　)。

A. 有效需求过剩　　B. 有效需求不足

C. 货币供给过多　　D. 商品供给不足

3. 通货膨胀现象反映(　　)。

A. 社会总需求大于社会总供给　　B. 社会总供给大于社会总需求

C. 货币供给量不足　　D. 货币购买力上升

4. 食品、服装和其他日用消费品的零售价格以及水、电、住房、交通、医疗、文娱等费用支出编制而成的一种综合价格指数是(　　)。

A. 消费物价指数　　B. 批发物价指数

C. 国民生产总值物价平均指数　　D. 国内生产总值物价平均指数

5.(　　)可以反映大宗商品(包括原材料和中间产品及最终产品等)第一次进入流通时价格的变动。

A. 消费物价指数　　B. 批发物价指数

C. 国民生产总值物价平均指数　　D. 国内生产总值物价平均指数

二、多项选择题

1. 通货膨胀的特点说法正确的是(　　)。

A. 通货膨胀是纸币流通情况下特有的经济范畴
B. 通货膨胀表现为纸币贬值、物价全面持续上涨
C. 通货膨胀既可以是开放性的，也可以是隐蔽性的
D. 通货膨胀具有均衡性

2. 通货膨胀的成因有（　　）。

A. 需求拉动　　B. 成本推动
C. 结构性因素　　D. 综合因素

3. 通货膨胀的发展对财政金融的影响体现在（　　）方面。

A. 财政金融影响财政收支平衡　　B. 通货膨胀影响造成货币流通混乱
C. 通货膨胀破坏了正常的信用关系　　D. 银行信用也因来源减少而日趋萎缩

4. 按其严重程度分类，通货紧缩可分为（　　）。

A. 相对通货紧缩　　B. 绝对通货紧缩
C. 需求不足型通货紧缩　　D. 供给过剩型通货紧缩

5. 治理通货膨胀的控制需求对策是（　　）。

A. 紧缩性货币政策　　B. 紧缩性财政政策
C. 紧缩性收入政策　　D. 积极性财政政策

三、判断题

1. 纸币发行并不必然导致通货膨胀，是否通胀取决于纸币的数量、发行的渠道及管理水平的高低。（　　）

2. 通货膨胀必须是隐蔽性的。（　　）

3. 消费抑制型通货紧缩，使供给相对过剩，产品卖不出去，企业利润减少，规模缩减，收入减少，物价下跌等连锁反应。（　　）

4. 扩大财政支出，可以发挥财政支出在社会总支出中的调节作用，弥补个人消费需求不足造成的需求减缓，起到“稳定器”的作用。（　　）

5. 实行积极的货币政策就要求中央银行及时做好货币政策的微调，适时减少货币供应量。（　　）

四、简述题

1. 简述通货膨胀的内涵和特点。
2. 简述通货膨胀的衡量指标。
3. 简述通货膨胀的成因和效应。
4. 简述治理通货膨胀盒通货紧缩的对策。
5. 简述通货紧缩的内涵和成因。

应会考核

■ 观念应用

【背景资料】　　　　　　高失业和通缩风险困扰欧洲经济

本周欧洲地区发布了一系列关键经济数据，显示复苏势头仍在延续、市场信心不断增强，但高失业率和持续低通胀率引发的通缩担忧令复苏前景面临较多不确定性。

本周欧盟委员会发布的冬季经济展望报告说，欧元区经济 2014 年预计增长 1.2%，欧盟增长 1.5%。随后，反映经济信心的欧元区经济景气指数升至 2011 年 7 月以来的最高点，显示市场对经济前景看好。欧盟委员会副主席兼经济与货币事务委员奥利·雷恩表示，欧洲债务危机最坏时期已过，欧洲经济目前正恢复增长，经济增长建立在持续的经济改革和健康的财政政策基础上。

对欧洲经济复苏的信心也直接反映在市场层面上。重债国意大利和希腊的国债收益率持续回调，本周希腊 10 年期国债收益率自 2010 年 5 月以来首次降到 7%以下，意大利 10 年期国债收益率更是降至 2006 年 1 月以来的低点 3.5%，显示重债国经济风险大幅下降。此外，欧元对美元的汇率稳定在 1:1.37 的水平线上，坚挺的走势进一步确认了市场对欧洲经济前景的信心。

虽然市场气氛渐好，但高失业率难以撼动和通货膨胀率持续走低，表明欧洲经济复苏的动力依然不足，未传导到所有部门。

数据显示，今年 1 月份欧元区的失业率为 12.0%，与前 4 个月持平。25 岁以下的年轻人失业率依然远高于平均水平，欧元区为 24.0%，欧盟为 23.4%。希腊、西班牙和克罗地亚年轻人的失业率分别高达 59.0%、54.6%和 49.8%，德国最低为 7.6%。

2014 年 2 月，欧元区通货膨胀率为 0.8%，已连续 5 个月低于 1%，远低于欧洲央行设置的 2%的目标。长期的低通货膨胀给欧元区带来了通缩风险，潜在的价格下降预期会抑制欧元区的投资和消费水平，进而影响经济复苏。

布鲁塞尔欧洲与全球经济研究所资深研究员绍尔特·达尔沃什对新华社记者说："不光是通缩风险，如果看到欧洲的政府高负债率和金融系统风险，欧洲经济复苏可谓风险重重。"目前，欧元区国家公共债务占国内生产总值的比重超过 90%，且仍处于上升趋势。欧盟经济与金融事务部门总干事马可·布提也表示，只要负债率在多个经济领域中过高、失业率徘徊在历史纪录水平及经济失衡问题不解决，增长动力就有陷在低位的重大风险。

达尔沃什建议尽快通过银行业改革，修复金融系统失衡和机制缺陷，为欧洲经济复苏创造坚实基础。他说："金融系统的平衡修复将是激发欧洲经济活力的关键，这一过程需要漫长时间，需要银行业联盟逐步建立，运作主体欧洲央行的权限还有待与成员国不断商讨，可以预见将耗费大量时间，产生的不确定性和困难将给未来市场带来风险。"

【考核要求】

通货膨胀能否引起失业？请简要说明。

■ 技能应用

通货膨胀率

假定某国上一年的物价水平为102，今年的物价水平上升到108，那么这一时期的通货膨胀率为多少？

【技能要求】

试一试，计算上述题干的通货膨胀率为多少？

（通货膨胀率$=(P_t-P_{t-1})\div P_{t-1}\times 100\%$；式中：$P_t$ 和 P_{t-1}分别为 t 时期和 t－1 时期的价格水平。）

■ 案例分析

【情景与背景】　欧洲央行考虑采取激进措施应对过低通胀

据华尔街日报网报道，欧洲央行官员25日向外界传递强烈信号：为防范通货膨胀低到危险的地步，央行愿意考虑采取激进的应对举措，其中包括实施负利率以及资产购买措施。

来自欧元区不同国家的最高决策者发表的言论暗示，面对经济疲软、欧元区坚挺，欧洲央行打算不再采取谨慎姿态，而是像美国、英国和日本近年来所做的那样，实施更激进的政策措施。

芬兰央行行长利卡宁在赫尔辛基接受媒体采访时表示，欧洲央行仍有利率调整的空间。目前欧洲央行的主要贷款利率为0.25%，处在历史低位。过去近两年，欧洲央行一直将其隔夜存款利率维持在零水平。

当被问及央行还有什么工具可以动用时，利卡宁提到了实施负利率、向商业银行提供更多贷款以及资产购买措施。利卡宁自2004年起担任芬兰央行行长，亦为24人组成的欧洲央行管理委员会的成员之一。

25日，包括德国和斯洛伐克央行行长在内的其他一些官员也传递了类似信息。德国央行行长魏德曼在接受国际市场新闻社采访时表示，不排除实施大规模资产购买计划（即定量宽松）的可能性。

利卡宁还表示，这是欧洲央行的一个选择，不会与禁止央行为政府融资的规定发生冲突。此前美国联邦储备委员会（简称：美联储）和日本央行已经积极利用货币政策阻止通货膨胀降至过低水平，但欧洲央行一直抗拒这样做，并把政策重心放在银行贷款计划上。

斯洛伐克央行行长马库赫25日称，几位（欧洲央行）决策者已准备采取非常规措施，以阻止欧元区陷入通缩环境。他补充说，定量宽松是央行的一个选择。

欧洲央行行长德拉吉并没有具体说明欧洲央行可能采取哪些措施。但25日在巴黎发表演讲时，德拉吉试图强调央行抗击过低通货膨胀的决心，欧元区过低的通货膨胀率正抑制消费者支出，并削弱企业利润和投资。他说，欧洲央行将采取必要措施维持物价稳定，央行正密切关注欧元汇率。

这一表态让人想起德拉吉在2012年7月时的承诺，当时他承诺央行将竭尽所能维持欧元区完整。这番言论触发了南欧国债市场一轮持久的反弹。欧洲央行甚至不必购买任何国债，市场有了德拉吉的口头承诺就已经足够。

不过，虽然欧洲央行这一次加大了口头干预的力度，但欧元25日却几乎不为所动。一些分析师警告说，除非欧洲央行言行一致、尽快拿出真正的行动，否则，市场将质疑央行抗击超低通货膨胀的决心。

【分析要求】

1. 欧洲央行应对过低通货膨胀的措施有哪些？

2. 低通货膨胀和高通货膨胀的区别在哪儿？措施有何区别？

项目实训

【实训内容】

了解通货膨胀知识。

【实训目标】

通过本项目的实训，学生要学会计算通货膨胀率；培养学生分析问题能力、解决问题的能力；培养学生资料查询、整理的能力。

【实训组织】

以学习小组为单位，根据下述内容进行计算：

1. 下表为1978～2014年间我国居民消费价格指数、城市居民消费价格指数、农村居民消费价格指数。

1978～2014年我国各类消费价格指数

年份	居民消费价格指数（1978＝100）	城市居民消费价格指数（1978＝100）	农村居民消费价格指数（1985＝100）
1978	100.0	100.0	—
1980	109.5	109.5	—
1985	131.1	134.2	100.0
1990	216.4	222.0	165.1
1995	396.9	429.6	291.4
2000	434.0	476.6	314.0
2005	464.0	503.1	343.0
2010	536.1	576.3	403.5
2011	565.0	606.8	426.9
2012	579.7	623.2	437.6
2013	594.8	639.4	449.9
2014	606.7	—	—

2. 根据公式计算：

(1)在此期间我国的通货膨胀率。

(2)在此期间我国城市的通货膨胀率。

(3)在此期间我国农村的通货膨胀率。

通货膨胀率＝$(P_t - P_{t-1}) \div P_{t-1} \times 100\%$

式中：P_t 和 P_{t-1} 分别为 t 时期和 t－1 时期的价格水平。

【实训成果】

1. 考核和评价采用报告资料展示和学生讨论相结合的方式；
2. 评分采用学生和老师共同评价的方式。

项目十六　保险业务

关键术语

保险　保险合同　保险人　投保人　被保险人　受益人　保险标的　保险责任　保险期间
保险价值　保险金额　保险费　违约责任　保险单　保险凭证　暂保单　批单　投保单

应知考核

一、单项选择题

1. 主要体现在保险活动的性质、保障对象、保障手段、保障目的等方面的保险特征是(　　)。

A. 经济性　　B. 互助性　　C. 法律性　　D. 科学性

2. 保险合同以投保人支付保险费作为对价换取保险人对风险的保障,体现(　　)。

A. 保险合同是附合合同　　B. 保险合同是双务合同
C. 保险合同是最大诚信合同　　D. 保险合同是有偿合同

3. 与投保人订立保险合同,并承担赔偿或给付保险金责任的保险公司是指(　　)。

A. 保险人　　B. 投保人　　C. 被保险人　　D. 受益人

4.(　　)又称"小保单"。

A. 投保单　　B. 保险单　　C. 保险凭证　　D. 暂保单和批单

5. 主要承保各类运输工具遭受自然灾害和意外事故而造成的损失,以及对第三者造成的财产直接损失和人身伤害依法应负的赔偿责任的保险是(　　)。

A. 工程保险　　B. 企业财产保险
C. 家庭财产保险　　D. 运输工具保险

二、多项选择题

1. 可保风险应具备的条件(　　)。

A. 风险应当是纯粹风险。风险应当具有不确定性
B. 风险应该使大量标的均有遭受损失的可能
C. 风险应该有导致重大损失的可能

D. 风险应当具有不可测性

2. 一般地说，现代商业保险的特征主要包括(　　)方面。

A. 经济性　　B. 互助性　　C. 法律性　　D. 科学性

3. 保险合同的特征有(　　)。

A. 保险合同是有偿合同　　B. 保险合同是双务合同

C. 保险合同是最大诚信合同　　D. 保险合同是附合合同

4. 保险合同的当事人有(　　)。

A. 保险人　　B. 投保人　　C. 被保险人　　D. 受益人

5. 保险合同包括(　　)。

A. 投保单　　B. 保险单　　C. 保险凭证　　D. 暂保单和批单

三、判断题

1. 保险的作用在于集散风险、分摊损失。(　　)

2. 纯粹风险是一种既有损失机会，又有获利可能的风险。(　　)

3. 保险关系作为一种经济关系，主要体现投保人与保险人之间的债券债务关系。(　　)

4. 在定值保险中，保险金额为双方约定的保险标的的价值。(　　)

5. 人寿保险是以被保险人的身体为保险标的，以意外伤害而致被保险人身故或残疾为给付保险金条件的一种人身保险。(　　)

四、简述题

1. 简述保险保险的构成要素包括哪些?

2. 简述保险的基本特征。

3. 简述保险合同的基本特征。

4. 简述保险合同的基本内容包括哪些?

5. 简述我国开办的主要保险险种有哪些?

应会考核

■ 观念应用

【背景资料】　　**正确理解保险合同**

王某为丈夫在中国平安保险投保一份终身保险，保险合同规定，如果王某的丈夫身故，则保险公司向王某给付身故保险金。

【考核要求】

请指出这一保险合同中的保险人、投保人、被保险人、受益人分别是谁? 保险合同标的与客体是什么?

■ 技能应用

文化产业保险市场亟待专业化

近期，故宫文物受损事件引发了人们对文物、艺术品投保话题的热议。数据显示，2010年，中国艺术品市场总成交额超过500亿元，但国内艺术品展览9成以上没有保险。绝大多数博物馆和美术馆中的多数藏品也都处于无保状态，较欧美等成熟完善的艺术品保险市场，中国的市场巨大，但却极其不成熟。

据了解，艺术品保险是从传统财产保险和货运保险基础上演变发展而来的，主要承保火灾以及其他自然灾害和意外事故造成的艺术品直接损失。保险标的包括投保人所有、代他人保管或与其他人共有，由投保人负责保管、展览、装卸、运输的艺术品。显然，对于艺术品保护而言，投保艺术品保险是最直接的风险管控手段之一。

【技能要求】

为何目前中国的文化产业保险，尤其是艺术品保险问津者寥寥，国内保险公司也不积极呢？

■ 案例分析

【情景与背景】

外资保险的进入和中国保险业的成长

加入世贸组织以来，中国当真履行承诺，慢慢打消了对外资保险公司的限制，中国保险业对外开放已呈现出新名目。截至今朝，国内共有外资保险公司47家，121家总分支公司，世界上首要的跨国保险金融集团和发家国家的保险公司根基已经进入我国。在营业成长方面，外资保险公司保费收入341.19亿元，与插手世贸组织前对比增添了约3.5倍，占昔时全国市场份额的3.86％，较插手世贸组织前的1.58％增添了2.28个百分点。在北京、上海、深圳和广东四个开放较早、外资保险公司较为集中的地域，外资保险公司的保费收入分袂占当地市场份额的19.43％、17.37％、10.14％和8.86％。经营地域方面，外资保险也起头由东部、大城市向中西部和中小城市延长，为保险业促进协调社会成长作出了积极进献。在我国，中、外资保险机构正呈现出合作共赢、优势互补、相辅相成、协调成长的新场所排场。

【分析要求】

根据上述资料，保险市场对外开放对提高中国保险整体水平，加速保险业成长起到了积极影响，请说明影响保险市场供给和需求的因素及其弹性分析。

项目实训

【实训内容】

保险需求调查。

【实训目标】

认识保险、保险合同和我国开办的主要险种；培养学生分析问题能力、解决问题的能力；培养学生资料查询、整理的能力。

【实训组织】

以学习小组为单位，制作保险市场调查问卷；选择不同地点，发放问卷，收回问卷；统计、分析、总结问卷。

【实训成果】

1. 考核和评价采用报告资料展示和学生讨论相结合的方式；

2. 评分采用学生和老师共同评价的方式。

项目十七　货币政策

关键术语

货币政策　稳定物价　充分就业　经济增长　国际收支平衡　一般性货币政策工具　法定存款准备金率　再贴现政策　公开市场业务　消费者信用控制　证券市场信用控制　不动产信用控制　优惠利率　预缴进口保证金　直接信用控制　信用配额　直接干预　流动性比率　间接信用指导　道义劝告　窗口指导

应知考核

一、单项选择题

1. 我国制定货币政策的银行是(　　)。

A. 中国银行　　B. 中国建设银行

C. 中国工商银行　　D. 中国人民银行

2. 当前我国货币政策的最终目标是(　　)。

A. 经济增长、充分就业、国际收支平衡、物价稳定

B. 保持货币币值的稳定,并以此促进经济增长

C. 经济增长

D. 物价稳定

3. 目前我国货币政策的中介指标是(　　)。

A. 利率　　B. 汇率

C. 股票价格指数　　D. 货币供给量

4. 既可调节货币总量,又可调节信贷结构的货币政策工具是(　　)。

A. 法定存款准备金率　　B. 再贴现政策

C. 公开市场业务　　D. 流动性比率

5. 菲利普斯曲线反映(　　)之间此消彼长的关系。

A. 通货膨胀率与失业率　　B. 经济增长与失业率

C. 通货紧缩与经济增长　　D. 通货膨胀与经济增长

二、多项选择题

1. 货币政策中介目标是(　　)。

A. 是指中央银行为实现其货币政策的最终目标而设置的可供观察和调整的指标

B. 货币政策中介目标就为短期的、数量化的、能用于日常操纵的指标

C. 作为实现货币政策最终目标的中介或桥梁

D. 主要有:基础货币、存款准备金、利率和货币供应量

2. 俗称中央银行的"三大法宝"的三大政策工具是(　　)。

A. 法定存款准备金率　　B. 再贴现政策

C. 公开市场业务　　D. 利率

3. 在货币政策诸目标中,更多表现为矛盾与冲突的有(　　)。

A. 充分就业与经济增长　　B. 充分就业与物价稳定

C. 稳定物价与经济增长　　D. 经济增长与国际收支平衡

4. 公开市场业务的优点是(　　)。

A. 调控效果猛烈　　B. 主动性强

C. 灵活性高　　D. 影响范围广

5. 货币政策主要包括(　　)方面的内容。

A. 政策目标　　B. 政策工具

C. 操作指标与中介指标　　D. 政策传导机制

三、判断题

1. 任何现实的社会总需求,都是指有货币支付能力的总需求。(　　)

2. 经济理论认为,失业主要有三种存在形式:摩擦性失业、周期性失业、自愿性失业。(　　)

3. 促进经济增长的要素一般归结为劳动力、投资的增加和技术的进步等,其中技术的进步是促进经济增长简单而又见效快的方法。(　　)

4. 我国货币政策目标既规定了"经济增长"的第一属性,又明确了"经济增长"的最终目的是"稳定货币"。(　　)

5. 建立法定存款准备金制度的最初目的是为了防止商业银行盲目发放贷款,保证客户存款的安全,维护金融体系的正常运转。(　　)

四、简述题

1. 简述货币政策的含义与特点。

2. 简述货币政策诸目标间的关系。

3. 简述一般性货币政策工具。

4. 简述选择性货币政策工具。

5. 货币政策的最终目标是"保持货币币值的稳定,并以此促进经济增长"的意义。

应会考核

■ 观念应用

【背景资料】

货币政策与宏观调控应主动适应新常态

今年是“十三五”规划编制的关键之年。“十三五”时期，我国经济面临哪些挑战和变化？宏观调控和货币政策又该如何作为？

“未来5年，我国都将在新常态下。新常态下，我国宏观经济运行将越来越依赖改革红利，如何通过宏观调控将改革红利释放出来，主动适应和引领经济发展新常态，将是今后调控的重点。”本报专家委员会委员、中行国际金融研究所副所长宗良表示。

有关专家认为，从目前至2017年以“三期叠加”为核心特征，称之为“新常态第一阶段”。产能过剩、房地产泡沫、地方政府债务是这一阶段最为突出的影响因素。“三期叠加”后的2017年至2020年，继续全面深化改革，可以称之为“新常态第二阶段”。

那么，“十三五”时期，中国宏观调控如何适应经济新常态？“保持定力、稳定政策”；“主动作为、预调微调”；“预调微调要远近结合”；“改革创新完善调控方式，使财政政策、货币政策更加有效地发挥作用”；“更加注重市场化调控手段”……采访中，多位专家和学者纷纷表达了对未来5年宏观调控的预计。

宗良表示，为实现“十三五”时期经济社会的主要发展目标，首先要继续坚持稳增长，实现对新的发展驱动力的培育。要思考面对国际新一轮科技和产业革命的大趋势，如何抓住这一历史机遇，推动国家创新驱动战略实现；针对“十三五”时期可能面临的最重要制约因素，做好政策应对，着力化解产能过剩压力，加强逆周期宏观审慎监管，防范系统性金融风险，进一步释放改革动力，推进资金资源配置更优化，更好地发挥市场的作用。

接受采访的专家认为，“十三五”时期，宏观调控首先要继续坚持多目标制的货币政策。一方面，保持经济运行在合理区间内，政策上保持定力；另一方面，要主动作为、预调微调，适度、有序、有针对性地根据经济的变化采取适度措施。在保持政策连续性的同时，加强政策的前瞻性。

其次，宏观调控要不断改革创新，完善方式，寓改革于宏观调控之中。进入新的发展阶段以后，既有的政策可用空间在进一步缩小，要不断通过改革创新，配合经济发展新阶段的要求。具体看，要通过深化财税体制改革来增强财政政策的作用，释放市场活力。货币政策要继续推进利率市场化，放宽市场准入，建立存款保险制度并使其充分发挥作用。通过改革创新完善调控方式，使财政政策、货币政策更加有效地发挥作用。

再次，宏观调控要更好体现灵活性，做到远近结合，既要着眼于当下矛盾，实施定向调控；也要着力构建有利于长远发展的金融体系，从根基入手。

“尽管目前我们对"十三五"规划中金融改革和货币政策方面将会有哪些具体表述尚不清楚，但建立健全中央银行的利率调控框架，加强对市场预期的引导，强化价格型调控和传导机制，进一步完善人民币汇率形成机制，加快发展外汇市场，支持人民币在跨境贸易和投资中的使用，加强对国内外风险的有效监控，继续深化金融改革等内容，都是可预期的，相信这些都会成为未来金融改革和发展的重要内容。”宗良称。

【考核要求】

根据上述资料，货币政策与宏观调控应如何适应新常态。

■ 技能应用

2014年货币政策变数或增多

2014年1月9～10日，人民银行工作会议召开。在部署2014年工作重点时，央行行长周小川提出，继续实施稳健的货币政策，保持货币信贷和社会融资规模平稳适度增长。对货币供给的定调与2013年人民银行工作会议的部署保持一致。

回顾2013年，“钱紧”给市场留下了深刻印象。2013年6月20日，银行间隔夜拆借利率升至13.44%的年内高点。2013年12月，这一利率水平再次一路飙升，最高时曾一度跳升至8%以上。

为此，2014年的流动性状况成为市场关注的焦点。值得关注的是，央行工作会议对货币政策的定调是“增强调控的前瞻性、针对性和协同性”，替换了2013年强调的“保持政策的连续性和稳定性”。

业内分析人士认为，这意味着2014年的货币政策将有更多的变数，以应对更加复杂的2014年经济形势。

机构建议2014年M2增长目标为14%

中国社科院金融研究所近日发布的2014年《金融蓝皮书》建议，鉴于2013年前三季度经济企稳回升的态势尚未得到完全巩固，建议2014年的货币政策不宜过度收紧，而应坚持稳中求进的总基调，为中国经济结构调整创造良好的货币融资环境，既不采取明显的刺激性政策，也不采取过度的紧缩政策。“综合历史经验，2014年将广义货币M2增长率目标控制在14%左右、M1增长率目标控制在9%左右、信贷增长率目标控制在14%左右，将能够较好地兼顾经济适度增长（就业增加）与物价稳定，为推进经济结构调整和深化改革提供稳定的宏观环境。”

中国经济导报记者也从相关渠道了解到，中央经济工作会议已经将2014年的M2增长目标调整为14%，高于2013年13%的目标。

李克强总理在天津考察调研民生改善与改革发展情况时指出，要坚持实施稳健的货币政策，保持适度流动性，实现货币信贷和社会融资规模合理增长，保持物价总水平基本稳定。

紧随其后，央行在其公布的货币政策委员会2013年第四次会议纪要中提出，将继续实施稳健的货币政策，保持适度流动性，实现货币信贷及社会融资规模合理增长，改善和优化融资结构和信贷结构。

李克强总理和央行的表态引来市场猜想，2014年流动性状况可能会有所改善。东北证券的一位债券交易员对中国经济导报记者表示，2014年不会再出现类似于2013年6月和12月的“钱紧”状况，原因有两个方面：一是，机构吃了一次亏就不会吃第二次亏了，银行将改善流动性管理，从目前2%的银行超储率可以看出，银行担心再次出现这种情况；二是，2013年6月份出现的“钱紧”，央行要负很大的责任，以后央行可能做出调整。

对比可以发现，尽管2013年6月之后，12月再次出现“钱紧”，但相比6月份持续了多天，12月份的“钱紧”只持续了1天，说明央行的态度正在发生变化。

2014 年有降准可能性

中国银行近期发布的《中国银行中国经济金融展望报告(2014)》指出,2014 年,预计央行将坚持稳健的货币政策基调不变,通过综合运用存准率、正逆回购、央票、短期流动性调节工具等货币政策工具,保持合理的流动性状况,稳定市场主体预期,满足实体经济资金需求。

该报告分析指出,近两年,金融同业业务快速发展导致银行间市场流动性日趋紧张,货币市场利率中枢将进一步趋升。同时,预计 2014 年人民币对美元汇率将进一步升值至 6.0 左右的水平,外汇占款也将因此出现增长乏力趋势。虽然央行可以通过综合利用央票、正回购和逆回购、短期流动性调节(SLO)和常备借贷便利(SLF)等货币政策工具满足金融市场流动性需要,但仍有下调存款准备金率,以降低银行经营压力,提高商业银行服务实体经济的能力的必要。预计法定存款准备金率将象征性下调 0.5 个百分点。

利率方面,报告预测,目前贷款利率下限管制已经放开,下一步将继续推进存款利率市场化。而实体经济投资动力逐步恢复,房地产价格仍有上涨压力。为了稳定经济增长及各类市场主体预期,央行降息的必要性和可能性较低,预计 2014 年存贷款基准利率将保持不变。

【技能要求】

结合所学的内容,对此案例进行分析。

■ 案例分析

【情景与背景】

中央银行的"三大法宝"——存款准备金率

2007 年年初到 2008 年年中,为控制银行信贷,缓解流动性过剩状况,央行先后 15 次上调存款准备金率,使其由 9%上升至 17.5%。随后,在美国金融危机蔓延、全球金融动荡的形势下,存款准备金率从 2008 年 9 月至 12 月连续四次下调至 15.5%。时隔 19 个月,2010 年 1 月 12 日~2010 年 12 月 20 日,央行累计上调存款准备金率 6 次,至此,存款准备金率调整为 18.5%。

【分析要求】

根据上述资料,说明为什么在 2010 年内要如此频繁地上调存款准备金率?

项目实训

【实训内容】

了解我国的货币政策。

【实训目标】

理解现行的货币政策,预测未来货币政策的走向;培养学生分析问题能力、解决问题的能力;培养学生资料查询、整理的能力。

【实训组织】

以学习小组为单位,进行分组,查找资料;各组讨论,分析现行货币政策宏观调控的过程和结果;各组分别写出对货币政策的实施和预测报告。

【实训成果】

1. 考核和评价采用报告资料展示和学生讨论相结合的方式；

2. 评分采用学生和老师共同评价的方式。

模块三

宏观政策

项目十八　宏观调控

关键术语

宏观调控　经济手段　法律手段　行政手段　计划指导

应知考核

一、单项选择题

1. 在社会总需求严重小于总供给的情况下应采取的货币政策是(　　)。

A. 均衡性货币政策　　B. 扩张性货币政策

C. 紧缩性货币政策　　D. 中性货币政策

2. 促进经济增长是宏观调控的最重要的目标是(　　)。

A. 增加就业　　B. 促进物价稳定

C. 促进经济增长　　D. 维持国际收支平衡

3. 不是宏观调控行政手段的特点的是(　　)。

A. 权威性　　B. 纵向性　　C. 有偿性　　D. 速效性

4.(　　)主要是通过增加税收,压缩政府支出,以此抑制民间投资和消费需求及出口需求,达到抑制总需求、稳定经济的目的。

A. 紧缩性货币政策　　B. 紧缩性财政政策

C.“松财政紧货币”配合模式　　D.“紧财政松货币”配合模式

5. 在银行严格控制货币供给量的同时,适当扩大财政支出,应采用(　　)。

A.“双松”配合模式　　B.“双紧”配合模式

C.“松财政紧货币”配合模式　　D.“紧财政松货币”配合模式

二、多项选择题

1. 宏观调控的主要领域有(　　)方面。

A. 帮助人们认识市场的弱点和缺陷

B. 有关国家整体经济布局及国计民生的重大领域

C. 容易产生“市场失灵”的经济领域

D. 私人的力量不愿意进入的领域

2. 宏观调控的主要目标是(　　)。

A. 增加就业　　B. 促进物价稳定

C. 促进经济增长　　D. 维持国际收支平衡

3. 国家宏观调控的手段分为(　　)。

A. 经济手段　　B. 法律手段　　C. 行政手段　　D. 市场指导

4. 时滞通常体现为(　　)。

A. 内部时滞　　B. 外部时滞

C. 内外时滞　　D. 以上都正确

5. "同向"配合模式包括(　　)。

A. "双松"配合模式　　B. "双紧"配合模式

C. "松财政紧货币"配合模式　　D. "紧财政松货币"配合模式

三、判断题

1. 宏观调控主要是运用价格、税收、信贷、汇率等经济手段和法律手段及行政手段,对经济运行状态和经济关系进行干预和调整。(　　)

2. 将宏观经济调控界定在容易产生"政府失灵"的经济领域,体现宏观经济调控的重要作用。(　　)

3. 经济杠杆是对社会经济活动进行宏观调控的价值形式和价值工具,主要包括价格、税收、金融信贷、工资、财政补贴等。(　　)

4. 财政政策与货币政策具有相同的时滞。(　　)

5. 财政政策在本质上是通过货币来发挥调控作用的。(　　)

四、简述题

1. 简述宏观调控的目标及意义。

2. 简述宏观调控的手段。

3. 简述财政政策与货币政策配合的必要性。

4. 简述财政政策与货币政策配合的可能性。

5. 简述财政政策与货币政策协调配合的模式。

应会考核

■ 观念应用

【背景资料】　　财政政策与货币政策的结合

财政政策与货币政策如何混组合使用?

【考核要求】

结合财政基础篇和本项目的内容作答。

(提示:当经济萧条时可以用扩张性财政政策与扩张性货币政策混组合使用;当经济出现

严重通货膨胀时，可采用紧缩性财政政策与紧缩性货币政策组合；当经济萧条但又不太严重时，可采用扩张性财政政策与紧缩性货币政策相混组合；当经济中出现通货膨胀又不太严重时，可采用紧缩财政政策与扩张性货币政策相配合。）

■ 技能应用

中国人民银行的公开市场业务

在多数发达国家，公开市场操作是中央银行吞吐基础货币，调节市场流动性的主要货币政策工具，通过中央银行与市场交易对手进行有价证券和外汇交易，实现货币政策调控目标。中国公开市场操作包括人民币操作和外汇操作两部分。外汇公开市场操作 1994 年 3 月启动，人民币公开市场操作 1998 年 5 月 26 日恢复交易，规模逐步扩大。1999 年以来，公开市场操作发展较快，目前已成为中国人民银行货币政策日常操作的主要工具之一，对于调节银行体系流动性水平、引导货币市场利率走势、促进货币供应量合理增长发挥了积极的作用。

中国人民银行从 1998 年开始建立公开市场业务一级交易商制度，选择了一批能够承担大额债券交易的商业银行作为公开市场业务的交易对象。近年来，公开市场业务一级交易商制度不断完善，先后建立了一级交易商考评调整机制、信息报告制度等相关管理制度，一级交易商的机构类别也从商业银行扩展至证券公司等其他金融机构。

从交易品种看，中国人民银行公开市场业务债券交易主要包括回购交易、现券交易和发行中央银行票据。其中，回购交易分为正回购和逆回购两种，正回购为中国人民银行向一级交易商卖出有价证券，并约定在未来特定日期买回有价证券的交易行为，正回购为央行从市场收回流动性的操作，正回购到期则为央行向市场投放流动性的操作；逆回购为中国人民银行向一级交易商购买有价证券，并约定在未来特定日期将有价证券卖给一级交易商的交易行为，逆回购为央行向市场上投放流动性的操作，逆回购到期则为央行从市场收回流动性的操作。现券交易分为现券买断和现券卖断两种，前者为央行直接从二级市场买入债券，一次性地投放基础货币；后者为央行直接卖出持有债券，一次性地回笼基础货币。中央银行票据即中国人民银行发行的短期债券，央行通过发行央行票据可以回笼基础货币，央行票据到期则体现为投放基础货币。

根据货币调控需要，近年来中国人民银行不断开展公开市场业务工具创新。2013 年 1 月，立足现有货币政策操作框架并借鉴国际经验，中国人民银行创设了“短期流动性调节工具”(Short-term Liquidity Operations，SLO)，作为公开市场常规操作的必要补充，在银行体系流动性出现临时性波动时相机使用。这一工具的及时创设，既有利于央行有效调节市场短期资金供给，熨平突发性、临时性因素导致的市场资金供求大幅波动，促进金融市场平稳运行，也有助于稳定市场预期和有效防范金融风险。

【技能要求】

结合中央银行的三大货币政策工具，分析上述技能资料内容。

■ 案例分析

【情景与背景】

2015：积极的财政政策更加积极

近年来，受全球经济持续低迷的影响以及国内经济结构调整战略的实施，我国经济增长呈现出明显放缓的态势，步入了一个中高速增长的“新常态”。在实际经济增长率由2010年的10.3%下降到2014年的7.4%，特别是2015年面临较大的经济下行压力、经济运行变得更加复杂的情况下，要保持国内生产总值增长7%左右，积极财政政策如何更有效地发挥作用，成为社会各界关注的焦点之一。在此背景下，政府工作报告明确提出，“积极的财政政策要加力增效”，实现“既扩大市场需求，又增加有效供给，努力做到结构调优而不失速”的目标。

财政赤字率是衡量积极的财政政策扩张力度的一个重要指标。自2010年以来，我国一直在采取适度扩张的财政政策——赤字率在2012年为1.5%，2013年和2014年均保持在2.1%，2015年赤字率将进一步提高到2.3%。当然，现实赤字率由于包含了经济波动的影响，并不能非常准确地反映出财政政策的扩张力度，而结构性赤字率——剔除了经济周期影响的赤字率是更为科学的地反映财政政策态势的指标。由此可见，积极财政政策的扩张力度相对较大，而且体现出渐进增强的特点。2015年积极财政政策的扩张性不仅体现在赤字率特别是结构性赤字率的提高上，而且还体现在支出强度的进一步加大上。此外，在我国地方政府承担较多支出责任且又是经济增长重要推手的情况下，加大地方支出力度或减轻地方支出压力，无疑是增强积极财政政策支出强度、稳定经济增长的有效途径之一。2015年，伴随着新预算法的实施和预算方法的变化，地方政府可以腾出更多的债务资金用于其他急需支出、重点民生支出事项。

2015年的积极财政政策围绕“打造大众创业、万众创新和增加公共产品、公共服务‘双引擎’”发力。为了“打造大众创业、万众创新”引擎，继续实行结构性减税和普遍性降费，进一步减轻企业特别是小微企业负担。为了增加公共产品和服务供给，在压缩一般性支出、严格控制“三公”经费预算的同时，2015年安排中央基建投资4776亿元，不仅比上年增加200亿元，而且投资结构进一步调整优化，主要用于国家重大工程、跨地区和跨流域的投资项目以及外部性强的重点项目；同时，进一步加大了政府对教育、卫生、社会保障、保障性安居工程等方面的投入。

虽然2015年赤字率将提高到2.3%，但从财政赤字的国际经验、国债负担率，以及积极财政政策的作用手段、实施效果来看，我国的财政风险是可控的。尽管如此，我们也必须清醒地认识到，我国经济步入“新常态”，特别是考虑到当前和未来一段较长时期内我国的主要战略任务是促进经济转型升级、实现创新型增长方式的转变，因此财政政策应保持适度的扩张性，决不能忽视财政政策的可持续性。首先，我国政府债务特别是地方政府债务规模增长过快，财政安全存在较大的潜在风险，这决定了财政政策的扩张空间较为有限。其次，我国道路交通等基础设施业已实现了跨越式发展，大规模基础设施投资的边际收益开始递减，因此，以大规模基础设施建设为主要载体的扩张性财政政策的有效性将会大打折扣；虽然今后一段时期政府在基础设施、公用事业等领域尚需保持一定规模的投资，但“政府不唱‘独角戏’，积极推广政府和社会资本合作模式”，否则，积极的财政政策虽“加力”了，但无法“增效”，财政风险也会加重。

【分析要求】

结合所学过的内容，对2015年的积极财政政策进行分析。

项目实训

【实训内容】 宏观经济政策

【实训目标】

通过本项目的实训，使学生能熟练运用所学理论分析和解释现实中的宏观经济政策；培养学生分析问题能力、解决问题的能力；培养学生资料查询、整理的能力。

【实训组织】

以学习小组为单位，收集现阶段我国宏观经济政策的取向、内容、手段等相关信息；分析我国采取现行宏观经济政策的原因及预期目标。撰写《我国现行宏观经济政策分析》，其参考格式如下：

1. 我国现行宏观经济政策的取向、内容和主要政策手段。
2. 我国中央政府采取现行宏观经济政策的主要原因。
3. 我国现行宏观经济政策的预期目标。

【实训成果】

1. 考核和评价采用报告资料展示和学生讨论相结合的方式；
2. 评分采用学生和老师共同评价的方式。